Administración tributaria 2024

INFORMACIÓN COMPARATIVA SOBRE LOS PAÍSES DE LA OCDE Y OTRAS ECONOMÍAS AVANZADAS Y EMERGENTES

OCDE
MEJORES POLÍTICAS PARA UNA VIDA MEJOR

Tanto este documento, así como cualquier dato y cualquier mapa que se incluya en él, se entenderán sin perjuicio respecto al estatus o la soberanía de cualquier territorio, a la delimitación de fronteras y límites internacionales, ni al nombre de cualquier territorio, ciudad o área.

Los datos estadísticos para Israel son suministrados por y bajo la responsabilidad de las autoridades israelíes competentes. El uso de estos datos por la OCDE es sin perjuicio del estatuto de los Altos del Golán, Jerusalén Este y los asentamientos israelíes en Cisjordania bajo los términos del derecho internacional.

Nota de Turquía
La información del presente documento en relación con "Chipre" se refiere a la parte sur de la Isla. No existe una sola autoridad que represente en conjunto a las comunidades turcochipriota y grecochipriota de la Isla. Turquía reconoce a la República Turca del Norte de Chipre (RTNC). Mientras no haya una solución duradera y equitativa en el marco de las Naciones Unidas, Turquía mantendrá su postura frente al "tema de Chipre".

Nota de todos los Estados Miembros de la Unión Europea que pertenecen a la OCDE y de la Unión Europea
Todos los miembros de las Naciones Unidas, con excepción de Turquía, reconocen a la República de Chipre. La información contenida en el presente documento se refiere a la zona sobre la cual el Gobierno de la República de Chipre tiene control efectivo.

Por favor, cite esta publicación de la siguiente manera:
OECD (2025), *Administración tributaria 2024: Información comparativa sobre los países de la OCDE y otras economías avanzadas y emergentes*, OECD Publishing, Paris, https://doi.org/10.1787/ac2f5866-es.

ISBN 978-92-64-92858-9 (impresa)
ISBN 978-92-64-57550-9 (PDF)
ISBN 978-92-64-91306-6 (HTML)

Publicado originalmente por la OCDE con el título: OECD (2024), *Tax Administration 2024: Comparative Information on OECD and other Advanced and Emerging Economies*, OECD Publishing, Paris, https://doi.org/10.1787/2d5fba9c-en.

Imágenes: Portada © Bruce Rolff/Shutterstock.com.

Las erratas de las publicaciones se encuentran en línea en: https://www.oecd.org/en/publications/support/corrigenda.html.

Prefacio

La edición de 2024 de la serie sobre la administración tributaria continúa la labor de sus predecesoras, ofreciendo una visión comparativa de las administraciones tributarias avanzadas y emergentes a escala mundial, al tiempo que trata de destacar algunas de las tendencias y desafíos a los que se enfrentan.

Desde su primera publicación en 2004, el objetivo y el valor de esta publicación reside en ayudar a las administraciones, gobiernos, contribuyentes y demás actores relevantes a identificar oportunidades de mejora en la eficiencia de la gestión fiscal. Este potencial se despliega a través de los datos que contiene, pero también de los más de cien ejemplos de iniciativas y enfoques innovadores implementados por diferentes administraciones tributarias. En este sentido, el trabajo realizado por mis colegas es encomiable.

En la última década, los modelos operativos de las administraciones tributarias han experimentado cambios significativos, impulsados por factores externos como la digitalización de la economía, los avances tecnológicos y la pandemia de COVID-19. Esta edición continúa analizando las repercusiones de estos avances. En los últimos años se ha generalizado la presentación electrónica de declaraciones, el pago electrónico, la comunicación electrónica, así como el uso de la inteligencia artificial y las interfaces de programación de aplicaciones; y, actualmente, son muchas las administraciones que se preparan para emprender una transformación digital más amplia de sus operaciones fiscales. Por supuesto, conviene no olvidar que, como parte de este proceso de transformación, debemos asegurarnos de ofrecer formatos accesibles, apoyo multilingüe y opciones de servicio fuera de línea para reducir la brecha digital, de modo que todos los ciudadanos, incluyendo las personas con discapacidades o sin acceso a Internet, puedan beneficiarse de nuestros servicios.

Además, la edición de 2024 explora diversos ámbitos que no se habían examinado en profundidad desde 2019. Así, esta publicación ofrece una ingente cantidad de nuevos datos que permiten analizar más en detalle las operaciones, procesos y mecanismos de la administración tributaria, abarcando no solo los habituales datos anuales de rendimiento, sino también información sobre la gestión del riesgo de cumplimiento, la gobernanza y la gestión de los recursos humanos, entre otros aspectos.

Por último, quiero expresar mi agradecimiento a todos los que han contribuido a la elaboración de este interesante y divulgativo informe, en especial a Oliver Petzold, Paul Marsh y Fiona May, de la Secretaría de la OCDE. Confío en que esta edición seguirá ayudándonos a comprender mejor los desafíos que enfrentamos, tanto individual como colectivamente. La idea es que nos permita no solo reflexionar sobre las acciones que podríamos emprender en nuestras propias jurisdicciones, sino también identificar oportunidades de colaboración entre las administraciones tributarias con el fin mejorar los servicios al contribuyente en todo el mundo.

Bob Hamilton
Presidente del Foro de Administración Tributaria de la OCDE
Director general de la Agencia Tributaria de Canadá

Prólogo

Esta publicación, Administración tributaria 2024, es la duodécima edición de la serie de información comparativa del Centro de Política y Administración Tributaria de la OCDE. Publicada por primera vez en 2004, la serie sobre la administración tributaria tiene como objetivo principal compartir información que facilite el análisis y el diálogo sobre el diseño y la administración de los sistemas fiscales.

La presente edición ofrece datos comparativos a nivel internacional sobre diversos aspectos de los sistemas fiscales y su administración en 58 economías avanzadas y emergentes. Incluye datos de rendimiento, ratios y tendencias hasta el final del ejercicio fiscal 2022. Además, por primera vez desde 2019, examina con mayor detalle las prácticas administrativas, operativas y organizativas de las administraciones tributarias participantes.

La obra expone las conclusiones de las últimas cuatro rondas de la Encuesta Internacional sobre Administración Tributaria (ISORA), realizadas entre septiembre de 2020 y septiembre de 2023. En esta última edición de la encuesta se han integrado la parte anual y la parte periódica del cuestionario ISORA, aunque la periódica solo se incluye cada cinco años. La ISORA es una encuesta enfocada en recopilar información y datos sobre la administración tributaria en cuya realización participan varias organizaciones asociadas: el Centro Interamericano de Administraciones Tributarias (CIAT), el Fondo Monetario Internacional (FMI), la Organización Intraeuropea de Administraciones Tributarias (OIAT) y la OCDE. Junto con estas cuatro instituciones asociadas, también ha participado en estas encuestas ISORA el Banco Asiático de Desarrollo (BAD).

Para complementar los datos de la ISORA relativos a ciertos lugares, en esta edición de 2024 se han utilizado también datos del Inventario de Iniciativas de Tecnológica Tributaria (ITTI). El ITTI es una base de datos en línea, creada por el Foro de Administración Tributaria de la OCDE junto con nueve organizaciones asociadas, que contiene información sobre herramientas tecnológicas y soluciones de digitalización aplicadas por administraciones tributarias de todo el mundo.

Este informe fue aprobado por el Comité de Asuntos Fiscales el 25 de octubre de 2024 y preparado para su publicación por la Secretaría de la OCDE.

Agradecimientos

La OCDE publica desde 2004 la serie sobre la administración tributaria, una serie de información comparativa sobre administración tributaria. Desde entonces, la publicación ha experimentado un notable crecimiento en términos de difusión, impacto y relevancia, y en la actualidad goza de un amplio reconocimiento como fuente autorizada de información sobre la administración tributaria en todo el mundo.

En esta edición de 2024 se presentan los resultados de la tercera a la sexta ronda de la Encuesta Internacional sobre Administración Tributaria (ISORA), realizadas entre 2020 y 2023. Su elaboración no habría sido posible sin la colaboración y ayuda de un gran número de personas, en particular del personal de las 58 administraciones tributarias que han proporcionado información y ejemplos de jurisdicciones, revisado contenidos y respondido a los comentarios y preguntas sobre los datos y el texto que constituyen la base de esta publicación.

Los autores de la publicación, Paul Marsh, Fiona May y Oliver Petzold, pertenecen a la Secretaría del Foro de Administración Tributaria (FTA) de la OCDE. Oliver Petzold, por su parte, se ha encargado de la gestión y el análisis de los datos de la encuesta ISORA. A los autores les gustaría dar especialmente las gracias a Peter Green, jefe de la Secretaría del FTA, por sus orientaciones y aportaciones durante el proceso de redacción de esta publicación. También desean agradecer la labor de todo el equipo de la Secretaría del FTA, en particular de Eunkyung Shin y Sonia Nicolas, y del equipo de Comunicación del Centro de Política y Administración Tributaria de la OCDE.

Esta edición de la serie sobre la administración tributaria también incorpora un capítulo sobre cómo las administraciones tributarias están estimando las brechas fiscales, escrito por Sun Jae Kim y Alla Sytnik, de la Agencia Tributaria de Canadá. Ambos desean agradecer a los miembros de Comunidad de Interés sobre la brecha fiscal del FTA sus aportaciones y valiosos comentarios sobre este capítulo.

Índice

GRÁFICOS

TABLAS

Guía de lectura

Administraciones tributarias consideradas en el informe

La presente publicación, *Administración tributaria 2024*, es la duodécima edición de la serie comparativa sobre la administración tributaria, publicada por el Centro de Política y Administración Tributaria de la OCDE. El objetivo principal de la serie, que comenzó a publicarse en 2004, es compartir información que propicie el diálogo entre los funcionarios de la administración tributaria sobre cuestiones importantes e identificar oportunidades para mejorar el diseño y la administración de sus sistemas.

Esta edición de la serie proporciona datos comparables a nivel internacional sobre diversos aspectos de los sistemas fiscales y su administración en 58 economías avanzadas y emergentes. Abarca las 54 jurisdicciones miembros del Foro de Administración Tributaria de la OCDE (FTA). También incluye información sobre países no pertenecientes al FTA que son miembros de la Unión Europea, así como de Marruecos y Tailandia (lo que amplía el ámbito geográfico del informe).

Proceso de recopilación de datos y elaboración de informes ISORA

La publicación presenta los resultados de las últimas cuatro rondas de la Encuesta Internacional sobre Administración Tributaria (ISORA), realizadas entre septiembre de 2020 y septiembre de 2023. La ISORA es una encuesta internacional realizada por varias organizaciones que recopila información y datos de ámbito nacional sobre la administración tributaria. La encuesta ISORA de 2023 fue cumplimentada por 166 jurisdicciones.

La dirigen cuatro organizaciones asociadas: el Centro Interamericano de Administraciones Tributarias (CIAT), el Fondo Monetario Internacional (FMI), la Organización Intraeuropea de Administraciones Tributarias (OIAT) y la OCDE. Desde la ronda de encuestas ISORA de 2018, el Banco Asiático de Desarrollo (BAD) también participa en la ISORA, junto con las cuatro organizaciones asociadas.

Encuesta ISORA de 2023

La encuesta ISORA que se puso en marcha en septiembre de 2023 es la encuesta más completa sobre administración tributaria desde 2018. Una vez finalizada la encuesta ISORA de 2018, las organizaciones asociadas se pusieron en contacto con las administraciones participantes para recabar su opinión sobre el proceso de la encuesta y la revisaron a fondo.

Como resultado, la encuesta ISORA se dividió en partes:

1. **Una parte anual**, que recopila datos principalmente sobre el rendimiento operativo anual de las administraciones tributarias; y
2. **Una parte periódica**, que examina los procesos y mecanismos más generales de la administración tributaria, que es menos probable que cambien con regularidad, como la gobernanza, la gestión de recursos humanos y la gestión del riesgo de cumplimiento.

La encuesta ISORA de 2023 integró ambas partes, lo que supuso el primer examen exhaustivo de la administración tributaria en los últimos cinco años. Las encuestas ISORA de 2020, 2021 y 2022, por su parte, solo contenían la parte anual de la encuesta. Se puede acceder a todas las ediciones de la encuesta a través de la Herramienta de Información Fiscal para la Administración de Ingresos del FMI (RA-FIT; https://data.rafit.org/), en el apartado «Forms and Guides» de la sección «Publication/Links».

La próxima encuesta ISORA exhaustiva se realizará en 2028.

Gestión de la encuesta

Las últimas cuatro ediciones de la encuesta ISORA recopilaron datos relativos a los ejercicios fiscales de 2018 a 2022. La información de la encuesta se recopiló en línea mediante la herramienta RA-FIT. La participación tuvo carácter voluntario y fueron 166 las administraciones que completaron la encuesta ISORA de 2023. Todas las organizaciones asociadas, así como el BAD, prestaron apoyo a los participantes para cumplimentar la encuesta ISORA sobre la base de un reparto acordado por adelantado. Las 58 administraciones incluidas en esta publicación corresponden al grupo de administraciones respaldadas por la OCDE.

Aunque todos los datos expuestos en esta publicación han sido objeto de una revisión general por parte de la OCDE, ni esta ni ninguna otra organización asociada los ha verificado formalmente. En consecuencia, hay que considerar que todos los datos incluidos en esta publicación han sido comunicados por las propias administraciones a las que se refieren.

Publicación de los datos

Desde la edición de 2020, todos los datos recogidos mediante la encuesta ISORA se publican en el portal de datos RA-FIT (https://data.rafit.org/). Los datos de la encuesta ISORA de 2023 se publicaron en junio de 2024.

Históricamente, la OCDE ha puesto a disposición del público todos los datos recopilados mediante la encuesta ISORA relativos a los participantes en esta serie sobre la administración tributaria a través de la propia serie y de su anexo de datos. No obstante, esto ha cambiado en la edición de 2024. A partir de ahora, la serie ya no incluirá un anexo de datos. En su lugar, remite a las tablas correspondientes publicadas en el portal de datos RA-FIT. (Para ampliar esta información, véase más adelante).

En cuanto a las demás organizaciones, el BAD también publica los datos recopilados mediante la encuesta ISORA a nivel de jurisdicción relativos a sus miembros. Véase, por ejemplo, su publicación *A Comparative Analysis of Tax Administration in Asia and the Pacific: Seventh Edition* (Asian Development Bank, 2024[1]). Por lo que respecta a las demás organizaciones asociadas de la ISORA, hacen lo siguiente:

- El FMI publica datos agregados. Véase, por ejemplo, la publicación del FMI *ISORA 2018: Understanding Revenue Administration* (Crandall, Gavin and Masters, 2021[2]); y
- El CIAT publica puntos de datos seleccionados. Véase, por ejemplo, *Índice de Innovación, Digitalización y Tecnología (INDITEC): Un instrumento para la evaluación comparativa de las Administraciones Tributarias a nivel internacional (con base en datos de la Encuesta ISORA de 2020)* (Díaz de Sarralde Miguez and Morán, 2022[3]).

Comparabilidad de los datos

La edición de 2024 incluye datos relacionados con el rendimiento, ratios y otra información relativa a los ejercicios fiscales de 2018 a 2022. Los datos de 2018 a 2021 se recopilaron a través de las encuestas ISORA de 2020, 2021 y 2022 y ya fueron incluidos en ediciones anteriores de esta serie. No obstante, varias administraciones han actualizado algunos de sus datos durante el proceso de elaboración de la edición de 2024. Es por esto por lo que puede haber algunas diferencias entre la presente edición de la serie y anteriores ediciones en relación con algunas cifras y tablas que reflejan datos de 2018 a 2021.

En determinados ámbitos, la edición de 2024 también utiliza datos de las rondas ISORA de 2016 y 2018 para mostrar las tendencias del período comprendido entre 2014 y 2022. No obstante, en los últimos años se han introducido una serie de cambios en las preguntas de la ISORA para mejorar la claridad y la calidad de los datos. Por lo tanto, hay que tener cuidado al comparar los resultados de las distintas versiones de la ISORA, y comparar la redacción de las preguntas de la encuesta siempre que sea pertinente. Las preguntas de la encuesta pueden consultarse en https://data.rafit.org/, en el apartado «Forms and Guides» de la sección «Publication/Links».

Además, hay que tener en cuenta que los datos estadísticos suelen ser objeto de revisión después de su publicación. Por ello, algunos datos pueden no corresponderse con lo publicado por las administraciones. Por ejemplo, es posible que los balances de apertura de un año específico (t) no coincidan con los balances de cierre del año previo (t-1) publicados en ediciones anteriores de esta obra.

Hay que tener aún más cuidado a la hora de comparar los datos de la ISORA con los recogidos en ediciones anteriores de la misma encuesta, es decir, los datos incluidos en la sexta edición y ediciones anteriores de la serie. Cuando se creó la encuesta ISORA y a petición de los participantes, las cuatro organizaciones asociadas realizaron un notable esfuerzo para acordar y documentar una serie de palabras y expresiones utilizadas en la encuesta y su significado. Si bien es cierto que con ello se consiguió mejorar la integridad de los datos y la comparabilidad entre administraciones, la contrapartida es que la comparación con los datos anteriores a la ISORA puede presentar limitaciones, ya que es posible que ahora haya términos que antes no se definían o, en algunos casos, que las definiciones hayan variado.

Además, en relación con las administraciones que integran competencias tributarias y aduaneras, hay que señalar que los datos de esta publicación se refieren únicamente a sus actividades de administración tributaria. Por lo tanto, los datos pueden no ser directamente comparables con los indicadores clave de rendimiento que ellas publican, ya que estos indicadores pueden incluir datos relacionados tanto con los impuestos como con los derechos de aduana.

Datos del Inventario de Iniciativas de Tecnológica Tributaria

Para complementar los datos de la encuesta ISORA, esta edición de la serie recurre, nuevamente, a los datos del Inventario de Iniciativas de Tecnológica Tributaria (ITTI), que contiene información sobre herramientas tecnológicas y soluciones de digitalización aplicadas por las administraciones tributarias de todo el mundo. En la elaboración del ITTI han participado los socios de la ISORA, el BAD, el Foro Africano de Administración Tributaria (ATAF), el Cercle de Reflexion et d'Echange des Dirigeants des Administrations Fiscales, la Commonwealth Association of Tax Administrators (CATA), la Pacific Islands Tax Administrators Association (PITAA) y el Grupo de Estudio sobre Investigación y Administraciones Tributarias de la región Asia-Pacífico (SGATAR) (OECD et al., 2024[4]).

Los datos del inventario se recopilaron en 2021 y 2022 a través de una encuesta de ámbito global sobre digitalización, y pueden ofrecer más información sobre los datos de la ISORA en determinados lugares. Por lo tanto, cuando están disponibles, la serie utiliza los datos del ITTI de 52 de las 58 administraciones tributarias que se contemplan en este informe y que han completado la encuesta global sobre digitalización.

Actualmente se están actualizando los datos del ITTI y se espera que los nuevos datos estén disponibles hacia finales de 2024.

Estructura de la publicación

La serie sobre la administración tributaria examina los elementos fundamentales de los sistemas modernos de administración tributaria y utiliza el análisis de datos y ejemplos proporcionados por las administraciones tributarias para poner de relieve las tendencias clave, las innovaciones recientes y las métricas e indicadores de rendimiento.

Estructura

La publicación se estructura en torno a once capítulos precedidos por (i) una introducción seguida de varios capítulos sobre (ii) responsabilidades y recaudación del impuesto; (iii) registro e identificación; (iv) liquidación del impuesto; (v) servicios; (vi) gestión del cumplimiento; (vii) recaudación; (viii) controversias; (ix) marcos institucionales y gobernanza; (x) presupuesto y plantilla, y un último capítulo (xi) en el que se analiza en profundidad la brecha fiscal.

Además, la publicación contiene dos anexos:

- En el anexo A figura un resumen de las tablas de datos ISORA publicadas en el portal de datos RA-FIT (https://data.rafit.org/).

  En ediciones anteriores, este anexo reproducía los datos ISORA relativos a las 58 administraciones tributarias[1] contempladas en la serie. A partir de esta edición de 2024, el anexo A contiene enlaces a tablas en línea donde figuran los datos ISORA anuales y periódicos de los ejercicios fiscales de 2018 a 2022.

  Las tablas en línea presentan datos de más de 175 jurisdicciones que han completado al menos una de las últimas cuatro rondas de la encuesta ISORA. Hay dos tipos de tablas:

  - ***Tablas anuales,*** que contienen:
    - Seis conjuntos de tablas con indicadores derivados de los datos calculados a partir de los datos recopilados en la encuesta ISORA (estas tablas están identificadas con el prefijo «D»). Las fórmulas y los datos utilizados para calcular los indicadores figuran debajo de cada tabla.
    - Trece conjuntos de tablas muestran los datos brutos recopilados en la encuesta ISORA. Son las tablas que empiezan por «A».
  - ***Tablas periódicas,*** que incluyen los datos correspondientes a la parte periódica de la encuesta ISORA de 2023. Esas tablas están identificadas con el prefijo «B» y se agrupan en siete conjuntos.
- En el Anexo B figuran los datos de las administraciones que han participado en esta publicación.

Tablas y gráficos

Las notas sobre las fuentes que figuran debajo de las tablas y gráficos de la publicación remiten a los lectores a las tablas de datos ISORA subyacentes publicadas en el portal de datos RA-FIT. En algunos casos, pueden hacer referencia a ediciones anteriores de la serie o, cuando se utilicen datos del ITTI, a las hojas de cálculo de MS Excel pertinentes sobre el ITTI.

Los gráficos de la publicación también van acompañados de hipervínculos (OECD StatLinks) que dirigen al lector a las correspondientes hojas de cálculo de MS Excel que contienen los datos subyacentes. Estos enlaces son estables y no sufrirán cambios con el paso del tiempo.

Los símbolos y abreviaturas utilizados en las tablas de datos ISORA se explican al final de cada tabla. El lector debe tener en cuenta que la ausencia de datos sobre una jurisdicción concreta en una tabla puede deberse, principalmente, a que la pregunta no es aplicable a dicha jurisdicción, o a que la pregunta inicial de una subsección de la encuesta se contestó en sentido negativo y, por lo tanto, la jurisdicción no tuvo que responder a las preguntas de seguimiento.

Foro de Administración Tributaria

El FTA es un organismo único que reúne a directores generales y funcionarios de la administración tributaria de más de 50 economías miembros y no miembros de la OCDE. Se trata de un foro a través del cual los responsables de la administración tributaria comparten conocimientos, llevan a cabo investigaciones y desarrollan nuevas ideas para mejorar la administración fiscal en todo el mundo. Los lectores que deseen obtener más información sobre el FTA deben dirigirse a: https://www.oecd.org/en/networks/oecd-forum-on-tax-administration.html. Para más información sobre la labor de la OCDE en materia de administración tributaria, visite: https://www.oecd.org/en/topics/tax-administration.html. (Ambos enlaces consultados el 10 de septiembre de 2024).

Salvedad

Las administraciones tributarias operan en entornos heterogéneos, y la forma en que cada una de ellas administra su sistema fiscal difiere en función del entorno político y legislativo, al igual que de la cultura y las prácticas administrativas. Por ello, un enfoque estándar de la administración tributaria puede no resultar práctico ni deseable en un caso concreto. En consecuencia, este informe y las observaciones que contiene deben interpretarse teniendo en cuenta estas consideraciones. Al examinar las prácticas de una jurisdicción, conviene asegurarse de apreciar plenamente los complejos factores que han dado forma a un determinado enfoque. Del mismo modo, hay que tener en cuenta los diferentes desafíos y prioridades de cada administración.

References

Asian Development Bank (2024), *A Comparative Analysis of Tax Administration in Asia and the Pacific: Seventh Edition*, Asian Development Bank, Manila, https://doi.org/10.22617/TCS240003-2. [1]

Crandall, W., E. Gavin and A. Masters (2021), *ISORA 2018: Understanding Revenue Administration*, International Monetary Fund, Washington, DC, https://doi.org/10.5089/9781513592930.087. [2]

Díaz de Sarralde Miguez, S. and D. Morán (2022), *Innovation, Digitalization and Technology Index (INDITEC): A tool for benchmarking Tax Administrations at the international level (Based on data from ISORA 2020 Survey)*, Inter-American Center of Tax Administrations (CIAT), Panama City, http://www.ciat.org/Biblioteca/DocumentosdeTrabajo/2022/WP-02-22-Sarralde-Moran.pdf (accessed on 10 September 2024). [3]

OECD et al. (2024), *Inventory of Tax Technology Initiatives*, https://web-archive.oecd.org/tax/forum-on-tax-administration/tax-technology-tools-and-digital-solutions/index.htm (accessed on 10 September 2024). [4]

Nota

[1] En el caso de Japón, dado que publica sus cifras monetarias en millones, a las cifras monetarias incluidas en las tablas se les ha añadido el sufijo «000» para ajustarse a los requisitos de la encuesta de que las cifras monetarias debían proporcionarse en millares. Por lo que respecta a Suiza, en el contexto de la encuesta ISORA, el término «administración tributaria» se refiere a la Administración Federal Tributaria suiza. Todas las funciones desempeñadas por las administraciones tributarias cantonales o comunales suizas no se atribuyen a la Administración Tributaria Federal y, por lo tanto, no se han tenido en cuenta. Esto afecta, en particular, al impuesto sobre la renta de las personas físicas y al impuesto de sociedades, en los que la Administración Tributaria Federal se limita a desempeñar una función de supervisión. Cuando se indica que un servicio no lo presta la «administración tributaria», es posible que lo presten las administraciones tributarias cantonales y/o comunales suizas.

Abreviaturas y acrónimos

BAsD	Banco Asiático de Desarrollo
AEAT	Agencia Estatal de Administración Tributaria (España)
IA	Inteligencia artificial
ANGIE	Motor Automatizado de Identificación de Redes y Agrupaciones
APPT	Acuerdos previos sobre precios de transferencia
API	Interfaz de Programación de Aplicaciones
ATO	Australian Taxation Office (Agencia Tributaria, Australia)
AUD	Dólar australiano
DAE	Declaración de Actividad Empresarial
BEPS	Base Erosion and Profit Shifting (Erosión de la base imponible y traslado de beneficios)
CIAT	Centro Interamericano de Administraciones Tributarias
CIN	Cédula de Identidad Nacional (Brasil)
IS	Impuesto de sociedades
CI	Comunidad de Interés
COTS	Commercial-Off-The-Shelf (Software comercial estándar)
CR	Certificado de Residencia
CPFB	Central Provident Fund Board (Junta del Fondo Central de Previsión, Singapur)
CPC	Centro de Procesamiento Central
CRA	Canada Revenue Agency (Agencia Tributaria, Canadá)
NCD	Norma Común de Declaración
CTC	Child Tax Credit (Crédito Fiscal por Hijos a Cargo)
CVWMS	Collections Verification Workload Management System (Sistema de Gestión de la Carga de Trabajo de Verificación de Cobros)
CAD	Código de Acceso Digital
DCE	Detection Controlled Estimation (Estimación Controlada por Detección)
EEDA	Equipo de Ecosistema Digital y Alianzas
DGFiP	Direction générale des Finances publiques (Dirección General de Finanzas Públicas, Francia)

DID	Distributed Identifiers (Identificador descentralizado)
PSD	Proveedor de Servicios Digitales
DTC	Disability Tax Credit (Crédito Fiscal por Discapacidad)
EITC	Earned Income Tax Credit (Crédito Fiscal por Rendimientos del Trabajo)
UE	Unión Europea
EUR	Euro
FATCA	Foreign Account Tax Compliance Act (Ley de Cumplimiento Tributario de Cuentas Extranjeras, Estados Unidos)
FAQs	Preguntas frecuentes
CFE	Correspondencia de Fuente Extranjera
FTA	Forum on Tax Administration (Foro de Administración Tributaria de la OCDE)
ETC	Equivalente a Tiempo Completo
GBP	Libra esterlina
PIB	Producto Interior Bruto
GST	Goods and Service Tax (Impuesto sobre bienes y servicios)
GSTC	Secretaría General de Comités Tributarios (Arabia Saudí)
HMRC	HM Revenue and Customs (Agencia Tributaria y Aduanera, Reino Unido)
IAPN	Individuo de Alto Patrimonio Neto
RR. HH.	Recursos Humanos
RAR	Reembolso de Alto Riesgo
ICAP	Programa internacional de cumplimiento de las obligaciones tributarias de la OCDE
TIC	Tecnologías de la Información y las Comunicaciones
FMI	Fondo Monetario Internacional
OIAT	Organización Intraeuropea de Administraciones Tributarias
IRS	Internal Revenue Service (Servicio de Impuestos Internos, Estados Unidos)
IRAS	Inland Revenue Authority of Singapore (Autoridad de Ingresos Internos de Singapur)
ISORA	Encuesta Internacional sobre Administración Tributaria
ITTI	Inventario de Iniciativas de Tecnológica Tributaria
RAS	Reino de Arabia Saudí
OGC/PGC	Oficina/Programa de Grandes Contribuyentes
EMN	Empresa Multinacional
MF	Ministerio de Finanzas
MOM	Ministry of Manpower (Ministerio de Trabajo, Singapur)
PM	Profesional Médico
MTF	Missing Trader Fraud (Fraude del operador desaparecido)

MTIC	Missing Trader Intra Community (Fraude intracomunitario del operador desaparecido)
NRA	National Revenue Agency (Agencia Nacional de Ingresos, Bulgaria)
NTA	National Tax Agency (Agencia Tributaria Nacional, Japón)
NTCA	National Tax and Customs Administration (Administración Nacional de Impuestos y Aduanas, Hungría)
NTS	National Tax Service (Servicio Nacional de Impuestos, Corea)
ROC	Reconocimiento Óptico de Caracteres
OCDE	Organización para la Cooperación y el Desarrollo Económicos
NI	Nómina integral
OTP	One-Time Password (Contraseña de un solo uso)
PAC	Payment Arrangement Calculator (Calculadora de Acuerdos de Pago)
PAYE	Pay-As-You-Earn (retención a cuenta sobre el salario)
PAYGW	Pay As You Go Withholding (retención a cuenta sobre el consumo)
IRPF	Impuesto sobre la renta de las personas físicas
RA-FIT	Herramienta de Información Fiscal para la Administración de Ingresos del FMI
RPA	Robotic Process Automation (Automatización Robótica de Procesos)
SDZ	Secure Drop Zone (Zona de Entrega Segura, Canadá)
SII	Servicio de Impuestos Internos (Chile)
SMS	Servicio de mensajes cortos
FEP	Frontera Estocástica de Producción
CSS	Cotización a la Seguridad Social
SSTTP	Self-Serve Time to Pay (Reino Unido)
STA	State Taxation Administration (Administración Tributaria del Estado, República Popular de China)
STA	Swedish Tax Administration (Administración Tributaria, Suecia)
STI	State Tax Inspectorate (Inspección Estatal de Impuestos, Lituania)
STP	Single Touch Payroll (Australia)
TAS	Serie sobre la administración tributaria
TAS	Taxpayer Advocate Service (Servicio del Defensor del Contribuyente, Estados Unidos)
TF	Task Force (Grupo de Trabajo)
TFTC	Grupo de Trabajo sobre Delitos Fiscales y Otros Delitos
AF	Año Fiscal
UHT	Underused Housing Tax (Impuesto sobre Viviendas Infrautilizadas, Canadá)
EE. UU.	Estados Unidos
IVA	Impuesto sobre el Valor Agregado

VITARA	Virtual Training to Advance Revenue Administration (Formación virtual para mejorar la administración de tributos)
ZATCA	Zakat, Tax and Customs Authority (Zakat, Autoridad Fiscal y Aduanera, Arabia Saudí)

Resumen ejecutivo

La presente publicación, *Administración tributaria 2024*, constituye la duodécima edición de la serie de información comparativa de la OCDE sobre administración tributaria. Contiene una amplia recopilación de datos y otros tipos de información destinada principalmente a los analistas de administraciones tributarias, a fin de ayudarles a comprender mejor el diseño y la gestión de los sistemas fiscales en distintas jurisdicciones y a efectuar análisis comparados de ámbito internacional. Si bien se dirige principalmente a los analistas, también puede resultar una herramienta útil para los altos cargos de la administración tributaria y funcionarios de los ministerios de Hacienda que pretendan implementar reformas en la gestión de sus sistemas fiscales.

Basándose en los datos proporcionados por la Encuesta Internacional sobre Administración Tributaria (ISORA), la edición de 2024 de la serie sobre la administración tributaria examina detalladamente y a nivel nacional las administraciones tributarias de 58 jurisdicciones, incluyendo datos relacionados con el rendimiento, ratios y tendencias hasta el final del ejercicio fiscal 2022.

Los amplios avances en la administración tributaria siguen en constante evolución

Las ediciones anteriores de esta serie ya abordaron el impacto de un entorno en constante transformación sobre las administraciones tributarias. Estos cambios, impulsados por factores internos y externos —como la digitalización de la economía en general, los avances tecnológicos y la pandemia de COVID-19—, son las razones fundamentales que han llevado a las administraciones tributarias a adaptar sus modelos operativos. Algunos de estos cambios pueden tardar muchos años en implantarse, de modo que los avances graduales que se recogen en ediciones anteriores de la serie siguen estando vigentes para la presente edición de 2024.

Las administraciones tributarias han logrado incrementar y mantener su eficiencia y eficacia, especialmente al adoptar enfoques más proactivos para fomentar el cumplimiento de las obligaciones de los contribuyentes. A menudo, estos avances se han visto impulsados por un mayor uso de la tecnología y se han producido en respuesta a las necesidades y expectativas cambiantes de los contribuyentes. Un ejemplo de ello es la rapidez con que las administraciones tributarias adoptaron la gestión electrónica, que permite la presentación y el pago en línea de las declaraciones fiscales, así como la cumplimentación previa, total o parcial, de las declaraciones. Esto se refleja en el significativo aumento de las tasas de presentación electrónica —entre 17 y 23 puntos porcentuales— en los tres principales tipos de impuestos desde 2014; mientras que las tasas de pago electrónico han aumentado alrededor de 10 puntos porcentuales desde 2018 y ahora se sitúan en torno al 90 %.

Asimismo, las administraciones tributarias llevan años empleando tecnologías innovadoras, y el número de administraciones que utilizan asistentes virtuales, inteligencia artificial e interfaces de programación de aplicaciones sigue creciendo. Por ejemplo, entre las administraciones incluidas en esta publicación, el uso de asistentes virtuales e inteligencia artificial casi se ha duplicado desde 2018.

Nuevas ideas y perspectivas propuestas en esta publicación

La presente edición de 2024, además de reflejar que el desarrollo general de las administraciones tributarias sigue evolucionando, proporciona una serie de perspectivas únicas sobre procesos de administración tributaria que no se habían analizado con tanto detalle desde la publicación de la octava edición en 2019.

Esto ha sido posible gracias a los resultados de la encuesta ISORA de 2023, que se ha consolidado como una valiosa fuente de datos sobre administración tributaria al erigirse en la encuesta internacional más exhaustiva sobre el tema desde 2018. Así, los resultados de la encuesta permiten examinar más a fondo las operaciones, procesos y mecanismos de las administraciones tributarias, ya que no se limitan a los datos anuales de rendimiento habituales, sino que también proporcionan información sobre cómo las administraciones tributarias:

- ***Están estructuradas y qué mecanismos de gobernanza han establecido:*** Las administraciones tributarias están sujetas a una serie de controles y mecanismos de equilibrio diseñados para garantizar la transparencia de sus operaciones y la debida rendición de cuentas en la gestión del sistema fiscal. Los nuevos datos incluidos en la edición de 2024 ponen de manifiesto que las administraciones tributarias operan bajo una supervisión y un control rigurosos, y también que elaboran un volumen considerable de documentos estratégicos y operativos. No obstante, todavía hay margen para aumentar la transparencia, lo que podría reforzar aún más la confianza de los ciudadanos en la administración tributaria, ya que no todas las administraciones que elaboran este tipo de documentos estratégicos y operativos los publican.
- ***Identifican y satisfacen las preferencias de servicio de los contribuyentes:*** El volumen de interacciones con los contribuyentes es de una magnitud considerable. Las administraciones tributarias informaron de más de 3 500 millones de consultas a través de cuentas en línea de contribuyentes, además de más de 300 millones de llamadas telefónicas recibidas, a lo que se suman decenas de millones de consultas en persona, comunicaciones postales y correos electrónicos. Atender las preferencias de los contribuyentes en cuanto a canales de contacto y servicio es, por lo tanto, un aspecto importante de la labor de la administración tributaria. La edición de 2024 ofrece información valiosa sobre la forma en que las administraciones abordan esta cuestión, analizando el uso que hacen de las encuestas de satisfacción del contribuyente, la existencia de estándares de servicio, la disponibilidad de servicios en línea y la implementación de iniciativas educativas y de apoyo empresarial.
- ***Gestionan los riesgos de cumplimiento:*** Evaluar la exactitud y exhaustividad de la información declarada por los contribuyentes es fundamental para garantizar la integridad del sistema fiscal. Aunque tradicionalmente esta labor se realiza a través de las funciones de inspección, cada vez es más frecuente el uso de controles electrónicos automatizados, validaciones y cruces de información. Además, las administraciones tributarias están adaptando sus estrategias de gestión de riesgos de cumplimiento gracias a la mayor disponibilidad de datos y a la aplicación de novedosas técnicas de ciencia de datos. La edición de 2024 examina en detalle cómo estas administraciones están organizando sus procesos en este ámbito. Para ello, analiza los enfoques que las administraciones tributarias adoptan a la hora de comprender y gestionar los riesgos de cumplimiento, así como algunas de las medidas que toman en materia de prevención y gestión del incumplimiento.
- **Abordan la recaudación de deudas:** Al final del ejercicio fiscal 2022, el importe total de los impuestos atrasados pendientes de pago es muy elevado, ronda los 2,7 billones de euros, de los que se consideran susceptibles de cobro unos 810 000 millones. Por lo tanto, es importante que el marco legal contemple disposiciones que faculten a los funcionarios de la administración tributaria para emprender determinadas acciones en lo que respecta a la gestión de la deuda y la recaudación de cantidades vencidas, así como para ejecutar medidas contra deudores morosos.

La presente edición utiliza los nuevos datos ISORA para analizar las facultades de recaudación de deudas y su uso por parte de las administraciones tributarias.

- ***Utilizan herramientas de prevención de controversias:*** La prevención y resolución de controversias son esenciales para preservar la confianza en el sistema fiscal. Las controversias pueden suponer un alto costo en recursos para las administraciones tributarias, por lo que muchas de ellas están implementando estrategias para prevenirlas. Más allá de ofrecer orientación y asesoramiento a los contribuyentes, la edición de 2024 revela que muchas administraciones cuentan con mecanismos específicos de prevención de controversias, como la emisión de resoluciones administrativas tanto de alcance general como particular, el uso de acuerdos anticipados de precios y la puesta en marcha de programas de cumplimiento cooperativo.
- ***Gestionan su plantilla:*** Una gestión eficaz del personal de la administración tributaria pasa por aplicar estrategias integrales de contratación, capacitación y retención. La inversión en formación profesional continua mantiene al personal actualizado sobre las últimas normativas, tecnologías y metodologías de trabajo. Además, un enfoque centrado en el bienestar y el compromiso de los empleados puede traducirse en un mayor grado de satisfacción laboral, una menor rotación y una plantilla más motivada. A partir de la gran cantidad de datos recogidos en la encuesta ISORA de 2023, esta edición de 2024 de la serie analiza en detalle todas aquellas áreas que pueden ayudar a cultivar una cultura organizativa positiva que valore la integridad, la rendición de cuentas y la excelencia, todas ellas cruciales para el buen funcionamiento del sistema fiscal.

Estimaciones de la brecha fiscal

Por último, esta edición de la serie incluye un apartado especial sobre las estimaciones de la brecha fiscal. En los últimos años, un número cada vez mayor de jurisdicciones ha comenzado a analizar las brechas fiscales, ya que los resultados de estas estimaciones pueden ofrecer información valiosa sobre la magnitud y características del incumplimiento, las tendencias emergentes y el estado general del sistema fiscal. Este apartado especial, que parte del reconocimiento de la complejidad inherente a las estimaciones de la brecha fiscal, ofrece una visión general de conceptos clave relacionados con la brecha fiscal y proporciona una serie de ejemplos de experiencias internacionales en la investigación de este fenómeno.

1 Introducción

Este capítulo ofrece una visión general del contenido de la edición de 2024 de la Serie de la OCDE sobre la administración tributaria.

La forma en que las administraciones tributarias responden a un entorno en constante cambio ha sido un tema recurrente en las anteriores ediciones de esta serie. Estos cambios suelen estar impulsados por factores externos, como la digitalización de la economía, los avances tecnológicos y la pandemia de COVID-19. En consecuencia, las administraciones tributarias han ido adaptando sus modelos operativos para afrontar estos desafíos y encontrar nuevas formas de satisfacer las cambiantes expectativas de los contribuyentes en materia de servicios, al tiempo que prestan apoyo a una plantilla que se está adaptando a nuevos modelos operativos, tecnologías y características del lugar de trabajo.

Estos cambios pueden tardar muchos años en implantarse, de modo que los avances graduales que se recogen en ediciones anteriores de la serie siguen estando vigentes para la presente edición de 2024. Esta edición también aborda una serie de aspectos adicionales, basados en los numerosos puntos de datos recolectados en la Encuesta Internacional sobre Administración Tributaria (ISORA) de 2023, que no se habían recogido desde 2018. Con estos datos periódicos, que solo se recogen cada cinco años, la edición de 2024 proporciona, entre otros datos, más información sobre cómo las administraciones tributarias:

- Están estructuradas y qué mecanismos de gobernanza han establecido.
- Comprenden y gestionan los riesgos de cumplimiento.
- Previenen y gestionan los incumplimientos;
- Identifican y satisfacen las preferencias de servicio de los contribuyentes.
- Gestionan su plantilla.

Paralelamente a la encuesta ISORA de 2023, también se pidió a las administraciones tributarias incluidas en esta serie que compartieran ejemplos de prácticas innovadoras que estuvieran implementando para contribuir a la consecución de sus objetivos. En total, proporcionaron una rica fuente de más de cien ejemplos, que abordan una amplia variedad de temas. Si bien estos ejemplos no constituyen una base de comparación entre administraciones tributarias equiparable a la que, en algunas circunstancias, proporcionan los puntos de datos de la encuesta ISORA, sí enriquecen los datos y son un buen reflejo de la dirección estratégica de las administraciones tributarias a escala global.

Por otra parte, esta edición de la serie sigue utilizando información del Inventario de Iniciativas de Tecnológica Tributaria (ITTI) (OECD et al., 2024[1]). El ITTI recopila datos sobre el trabajo de transformación digital y digitalización de las administraciones tributarias de todo el mundo, lo que proporciona una rica fuente de información sobre los avances que se están produciendo en la administración tributaria, propiciando el aprendizaje mutuo y la colaboración.

Independientemente del contexto en el que opere una administración tributaria, el objetivo fundamental sigue siendo el mismo: la recaudación puntual y precisa de los ingresos fiscales para financiar los servicios públicos. El ***Capítulo 2*** explora este tema con más detalle y ofrece estadísticas sobre la variedad y el montante de los impuestos de los que son responsables las administraciones. Además, también aborda otras responsabilidades clave que van más allá de la recaudación de impuestos.

Para lograr su objetivo, es esencial que las administraciones tributarias se aseguren de que todos los contribuyentes estén registrados y puedan ser identificados de manera rápida y segura cuando sea necesario. El ***Capítulo 3*** expone la labor de las administraciones tributarias en este ámbito, en particular su creciente participación en los planes integrales del Gobierno en materia de identidad digital.

El ***Capítulo 4*** se enfoca en la función de liquidación de impuestos, que abarca todas las actividades relacionadas con la tramitación de las declaraciones y pagos de impuestos. En este capítulo se analiza el uso de canales electrónicos para la presentación y el pago de impuestos, y se describen los esfuerzos de las administraciones para ofrecer declaraciones previamente cumplimentadas, así como los índices de cumplimiento de los plazos de presentación y pago de las declaraciones.

Prestar servicios acordes con las expectativas de los contribuyentes y ayudarles a cumplir sus obligaciones fiscales es esencial para lograr altos niveles de cumplimiento voluntario. El ***Capítulo 5*** destaca la labor de las administraciones tributarias en este ámbito y el modo en que están fomentando el «autoservicio» por parte de los contribuyentes. Esto forma parte de un cambio más profundo, mediante el cual la gestión tributaria se convierte en un proceso fluido, en el que el incumplimiento y las cargas administrativas se combaten cada vez más desde el diseño.

La gestión del cumplimiento es el tema principal del ***Capítulo 6***, que explora cómo las administraciones tributarias están identificando los riesgos de cumplimiento, a menudo mediante el uso de datos y nuevas herramientas tecnológicas. Este capítulo también analiza las medidas adoptadas contra los infractores, examinando los enfoques que se utilizan para prevenir y abordar el incumplimiento, tanto antes como después de la presentación de las declaraciones fiscales.

El ***Capítulo 7*** analiza cómo las administraciones tributarias gestionan el cobro de los impuestos pendientes de pago, y examina las características que debe reunir una gestión moderna de la recaudación de deudas tributarias. También proporciona una visión general de las facultades de recaudación de las que disponen las administraciones tributarias y de cómo las utilizan.

No obstante, es inevitable que surjan controversias entre los contribuyentes y las administraciones tributarias, y el ***Capítulo 8*** aborda este tema, en particular, la forma en que se protegen los derechos de los contribuyentes, así como los controles y mecanismos de equilibrio en el ejercicio de las competencias en materia fiscal por parte de las administraciones.

Como todos los organismos públicos, las administraciones tributarias deben, en última instancia, rendir cuentas ante los ciudadanos a los que sirven. Para que el sistema fiscal funcione correctamente es necesario que lo haga de forma justa e imparcial y que esté sujeto a controles y mecanismos de equilibrio. El ***Capítulo 9*** analiza el marco en el que se articula esta rendición de cuentas, incluyendo los acuerdos institucionales y las estructuras de gobernanza existentes.

Los recursos de que disponen las administraciones tributarias constituyen el núcleo de todo el sistema. En este sentido, el ***Capítulo 10*** proporciona información sobre los recursos con los que cuentan las administraciones, junto con una descripción de las estrategias para gestionar su personal.

Finalmente, el ***Capítulo 11*** de esta edición de la serie incluye un apartado especial que explora con gran detalle cómo las administraciones tributarias estiman las brechas fiscales, analizando conceptos clave relacionados con este tema y ejemplos de investigaciones internacionales al respecto.

Bibliografía

OECD et al. (2024), *Inventory of Tax Technology Initiatives*, https://web-archive.oecd.org/tax/forum-on-tax-administration/tax-technology-tools-and-digital-solutions/index.htm (accessed on 10 September 2024). [1]

2 Responsabilidades y recaudación del impuesto

Este capítulo examina el desempeño de las administraciones tributarias en su función principal de recaudar impuestos, así como otras responsabilidades que se les han encomendado. Proporciona cifras sobre los ingresos tributarios netos agregados y otros datos clave relacionados con las actividades de las administraciones analizadas en esta publicación.

Introducción

El objetivo principal de una administración tributaria es recaudar ingresos fiscales para financiar los servicios públicos; no obstante, con el tiempo, muchas administraciones tributarias han asumido otras responsabilidades adicionales. La confianza en su capacidad demostrada para gestionar procesos administrativos complejos y a gran escala desempeña, sin lugar a dudas, un papel importante en esta evolución. Este capítulo expone una visión general de todas las competencias atribuidas a las administraciones tributarias y de los ingresos netos recaudados. También examina la relevancia de los regímenes de retención como mecanismo de apoyo al cumplimiento fiscal.

Responsabilidades de las administraciones tributarias

Son pocas las jurisdicciones que aún no han unificado la recaudación de los impuestos directos y (la mayoría) de los indirectos en un único organismo de administración tributaria, y la Tabla 2.1. resume los distintos tipos de ingresos que recaen bajo la responsabilidad de las administraciones tributarias participantes en esta publicación. (Para más detalles sobre la configuración institucional de las administraciones tributarias, véase el Capítulo 9).

Tabla 2.1. Tipos de ingresos de los que es responsable la administración tributaria, 2022

Porcentaje de administraciones competentes en relación con los siguientes tipos de ingresos

Impuesto sobre la renta de las personas físicas	Impuesto de sociedades	Impuesto sobre el valor agregado	Impuestos especiales (internos)	Impuestos sobre vehículos de motor	Impuestos sobre bienes inmuebles	Impuestos sobre el patrimonio	Impuestos sobre sucesiones, donaciones y otros	Otros impuestos sobre bienes y servicios	Cotizaciones a la seguridad social	Derechos de aduana
98,3	100,0	94,8	63,8	46,6	44,8	24,1	48,3	55,2	39,7	44,8

Fuente: CIAT, OIAT, FMI, OCDE, Encuesta Internacional sobre Administración Tributaria, Tablas A.1 Tipos de ingresos de los que es responsable la administración: Impuesto sobre la renta e impuestos sobre bienes y servicios, A.2 Tipos de ingresos de los que es responsable la administración: Otros impuestos, A.3 Tipos de ingresos de los que es responsable la administración: Otros impuestos (continuación), CSS e ingresos no tributarios, A.4 Impuestos retenidos por el empleador y administraciones que combinan las funciones tributarias y las aduaneras, https://data.rafit.org/regular.aspx?key=74180893 (consultado el 10 de septiembre de 2024).

Funciones adicionales a la recaudación de ingresos

Además de sus funciones tributarias tradicionales, muchos gobiernos han otorgado a las administraciones tributarias otras competencias (incluyendo responsabilidades compartidas en algunos ámbitos). Si bien algunas de estas funciones adicionales están estrechamente relacionadas con la labor principal de la administración tributaria, varias administraciones señalan que se les está encomendando la gestión de programas y actividades más amplios.

La Tabla 2.2. ilustra algunas de las funciones encomendadas a las administraciones tributarias además de la recaudación de ingresos. Las más comunes son:

- La administración de las funciones de valoración de propiedades para otros organismos públicos, vinculadas en algunas jurisdicciones a la gestión de impuestos sobre bienes inmuebles.
- Recaudación de ingresos de loterías, apuestas, juegos y casinos.
- Pago de prestaciones en virtud de diversos programas sociales o de bienestar, algunos de los cuales están integrados con elementos del sistema fiscal.

- Gestión de los planes públicos de pensiones.

Algunas de estas funciones están sujetas al marco de la legislación fiscal de la jurisdicción, así como al proceso administrativo de la administración tributaria. Por lo general, pueden estar relacionadas con la provisión de beneficios económicos a los contribuyentes (por ejemplo, beneficios de tipo social) o la recaudación de préstamos o deudas contraídas con la Administración (por ejemplo, préstamos estudiantiles o pensiones de manutención). En otros casos, la función guarda una relación menos directa con el sistema tributario, como ocurre con la supervisión de determinadas actividades de juegos de azar/apuestas o los registros de población.

Tabla 2.2. Funciones de la administración tributaria además de la recaudación de ingresos, 2022

Porcentaje de administraciones responsables de las siguientes funciones

Prestaciones sociales	Pensiones de manutención	Valoración de propiedades	Préstamos estudiantiles	Registro de población	Planes de pensiones	Loterías, apuestas, juegos y casinos	Mantenimiento del registro público de la propiedad	Registro de vehículos de motor
13,8	8,6	27,6	8,6	5,2	12,1	27,6	6,9	1,7

Fuente: CIAT, OIAT, FMI, OCDE, Encuesta Internacional sobre Administración Tributaria, Tabla B.2 Funciones adicionales a la recaudación de ingresos, https://data.rafit.org/regular.aspx?key=74180913 (consultado el 10 de septiembre de 2024).

La ampliación de responsabilidades, si bien puede aportar beneficios a través de economías de escala y alcance, también puede aumentar potencialmente los riesgos que afecten la función principal de recaudar los ingresos tributarios necesarios para financiar los servicios y bienes públicos. Por lo tanto, requiere una sólida gobernanza, una gestión eficaz de riesgos y una asignación adecuada de recursos.

Recuadro 2.1. Ejemplos - Funciones más amplias de las administraciones tributarias

Brasil - Programa Sinter: Sistema nacional de gestión de la información territorial

El Programa Sinter es un sistema de gestión pública administrado por la Agencia Tributaria brasileña (Receita Federal do Brasil), que integra datos geoespaciales y fiscales de propiedades urbanas y rurales. También incluye datos jurídicos notariales y de registros de la propiedad, ya que en Brasil la propiedad de un inmueble solo se adquiere mediante el registro de la escritura en la oficina de registro de la propiedad inmobiliaria.

Se creó para satisfacer la necesidad del Estado brasileño de disponer de información fiable y completa sobre el sector inmobiliario urbano y rural. Esta información estaba fragmentada en miles de sistemas distribuidos entre las distintas estructuras del Gobierno Federal, los estados, el Distrito Federal, los municipios y las oficinas de registro de la propiedad.

Así comienza a funcionar el Catastro Inmobiliario Brasileño (CIB) —un código identificador único a nivel nacional— asignado a las propiedades sobre las que se dispone de información geoespacial cuando los datos se integran en el sistema.

Dado que Sinter utiliza datos georreferenciados para localizar correctamente las propiedades registradas en él, ofrece las siguientes ventajas:

- Mejora el entorno empresarial.
- Proporciona información sobre los esfuerzos de regularización de la tierra y la cartografía de las zonas de deforestación y los principales focos de incendios ilegales en la selva amazónica, los pueblos indígenas y otras comunidades tradicionales.

- Contribuye a combatir el acaparamiento de tierras, el lavado de activos, la evasión fiscal y el contrabando de minerales.
- Proporciona mayor seguridad jurídica a las partes implicadas en una negociación sobre propiedades que cuenten con un código de registro CIB georreferenciado.
- Proporciona oportunamente información fiable y completa sobre el sector inmobiliario para la planificación estratégica y eficaz de las políticas públicas.

Italia - Servicios digitales inmobiliarios

La Agencia Tributaria italiana ha tomado medidas para mejorar sus servicios inmobiliarios, aumentar la transparencia del mercado y ofrecer a los contribuyentes mejores servicios digitales.

En su página web es posible cotejar los precios declarados en las ventas inmobiliarias realizadas desde 2019, así como las principales características de los inmuebles vendidos. Basta con desplazarse por el mapa nacional y seleccionar el filtro pertinente (período de tiempo, tamaño, ubicación, etc.) para que se muestren los inmuebles que se han comprado y vendido, y el precio de venta.

Además, los ciudadanos pueden descargarse la aplicación móvil OMI, donde se detallan los precios promedio de venta y alquiler de distintos tipos de inmuebles, y que el Observatorio del Mercado Inmobiliario de la Agencia Tributaria italiana se encarga de actualizar cada seis meses. La interfaz permite al usuario explorar propiedades de interés a través de un mapa interactivo y obtener presupuestos preliminares sobre su costo.

Corea - Oficina de Gestión de Beneficios Fiscales

Con el fin de asistir a sus ciudadanos más vulnerables, Corea está promoviendo activamente el establecimiento de una infraestructura de bienestar público. Paralelamente, la Agencia Tributaria de Corea ha reforzado sus funciones en materia de gestión de beneficios fiscales mediante la creación de la Oficina de Gestión de Beneficios Fiscales.

La Oficina es responsable del funcionamiento de los programas de Crédito Fiscal por Rendimientos del Trabajo (EITC, por sus siglas en inglés) y Crédito Fiscal por Hijos a Cargo (CTC, por sus siglas en inglés), concebidos para apoyar a los hogares de bajos ingresos. El EITC pretende fomentar la participación de las personas con bajos ingresos en el mercado laboral a través de ingresos derivados del trabajo, mientras que el CTC ayuda a sufragar los gastos de guardería. Además, esta Oficina gestiona un «Programa de identificación de ingresos en tiempo real», que recopila información sobre los ingresos de los trabajadores que necesitan prestaciones sociales de manera inmediata para, a continuación, transmitírsela a los organismos pertinentes.

En 2023, el número de hogares que recibieron prestaciones derivadas de estos dos programas se multiplicó por ocho, beneficiando a uno de cada cinco hogares en todo el país. Entre las mejoras recientes cabe destacar el impulso de la tecnología informática para facilitar el procedimiento de solicitud del EITC y del CTC para las personas mayores y las personas con discapacidad, y el continuo refuerzo de los servicios fiscales de asistencia social.

A través del sistema de identificación de ingresos en tiempo real, la Agencia Tributaria coreana recopila mensualmente información sobre los ingresos no solo de los asalariados a tiempo completo, sino también de los trabajadores con modalidades de empleo atípicas, como los proveedores de servicios basados en plataformas. De este modo, al facilitar esta información a los organismos de la seguridad social, ayuda a detectar con prontitud a las personas que necesitan prestaciones sociales.

Fuente: Brasil (2024), Italia (2024) y Corea (2024).

Responsabilidades relacionadas con la investigación de delitos fiscales

Encontrar formas de combatir los delitos fiscales es una cuestión prioritaria, ya que el lavado de activos, la corrupción, la financiación del terrorismo y otros delitos financieros amenazan los intereses estratégicos, políticos y económicos de las jurisdicciones. Las administraciones tributarias, en su calidad de guardianas de un sistema financiero sólido, desempeñan un papel fundamental en la lucha contra estas actividades y disponen de información que puede resultar crucial para el éxito de una investigación penal en materia fiscal.

Existen diversos enfoques organizativos para llevar a cabo investigaciones sobre delitos fiscales, y la encuesta ISORA analiza el papel de las administraciones tributarias en este proceso. Como se desprende de los datos, algo más de la mitad de las administraciones tributarias incluidas en esta publicación tienen competencias en materia de investigación de delitos fiscales (Tabla A.87.). La mayoría de ellas son responsables tanto de realizar como de dirigir las investigaciones de delitos fiscales, mientras que las demás se encargan únicamente de realizar las investigaciones, bajo la dirección o autoridad de otro organismo, como la policía o la fiscalía (véase la Tabla 2.3.).

En los casos en que las administraciones no tienen competencias para llevar a cabo investigaciones sobre delitos fiscales, esta labor la realiza otro organismo, como la policía o la fiscalía. También podría estar a cargo de un organismo especializado, ajeno a la administración tributaria.

Tabla 2.3. Papel de las administraciones en las investigaciones de delitos fiscales, 2022

Porcentaje de administraciones

La administración tributaria tiene competencias tanto para dirigir como para realizar investigaciones de delitos fiscales.	La administración tributaria tiene competencias para realizar investigaciones, bajo la dirección o autoridad de otro organismo.	Un organismo ajeno a la administración tributaria se encarga de investigar los delitos fiscales.
43,1	17,2	44,8

Nota: En algunas jurisdicciones, el enfoque organizativo para las investigaciones de delitos fiscales puede depender del tipo de delito fiscal o de los procedimientos penales relacionados con los impuestos. En esos casos, cabe la posibilidad de que las administraciones hayan marcado varias opciones de respuesta. Por eso los porcentajes sumados superan el 100 %.
Fuente: CIAT, OIAT, FMI, OCDE, Encuesta Internacional sobre Administración Tributaria, Tabla A.87 Investigaciones de delitos fiscales: Papel de la administración, https://data.rafit.org/regular.aspx?key=74180895 (consultado el 10 de septiembre de 2024).

En el informe de la OCDE publicado en 2024 *Designing a National Strategy against Tax Crime: Core Elements and Considerations* (OECD, 2024[1]) se incluye más información sobre los motivos para adoptar una estrategia nacional contra el delito fiscal y sobre el diseño de este tipo de estrategias. El informe se basa en las prácticas de los miembros del Grupo de Trabajo sobre Delitos Fiscales y Otros Delitos (TFTC) de la OCDE, integrado por funcionarios de numerosas administraciones tributarias.

Recuadro 2.2. Australia: Marco de respuesta ante el aumento del fraude

La Agencia Tributaria de Australia (ATO) ha establecido un marco proactivo que identifica y responde a importantes focos de fraude susceptibles de tener un impacto significativo y causar un fallo sistémico en los mecanismos de control.

De acuerdo con dicho marco, la responsabilidad de gestionar los casos de fraude externo de importancia recae en un alto cargo de la ATO. Esto, combinado con una estructura organizativa clara que se activa cuando se produce un aumento del fraude, proporciona un marco de gobernanza y responsabilidad que permite al organismo trabajar coordinadamente para combatir el fraude.

El mecanismo está diseñado para prevenir el fraude. Se basa en la recopilación de información estratégica y datos en un sistema de alerta temprana, que permite identificar patrones para detectar el fraude de forma temprana. Este enfoque permite realizar proyecciones y evaluar distintos escenarios. La capacidad de prever posibles casos de fraude en el futuro permite a la ATO anticiparse y responder con prontitud, ya sea adaptando de inmediato los enfoques y controles para responder ante eventuales escenarios, o bien vigilando y preparando una respuesta en caso de que se produzca el peor de los escenarios.

Al atajar un caso de fraude, la ATO también tiene en cuenta medidas de prevención futuras mediante la mejora de los controles generales. Cuando es necesario, estas medidas se acompañan de propuestas de asignación de recursos presupuestarios.

El diseño del marco de respuesta ante el aumento del fraude se basa en la experiencia adquirida en anteriores casos a gran escala de fraude y de filtración de datos, así como en las mejores prácticas extraídas de los marcos internacionales de gestión de incidentes internacionales y de la Commonwealth.

Fuente: Australia (2024).

Recaudación de ingresos

Esta sección examina la recaudación neta de las administraciones tributarias, además de otras cifras clave relacionadas con sus actividades.

En general, ha continuado el aumento de la recaudación de ingresos que ya se observó en la última edición de esta publicación. Entre 2021 y 2022, la recaudación de ingresos aumentó en casi todas las jurisdicciones analizadas. El aumento promedio sigue siendo bastante significativo (+17,3 % de promedio, véase la Tabla 2.4.), dando continuidad a la sustancial recuperación de la actividad económica tras la pandemia de COVID-19, durante la cual muchos gobiernos impusieron medidas de confinamiento y forzaron el cierre de numerosas empresas, lo que afectó negativamente a la renta imponible y a las ventas.

Tabla 2.4. Variación de la recaudación neta total, 2018-22

Variación	De 2018 a 2019	De 2019 a 2020	De 2020 a 2021	De 2021 a 2022
Aumento (porcentaje de administraciones)	96,5	22,8	94,7	96,5
Disminución (porcentaje de administraciones)	3,5	77,2	5,3	3,5
Variación promedio en porcentaje	+6,2	-3,8	+17,2	+17,3

Nota: La tabla se basa en los datos de las jurisdicciones analizadas en esta publicación. Se han excluido los datos de India, ya que la información del organismo encargado de administrar los impuestos indirectos solo estaba disponible a partir del ejercicio fiscal 2021.
Fuente: CIAT, OIAT, FMI, OCDE, Encuesta Internacional sobre Administración Tributaria, Tabla A.5 Ingresos netos recaudados por la administración tributaria: Total, https://data.rafit.org/regular.aspx?key=74180904 (consultado el 10 de septiembre de 2024).

La recaudación neta de las administraciones tributarias representa, en promedio, el 22 % del PIB de la jurisdicción

A través de su Global Revenue Statistics Database (OECD, 2023[2]), la OCDE trata de publicar datos comparables a escala internacional sobre los ingresos fiscales de sus miembros, así como de otras jurisdicciones para todos los niveles de gobierno. Dado que la información que contiene dicha base de datos recoge información a nivel de la jurisdicción y no de la administración, en la encuesta ISORA se pidió a las administraciones tributarias que aportaran determinada información sobre su actividad recaudatoria. Esta información demuestra claramente la importancia de las administraciones tributarias en sus respectivas economías.

Los ingresos netos recaudados por las administraciones tributarias participantes en este informe, en porcentaje del producto interior bruto (PIB) en 2022, oscilan entre menos del 10 % y un máximo del 40 % en el caso de Dinamarca y Suecia. El promedio de ingresos netos recaudados por las administraciones en este informe es del 22 % del PIB (véase el Gráfico 2.1.).

Gráfico 2.1. Ingresos netos recaudados en porcentaje del producto interior bruto, 2022

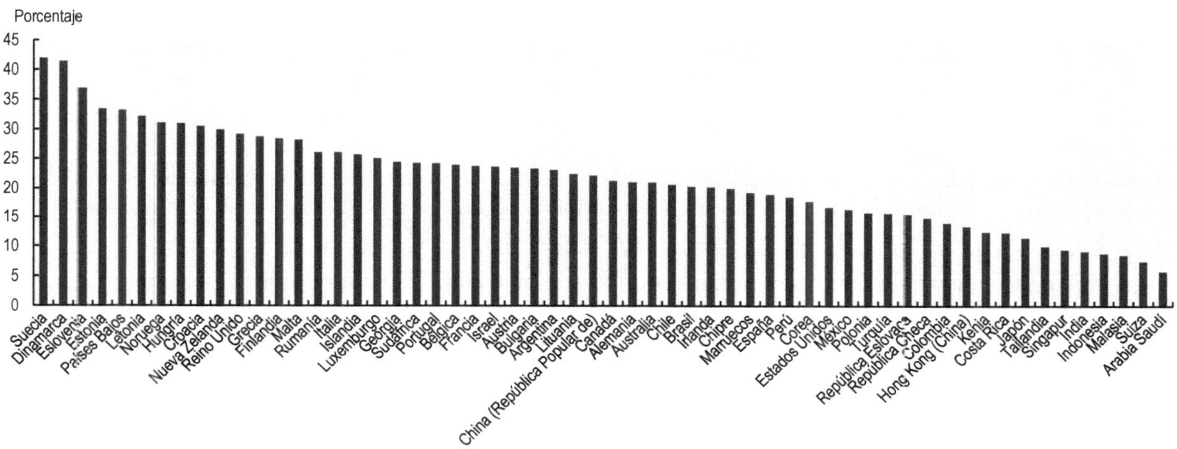

Fuente: CIAT, OIAT, FMI, OCDE, Encuesta Internacional sobre Administración Tributaria, Tabla D.1 Ratios relacionados con los ingresos: Recaudación en relación con los ingresos públicos totales y el PIB., https://data.rafit.org/regular.aspx?key=74180898 (consultado el 10 de septiembre de 2024).

StatLink https://stat.link/v5bwue

La recaudación neta de las administraciones tributarias representa, en promedio, el 62 % de los ingresos totales de las jurisdicciones

Cuarenta y dos administraciones tributarias informan de una recaudación neta superior al 50 % de los ingresos públicos totales en 2022, lo que convierte a las administraciones tributarias en el principal organismo recaudador de ingresos públicos en casi tres cuartas partes de las jurisdicciones incluidas en este informe. El promedio de ingresos netos recaudados por las administraciones en este informe es del 62 % de los ingresos totales de las jurisdicciones (véase el Gráfico 2.2.)

Gráfico 2.2. Ingresos netos recaudados en porcentaje del total de ingresos públicos, 2022

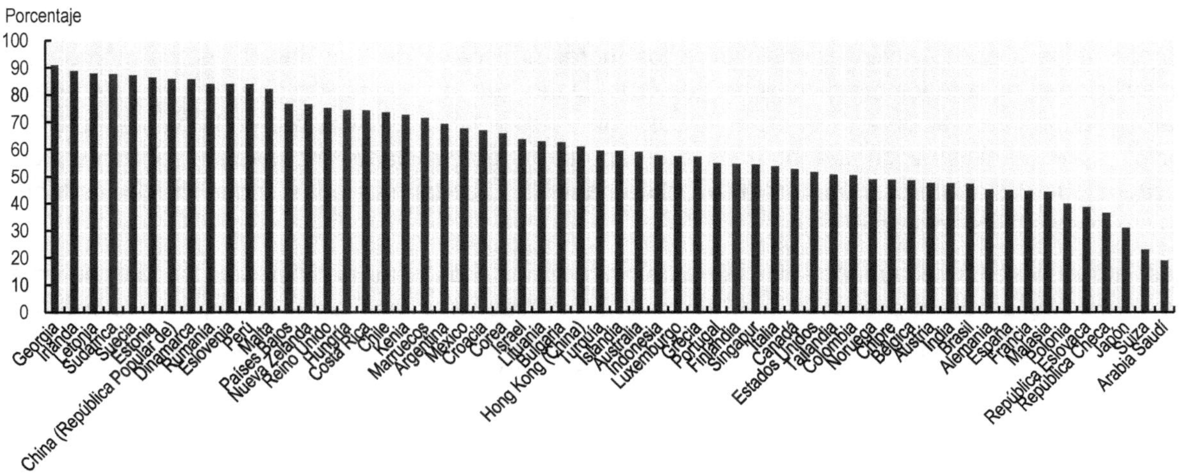

Fuente: CIAT, OIAT, FMI, OCDE, Encuesta Internacional sobre Administración Tributaria, Tabla D.1 Ratios relacionados con los ingresos: Recaudación en relación con el total de los ingresos públicos y el PIB., https://data.rafit.org/regular.aspx?key=74180898 (consultado el 10 de septiembre de 2024).

StatLink https://stat.link/rk1jsa

El impuesto sobre el valor agregado representa el 30 % de la recaudación neta de ingresos y es el principal tipo de impuesto recaudado por el 43 % de las administraciones tributarias analizadas en este informe. Le sigue el impuesto sobre la renta de las personas físicas, que representa el 26 % de la recaudación neta de ingresos y es el principal tipo de impuesto recaudado por el 36 % de las administraciones. El impuesto de sociedades (19 %) y las cotizaciones a la Seguridad Social (10 %) constituyen los otros principales tipos de ingresos, tal y como se refleja en el Gráfico 2.3. En muchas jurisdicciones, no son las administraciones tributarias las que recaudan las cotizaciones a la seguridad social, por lo que están infrarrepresentadas en el promedio de recaudación neta del conjunto de jurisdicciones que contempla esta publicación. Cuando lo hacen, suelen ser una de las principales fuentes de ingresos de la administración tributaria (véase la Tabla D.4.).

Gráfico 2.3. Recaudación promedio de ingresos netos (en porcentaje) por principales tipos de ingresos, 2022

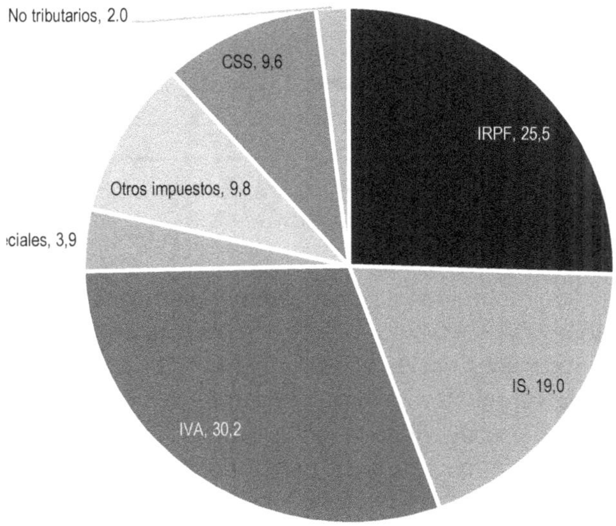

Fuente: CIAT, OIAT, FMI, OCDE, Encuesta Internacional sobre Administración Tributaria, Tablas D.2 Ratios relacionados con los ingresos: Impuestos en relación con el PIB e ingresos no tributarios en relación con los ingresos totales, D.3 Estructura tributaria y proporción que representan las CSS: IRPF, IS e IVA, y D.4 Estructura fiscal y proporción de las CSS: Impuestos especiales, otros impuestos y CSS, https://data.rafit.org/regular.aspx?key=74180898 (consultado el 10 de septiembre de 2024).

StatLink https://stat.link/mv0dfy

Agilización de la recaudación: el sistema de retención a cuenta

Los regímenes de retención pueden formar parte de los enfoques de cumplimiento por diseño, que favorecen el cumplimiento general al tiempo que reducen significativamente las cargas para un gran número de contribuyentes, dependiendo del grado de implicación del contribuyente en los ajustes posteriores al pago que puedan resultar necesarios (es decir, cuando la retención da lugar a un pago de impuestos inferior o superior al debido). En lugar de que el contribuyente presente una declaración y pague los impuestos correspondientes, el sistema de retención a cuenta consiste en que el impuesto se paga directamente a la administración tributaria a través, normalmente, de un responsable que abona solo los ingresos netos al contribuyente (por ejemplo, la retención por parte de un empleador sobre el salario de sus empleados), o por un intermediario entre el pagador y el cliente.

La retención de impuestos más común en todo el mundo es aquella que grava los rendimientos del trabajo (los llamados enfoques de «retención a cuenta sobre el salario»). Otros ejemplos son las retenciones sobre intereses, dividendos o cánones. En función del régimen fiscal subyacente y de la naturaleza de los pagos, la retención puede variar entre un sistema simple, con un tipo fijo universal, y un sistema más complejo que tenga en cuenta las circunstancias más específicas del contribuyente. La Tabla 2.5. muestra los tipos de ingresos que generalmente están sujetos a retención a cuenta en las distintas jurisdicciones analizadas en esta publicación.

Tabla 2.5. Tipos de ingresos generalmente sujetos a retención a cuenta, 2022

Porcentaje de jurisdicciones

Sueldos y salarios	Dividendos	Intereses	Ingresos por alquileres	Ingresos por actividades comerciales específicas	Cánones, patentes	Ingresos por la compraventa de acciones	Ingresos por la compraventa de bienes inmuebles	Otros tipos de ingresos
91,4	82,8	77,6	39,7	34,5	67,2	29,3	25,9	43,1

Fuente: CIAT, OIAT, FMI, OCDE, Encuesta Internacional sobre Administración Tributaria, Tabla B.49 Retenciones a cuenta, https://data.rafit.org/regular.aspx?key=74180917 (consultado el 10 de septiembre de 2024).

Además de minimizar las cargas, los regímenes de retención también contribuyen a reducir los errores en la declaración y los pagos por debajo de lo debido, ya que los responsables de transferir los impuestos a la administración no tienen ningún derecho sobre dichos importes. Por supuesto, sigue habiendo margen de error, derivada de una aplicación incorrecta de las normas o de errores de los responsables o intermediarios cuando el sistema depende de que ellos proporcionen información. Sin embargo, el aumento de la automatización, una mayor comprobación cruzada de los datos y los enfoques coordinados a nivel del gobierno en su conjunto tienen el potencial de reducir tales riesgos.

Para comprender la importancia de la retención a cuenta del impuesto sobre la renta de las personas físicas, la encuesta ISORA pidió a las administraciones participantes que estimaran el porcentaje del total del impuesto retenido por terceros y abonado posteriormente a la administración. Las administraciones que fueron capaces de proporcionar esta información estiman que, en 2022, alrededor del 80 % de la recaudación total del impuesto sobre la renta de las personas físicas se recaudó mediante retenciones a cuenta, una cifra que se ha mantenido estable en los últimos cinco años (véase la Tabla 2.6.).

Tabla 2.6. Porcentaje promedio de retención del IRPF, 2018-22

2018	2019	2020	2021	2022
79,2	78,7	80,7	80,6	80,5

Nota: La tabla muestra el porcentaje promedio de retención del IRPF en relación con 39 jurisdicciones que proporcionaron esta información para los años 2018 a 2022.
Fuente: CIAT, OIAT, FMI, OCDE, Encuesta Internacional sobre Administración Tributaria, Tabla D.40 Porcentajes de pagos electrónicos y retención del impuesto por terceros, https://data.rafit.org/regular.aspx?key=74180902 (consultado el 10 de septiembre de 2024).

Recuadro 2.3. Ejemplos: respaldo de los procesos de retención

Corea: agilización del proceso de pago del impuesto sobre la renta mediante tecnología digital

La Agencia Tributaria coreana ha ido ampliando los servicios que facilitan los trámites a los contribuyentes, empezando por el impuesto sobre los rendimientos del trabajo y extendiéndose después a la declaración de ingresos empresariales, para agilizar el proceso de pago del impuesto sobre la renta.

En 2006, para facilitar la declaración de las deducciones de ingresos y créditos fiscales de cara a la liquidación de impuestos de fin de año de los asalariados, la Agencia Tributaria coreana empezó a recopilar digitalmente determinados documentos justificativos para los contribuyentes, como primas de seguros, gastos médicos y de tarjetas de crédito, que les proporcionaba en formato de archivo electrónico. Este servicio liberaba a los contribuyentes de la carga de recopilar personalmente los documentos justificativos, ya que podían enviar los datos recopilados por la Agencia Tributaria coreana a los responsables de practicar la retención (empleadores).

En 2022, la Agencia Tributaria coreana puso en marcha un servicio en el que, previo consentimiento del contribuyente, proporciona directamente los datos de liquidación de fin de año a los responsables de practicar la retención. Esto agiliza el proceso de retención para los empleadores, lo que les permite cumplir con las tareas de retención del impuesto sobre la renta de manera más eficiente. De esta forma, los contribuyentes, en particular aquellos con rendimientos del trabajo, pueden ultimar su declaración del impuesto sobre la renta simplemente comprobando los resultados de las deducciones y los créditos fiscales. Con ello, disminuyó significativamente la necesidad de que los contribuyentes accedan al portal de la Agencia Tributaria coreana (Hometax) o acudan presencialmente a las dependencias del organismo para obtener documentos justificativos de las deducciones, lo que redujo los costos de cumplimiento de las obligaciones fiscales asociados a las liquidaciones de fin de año.

Gracias a estos esfuerzos, la Agencia Tributaria coreana está más cerca de convertirse en una Administración Tributaria 3.0. Los procedimientos tributarios serán más fluidos y ágiles, al estar integrados en el sistema natural de los contribuyentes.

Reino Unido: mejoras en el sistema de retención a cuenta sobre el salario

Cada año se incorporan al mercado laboral casi 18 millones de personas, y aproximadamente a una de cada siete se les asigna inicialmente un código fiscal incorrecto debido a información errónea o incompleta. La Agencia Tributaria y Aduanera del Reino Unido (HM Revenue & Customs, HMRC) recibe anualmente alrededor de un millón de llamadas de nuevos empleados relacionadas con esta cuestión.

La HMRC ha mejorado el sistema que gestiona los registros de las retenciones a cuenta sobre los salarios de los contribuyentes para detectar cuándo un código fiscal parece incorrecto y, si dispone de suficiente información, emitir automáticamente un nuevo código sin necesidad de contacto adicional. Esto permite que el empleado reciba el salario correcto y pague el impuesto adecuado mucho antes.

La HMRC también está intentando averiguar cuál es la mejor manera de tranquilizar a los nuevos empleados cuando ocurre esto, y experimentando con el envío de correos electrónicos y mensajes de texto a algunos contribuyentes para informarles de que la HMRC es consciente del problema y está trabajando para corregirlo. En la fase de prueba, se enviaron 681 mensajes SMS y correos electrónicos a los contribuyentes. La tasa de contacto por parte de los contribuyentes que recibieron los correos electrónicos o mensajes SMS disminuyó considerablemente, pasando de un promedio del 28 % de personas a solo el 1,2 % en el grupo de muestra. Dado que se trató de una muestra pequeña, se están realizando análisis adicionales para comprobar esta correlación.

Fuente: Corea (2024) y Reino Unido (2024).

Bibliografía

OECD (2024), *Designing a National Strategy against Tax Crime: Core Elements and Considerations*, OECD Publishing, Paris, https://doi.org/10.1787/0e451c90-en. [1]

OECD (2023), *Global Revenue Statistics Database*, https://www.oecd.org/en/data/datasets/global-revenue-statistics-database.html (accessed on 10 September 2024). [2]

3 Registro e identificación

El registro y la identificación de los contribuyentes son elementos fundamentales para el funcionamiento eficaz de un sistema tributario. En este capítulo se comentan algunas de las características más relevantes de ambos procesos.

Introducción

Un sistema integral de registro e identificación de contribuyentes constituye un pilar fundamental de un sistema tributario eficaz. Es la base que sustenta una amplia gama de tareas básicas de administración tributaria, como la autoliquidación, los regímenes del impuesto sobre el valor agregado y de retención a cuenta, así como las obligaciones de información por parte de terceros y el cotejo de datos. En este capítulo se analizan varias cuestiones importantes relacionadas con el registro y la identificación de los contribuyentes, tales como los distintos niveles y canales de registro y la gestión del sistema de identificación, así como la forma en que la digitalización afecta a estos servicios.

Niveles de registro

A nadie se le escapa la importancia fundamental que reviste a efectos tributarios un sistema eficaz de registro. Estos procesos son necesarios tanto para gestionar a los contribuyentes que «forman parte del sistema» como para ayudar a identificar a los que aún no se han registrado. Además, deben ser capaces de controlar y determinar las acciones e intervenciones para establecer cualquier responsabilidad tributaria, tanto para las personas físicas como para las jurídicas, incluso en aquellos sistemas en los que no es obligatorio presentar declaraciones.

El Gráfico 3.1. proporciona información sobre la tasa de contribuyentes personas físicas registrados en porcentaje de la población total. En él se muestra una amplia variedad de tasas de registro, que a menudo reflejan el nivel de integración de la administración tributaria con otros organismos públicos, así como los umbrales de ingresos a efectos fiscales.

Gráfico 3.1. Registro de contribuyentes activos del impuesto sobre la renta de las personas físicas como porcentaje de la población, 2022

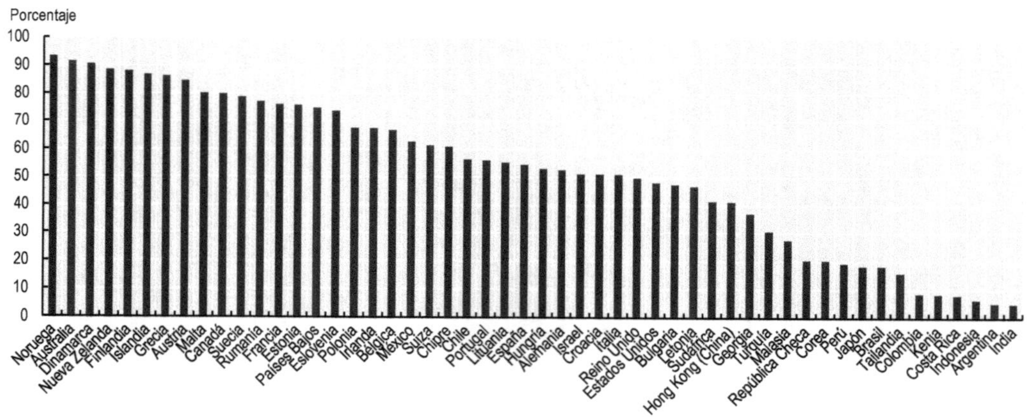

Fuente: CIAT, OIAT, FMI, OCDE, Encuesta Internacional sobre Administración Tributaria, Tabla D.19 Registro de contribuyentes del impuesto sobre la renta de las personas físicas, https://data.rafit.org/regular.aspx?key=74180900 (consultado el 10 de septiembre de 2024).

StatLink https://stat.link/khpnm3

Canales de registro

Si bien la mayoría de las administraciones son las únicas responsables del sistema de registro a efectos fiscales en sus jurisdicciones, ediciones anteriores de esta serie han demostrado que en muchas de ellas los procedimientos de registro también pueden iniciarse al margen de la administración tributaria a través de otros organismos públicos (OECD, 2019[1]).

Al analizar la forma en que los contribuyentes pueden registrarse, casi todas las administraciones indicaron que ponen a disposición de los contribuyentes más de un canal de registro y el 97 % afirmó que era posible registrarse en línea (véase la Tabla 3.1.). Esto supone un aumento de 27 puntos porcentuales en comparación con los datos de la edición de 2017 de esta serie (OECD, 2017[2]). Aunque el registro presencial sigue siendo un canal o elemento relevante del proceso de registro (a menudo debido a la necesidad de aportar una prueba física de identidad), se espera que a medida que los sistemas de identificación digital se vuelvan más sofisticados, aumente el predominio de los canales en línea.

Tabla 3.1. Disponibilidad de canales de registro para los contribuyentes, 2022

Porcentaje de administraciones que ofrecen el canal de registro correspondiente

En línea	Por teléfono	Por correo electrónico	Por correo postal	Presencial	Otro tipo de canal
96,6	53,4	56,9	63,8	93 1	37,9

Nota: Los canales de registro pueden no estar siempre disponibles para todos los tipos de impuestos o segmentos de contribuyentes.
Fuente: CIAT, OIAT, FMI, OCDE, Encuesta Internacional sobre Administración Tributaria, Tabla A.94 Canales de registro: en línea, por teléfono, por correo electrónico y Tabla A.95 Canales de registro: por correo postal, presencial y otros, https://data.rafit.org/regular.aspx?key=74180896 (consultado el 10 de septiembre de 2024).

Si bien la encuesta realizada no permite determinar si el canal de registro en línea está disponible para todos los tipos de impuestos o segmentos de contribuyentes, las jurisdicciones señalan que esta opción se está integrando en su proceso de digitalización en curso. De hecho, en una jurisdicción (Arabia Saudí), los contribuyentes solo pueden registrarse en línea (véanse las Tablas A.94. y A.95.). Este giro hacia los canales digitales también puede impulsar una mayor eficiencia, aunque a medida que se acelera la transición digital se presta más atención a aquellas personas que no tienen acceso a los servicios digitales.

Integración con otros organismos públicos

Habida cuenta del papel fundamental que desempeñan el registro y la identificación de los contribuyentes en el sistema fiscal, disponer de registros actualizados sigue siendo una prioridad para la mayoría de las administraciones tributarias. Tal y como reflejan las ediciones anteriores, la gran mayoría de las administraciones cuentan con programas formales para mejorar la calidad del registro fiscal (OECD, 2019[1]).

Por lo tanto, no es de extrañar que otros organismos públicos estén interesados en utilizar el registro de la administración tributaria para sus propios fines, ya sea para prestar servicios o para garantizar el cumplimiento de disposiciones legales y reglamentarias. Esto está dando lugar a la creación de bases de datos intergubernamentales. Como ilustra la Tabla 3.2, el 70 % de las administraciones declaran la existencia de una serie de bases de datos de este tipo, por ejemplo, registros de población o de empresas. Como se indica en el Capítulo 2, algunas administraciones también informaron de que eran responsables del mantenimiento de bases de datos intergubernamentales, como el registro de población y/o de la propiedad (véase la Tabla 2.2.).

Recuadro 3.1. Ejemplos: integración con otros organismos públicos

Brasil: proyecto de documento nacional de identidad

Brasil ha hecho grandes avances en la implantación de la Cédula de Identidad Nacional (CIN), un nuevo documento de identificación disponible en formato físico y digital cuyo objetivo es proporcionar una autoidentificación segura a sus ciudadanos y permite conectarse a determinados servicios públicos, entre ellos los fiscales. Esto ha centralizado el sistema de identificación civil de Brasil, donde antes los documentos de identidad se expedían a nivel estatal y eran más susceptibles de fraude y otro tipo de actividades ilegales. En enero de 2024 se habrán emitido alrededor de 3 millones de CIN.

El proyecto se ha basado en gran medida en la información de la Agencia Tributaria brasileña (Receita Federal do Brasil), coincidiendo el número de identificación de las cédulas con el número de identificación fiscal del contribuyente. Una vez expedida la CIN física, el titular también puede obtener una versión digital a través del portal en línea de la Administración, al que se accede mediante la misma autenticación de inicio de sesión que sirve para todos los sitios web y aplicaciones de la administración pública, lo que facilita el acceso de los ciudadanos a los servicios públicos. La CIN viene acompañada de un código QR que puede leerse de forma fácil y rápida, lo que proporciona más seguridad a los ciudadanos. Permite identificar la autenticidad de la cédula y saber si esta ha sido robada o extraviada. También está diseñada para facilitar el proceso de identificación de personas con necesidades especiales.

Brasil: Portal Empresarial REDESIM

El Portal Empresarial REDESIM ha redefinido el modelo de interacción tradicional entre la administración tributaria brasileña y los ciudadanos en los trámites de apertura, formalización y registro de empresas legales.

Todas estas operaciones se han estandarizado en el conjunto de Brasil, independientemente del estado, con validaciones automáticas y la opción de evaluar los servicios. Todas las etapas del proceso de registro (legalidad, viabilidad, registro, registros fiscales y concesión de licencias) se llevan a cabo mediante un procedimiento único y lineal, y a cada empresa se le asigna un número de identificación único. El Portal Empresarial REDESIM constituye un elemento fundamental para la implementación de reformas de los impuestos al consumo, ya que permite el intercambio de datos, la facilitación y simplificación de los servicios, la integración entre organismos públicos y la creación de bases de datos más precisas. Esto, a su vez, proporcionará una mejor experiencia al usuario y supondrá una mejora en la prestación de los servicios públicos.

Fuente: Brasil (2024).

Tabla 3.2. Bases de datos intergubernamentales: Disponibilidad y tipos de bases de datos, 2022

Porcentaje de jurisdicciones

Existen bases de datos intergubernamentales	En caso afirmativo, tipo de bases de datos gubernamentales cruzadas				
	Registro de población	Registro de la propiedad	Registro mercantil	Registro de vehículos de motor	Otros
70,0	71,4	62,9	82,9	68,6	28,6

Nota: Los porcentajes se basan en datos de 52 jurisdicciones contempladas en este informe e incluidas en la base de datos ITTI.
Fuente: OCDE et al (2024), Inventory of Tax Technology Initiatives, https://web-archive.oecd.org/temp/2023-03-09/618463-data-management.htm, Tabla DM3 (consultado el 10 de septiembre de 2024).

Esta integración entre distintos organismos públicos está aumentando a medida que los gobiernos descubren el potencial de utilizar la información que manejan las administraciones tributarias, como la dirección de los contribuyentes y la información bancaria, para contactar con ciudadanos y empresas o para realizar pagos directos de prestaciones o ayudas (OECD, 2020[3]). Como resultado de esta colaboración más estrecha entre los diferentes organismos públicos, muchos de ellos están integrando (partes de) sus sistemas informáticos de modo que el registro fiscal forme parte de otras gestiones que realizan los contribuyentes. Por ejemplo, registrarse a efectos fiscales al mismo tiempo que se registra una empresa o se inscribe el nacimiento de un hijo. Además, existe una tendencia creciente a que las identificaciones digitales que los contribuyentes crean como parte del proceso de registro proporcionen acceso a servicios de otros organismos públicos o, incluso, de terceros (véase la Tabla 3.3.).

Tabla 3.3. Uso de identificaciones digitales, 2022

Porcentaje de administraciones que cuentan con el procedimiento correspondiente

Tipo de contribuyente	Los contribuyentes deben utilizar una identificación digital aprobada para acceder a servicios digitales seguros.	La identificación digital utilizada para acceder a los servicios puede proporcionarla *(Posibilidad de respuesta múltiple)*			La identificación digital emitida por la administración tributaria también puede utilizarse para acceder a los servicios de	
		la Administración tributaria	otro organismo público	organismos del sector privado	otro organismo público	organismos del sector privado
particulares	100,0	68,6	62,7	39,2	37,1	14,3
empresas	94,1	66,7	50,0	35,4	46,9	9,4

Nota: La tabla se basa en datos de 52 jurisdicciones incluidas en este informe y en la base de datos ITTI. A efectos de la encuesta ITTI, la identificación digital se define como una representación electrónica de una persona o empresa que permite distinguirla con suficiente precisión cuando interactúan en línea. La identificación digital incluye atributos vinculados a una credencial que se utiliza para autenticar al individuo o a la empresa.

Fuente: OCDE et al. (2024), Inventory of Tax Technology Initiatives, https://web-archive.oecd.org/temp/2023-03-09/618377-digital-identity.htm, Tablas DI1 y DI2 (consultado el 10 de septiembre de 2024).

Gestión del sistema de identificación

Todas las administraciones tributarias, ya sea por mandato legal o por buena práctica empresarial, dedican un esfuerzo considerable a garantizar la seguridad de la información de los contribuyentes. Además de implementar procesos internos para prevenir intentos ilegales de obtener información y proteger los derechos de los contribuyentes, todas las administraciones cuentan con procedimientos para asegurarse de que la persona con la que están tratando sea realmente el contribuyente o su representante autorizado. Cada vez más, estos enfoques, que en muchos casos se han ampliado para incluir la autenticación multifactor, están utilizando información biométrica del contribuyente.

Por ejemplo, en relación con los servicios en línea, la Tabla 3.4. muestra que las administraciones emplean algún tipo de método de autenticación para verificar la identidad digital. El tipo de método de verificación varía. Como se observa en la Tabla 3.4., la autenticación basada en contraseña es utilizada por el 87 % de las administraciones, seguida de la autenticación multifactor y las aplicaciones móviles. Unas pocas administraciones informaron también de que utilizan el reconocimiento facial o de huellas dactilares para autenticar la identidad digital de un contribuyente. La mitad de las administraciones informaron de que su uso de diferentes métodos de autenticación se basa en el nivel de seguridad requerido para cierto tipo de interacciones.

Tabla 3.4. Autenticación y autorización de identificaciones digitales, 2022

Porcentaje de administraciones que cuentan con el procedimiento correspondiente

Métodos de autenticación utilizados por la administración tributaria						Utilización de distintos métodos de autenticación en función del nivel de seguridad requerido para determinados tipos de interacciones.	Los contribuyentes pueden autorizar a terceros el acceso a servicios digitales
Autenticación mediante contraseña	Tarjeta de identificación	Aplicación móvil	Reconocimiento facial	Huella dactilar	Autenticación multifactor		
86,5	38,5	42,3	13,5	13,5	61,5	50,0	86,5

Nota: El gráfico se basa en datos de 52 jurisdicciones incluidas en este informe y en la base de datos ITTI.
Fuente: OCDE et al. (2024), Inventory of Tax Technology Initiatives, https://web-archive.oecd.org/temp/2023-03-09/618377-digital-identity.htm, Tablas DI5 y DI6 (consultado el 10 de septiembre de 2024).

Las administraciones tributarias enfrentan desafíos similares a los de otras entidades a la hora de tratar con personas u organizaciones que pueden hacer un uso indebido de la información personal para suplantar a los contribuyentes con el fin de cometer fraudes. El auge de los generadores de imagen y audio basados en inteligencia artificial (IA) complica aún más esta situación. El carácter continuo y, en muchos casos, organizado de esta actividad requiere que las administraciones dediquen esfuerzos considerables a la prevención de la usurpación de identidad.

Recuadro 3.2. Ejemplos: gestión del sistema de identificación

Chile: plataforma para representantes digitales

Chile ha introducido un nuevo sistema llamado «Plataforma para representantes digitales». Esta plataforma permite a los usuarios (tanto personas físicas como jurídicas) delegar la realización de trámites fiscales a terceros autorizados, conocidos como representantes digitales.

La plataforma se ha integrado con servicios públicos digitales más amplios y tiene como objetivo:

- Estandarizar la experiencia de quienes utilizan los servicios digitales de la administración tributaria y otras instituciones públicas.
- Mejorar la trazabilidad de los procedimientos digitales públicos.
- Crear un sistema informático unificado en toda la Administración pública de modo que se eviten duplicidades y se reduzcan los costos.
- Proporcionar a los ciudadanos una identificación digital única que les permita acceder a todos los servicios públicos.

India: sistema de verificación electrónica

India ha hecho posible que los contribuyentes cumplan todos sus requisitos de conformidad a través de medios digitales al introducir la verificación electrónica, un sistema electrónico que permite a los usuarios confirmar su identidad y realizar gestiones en línea.

Los usuarios pueden verificar su declaración del impuesto sobre la renta en línea, así como realizar otras acciones como presentaciones, o enviar respuestas y solicitudes relacionadas con su declaración del impuesto sobre la renta. Esto evita a los contribuyentes tener que presentar físicamente sus declaraciones y acudir físicamente a una oficina para identificarse. El proceso de verificación de la identidad también es mucho más rápido por estar automatizado.

El contribuyente puede verificar su identidad mediante cualquiera de los siguientes métodos:

- Certificado de firma digital mediante token físico.
- Contraseña de un solo uso (OTP) emitida por la Autoridad de Identificación Única de la India, compartida a través de un mensaje de texto.
- Código de Verificación Electrónica utilizando un servicio de verificación habilitado por el banco del contribuyente o un cajero automático del banco (método *offline*).

Desde que se introdujo la verificación electrónica, los niveles de cumplimiento han aumentado significativamente, del 13 % en 2014-15 al 93 % en 2022-23. El tiempo promedio de tramitación de la declaración del impuesto sobre la renta se ha reducido de 84 días en 2019-20 a 10 días en 2023-24.

Países Bajos: pasaporte de empresa

La Agencia Tributaria neerlandesa ha colaborado con la Coalición Holandesa de Blockchain, la Cámara de Comercio, la Asociación de Notarios y las entidades bancarias en una iniciativa público-privada para investigar cómo la introducción del «pasaporte de empresa» puede simplificar el proceso tanto de constituir una empresa como de permitir a esa empresa comerciar con otros negocios y consumidores.

El pasaporte de empresa es un marco de confianza que establece las reglas para una interfaz en línea que permite a los empresarios compartir y verificar datos con las partes pertinentes, como bancos, compañías de seguros y la administración tributaria. Para configurarlo, es necesario concertar una cita en línea con un notario. La interfaz, que incluye una guía de usuario, un monedero y una identificación digital para la entidad jurídica, permite al empresario almacenar y recibir información en un solo lugar, por ejemplo, el número de IVA. La información es fácil de compartir con terceros, como los bancos, cuando se abre una cuenta.

Esto conlleva importantes ventajas para el cliente, como la seguridad jurídica en cuanto a la identidad de los socios comerciales, la reducción de solicitudes duplicadas de documentación por distintas partes y la posibilidad de compartir datos de forma segura con los socios comerciales.

Fuente: Chile (2024), India (2024) y Países Bajos (2024).

Enfoques comunes para la identificación digital

A medida que aumenta la importancia de la identificación digital en el funcionamiento del sistema tributario, también lo hace la necesidad de crear una identificación digital que pueda:

- ser compartida entre los distintos organismos públicos,
- ser interoperable entre gobiernos, y
- utilizarse entre la Administración pública y terceros.

La creación de estos enfoques comunes permitirá desarrollar cada vez más nuevos servicios que pueden reducir las cargas que recaen sobre el contribuyente, así como permitir que terceros suministren información directamente a las administraciones tributarias, proporcionando a estas conjuntos de datos más ricos y precisos.

Por ejemplo, ahora cada vez más pequeñas y medianas empresas y contribuyentes personas físicas obtienen ingresos procedentes de fuera de su jurisdicción, algo que antes era propio de empresas multinacionales o de las que se dedicaban al comercio internacional. Como consecuencia de la proliferación de mercados en línea y plataformas de economía colaborativa, ahora es más fácil que nunca, por ejemplo, alquilar alojamientos vacacionales o vender bienes y servicios en el extranjero a través de plataformas en línea.

Las administraciones tributarias y las empresas se enfrentan a una serie de problemas a la hora de responder a esta situación, que gira en torno a la verificación de la identidad de un usuario común por parte de una plataforma y la administración tributaria. Como resultado, actualmente se está trabajando bajo el paraguas de la Administración Tributaria 3.0 (OECD, 2024[4]) para explorar la forma en que se puede intensificar la cooperación entre las administraciones y las plataformas mediante la integración de los sistemas de identificación digital de una administración tributaria en las aplicaciones de las plataformas. Esto permitirá generar mayor confianza en la identidad de un usuario mutuo, lo que a su vez puede contribuir al cumplimiento tributario de los anunciantes que utilizan las plataformas, así como reducir las cargas para las empresas.

Recuadro 3.3. Reino Unido: identificadores descentralizados

La HMRC está explorando el uso de «identificadores descentralizados» (los denominados «DIDs», por sus siglas en inglés), una innovación en la tecnología web que permite a individuos y organizaciones generar y almacenar sus propios identificadores únicos en un sistema de confianza, y posteriormente utilizarlos para verificar su identidad. Este tipo de identificadores permiten acceder de forma más sencilla y directa a los servicios, por ejemplo, permitiendo iniciar sesión sin necesidad de proporcionar un nombre de usuario, contraseña u otros datos. Esto tiene importantes implicaciones en el ámbito de la seguridad y la privacidad de los datos.

Actualmente, los DIDs forman parte de un proyecto exploratorio que busca comprender y demostrar las oportunidades y las implicaciones para la HMRC, en caso de que esta tecnología logre una adopción más amplia.

La HMRC planea probar un concepto que permitiría a personas y organizaciones externas utilizar DIDs para iniciar sesión y acceder a los servicios de la Administración. Inicialmente, el proyecto va a centrarse en cuestiones de identificación, pero también se están evaluando posibles aplicaciones en el ámbito tributario. Existen múltiples marcos que ya permiten la implementación de identidades distribuidas.

Se trata de un entorno en rápida evolución, con el desarrollo simultáneo de software de código abierto y soluciones propietarias. Al concluir este ejercicio, la HMRC tendrá una mejor comprensión del potencial y las capacidades que ofrecen los DIDs.

Fuente: Reino Unido (2024).

Bibliografía

OECD (2024), *Administración Tributaria 3.0: La transformación digital de la administración tributaria*, OECD Publishing, Paris, https://doi.org/10.1787/f30c1100-es. [4]

OECD (2020), "Tax administration responses to COVID-19: Assisting wider government", *OECD Policy Responses to Coronavirus (COVID-19)*, OECD Publishing, Paris, https://doi.org/10.1787/0dc51664-en. [3]

OECD (2019), *Tax Administration 2019: Comparative Information on OECD and other Advanced and Emerging Economies*, OECD Publishing, Paris, https://doi.org/10.1787/74d162b6-en. [1]

OECD (2017), *Tax Administration 2017: Comparative Information on OECD and Other Advanced and Emerging Economies*, OECD Publishing, Paris, https://doi.org/10.1787/tax_admin-2017-en. [2]

OECD et al. (2024), *Inventory of Tax Technology Initiatives*, https://webarchive.oecd.org/tax/forum-on-tax-administration/tax-technology-tools-and-digitalsolutions/index.htm (accessed on 10 Septembre 2024). [5]

4 Liquidación del impuesto

Este capítulo examina la función de liquidación de impuestos, que abarca todas las actividades relacionadas con la tramitación de las declaraciones y los pagos de impuestos. Examina el uso de canales electrónicos para la presentación y el pago de impuestos, y en él se describen los esfuerzos de las administraciones para ofrecer declaraciones previamente cumplimentadas, y aborda los índices de cumplimiento de los plazos de presentación y pago de las declaraciones.

Introducción

La función de liquidación de impuestos engloba todas las actividades relacionadas con la tramitación de las declaraciones tributarias, entre ellas, emitir liquidaciones, devoluciones, notificaciones y requerimientos. También abarca el procesamiento y la gestión bancaria de los pagos. Estas actividades siguen siendo un área cambiante y prioritaria para las administraciones, ya que el objetivo de estas es tratar de reducir los costos de los procesos de gran volumen.

Como ya se informó en ediciones anteriores de esta serie, la posibilidad generalizada de presentación y pago por vía electrónica que se ofrece a los contribuyentes ha ayudado a las administraciones a reducir sus costos y mejorar los servicios que prestan. Esta tendencia continúa a medida que se pone a disposición de los contribuyentes una gama cada vez mayor de servicios y soluciones de apoyo.

Las administraciones tributarias también gestionan un volumen creciente de datos que recopilan electrónicamente, procedentes de un número cada vez mayor de organizaciones externas. Esto está propiciando que se produzca un cambio hacia un uso más inteligente de los datos y declaraciones precumplimentadas más completas, impulsado en gran medida por el uso de la inteligencia artificial y el aprendizaje automático. También está contribuyendo a crear enfoques de cumplimiento preventivos que pueden minimizar o evitar errores en las declaraciones. Además de actualizar la información sobre los canales utilizados para la presentación y el pago de impuestos, en este capítulo se expondrán:

- Los esfuerzos de las administraciones por ofrecer declaraciones precumplimentadas a los contribuyentes personas físicas y empresas, incluida la expansión de este enfoque, en algunos casos, hasta lograr declaraciones completamente precumplimentadas tanto para personas físicas como para empresas.
- Los índices de cumplimiento de los plazos de presentación y pago de las declaraciones.
- Ejemplos de cómo la tecnología y la aplicación de la ciencia de datos han mejorado los procesos de declaración, pago y devolución.

Uso de canales electrónicos para la presentación y el pago

Para aumentar la aceptación del uso de los canales de presentación y pago electrónicos, muchas jurisdicciones también han impuesto su utilización a la mayoría de los contribuyentes (o a la mayoría de los empleadores en el caso de las retenciones sobre el salario). La Tabla 4.1. muestra que, en las jurisdicciones analizadas en esta publicación, la presentación y el pago electrónicos se han impuesto con más frecuencia a los contribuyentes que son empresas que a las personas físicas. Alrededor de tres cuartas partes de las jurisdicciones imponen el uso obligatorio de los canales de presentación electrónica para el impuesto de sociedades (IS), las retenciones sobre el salario y el impuesto sobre el valor agregado (IVA), mientras que solo la mitad de las jurisdicciones lo imponen en el caso del impuesto sobre la renta de las personas físicas (IRPF). En la misma línea, el pago electrónico es obligatorio para el IS, las retenciones sobre el salario y el IVA en aproximadamente dos tercios de las jurisdicciones, y para el IRPF, de nuevo, en aproximadamente la mitad.

Tabla 4.1. Uso obligatorio de la presentación y el pago electrónicos para la mayoría de los contribuyentes, por tipo de impuesto, 2022

Porcentaje de jurisdicciones

Presentación telemática de declaraciones				Pago electrónico			
Impuesto sobre la renta de las personas físicas	Impuesto de sociedades	Retenciones sobre el salario	Impuesto sobre el valor agregado	Impuesto sobre la renta de las personas físicas	Impuesto de sociedades	Retenciones sobre el salario	Impuesto sobre el valor agregado
52,6	74,1	75,9	81,8	47,4	60,3	63,0	69,1

Fuente: CIAT, OIAT, FMI, OCDE, Encuesta Internacional sobre Administración Tributaria, Tabla B.30 Registro del género del contribuyente; y presentación y pago electrónicos obligatorios, https://data.rafit.org/regular.aspx?key=74180917 (consultado el 10 de septiembre de 2024).

A pesar de la obligatoriedad del uso de canales electrónicos, dado que la digitalización sigue transformando la vida cotidiana, no es de extrañar que el uso efectivo de los canales electrónicos de presentación y pago sea significativamente mayor y continúe creciendo. Como demuestran los elevados porcentajes, estos canales se han implantado en gran variedad de administraciones, por lo que se espera que estos porcentajes se mantengan estables, limitándose a un incremento gradual en el futuro.

La Tabla 4.2. muestra el promedio en la presentación electrónica de declaraciones de las jurisdicciones que proporcionaron información sobre los canales utilizados por los contribuyentes para presentar sus declaraciones entre 2018 y 2022. Durante ese período, alrededor del 95 % de las empresas contribuyentes presentaron sus declaraciones de forma telemática. En el caso de los declarantes del IRPF, esta cifra también ronda el 90 %. Además, cabe señalar que, para un número significativo de administraciones, el porcentaje de presentación electrónica es del 100 % en los principales tipos de impuestos (véanse las Tablas D.26 y D.27).

Tabla 4.2. Promedio (en porcentaje) de presentación electrónica por tipo de impuesto, 2018-22

Tipo de impuesto	2018	2019	2020	2021	2022
Impuesto sobre la renta de las personas físicas (46 jurisdicciones)	82,1	84,5	87,8	88,2	89,5
Impuesto de sociedades (45 jurisdicciones)	91,8	92,5	93,5	94,2	94,7
Retenciones sobre el salario (35 jurisdicciones)	-	-	-	-	94,4
Impuesto sobre el valor agregado (41 jurisdicciones)	94,0	95,8	96,7	97,4	98,2

Nota: La tabla muestra los promedios de presentación electrónica para aquellas jurisdicciones que proporcionaron la información para los 2018 a 2022. Entre paréntesis figura el número de jurisdicciones que presentaron datos. Por lo que respecta a la declaración de retenciones sobre el salario, la pregunta se introdujo en la ISORA de 2023 y, por lo tanto, los datos solo están disponibles para el año 2022.
Fuente: CIAT, OIAT, FMI, OCDE, Encuesta Internacional sobre Administración Tributaria, Tablas D.26 Presentación electrónica: IS e IRPF, y D.27 Presentación electrónica: retenciones sobre el salario e IVA, https://data.rafit.org/regular.aspx?key=74180901 (consultado el 10 de septiembre de 2024).

Si se observa la evolución de los índices de presentación electrónica durante el período comprendido entre 2014 y 2022 que se muestra en la Tabla 4.3., resulta evidente que han aumentado significativamente - entre 17 y 23 puntos porcentuales— en los tres tipos principales de impuestos. (Cabe señalar que la tabla solo tiene en cuenta la información de las jurisdicciones para las que se disponía de datos tanto para el año 2014 como para el 2022, lo que explica las diferencias en los promedios de 2022 que se muestran en las Tablas 4.2. y 4.3.).

Tabla 4.3. Promedio (en porcentaje) de presentación electrónica por tipo de impuesto, 2014 y 2022

Tipo de impuesto	2014	2022	Diferencia en puntos porcentuales
Impuesto sobre la renta de las personas físicas (31 jurisdicciones)	64,5	87,4	+22,9
Impuesto de sociedades (31 jurisdicciones)	78,4	95,2	+16,8
Impuesto sobre el valor agregado (29 jurisdicciones)	81,8	99,0	+17,2

Nota: La tabla muestra los promedios de presentación electrónica para aquellas jurisdicciones que proporcionaron la información para los años 2014 y 2022. Entre paréntesis figura el número de jurisdicciones que presentaron datos.
Fuente: CIAT, OIAT, FMI, OCDE, Encuesta Internacional sobre Administración Tributaria, Tablas D.26 Presentación electrónica: IS e IRPF, y D.27 Presentación electrónica: retenciones sobre el salario e IVA, https://data.rafit.org/regular.aspx?key=74180901 (consultado el 10 de septiembre de 2024), y OCDE (2017), *Tax Administration 2017: Comparative Information on OECD and Other Advanced and Emerging Economies*, Tabla A.8., https://doi.org/10.1787/tax_admin-2017-en.

En cuanto a los índices de pago electrónico, como puede verse en la Tabla 4.4., en 2022, alrededor del 90 % de los pagos, medidos por número y valor, se realizaron por vía electrónica. Esto representa un aumento significativo desde 2018. El porcentaje de pagos electrónicos por valor es ligeramente superior al porcentaje de pagos electrónicos efectuados por número, lo que sugiere que son sobre todo los grandes contribuyentes los que recurren a este canal de pago. (Debido a un cambio en la definición de la pregunta correspondiente de la encuesta, las comparaciones que analizan la evolución de las tasas de pago electrónico desde 2014 podrían no ser fiables).

Tabla 4.4. Promedio (en porcentaje) de pago electrónico por número y valor de los pagos, 2018-22

Tipo de medición	2018	2019	2020	2021	2022
Porcentaje por número de pagos (48 jurisdicciones)	80,3	82,5	86,6	88,7	90,0
Porcentaje por valor de los pagos (48 jurisdicciones)	84,8	86,1	88,6	90,4	91,9

Nota: La tabla muestra los promedios de pago electrónico para aquellas jurisdicciones que proporcionaron la información para los años 2018 a 2022. Entre paréntesis figura el número de jurisdicciones que presentaron datos.
Fuente: CIAT, OIAT, FMI, OCDE, Encuesta Internacional sobre Administración Tributaria, Tabla D.40 Porcentajes de pagos electrónicos y retención de impuesto por terceros, https://data.rafit.org/regular.aspx?key=74180902 (consultado el 10 de septiembre de 2024).

Sigue habiendo una serie de jurisdicciones con un elevado volumen de declaraciones presentadas en papel y de pagos a través de medios no electrónicos. Entre las jurisdicciones que proporcionaron datos, sumaban más de 70 millones de declaraciones (de IRPF, IS, retenciones a cuenta sobre los salarios e IVA) presentadas en papel (véanse las tablas A.48, A.52, A.56 y A.61).

Es de esperar que esta cifra siga disminuyendo con el tiempo a medida que un número cada vez mayor de administraciones vayan adoptando medidas para animar a más contribuyentes a utilizar plataformas electrónicas siempre que sea posible. Esto no solo reducirá los costos de administración, sino que con el tiempo también podría aliviar la carga administrativa de los contribuyentes.

Recuadro 4.1. Ejemplos: canales electrónicos para la presentación y el pago

Canadá: formulario web del Impuesto sobre Viviendas Infrautilizadas

El Impuesto sobre Viviendas Infrautilizadas (UHT, por sus siglas en inglés) es un impuesto anual del 1 % sobre el valor de la propiedad de las viviendas vacías o infrautilizadas situadas en Canadá. Previsiblemente, el impuesto se aplicará principalmente a propietarios extranjeros no residentes.

En el pasado, la Agencia Tributaria de Canadá (CRA) no permitía la presentación electrónica de declaraciones a los no residentes, a menos que estuvieran registrados en uno de los portales digitales de la CRA. Para fomentar y facilitar la presentación electrónica de la declaración del UHT, se ha desarrollado un formulario web que permite presentarlo de forma telemática utilizando un Código de Acceso Digital (CAD). Este método de presentación es más eficiente que la presentación en papel y supone una iniciativa pionera para la CRA, ya que los datos del formulario web se vinculan directamente al sistema de procesamiento sin necesidad de introducirlos manualmente.

Tanto las personas físicas como las jurídicas pueden obtener un CAD en línea al instante proporcionando determinada información. En caso de que el contribuyente encuentre alguna dificultad, puede llamar a un servicio de asistencia creado específicamente para atender estas consultas. Cuando se superan todas las comprobaciones predeterminadas del sistema, la declaración puede liquidarse automáticamente sin necesidad de intervención manual.

Hasta noviembre de 2023, la CRA ha recibido aproximadamente 30 000 declaraciones utilizando este método de presentación.

España: Zona Única de Pagos en Euros. Adeudos directos.

España ha introducido medidas para facilitar a los contribuyentes el cumplimiento de sus obligaciones de pago a la Agencia Tributaria española (AEAT) cuando residen en el extranjero.

Se han realizado avances normativos y técnicos para que los contribuyentes puedan domiciliar el pago de sus impuestos en cuentas situadas en sus jurisdicciones de residencia, siempre que la entidad esté situada dentro de la Zona Única de Pagos en Euros (SEPA, por sus siglas en inglés). Esto elimina la necesidad de tener una cuenta bancaria en España.

Para más información:

https://sede.agenciatributaria.gob.es/Sede/en_gb/ayuda/consultas-informaticas/pago-impuestos-deudas-tasas-ayuda-tecnica/aplazamiento-fraccionamiento-deudas.html (consultado el 10 de septiembre de 2024).

Fuente: Canadá (2024) y España (2024).

Declaraciones precumplimentadas (borrador de la declaración)

Una de las innovaciones más destacadas en el diseño del proceso de declaración de impuestos en las dos últimas décadas ha sido el perfeccionamiento de las declaraciones fiscales precumplimentadas, a menudo dirigidas a los contribuyentes del impuesto sobre la renta de las personas físicas. El enfoque de la precumplimentación consiste en que las administraciones completen previamente la declaración del contribuyente o su información en línea a partir de datos de terceros. El contribuyente puede revisar la declaración precumplimentada y presentarla por vía electrónica o en papel. (La Tabla 4.5. Muestra que cada vez son más las administraciones que precumplimentan las declaraciones del IRPF).

Dado que el alcance de la precumplimentación viene determinado, por lo general, por la variedad de fuentes de datos electrónicos de que dispone la administración, para que este enfoque sea viable es fundamental que el marco legislativo prevea obligaciones de información por parte de terceros, de carácter exhaustivo y oportuno, que abarquen la mayor cantidad posible de información relevante sobre los contribuyentes. La complejidad de los marcos jurídicos que rigen en materia impositiva puede suponer un obstáculo para la automatización de los cálculos fiscales; para abordar este desafío, algunas administraciones tributarias están explorando el uso de legislación legible por máquina, una herramienta que facilita la automatización del proceso de cálculo mediante la aplicación de algoritmos. Con ello se reducen los errores y se aligera la carga de los contribuyentes.

Tabla 4.5. Precumplimentación de las declaraciones del IRPF, 2018-22

Porcentaje de administraciones que precumplimentan las declaraciones del IRPF

2018	2019	2020	2021	2022	Diferencia en puntos porcentuales (2018 - 2022)
78,9	80,7	84,2	87,7	87,7	+8,8

Fuente: CIAT, OIAT, FMI, OCDE, Encuesta Internacional sobre Administración Tributaria, Tabla A.99 Cumplimentación previa de declaraciones del IRPF: Información sobre ingresos - Información personal, y sueldos y salarios, https://data.rafit.org/regular.aspx?key=74180896 (consultado el 10 de septiembre de 2024).

Inicialmente, los defensores de la precumplimentación fomentaron su uso en regímenes fiscales de personas físicas que permitían relativamente pocas deducciones y créditos, y donde estos podían ser verificados a través de fuentes de datos de terceros. No obstante, gracias a los avances en las tecnologías basadas en reglas, las obligaciones de presentación de información y la aplicación de técnicas de ciencia de datos, hoy en día este enfoque puede adoptarse de forma más generalizada. Por ejemplo, las respuestas a las encuestas muestran que en muchas jurisdicciones las declaraciones del impuesto sobre la renta de las personas físicas (IRPF) se precumplimentan con información sobre diferentes ingresos y gastos deducibles, como donaciones, gastos escolares y universitarios y primas de seguros (véanse Tabla 4.6. y Tabla 4.7.).

Tabla 4.6. Categorías de información sobre ingresos aportada por terceros utilizada para precumplimentar declaraciones o liquidaciones del IRPF, 2022

Como porcentaje de las administraciones que precumplimentan las declaraciones IRPF

Datos personales del contribuyente	Sueldos y salarios	Pensiones	Intereses	Dividendos	Ganancias/pérdidas de capital	Otros ingresos
98,0	88,0	82,0	54,0	50,0	40,0	72,0

Fuente: CIAT, OIAT, FMI, OCDE, Encuesta Internacional sobre Administración Tributaria, Tablas A.99 Cumplimentación previa de declaraciones del IRPF: Información sobre ingresos - Información personal, y sueldos y salarios, A.100 Cumplimentación previa de declaraciones del IRPF: Información sobre ingresos - Pensiones, intereses y dividendos, y A.101 Cumplimentación previa de declaraciones del IRPF: Información sobre ingresos - Ganancias/pérdidas de capital, y otros ingresos, https://data.rafit.org/regular.aspx?key=74180896 (consultado el 10 de septiembre de 2024).

Tabla 4.7. Categorías de gastos fiscalmente deducibles que se utilizan para precumplimentar las declaraciones o liquidaciones del IRPF, 2022

Como porcentaje de las administraciones que precumplimentan las declaraciones IRPF

Donaciones	Gastos de escolaridad y universitarios	Gastos de guardería	Determinadas primas de seguros	Gastos sanitarios y médicos (distintos de las primas)	Aportaciones a planes de pensiones/jubilación	Intereses de préstamos e hipotecas	Otros gastos
36,0	30,0	26,0	48,0	30,0	52,0	40,0	48,0

Fuente: CIAT, OIAT, FMI, OCDE, Encuesta Internacional sobre Administración Tributaria, Tablas A.102 Cumplimentación previa de declaraciones del IRPF: Información sobre gastos - Donaciones, gastos de escolaridad y universitarios, y gastos de guardería, A.103 Cumplimentación previa de declaraciones del IRPF: Información sobre gastos - Primas de seguros, gastos médicos y de salud, y aportaciones a planes de pensiones, y A.104 Cumplimentación previa de declaraciones del IRPF: Información sobre gastos - Intereses y otros gastos https://data.rafit.org/regular.aspx?key=74180896 (consultado el 10 de septiembre de 2024).

Cada vez son más las jurisdicciones en las que este concepto ha evolucionado hasta permitir la elaboración de declaraciones del IRPF totalmente precumplimentadas, que el contribuyente debe aceptar (pudiendo considerarse aceptada una vez transcurrido un determinado período de tiempo) o proporcionar información adicional que puede dar lugar a un ajuste al alza o a la baja (véase la Tabla A.53). En su forma más avanzada, se están generando declaraciones precumplimentadas completas para un gran porcentaje de los contribuyentes personas físicas. Además, las nuevas soluciones y enfoques tecnológicos disponibles, como los sistemas de facturación electrónica, permiten a las administraciones tributarias ir más allá de las declaraciones del IRPF y precumplimentar las declaraciones del IS, las retenciones a cuenta sobre los salarios y el IVA (véanse las Tablas A.49, A.57 y A.62).

En el Recuadro 4.2 se describen los últimos avances en materia de precumplimentación de algunas jurisdicciones.

Recuadro 4.2. Ejemplos: avances en materia de precumplimentación de declaraciones

Australia: precumplimentación de las declaraciones de actividad

La Agencia Tributaria australiana (ATO) está empleando los datos proporcionados por los empleadores para mejorar la experiencia de presentación de información de estos y simplificar sus obligaciones fiscales.

Las empresas registradas a efectos del impuesto sobre bienes y servicios (GST), los pagos fraccionados del sistema Pay As You Go (PAYG) u otros tipos de retención a cuenta, han de presentar, a lo largo del año, una declaración de actividad a la ATO para comunicar determinada información. Cuando un contribuyente va a presentar su declaración de actividad en línea a través de los servicios de la ATO, el importe del impuesto retenido bajo el régimen Pay As You Go Withholding (PAYGW), reportado previamente a la ATO, aparece ya cumplimentado en las casillas correspondientes de la declaración de actividad. El empleador puede optar por aceptar dicho importe o modificarlo, ya sea al alza o a la baja, si es necesario.

La ATO también está llevando a cabo un programa piloto que utiliza los datos del sistema de nómina única (STP, por sus siglas en inglés) proporcionados por el empleador para contabilizar los importes del PAYGW cuando un contribuyente no haya presentado su declaración de actividad en plazo. Si el empleador ha comunicado los importes de las retenciones PAYGW a través del STP pero no ha presentado su declaración de actividad, la ATO le remitirá un escrito recordándoselo o, si no hay cambios en tales importes, los anotará en su cuenta de contribuyente.

Lo mismo ocurrirá en caso de no obtener respuesta por parte del empleador; el importe de las retenciones PAYGW se registrará en su cuenta, y si no tiene otras obligaciones declarables, la declaración de actividad se considerará finalizada. No obstante, el contribuyente deberá presentar la declaración de actividad en caso de que tenga otras obligaciones declarables, como el impuesto sobre bienes y servicios (GST).

Esta estrategia garantiza un campo de juego más equitativo entre los empleadores cumplidores y aquellos que no lo son. De esta forma, quienes retrasen la presentación de sus declaraciones de actividad para eludir la declaración y el pago de sus obligaciones bajo el régimen de retención PAYGW ya no obtendrán una ventaja injusta sobre quienes declaren y paguen a su debido tiempo.

Canadá: proceso exclusivamente digital para solicitar el Crédito Fiscal por Discapacidad

En mayo de 2023, la CRA (Agencia Tributaria de Canadá) agilizó y facilitó a las personas con discapacidad y a sus médicos la cumplimentación del formulario de solicitud del Crédito Fiscal por Discapacidad (DTC, por sus siglas en inglés), implantando un nuevo proceso de solicitud totalmente digital.

Los solicitantes pueden ahora completar la primera parte del formulario de solicitud en línea a través del apartado «Mi cuenta». Para simplificar aún más el proceso de solicitud y ahorrar tiempo, la parte del formulario dirigida al solicitante aparece precumplimentada con información que ya obra en poder de la CRA. Una vez cumplimentado, el solicitante recibe un número de referencia único y de un solo uso que debe facilitar a su médico, quien lo utilizará para rellenar la segunda parte del formulario.

Dado que los médicos habían señalado que el formulario actual del Crédito Fiscal por Discapacidad no era lo suficientemente transparente en cuanto a la información requerida, la CRA introdujo escalas psicométricas, menús desplegables y botones interactivos para hacerlo más dinámico y recopilar información más pertinente a través de preguntas específicas utilizando técnicas de divulgación proactiva. La aplicación digital, al incorporar conceptos de diseño centrados en la experiencia del cliente y del usuario, ha logrado dar una mejor respuesta a las necesidades de los contribuyentes.

La respuesta de la comunidad médica ha sido extremadamente positiva, con resultados medibles, entre los que destaca una reducción del 60 % en el número de escritos de aclaración emitidos.

China (República Popular de): cierre anual del impuesto de sociedades

Para reducir el tiempo que se tarda en liquidar los impuestos y ofrecer servicios más convenientes a los contribuyentes, la República Popular de China ha puesto en marcha un nuevo modelo para las devoluciones resultantes del cierre anual del impuesto de sociedades. Esto incluye:

- Simplificar el proceso de devolución de impuestos para que, una vez que el contribuyente presenta su declaración, el sistema calcule el importe a devolver y le envíe una notificación, de modo que este solo tenga que aceptarla con un clic, en lugar de rellenar la solicitud de devolución de impuestos punto por punto. Además, esta información se transmite automáticamente al departamento de tesorería, lo que también aumenta enormemente la eficacia.
- Introducir el mecanismo de revisión inteligente en el que el sistema comprueba automáticamente los riesgos asociados al contribuyente y, si cumple con los requisitos para la devolución de impuestos, este se procesa automáticamente siguiendo el procedimiento descrito; de lo contrario, se transferirá al proceso tradicional de devolución llevado a cabo por funcionarios de la administración tributaria.

- Acortar el plazo de devolución de impuestos para que la devolución se revise el mismo día en que el contribuyente presenta la declaración, lo que supone una reducción considerable respecto al plazo tradicional de 30 días.

Este modelo no solo ha mejorado la experiencia operativa de los contribuyentes, sino que también ha eliminado las cargas administrativas para los funcionarios de la administración tributaria.

Países Bajos: declaración simplificada de impuestos

Desde 2022, los Países Bajos emiten una declaración tributaria electrónica simplificada (IRPF) para los contribuyentes cuya situación fiscal es sencilla.

En el pasado, estos contribuyentes tenían que rellenar un formulario de declaración que incluía todo tipo de preguntas relacionadas con los ingresos, y que solo estaba parcialmente precumplimentado. Ahora, solo tienen que responder a un número mínimo de preguntas que se responden con un sí o un no y confirmar la información precumplimentada sobre sus ingresos y, si procede, acerca de la titularidad de su vivienda. Si los contribuyentes no están de acuerdo con la información precumplimentada, pueden optar por la declaración ordinaria.

Esto ha reducido significativamente las cargas de cumplimiento para los contribuyentes, ya que el 86,5 % afirma que el nuevo servicio ha supuesto una mejora.

Fuente: Australia (2024), Canadá (2024), China (República Popular de) (2024) y Países Bajos (2024).

A medida que aumenta la cantidad de datos disponibles para la precumplimentación, las administraciones tributarias pueden desarrollar técnicas predictivas que detecten los errores que cometen los contribuyentes al completar su declaración y también prevenir el incumplimiento. En ediciones anteriores figuran ejemplos en este sentido. Véase, por ejemplo, el Recuadro 4.3. en Tax Administration 2022 (OECD, 2022[1]). Estas técnicas pueden combinarse con mecanismos que inciten a la acción, creando enfoques de cumplimiento totalmente nuevos que anticipan la labor de comprobación y la integran directamente en los procesos de la administración tributaria, como se destaca en el Recuadro 4.3.

Recuadro 4.3. Ejemplos: detección de errores

Hungría: sistema de IVA electrónico

El 1 de enero de 2024, la Administración Nacional de Impuestos y Aduanas de Hungría (NTCA) puso en marcha el sistema de IVA electrónico, cuyo objetivo es reducir la carga administrativa asociada a la preparación de las declaraciones del IVA. La nueva solución para la presentación de declaraciones combina tres innovaciones principales:

1. Los datos basados en transacciones recopilados por la NTCA se envían al contribuyente. Esto permite a los usuarios ver y clasificar en el formulario de declaración los datos de las cajas registradoras en línea, los informes de datos de facturas en línea y las declaraciones aduaneras.
2. Sobre la base de un algoritmo para los datos disponibles, la NTCA recomienda a los contribuyentes en qué línea de la declaración deben consignar cada transacción.
3. En el marco de la «función previa a la inspección», se aplican una serie de normas de validación a la lista de documentos justificativos y se prepara el borrador de la declaración tributaria tal y como se ha descrito anteriormente, en el cual y en el momento previo a la presentación de la declaración, se señalan errores previamente detectados en el proceso de inspección posterior. Este servicio debería reducir significativamente el número de declaraciones erróneas.

El sistema pretende satisfacer las necesidades de una amplia gama de clientes mediante dos interfaces diferentes. Se ha desarrollado una interfaz web fácil de usar para microempresas y pequeñas empresas, mientras que las empresas más grandes disponen de una solución de máquina a máquina, que garantiza la compatibilidad necesaria para la comunicación automatizada entre el sistema de IVA electrónico y el software de gestión. De momento, el uso del nuevo servicio es opcional para los contribuyentes.

Para más información, véase: https://youtu.be/zqr8gHiBMnI (consultado el 25 de octubre de 2024).

España: autocorrección de errores en las declaraciones del IRPF

Con el fin de reforzar el cumplimiento de las obligaciones tributarias y reducir las cargas administrativas de los contribuyentes, a partir de 2024 se les brinda la posibilidad de corregir determinados errores cometidos al presentar su declaración del IRPF. Para ello, se les envía una autoliquidación complementaria cumplimentada previamente por la AEAT, que se notifica al contribuyente y que este puede aceptar o rechazar. Lo anterior podrá realizarse tanto en el período voluntario como una vez finalizado este.

No todos los errores de la autoliquidación se corregirán a través de este sistema, sino solo aquellos que se deriven de discrepancias entre los datos incluidos directamente en la declaración del IRPF calculada por la AEAT y los declarados por el contribuyente.

Fuente: Hungría (2024) y España (2024).

Presentación en plazo de las declaraciones

Aun teniendo en cuenta los cambios derivados de la proliferación de regímenes basados en la precumplimentación o que no requieren la presentación de una declaración, lo cierto es que la presentación de una declaración tributaria sigue siendo el principal medio para establecer la obligación tributaria y hacerla exigible. En consecuencia, el porcentaje de declaraciones presentadas dentro de plazo se considera un indicador fiable de la salud del sistema tributario, así como del funcionamiento de la propia administración tributaria.

Tradicionalmente, la encuesta ISORA medía el cumplimiento de los plazos de presentación de las declaraciones relacionando el número de declaraciones presentadas a tiempo con el número total de declaraciones previstas. Sin embargo, la encuesta ISORA de 2023 introdujo un nuevo parámetro que permite medir la tasa de presentación puntual de declaraciones también en relación con el número total de declaraciones recibidas.

La Tabla 4.8. resume el porcentaje de declaraciones presentadas dentro de plazo en las administraciones que proporcionaron información por tipo de impuesto. En cuanto al porcentaje de presentación dentro de plazo en relación con el número de **declaraciones previstas**, a excepción del IS, este se sitúa en torno al 85 %. El panorama es similar cuando se calcula el porcentaje de presentación dentro de plazo en relación con el número de **declaraciones recibidas**, donde los porcentajes de presentación puntual de las declaraciones del IRPF, las retenciones a cuenta sobre los salarios y el IVA se sitúan en torno al 90 %, mientras que en el IS es 5 puntos porcentuales menor. Los índices más bajos de presentación en plazo del IS pueden explicarse por la mayor complejidad de dicho tributo y la dificultad que entraña la preparación de los estados financieros y los informes de fin de año.

Como se preveía, los índices de presentación en plazo expresados como el número de declaraciones recibidas a tiempo como porcentaje del total de declaraciones recibidas son notablemente más altos que los índices de presentación en plazo expresados en relación con el número de declaraciones previstas.

Tabla 4.8. Promedio (en porcentaje) de presentación dentro de plazo por tipo de impuesto, 2018-22

Tipo de impuesto	Declaraciones presentadas dentro de plazo como porcentaje del total de **declaraciones previstas**						Declaraciones presentadas dentro de plazo como porcentaje del total de **declaraciones presentadas**	
	# de jurisdicciones	2018	2019	2020	2021	2022	# de jurisdicciones	2022
Impuesto sobre la renta de las personas físicas	36 jurisdicciones	88,3	85,7	85,6	84,8	84,3	50 jurisdicciones	90,3
Impuesto de sociedades	39 jurisdicciones	76,6	77,4	76,5	77,4	75,9	50 jurisdicciones	85,4
Retenciones sobre el salario	25 jurisdicciones	88,0	87,6	86,3	87,1	86,9	39 jurisdicciones	93,2
Impuesto sobre el valor agregado	42 jurisdicciones	86,7	85,9	85,5	84,6	85,8	49 jurisdicciones	89,4

Nota: La tabla muestra los porcentajes promedio de presentación en plazo en las jurisdicciones que proporcionaron información sobre los años 2018 a 2022, en relación con el total de declaraciones previstas; y respecto al año 2022, en relación con el total de declaraciones presentadas. En la tabla se muestra el número de jurisdicciones para las que se disponía de datos.
Fuente: CIAT, OIAT, FMI, OCDE, Encuesta Internacional sobre Administración Tributaria, Tablas D.22 Porcentaje de declaraciones presentadas dentro de plazo: IS, D.23 Porcentaje de declaraciones presentadas dentro de plazo: IRPF, D.24 Porcentaje de declaraciones presentadas dentro de plazo: retenciones a cuenta sobre los salarios, y D.25 Porcentaje de declaraciones presentadas dentro de plazo: IVA, https://data.rafit.org/regular.aspx?key=74180900 (consultado el 10 de septiembre de 2024).

La Tabla 4.9. muestra la evolución de los porcentajes presentación en plazo de declaraciones, las cuales, debido a la disponibilidad de series temporales, se expresan como un porcentaje del total de declaraciones previstas. En promedio, esto se ha mantenido prácticamente estático entre 2014 y 2022, si bien los datos de referencia relativos a la presentación en plazo muestran una variación significativa en la evolución de los porcentajes de presentación en plazo entre jurisdicciones. Cabe señalar que la tabla solo tiene en cuenta la información de las jurisdicciones en las que se disponía de datos tanto para el año 2014 como para el 2022, lo que explica las diferencias en los promedios de 2022 que se muestran en la Tabla 4.8. y la Tabla 4.9.

La variación de los porcentajes de presentación dentro de plazo (expresados como porcentaje del total de declaraciones presentadas) por jurisdicción también queda patente en:

- El Gráfico 4.1., que muestra el rango de los porcentajes de presentación dentro de plazo en los principales tipos de impuestos. En varias jurisdicciones, este rango es muy significativo.
- El Gráfico 4.2., que muestra los porcentajes de presentación dentro de plazo en el IRPF y el IS.

Tabla 4.9. Promedio (en porcentaje) de presentación dentro de plazo por tipo de impuesto, 2014 y 2022

Declaraciones presentadas dentro de plazo como porcentaje del total de declaraciones previstas

Tipo de impuesto	2014	2022	Diferencia en puntos porcentuales	N.º de jurisdicciones con un porcentaje **decreciente** de presentación dentro de plazo	N.º de jurisdicciones con un porcentaje **creciente** de presentación dentro de plazo
Impuesto sobre la renta de las personas físicas (38 jurisdicciones)	86,1	85,7	-0,4	18	20
Impuesto de sociedades (36 jurisdicciones)	80,0	78,5	-1,5	17	19
Retenciones sobre el salario (18 jurisdicciones)	86,9	90,0	+3,1	10	8
Impuesto sobre el valor agregado (37 jurisdicciones)	86,0 (2016)	85,8	-0,2	23	14

Nota: La tabla muestra los promedios de presentación dentro de plazo para aquellas jurisdicciones que proporcionaron la información para los años 2014 y 2022. Entre paréntesis figura el número de jurisdicciones que presentaron datos. Con respecto al IVA, la tabla compara información de los años 2016 y 2022, ya que la pregunta de la encuesta se modificó a partir de la ISORA de 2018.

Fuente: CIAT, OIAT, FMI, OCDE, Encuesta Internacional sobre Administración Tributaria, Tablas D.22 Porcentaje de declaraciones presentadas dentro de plazo: IS, D.23 Porcentaje de declaraciones presentadas dentro de plazo: IRPF, D.24 Porcentaje de declaraciones presentadas dentro de plazo: retenciones a cuenta sobre los salarios, y D.25 Porcentaje de declaraciones presentadas dentro de plazo: IVA, https://data.rafit.org/regular.aspx?key=74180900 (consultado el 10 de septiembre de 2024), OCDE (2017), *Tax Administration 2017: Comparative Information on OECD and Other Advanced and Emerging Economies*, Tabla A.6., https://doi.org/10.1787/tax_admin-2017-en, y OECD (2019), *Tax Administration 2019: Comparative Information on OECD and Other Advanced and Emerging Economies*, Tabla D.12., https://doi.org/10.1787/74d162b6-en.

Gráfico 4.1. Rango de cumplimiento de los plazos de presentación en los principales tipos de impuestos, 2022

Declaraciones presentadas dentro de plazo como porcentaje del total de declaraciones presentadas

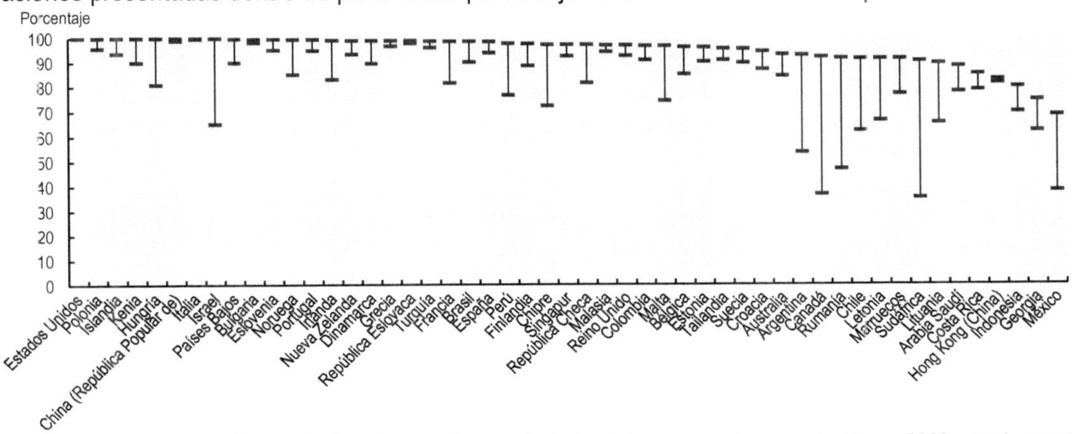

Nota: El gráfico muestra, para cada jurisdicción, el rango de cumplimiento de los plazos de presentación en 2022 para los cuatro tipos de impuestos: IRPF, IS, retenciones sobre el salario e IVA (si procede). Solo incluye jurisdicciones para las que se dispone de información sobre, al menos, dos tipos de impuestos.

Fuente: CIAT, OIAT, FMI, OCDE, Encuesta Internacional sobre Administración Tributaria, Tablas D.22 Porcentaje de declaraciones presentadas dentro de plazo: IS, D.23 Porcentaje de declaraciones presentadas dentro de plazo: IRPF, D.24 Porcentaje de declaraciones presentadas dentro de plazo: retenciones sobre los salarios, y D.25 Porcentaje de declaraciones presentadas dentro de plazo: IVA, https://data.rafit.org/regular.aspx?key=74180900 (consultado el 10 de septiembre de 2024).

StatLink https://stat.link/o3yuti

Gráfico 4.2. Porcentajes de presentación dentro de plazo en el IRPF y el IS, 2022

Declaraciones presentadas dentro de plazo como porcentaje del total de declaraciones presentadas

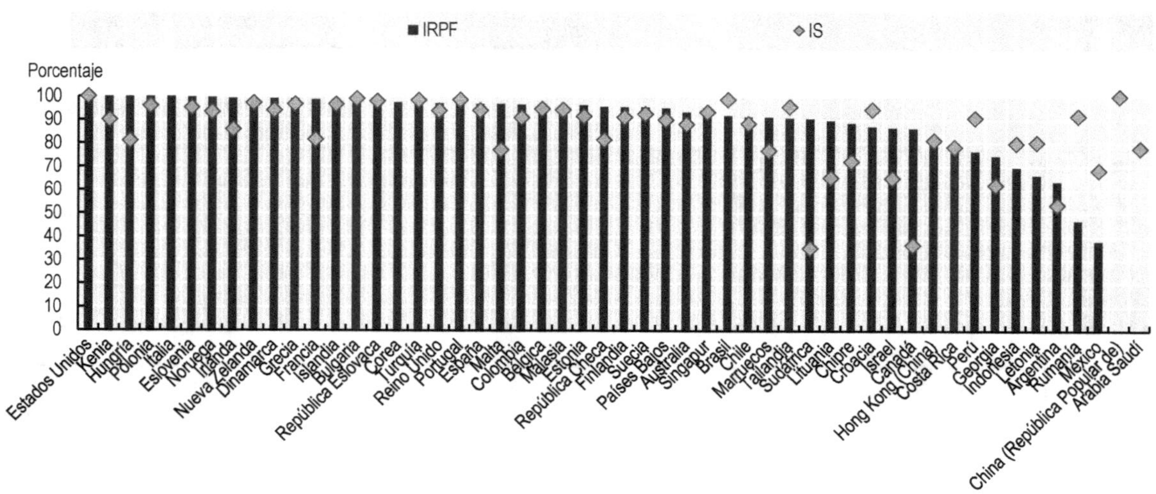

Fuente: CIAT, OIAT, FMI, OCDE, Encuesta Internacional sobre Administración Tributaria, Tablas D.22 Porcentaje de declaraciones presentadas dentro de plazo: IS, y D.23 Porcentaje de declaraciones presentadas dentro de plazo: IRPF, https://data.rafit.org/regular.aspx?key=74180900 (consultado el 10 de septiembre de 2024).

StatLink https://stat.link/7fedm5

Dado el impacto que tienen en los índices de cumplimiento, muchas administraciones tributarias están empleando técnicas de persuasión basadas en el análisis conductual para fomentar una presentación más puntual y precisa de las declaraciones. Los resultados son prometedores, ya que varias administraciones tributarias han informado que este tipo de incentivos aplicados en puntos clave del proceso de presentación pueden mejorar significativamente la puntualidad en el cumplimiento. Esto no solo está incrementando los índices de cumplimiento, sino que también libera recursos que pueden ser redirigidos hacia otros ámbitos. El Capítulo 6 proporciona información adicional sobre el uso de estos enfoques conductuales.

Puntualidad en el pago de los impuestos

El pago de impuestos constituye una de las interacciones más frecuentes entre los contribuyentes y las administraciones tributarias, especialmente en el caso de las empresas, que suelen estar obligadas a remitir periódicamente una serie de pagos relacionados tanto con sus propias obligaciones fiscales como con las de sus empleados. Las administraciones continúan ampliando la gama de opciones de pago electrónico y fomentando su uso. Este progreso no solo reduce los costos para la administración, sino que también puede mejorar la puntualidad de los pagos y reducir la morosidad, al facilitar el acceso y ofrecer una experiencia de pago más eficiente. Un avance significativo es el aumento de las facilidades de pago que se incorporan a los sistemas naturales de los contribuyentes. Con ello se logra que el proceso de pago sea más fluido, ya que los contribuyentes pueden realizar los pagos directamente desde su software bancario o de contabilidad.

Tradicionalmente, y de forma similar a cómo se medía la presentación dentro de plazo de las declaraciones, la encuesta ISORA medía el pago puntual relacionando el valor de los pagos percibidos puntualmente con el valor total de los pagos vencidos. La encuesta ISORA de 2023 introdujo un nuevo parámetro que permite medir también el porcentaje de puntualidad en el pago en relación con el valor total de los pagos percibidos.

En las tablas 4.10. y 4.11. se resumen los porcentajes de puntualidad en el pago de las administraciones que proporcionaron información por tipo de impuesto. La Tabla 4.10. muestra que la ligera reducción en los porcentajes de puntualidad en el pago (expresados sobre el total de **pagos vencidos**) que puede observarse en los años 2020 y 2021 también se da en 2022 en relación con el IRPF, las retenciones a cuenta sobre los salarios y el IVA. Únicamente respecto al IS el porcentaje promedio de puntualidad en el pago ha vuelto a su valor anterior a la pandemia. Aparte del IRPF, los porcentajes se sitúan entre el 85 % y el 90 %. Del mismo modo, si se observan los porcentajes de puntualidad en el pago en relación con el total de **pagos percibidos**, los porcentajes respecto del IS, las retenciones a cuenta sobre los salarios y el IVA se sitúan en torno al 90 %, mientras que en el caso del IRPF ronda el 85 %.

Tabla 4.10. Promedio (en porcentaje) de puntualidad en el pago por tipo de impuesto, 2018-22

	Pagos realizados a tiempo como porcentaje del total de los **pagos vencidos**						Pagos realizados a tiempo como porcentaje del total de los **pagos percibidos**	
Tipo de impuesto	# de jurisdicciones	2018	2019	2020	2021	2022	# de jurisdicciones	2022
Impuesto sobre la Renta de las Personas Físicas	29 jurisdicciones	81,7	81,1	78,7	75,8	76,8	35 jurisdicciones	84,4
Impuesto de sociedades	31 jurisdicciones	84,4	84,2	81,5	82,3	83,8	36 jurisdicciones	89,2
Retenciones sobre el salario	28 jurisdicciones	94,4	94,2	91,0	90,8	89,7	32 jurisdicciones	91,6
Impuesto sobre el valor agregado	31 jurisdicciones	87,8	87,9	86,3	86,1	85,5	33 jurisdicciones	89,5

Nota: La tabla muestra los porcentajes promedio de puntualidad en el pago en las jurisdicciones que proporcionaron información sobre los años 2018 a 2022, en relación con el valor total de los pagos vencidos; y respecto al año 2022, en relación con el valor total de los pagos percibidos En la tabla se muestra el número de jurisdicciones para las que se disponía de datos.
Fuente: CIAT, OIAT, FMI, OCDE, Encuesta Internacional sobre Administración Tributaria, Tablas D.36 Porcentaje de pagos percibidos a tiempo IS, D.37 Porcentaje de pagos percibidos a tiempo: IRPF, D.38 Porcentaje de pagos percibidos a tiempo: retenciones a cuenta sobre los salarios y D.39 Porcentaje de pagos percibidos a tiempo: IVA, https://data.rafit.org/regular.aspx?key=74180902 (consultado el 10 de septiembre de 2024).

Al analizar la Tabla 4.11., que muestra las variaciones en los porcentajes promedio de puntualidad en el pago entre 2014 y 2022, parece que estos han disminuido en todos los tipos de impuestos. Sin embargo, al examinar los datos por jurisdicción, resulta evidente que el número de jurisdicciones con porcentajes decrecientes y el de aquellas con porcentajes crecientes se dividen casi a partes iguales. Además, el número de administraciones que proporcionaron datos sobre puntualidad en el pago es muy bajo.

Tabla 4.11. Promedio (en porcentaje) de puntualidad en el pago por tipo de impuesto, 2014 y 2022

Pagos percibidos a tiempo como porcentaje del total de los pagos vencidos

Tipo de impuesto	2014	2022	Diferencia en puntos porcentuales	N.º de jurisdicciones con un porcentaje **decreciente** de pagos puntuales	N.º de jurisdicciones con un porcentaje **creciente** de pagos puntuales
Impuesto sobre la renta de las personas físicas (16 jurisdicciones)	80,7	77,3	-3,4	10	6
Impuesto de sociedades (16 jurisdicciones)	90,1	86,7	-3,4	8	8
Retenciones sobre el salario (14 jurisdicciones)	93,0	90,2	-2,8	6	8
Impuesto sobre el valor agregado (18 jurisdicciones)	88,8	88,3	-0,5	8	10

Nota: La tabla muestra los promedios de la presentación dentro de plazo para aquellas jurisdicciones que proporcionaron la información para los años 2014 y 2022. Entre paréntesis figura el número de jurisdicciones que presentaron datos. Los datos de Costa Rica se han excluido de los cálculos, ya que distorsionarían los promedios.

Fuente: CIAT, OIAT, FMI, OCDE, Encuesta Internacional sobre Administración Tributaria, Tablas D.36 Porcentaje de pagos percibidos a tiempo: IS, D.37 Porcentaje de pagos percibidos a tiempo: IRPF, D.38 Porcentaje de pagos percibidos a tiempo: retenciones a cuenta sobre los salarios, y D.39 Porcentaje de pagos percibidos a tiempo: IVA, https://data.rafit.org/regular.aspx?key=74180902 (consultado el 10 de septiembre de 2024), y OCDE (2017), *Tax Administration 2017: Comparative Information on OECD and Other Advanced and Emerging Economies*, Tabla A.9., https://doi.org/10.1787/tax_admin-2017-en.

En varias jurisdicciones, el rango de pagos puntuales representado en el Gráfico 4.3. muestra una brecha significativa entre los principales tipos de impuestos, superando en algunos casos los 30 puntos porcentuales.

Gráfico 4.3. Rango de desempeño de la puntualidad en el pago entre los principales tipos de impuestos, 2022

Pagos percibidos a tiempo como porcentaje del total de pagos percibidos

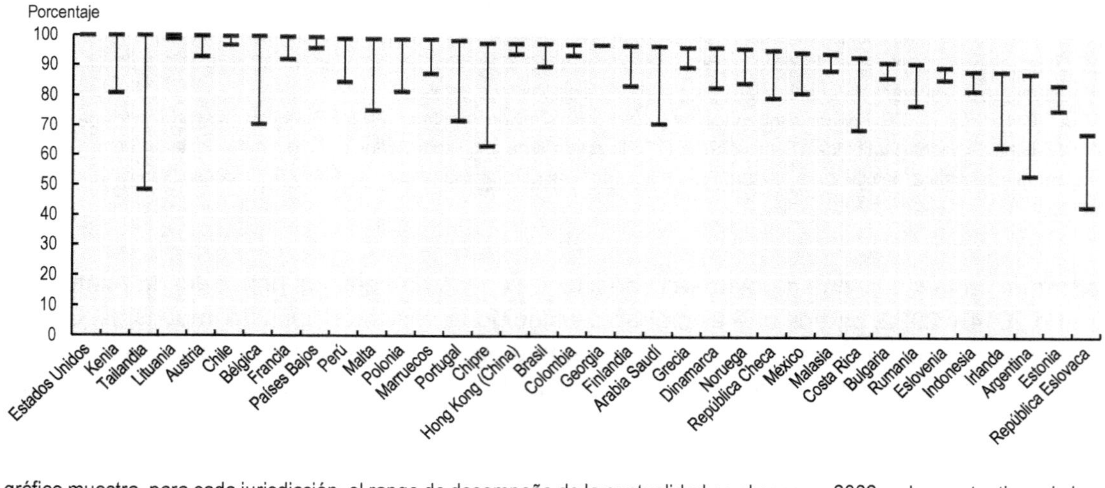

Nota: El gráfico muestra, para cada jurisdicción, el rango de desempeño de la puntualidad en el pago en 2022 en los cuatro tipos de impuestos: IRPF, IS, retenciones sobre el salario e IVA (si procede). Solo incluye jurisdicciones para las que se dispone de información sobre, al menos, dos tipos de impuestos.

Fuente: CIAT, OIAT, FMI, OCDE, Encuesta Internacional sobre Administración Tributaria, Tablas D.36 Porcentaje de pagos percibidos a tiempo: IS, D.37 Porcentaje de pagos percibidos a tiempo: IRPF, D.38 Porcentaje de pagos percibidos a tiempo: retenciones a cuenta sobre los salarios, y D.39 Porcentaje de pagos percibidos a tiempo: IVA, https://data.rafit.org/regular.aspx?key=74180902 (consultado el 10 de septiembre de 2024).

StatLink https://stat.link/vs6ch0

Las futuras ediciones de este informe continuarán haciendo un seguimiento de estas tendencias, y la recuperación y el incremento de los porcentajes de puntualidad en el pago seguirán mereciendo, sin duda, la atención prioritaria de las administraciones, dada la magnitud de los ingresos en juego; no en vano, son muchas las administraciones tributarias que informan de que están invirtiendo recursos adicionales en este ámbito, para facilitar los pagos y conseguir que se realicen en tiempo real.

Devoluciones y créditos

Dado el diseño subyacente de los principales impuestos administrados (es decir, IRPF, IS e IVA), resulta inevitable que una parte de los contribuyentes pague más de lo debido. Los pagos excesivos de impuestos representan un costo de oportunidad para los contribuyentes, lo cual es particularmente crítico para las empresas que operan con márgenes ajustados y dependen de una gestión eficaz del flujo de caja. Por lo tanto, cualquier retraso en la devolución de impuestos pagados en exceso de forma legítima puede generar «costos» significativos para los contribuyentes.

La Tabla 4.12. muestra los diferentes enfoques en el tratamiento de las devoluciones del IVA, y destaca que la mayoría de las administraciones realizan las devoluciones de forma inmediata. Esto es útil para las empresas, pero las administraciones tributarias deben seguir prestando atención a los riesgos de fraude. Los regímenes fiscales en los que se producen muchas devoluciones de impuestos resultan especialmente atractivos para los defraudadores (en particular, para los que actúan a través de la delincuencia organizada), por lo que es necesario adoptar enfoques eficaces basados en el riesgo orientados a detectar posibles solicitudes fraudulentas de devolución.

Tabla 4.12. Tratamiento de las devoluciones del IVA, 2022

Porcentaje de jurisdicciones en las que...			
La devolución del IVA se efectúa automáticamente y de forma inmediata.	La devolución del IVA se efectúa de forma inmediata, siempre que haya fondos disponibles.	La devolución del IVA se contabiliza como un «crédito» en la cuenta del contribuyente, hasta el momento en que este pueda solicitar legalmente la devolución.	La devolución del IVA se contabiliza como un «crédito» en la cuenta del contribuyente, hasta el momento en que este pueda solicitar legalmente la devolución, siempre que haya fondos disponibles.
60,0	1,8	34,5	3,6

Fuente: CIAT, OIAT, FMI, OCDE, Encuesta Internacional sobre Administración Tributaria, Tabla A.72 Tratamiento de la mayoría de las devoluciones del IVA aprobadas, https://data.rafit.org/regular.aspx?key=74180910 (consultado el 14 de junio de 2024).

Bibliografía

OECD (2022), *Tax Administration 2022: Comparative Information on OECD and other Advanced and Emerging Economies*, OECD Publishing, Paris, https://doi.org/10.1787/1e797131-en. [1]

OECD (2019), *Tax Administration 2019: Comparative Information on OECD and other Advanced and Emerging Economies*, OECD Publishing, Paris, https://doi.org/10.1787/74d162b6-en. [3]

OECD (2017), *Tax Administration 2017: Comparative Information on OECD and Other Advanced and Emerging Economies*, OECD Publishing, Paris, https://doi.org/10.1787/tax_admin-2017-en. [2]

5 Servicios

Este capítulo examina el modo en que los objetivos de cumplimiento de las administraciones tributarias se alcanzan gracias a la prestación de servicios efectivos y eficientes a los contribuyentes, basados cada vez más en la tecnología. Ello promueve el cumplimiento voluntario por los contribuyentes, en la medida en que les ayuda a comprender las obligaciones tributarias, a declarar la renta imponible y a realizar los pagos.

Introducción

Para promover el cumplimiento de los contribuyentes resulta esencial ofrecerles una amplia gama de servicios eficaces y accesibles, como iniciativas educativas, orientaciones específicas, avisos adecuados o herramientas de cálculo. Prestar estos servicios de forma satisfactoria para los contribuyentes y otras partes interesadas aumentará el grado de participación, la confianza de los contribuyentes y la credibilidad del sistema tributario en su conjunto. En consecuencia, cuatro de cada cinco administraciones tributarias analizadas en esta publicación están adoptando un enfoque estratégico en relación con los servicios y la asistencia al contribuyente, como se observa en la Tabla 5.1.

Tabla 5.1. Estrategia de servicio y asistencia, y estándares de servicio, 2022

Porcentaje de administraciones

Existe una estrategia formal de servicio y asistencia al contribuyente	En caso afirmativo, la estrategia se publica	Existe un documento formal de estándares de servicio	En caso afirmativo, los estándares se publican
78,9	71,1	84,5	61,2

Fuente: CIAT, OIAT, FMI, OCDE, Encuesta Internacional sobre Administración Tributaria, Tabla B.4 Prácticas de gobernanza seleccionadas: Planes, informes y estándares, y organigrama, https://data.rafit.org/regular.aspx?key=74180913 (consultado el 10 de septiembre de 2024); y Tabla B.46 Análisis de la satisfacción de los contribuyentes en función del género y estrategia de servicio y asistencia, https://data.rafit.org/regular.aspx?key=74180919 (consultado el 10 de septiembre 2024).

Asimismo, como se refleja en la Tabla 5.1., alrededor del 85 % de las administraciones tributarias han adoptado un documento formal de estándares de servicio y la mayor parte de ellas lo ha publicado. El compromiso con la prestación de servicios y la rendición de cuentas por lo que respecta a esos estándares reforzarán todavía más la confianza entre las partes interesadas y contribuirán positivamente al cumplimiento de los contribuyentes. En la Tabla 5.2. se incluyen algunos enlaces seleccionados a los compromisos y estándares de servicio.

Tabla 5.2. Enlaces a algunos compromisos y estándares de servicio seleccionados

Jurisdicción	Enlaces (consultados el 10 de septiembre de 2024)
Australia	https://www.ato.gov.au/about-ato/commitments-and-reporting/service-commitments
Canadá	https://www.canada.ca/en/revenue-agency/services/about-canada-revenue-agency-cra/service-standards-cra.html
Hong Kong (China)	https://www.ird.gov.hk/eng/abo/pam32.htm
Irlanda	https://www.revenue.ie/en/corporate/information-about-revenue/customer-service/service-standards/index.aspx
Italia	https://www.agenziaentrate.gov.it/portale/web/guest/agenzia/amministrazione-trasparente/servizi-erogati/carta-servizi/la-qualita-dei-servizi/il-monitoraggio

En efecto, el cumplimiento de los contribuyentes puede verse afectado en gran medida por circunstancias ajenas al control de la administración tributaria, tales como la situación económica, los cambios relativos a las obligaciones de declaración (por ejemplo, por pasar de trabajar por cuenta ajena a trabajar por cuenta propia) o lo justa que se percibe la política tributaria. Sin embargo, cuando las autoridades tributarias promueven el cumplimiento de los contribuyentes a través de la prestación de sus servicios, pueden tener en cuenta estas cuestiones:

- Comprensión y atención de las preferencias de los contribuyentes.
- Fomento del autoservicio.

- Adopción de iniciativas educativas y de apoyo.
- Prestación de servicios colaborativos.

Este capítulo examina estas cuestiones en mayor detalle. Asimismo, expone la importancia de prestar una serie de servicios inclusivos para garantizar el acceso equitativo de todos los ciudadanos, incluidas las personas con discapacidades o que no disponen de acceso a Internet.

Comprensión y atención de las preferencias de los contribuyentes

El volumen de interacciones con los contribuyentes es de una magnitud considerable. Las administraciones recibieron más de 3 500 millones de mensajes entrantes a través de cuentas en línea de los contribuyentes, y todavía se siguen registrando más de 300 millones de llamadas telefónicas entrantes (véase la Tabla 5.4.). No obstante, a diferencia de muchos otros servicios públicos, los contribuyentes, a título individual, y las administraciones tributarias suelen tener pocas interacciones, que para algunas personas pueden suponer situaciones relativamente estresantes en las que hay importantes cantidades de dinero en juego o existe el riesgo de que se les impongan sanciones. Para muchos contribuyentes, las expectativas también han cambiado por lo que respecta a la disponibilidad de los servicios y los tiempos de respuesta, especialmente tras la pandemia de COVID-19 y a la vista de la transformación digital que está experimentando la economía.

Las encuestas de satisfacción de los contribuyentes pueden aportar a las administraciones tributarias valiosa información sobre las expectativas y la percepción de los servicios. La Tabla 5.3. muestra que alrededor del 85 % de las administraciones declaró medir la satisfacción de los contribuyentes individuales; y el 75 %, la satisfacción de los contribuyentes empresariales. Por lo que respecta a los intermediarios tributarios, este porcentaje es más reducido: el 56 % de las administraciones realizó encuestas de satisfacción a este grupo de partes interesadas. En el caso de las administraciones que llevan a cabo encuestas de satisfacción de los contribuyentes, algo más de la mitad publican los resultados en los tres grupos. El Recuadro 5.1. contiene ejemplos de administraciones que comprenden y atienden las preferencias de los contribuyentes.

Tabla 5.3. Realización de encuestas de satisfacción de los contribuyentes

Porcentaje de administraciones

Contribuyentes individuales			Contribuyentes empresariales			Intermediarios tributarios		
Realizaron encuesta	En caso afirmativo ...		Realizaron encuesta	En caso afirmativo ...		Realizaron encuesta	En caso afirmativo ...	
	A través de un proveedor externo	Publicaron los resultados		A través de un proveedor externo	Publicaron los resultados		A través de un proveedor externo	Publicaron los resultados
84,2	64,6	58,3	75,4	58,1	55,8	56,1	62,5	56,3

Fuente: CIAT, OIAT, FMI, OCDE, Encuesta Internacional sobre Administración Tributaria, Tabla B.45, Encuestas de satisfacción, https://data.rafit.org/regular.aspx?key=74180919 (consultado el 10 de septiembre de 2024).

Recuadro 5.1. Ejemplos – Comprender y atender las preferencias de los contribuyentes

Chequia – Moneda funcional

Una moneda funcional es, por lo general, la moneda en la que la empresa lleva a cabo la mayor parte de sus transacciones. Actualmente, en la República Checa, esa moneda puede ser el euro, el dólar estadounidense o la libra esterlina, además de la corona checa. La Ley de Contabilidad de 2024 se introdujo con el objetivo de aliviar la carga administrativa y alinear la contabilidad de la República Checa con los marcos contables globales, reduciendo así las discrepancias con el Derecho de la Unión. Dicha Ley permite a las empresas utilizar una moneda funcional como moneda de contabilidad, además de la corona checa.

Aunque los contribuyentes pueden llevar sus registros contables en una moneda distinta de la corona checa, la base imponible y el propio impuesto deben expresarse en coronas checas en la declaración del impuesto de sociedades, si bien se prevén disposiciones especiales en la legislación para convertir la moneda funcional al calcular el impuesto. En el futuro, se espera que la lista de monedas funcionales se amplíe y que, además, la propia obligación tributaria se calcule y gestione en la moneda funcional.

Reino Unido – Transformación digital de la prestación por hijo a cargo

La Agencia Tributaria y Aduanera del Reino Unido (HMRC) permite a miles de progenitores solicitar en línea el pago de la prestación por hijo a cargo, reduciendo así los tiempos de espera y los costos para el cliente. Entre febrero y septiembre de 2023, se registraron más de 2,7 millones de accesos a estos nuevos servicios. La HMRC ya no exige que los clientes impriman o envíen físicamente formularios, por lo que los tiempos de espera (desde que se presenta la solicitud hasta que se recibe el pago) se han acortado de diecinueve días a solo tres en la mayoría de los casos.

Con el espíritu de mejorar la interacción con el cliente y ofrecerle tranquilidad en cuanto al estado de las solicitudes en línea, la HMRC está promoviendo el uso de comunicaciones digitales, al objeto de proporcionarle la información que necesita, cuando la necesita, y mediante el canal de su preferencia. Uno de los principales motivos por los que los clientes interactúan con la HMRC es para hacer un seguimiento del estado de sus trámites; en este sentido, según las valoraciones de los clientes recibidas por la HMRC, la tranquilidad es importante para ellos cuando operan en línea.

La nueva tecnología implantada en 2024 permitirá a la HMRC ofrecer asistencia personalizada a los contribuyentes, por ejemplo, mediante el envío de mensajes de texto y notificaciones para que realicen los trámites y tengan la certeza de que la tarea se ha completado con éxito, sin necesidad de llamar a la HMRC. En enero de 2024, la HMRC empezó a enviar a una selección de solicitantes de la prestación por hijo a cargo un mensaje de texto en el que les comunicaba que sus solicitudes se estaban tramitando y que podían consultar más información en línea, reduciendo así su necesidad de ponerse en contacto con ella.

Fuentes: Chequia (2024) y Reino Unido (2024).

Un aspecto importante para satisfacer las preferencias de los contribuyentes es encontrar el equilibrio adecuado entre los distintos canales de comunicación. La Tabla 5.4. muestra el giro hacia lo digital que se ha producido desde la pandemia de COVID-19, que dio lugar a un crecimiento significativo y continuado del uso de los canales en línea. El ritmo de reducción de las visitas presenciales a las oficinas tributarias no se mantuvo durante 2022. Sin embargo, sigue estando muy por debajo de los niveles previos a la pandemia. La asistencia digital, por ejemplo, a través de *chatbots*, se ha convertido en un canal clave en muchas jurisdicciones. Los datos confirman que los canales disponibles únicamente en horario de oficina están dando paso a los canales accesibles de manera ininterrumpida.

Tabla 5.4. Demanda de servicios por canal, 2018-22

Tipo de canal		N.º de jurisdicciones	2018	2019	2020	2021	2022
En línea a través de la cuenta del contribuyente	Número total	30	1 076 833 409	1 245 565 136	1 837 708 162	2 418 962 911	3 535 474 264
	Variación en %			+15,7	+47,5	+31,6	+46,2
Teléfono	Número total	51	327 203 283	312 515 920	307 606 424	346 034 546	317 564 223
	Variación en %			-4,5	-1,6	+12,5	-8,2
Presencial	Número total	35	109 620 990	109 052 857	48 699 279	41 594 555	51 484 632
	Variación en %			-0,5	-55,3	-14,6	+23,8
Correo postal	Número total	15	35 039 012	35 166 408	31 998 546	35 602 576	39 389 387
	Variación en %			+0,4	-9,0	+11,3	+10,6
Correo electrónico	Número total	27	11 237 613	12 673 006	17 366 766	20 062 665	30 997 857
	Variación en %			+12,8	+37,0	+15,5	+54,5
Asistencia digital	Número total	30	11 022 155	21 310 120	30 673 147	52 669 925	60 661 905
	Variación en %			+93,3	+43,9	+71,7	+15,2

Nota: La tabla solo incluye las jurisdicciones para las que había datos disponibles correspondientes al período comprendido entre 2018 y 2022. El número de jurisdicciones con datos disponibles se muestra en la tabla.

Fuentes: CIAT, OIAT, FMI, OCDE, Encuesta Internacional sobre Administración Tributaria, Tablas A.96 Consultas sobre servicios: Seguimiento y número de contactos por canal - Asistencia en línea y digital, A.97 Consultas sobre servicios: Número de contactos por canal - Teléfono y correo electrónico, y A.98 Consultas sobre servicios: Número de contactos por canal - Correo postal y presenciales, https://data.rafit.org/regular.aspx?key=74180896 (consultado el 10 de septiembre de 2024).

Conocer qué canales usan los contribuyentes y de qué forma lo hacen permitirá a las administraciones tributarias ajustar su oferta de servicios, si fuera necesario. Como ilustra la Tabla 5.5., la amplia mayoría de administraciones utiliza información estadística sobre el uso de los canales de servicio para crear servicios nuevos o mejorar los existentes, así como para prever la demanda de servicios y ajustar la asignación de personal.

Tabla 5.5. Utilización de información estadística sobre el uso de canales de servicio, 2022

Porcentaje de administraciones

Utilización de información estadística sobre el uso de canales de servicio para...			
Incentivar el uso de los servicios por los contribuyentes (por ejemplo, promover el autoservicio)	Crear servicios nuevos o mejorar los existentes	Prever la demanda de servicios y ajustar la asignación de personal	Reducir las incidencias en los servicios de tecnología de la información y las comunicaciones
86,2	89,7	79,3	75,9

Fuente: CIAT, OIAT, FMI, OCDE, Encuesta Internacional sobre Administración Tributaria, Tablas B.39 Canales de servicio: Estadísticas sobre el uso de canales de servicio, https://data.rafit.org/regular.aspx?key=74180919 (consultado el 10 de septiembre de 2024).

Recuadro 5.2. Reino Unido – Eliminación de comunicaciones postales

La HMRC está reduciendo el número de comunicaciones enviadas por correo postal a los consumidores, con el objetivo de agilizar y simplificar la comunicación con el cliente, al tiempo que se reducen los costos. Asimismo, se están aplicando mejoras de negocio que facilitan la transición digital del consumidor.

En 2023/24, la HMRC dejó de enviar comunicaciones para recordar a los nuevos contribuyentes del sistema de autoliquidación la fecha límite de su primera declaración, comunicaciones relacionadas con la autoliquidación, notificaciones de reembolso del Impuesto de Sociedades y el folleto de pagos para empleadores del sistema de retención a cuenta sobre el salario. Estos cambios han supuesto una reducción de alrededor de 5,2 millones de envíos físicos de la HMRC.

La HMRC está elaborando planes para consolidar estos logros en 2024/25, dirigidos a:

- Eliminar los envíos físicos innecesarios.
- Proporcionar la versión digital de los documentos impresos a clientes que usen sus servicios en línea.
- Optimizar el contenido para los contribuyentes, en particular, facilitando el acceso a los canales digitales y la información, por ejemplo, mediante el uso de códigos QR.

Fuente: Reino Unido (2024).

Fomento del autoservicio

La oferta de autoservicio de las administraciones tributarias sigue creciendo, pues la gama de autoservicios prestados es cada vez más amplia. Entre ellos destacan, por ejemplo, la posibilidad de registrar, presentar y pagar declaraciones en línea, así como una serie de herramientas interactivas. Gracias al autoservicio, las administraciones tributarias son más eficientes y tienen capacidad de prestar servicios ininterrumpidos a los contribuyentes. Más del 85 % de las administraciones afirmó usar datos sobre el canal de servicio para incentivar el uso de los servicios por los contribuyentes, por ejemplo, mediante la promoción del autoservicio (véase la Tabla 5.5.).

La Tabla 5.6. recoge algunos de los servicios en línea que ofrecen las administraciones. Si bien la encuesta ISORA examinó la disponibilidad de estos servicios en línea, el Inventario de Iniciativas de Tecnológica Tributaria (ITTI) ofrece información complementaria que muestra si se envían respuestas automatizadas (cuando se cumplen los criterios establecidos de antemano) a una persona que solicita información, por ejemplo, sobre la ampliación de los plazos o las condiciones de pago (véase la Tabla 5.7.). Proporcionar esas respuestas automatizadas, sin intervención humana, los convierte en auténticos autoservicios.

El crecimiento del uso de la tecnología y de servicios más personalizados también ha llevado a las administraciones tributarias a centrarse más en la experiencia de los contribuyentes que utilizan esos servicios. Esto también ha generado mejoras en los servicios centrados en el contribuyente que, a su vez, ayudan a mejorar los resultados tanto de las administraciones como de los contribuyentes. Como se indica en el Capítulo 10, un gran número de administraciones, en torno al 70 %, recurre a especialistas en diseño de interfaces de usuario con el objetivo de garantizar que los servicios sean fáciles de usar (véase la Tabla 10.4.).

Tabla 5.6. Prestación de servicios en línea, 2022

Porcentaje de administraciones

Asistentes virtuales (p. ej. chatbots)	Calculadoras de impuestos	Portal del contribuyente que ofrece una visión global de su información tributaria	Solicitud de ampliación de plazos	Solicitud de facilidades de pago	Comunicación segura con el contribuyente	Subida de archivos a los sistemas de la administración tributaria	Presentación de reclamaciones tributarias	Visualización de la información del contribuyente obtenida de terceros
63,8	82,8	84,5	70,7	79,3	89,7	93,1	87,9	75,9

Fuente: CIAT, OIAT, FMI, OCDE, Encuesta Internacional sobre Administración Tributaria, Tablas B.41 Canales de servicio: Servicios en línea - Parte 1, y B.42 Canales de servicio: Servicios en línea - Parte 2, https://data.rafit.org/regular.aspx?key=74180919 (consultado el 10 de septiembre de 2024), y Tabla A.110 Tecnologías innovadoras: Adopción y uso - Ventanilla única a efectos de identificación, tecnología de autenticación digital y asistentes virtuales, https://data.rafit.org/regular.aspx?key=74180897 (consultado el 10 de septiembre de 2024).

Tabla 5.7. Servicios en línea con respuestas automatizadas, 2022

Porcentaje de administraciones que proporcionan respuestas automatizadas (cuando se cumplen los criterios establecidos de antemano) en porcentaje de las que ofrecen el respectivo servicio en línea

Tipo de impuesto	Registro a efectos tributarios: La persona que se registra recibe una respuesta automatizada con el número de registro tributario	Declaraciones tributarias: Las declaraciones se tramitan automáticamente y las liquidaciones se envían a los contribuyentes sin intervención humana	Solicitud de ampliación de plazos: El solicitante recibe una respuesta automatizada sobre si la ampliación del plazo ha sido aceptada o denegada	Solicitud de facilidades de pago: El solicitante recibe una respuesta automatizada sobre si las facilidades de pago han sido aceptadas o denegadas
Impuesto sobre la renta de las personas físicas	51,0	68,6	5,9	33,3
Impuesto de sociedades	55,8	51,9	5,8	30,8
Impuesto sobre el valor agregado	42,9	49,0	6,1	26,5

Nota: La tabla muestra el número de administraciones que envían respuestas automatizadas para servicios en línea cuando se cumplen los criterios establecidos de antemano, en porcentaje de las que ofrecen tales servicios en línea. Los porcentajes se basan en datos del ITTI de 52 jurisdicciones que se contemplan en este informe y que han completado la encuesta global sobre digitalización.
Fuente: OCDE et al. (2024), Inventory of Tax Technology Initiatives, https://web-archive.oecd.org/temp/2023-03-09/618462-taxpayer-touchpoints.htm, Tablas TT1, TT2 y TT3 (consultado el 10 de septiembre de 2024).

Recuadro 5.3. Ejemplos – Promoción del autoservicio

Bulgaria – Declaración de datos de los contribuyentes

La Agencia Nacional de Ingresos (NRA) ha introducido un nuevo servicio que permite a los contribuyentes declarar datos automáticamente a través de sus propios sistemas, en lugar de tener que acceder al portal de la NRA para cargar los archivos. El servicio se implementa bien a través de una interfaz de programación de aplicaciones (API) pública, bien mediante comunicación de sistema a sistema. Esto permite que el proceso se lleve a cabo automáticamente en los sistemas de procesamiento de datos de los clientes y facilita que los contribuyentes cumplan sus obligaciones.

Canadá – Intercambio seguro de archivos

La Agencia Tributaria de Canadá (CRA) ha puesto en marcha una Zona de Entrega Segura (SDZ) para facilitar el intercambio seguro de archivos de hasta 10Gb de datos entre la CRA y sus usuarios. Esta iniciativa ayuda a abordar la necesidad crítica de compartir de forma segura archivos de datos de gran tamaño.

La SDZ ofrece una solución práctica y económica que puede aplicarse en distintos contextos administrativos, lo que permite el intercambio de información sensible de forma rápida y eficaz. Al introducir la SDZ, la CRA ha mejorado la velocidad y seguridad de los intercambios de archivos digitales entre sus programas y sus usuarios. Este enfoque garantiza que la información sensible se comparta de forma segura y reduce el riesgo de filtración de datos.

La ejecución de esta iniciativa ha generado resultados sobresalientes para la CRA. La SDZ ha centralizado la recepción de información en un único lugar, ha acortado el tiempo necesario para compartir datos, ha reducido los riesgos derivados de compartir información tributaria sensible por medios menos seguros y ha garantizado que pueda hacerse un seguimiento de todas las transferencias de archivos.

China (República Popular de) – Modernización de la recaudación del impuesto sobre la renta de las personas físicas

La Administración Tributaria del Estado (STA) ha modernizado el proceso de recaudación del impuesto sobre la renta de las personas físicas. Con ello, se pretende impulsar la transformación digital y la mejora del sistema de dicho impuesto, mejorando así la experiencia de las administraciones tributarias y de los contribuyentes. Las características claves de este enfoque son:

- Aplicación móvil: La introducción de una aplicación móvil ha simplificado la declaración de impuestos, al desglosar las complejas declaraciones físicas en elementos individuales y comprensibles. Algunas innovaciones, como los formularios precumplimentados y el cálculo automático de los pagos, facilitan el cumplimiento de las obligaciones tributarias, en la medida en que la presentación de declaraciones fiscales resulta más eficiente y se reduce la necesidad de entregar formularios en papel.
- Mecanismos de comunicación de información entre departamentos gubernamentales: La comunicación de información entre departamentos gubernamentales permite verificar los datos que facilita el contribuyente. Esto hace que sea más sencillo para los contribuyentes solicitar prestaciones, obtener devoluciones y optar a otras deducciones especiales.

- Análisis conductual: Se han empleado métodos de análisis conductual para enviar avisos y recordatorios personalizados a los contribuyentes y fomentar que cumplan sus obligaciones. Una herramienta de revisión tributaria anual ayuda a los contribuyentes a recordar los principales eventos y presentaciones tributarias, lo que promueve su sensibilización y hace que el pago de impuestos en lugar de ser una carga sea motivo de celebración.
- Plataforma de chat en línea: Se está desarrollando una nueva plataforma para proporcionar asistencia personalizada cuando los contribuyentes tengan preguntas sobre políticas tributarias u operaciones de sistemas. Está programada con inteligencia artificial y un asistente virtual responde a las consultas de los contribuyentes. Su objetivo es mejorar la experiencia del contribuyente.

Costa Rica – Sistema de Administración Tributaria Integrado

Costa Rica ha realizado una gran inversión para poner en marcha una nueva plataforma de administración tributaria, el Sistema de Administración Tributaria Integrado (TRIBU-CR), con el objetivo de mejorar los servicios en línea de la agencia tributaria. La plataforma permitirá ofrecer, entre otros, servicios de registro, declaración, pago, tramitación de solicitudes, y gestión de consultas y reclamaciones. Asimismo, permitirá el intercambio automático de información con países de la OCDE. TRIBU-CR estará operativo a partir de 2025.

Portugal – Certificación en línea de la residencia fiscal

Portugal ha simplificado el procedimiento de presentación del certificado de residencia fiscal. Se trata de un documento obligatorio emitido por la Autoridad Fiscal y Aduanera portuguesa que acredita la residencia fiscal en Portugal a efectos de la aplicación de los convenios de doble imposición. Desde el 1 de enero de 2022, los contribuyentes ya no necesitan enviar los formularios a la oficina tributaria para su firma y sello.

En cambio, pueden solicitar en el sitio web de la Autoridad Fiscal y Aduanera portuguesa un certificado de residencia, que, si se cumplen todos los requisitos, podrán descargarse o imprimir inmediatamente. El nuevo procedimiento de obtención del Certificado de Residencia ha rebajado de forma significativa la carga administrativa de los contribuyentes, puesto que, al ser electrónico, les permite no tener que realizar ya ningún trámite con documentos físicos.

Para que sea seguro, se han implantado mecanismos de validación que pueden ser verificados en todo momento por las administraciones tributarias extranjeras y los contribuyentes.

Este nuevo procedimiento también ha reducido la carga de los contribuyentes portugueses que necesitan un certificado de residencia en jurisdicciones del exterior, dado que los países que han firmado convenios de doble imposición con Portugal han sido informados de su puesta en marcha. Los contribuyentes solo tienen que cumplimentar los formularios de la jurisdicción extranjera donde residen, adjuntar el certificado de residencia portugués y enviar la documentación a las autoridades competentes.

España – Servicio de información y asistencia multicanal dirigido específicamente a los no residentes

España ha creado un nuevo servicio para proporcionar información y asistencia sobre cuestiones tributarias a los no residentes sin un establecimiento permanente (impuesto sobre la renta de no residentes, IVA de profesionales no establecidos, impuesto de sucesiones y donaciones y pagos por transferencias desde el extranjero), a través de distintos canales no presenciales (cita telefónica, asistente virtual en español e inglés, chat y formularios en línea). El servicio lo prestan funcionarios especializados en horario de 9:00 a 19:00.

Fuentes: Bulgaria (2024), Canadá (2024), China (República Popular de) (2024), Costa Rica (2024), Portugal (2024) y España (2024).

Asistentes virtuales

Las ediciones anteriores de esta serie señalan que cada vez más administraciones están usando asistentes virtuales o digitales para ayudar a responder a las consultas de los contribuyentes y para fomentar el autoservicio. Así lo confirman los datos de la Tabla 5.4. sobre la demanda de servicios por canal y de la Tabla 5.8., que muestra que el crecimiento ha sido significativo (de más de 29 puntos porcentuales entre 2018 y 2022) y que, en la actualidad, es habitual que muchas administraciones hagan uso de estos servicios.

Tabla 5.8. Uso de asistentes virtuales, inteligencia artificial e interfaces de programación de aplicaciones, 2018-22

Porcentaje de administraciones que usan esta tecnología

Estado de adopción y uso	Asistentes virtuales (p. ej. chatbots)			Inteligencia artificial (IA), incluido el aprendizaje automático			Interfaces de programación de aplicaciones (API)		
	2018	2022	Diferencia en puntos porcentuales (p. p.)	2018	2018	2022	Diferencia en puntos porcentuales (p. p.)	2022	2018
Tecnología adoptada y en uso	34,5	63,8	+29,3	29,8	63,8	+34,0	79,0	96,6	+17,6
Tecnología en fase de adopción para su uso en el futuro	13,8	17,2	+3,4	15,8	24,1	+8,3	7,0	3,4	-3,6
La tecnología no se usa (se incluyen las situaciones en que la fase de adopción no ha comenzado)	51,7	19,0	-32,7	54,4	12,1	-42,3	14,0	0,0	-14,0

Fuentes: CIAT, OIAT, FMI, OCDE, Encuesta Internacional sobre Administración Tributaria, Tablas A.108 Tecnologías innovadoras: Adopción y uso - Blockchain, inteligencia artificial e informática en la nube, A.109 Tecnologías innovadoras: Adopción y uso - Ciencia de datos, automatización robótica de procesos y API, y A.110 Tecnologías innovadoras: Adopción y uso - Ventanilla única a efectos de identificación, tecnología de autenticación digital y asistentes virtuales, https://data.rafit.org/regular.aspx?key=74180897 (consultado el 10 de septiembre de 2024).

El éxito de estos servicios sigue aumentando, y las jurisdicciones investigan cómo pueden aprovechar los avances de la inteligencia artificial (IA) para ofrecer niveles de asistencia más sofisticados. El Gráfico 5.1 muestra que el 40 % de las administraciones que cuentan con un asistente virtual usan algún tipo de IA para mejorar sus servicios. Así, el sistema puede atender preguntas más complejas planteadas por los contribuyentes y/o dar respuestas más personalizadas. Además, estos servicios son acordes con la tendencia generalizada de usar la IA en la administración tributaria, que se observa a lo largo de este informe.

Gráfico 5.1. Tipo de asistentes virtuales, 2022

Porcentaje de administraciones

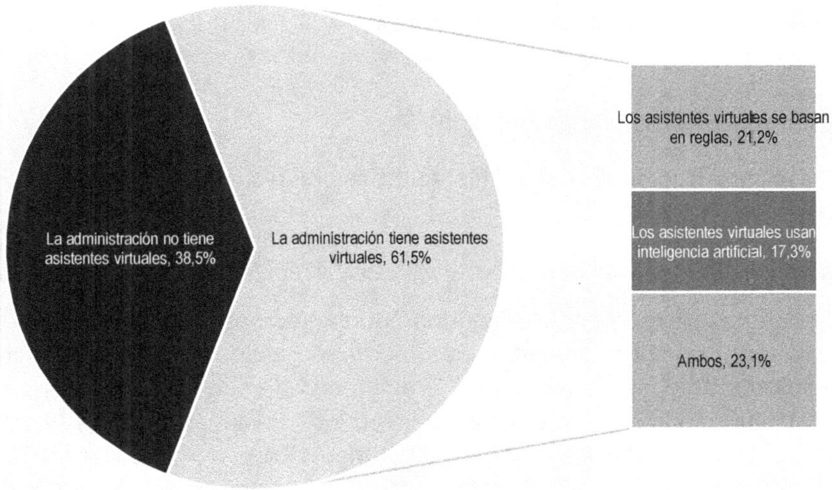

Nota: Los porcentajes se basan en datos del ITTI de 52 jurisdicciones que se contemplan en este informe y que han completado la encuesta global sobre digitalización.
Fuente: OCDE et al. (2024), Inventory of Tax Technology Initiatives, https://web-archive.oecd.org/temp/2023-03-09/618462-taxpayer-touchpoints.htm, Tabla TT5 (consultado el 10 de septiembre de 2024).

StatLink https://stat.link/l0azme

Recuadro 5.4. Turquía – Asistente Tributario Virtual

Turquía ha introducido un servicio de chat en línea que proporciona información actualizada sobre la legislación tributaria de forma rápida y sencilla, al tiempo que trata de promover la eficacia de la administración y mejorar la experiencia del consumidor.

El Asistente Tributario Virtual (GIBI) está basado en inteligencia artificial (IA) y tiene capacidad de prestar servicios ininterrumpidos a los usuarios. Responde a preguntas sobre legislación planteadas en términos generales, no personales y no circunscritas a un caso, y ofrece orientaciones generales sobre servicios electrónicos. También permite a los contribuyentes realizar algunas tareas en línea, como efectuar pagos.

GIBI es accesible a través del sitio web de la administración tributaria, de la aplicación móvil o de aplicaciones de mensajería. Se actualiza constantemente y ofrece cada vez mejores respuestas gracias al aprendizaje automático.

Fuente: Turquía (2024).

Aplicaciones móviles

Las administraciones tributarias han mantenido la tendencia reciente de utilizar aplicaciones móviles observada en otras ediciones de esta serie. Las aplicaciones móviles permiten a los contribuyentes acceder a servicios en cualquier momento y lugar, por lo que proporcionan una flexibilidad adicional y promueven el autoservicio.

Aunque se usan sobre todo para ofrecer información y orientaciones, las aplicaciones móviles permiten realizar cada vez más operaciones y se están convirtiendo en el medio principal en el que los contribuyentes acceden a sus informes y cuentas tributarias personales, se comunican con la administración tributaria, facilitan información, presentan declaraciones y realizan sus pagos. El Recuadro 5.5. muestra los últimos avances en esta área.

Recuadro 5.5. Ejemplos – Aplicaciones móviles

Croacia – mPorezna: Simplificación del cumplimiento de las obligaciones tributarias gracias a la accesibilidad móvil

mPorezna es una aplicación móvil diseñada para agilizar y simplificar los procedimientos tributarios.

Esta innovadora aplicación ofrecida por la Autoridad Tributaria croata supone un salto cualitativo hacia un sistema tributario más accesible e intuitivo que facilita la gestión de los trámites tributarios de los ciudadanos, trabajadores autónomos, artesanos y empresas de Croacia. Se trata de una aplicación versátil que ofrece distintos servicios electrónicos y reduce considerablemente la complejidad y los costos que conlleva cumplir las obligaciones tributarias. Permite consultar en tiempo real las obligaciones, plazos y otra información tributaria pertinente, garantizando así que los usuarios estén informados y cumplan sus obligaciones. Además, mPorezna permite presentar digitalmente varios formularios de impuestos, lo que reduce el gasto de papel y agiliza los procesos.

Los usuarios de mPorezna pueden acceder de forma instantánea a información y servicios tributarios, tales como la comprobación del saldo de su tarjeta de contabilidad tributaria, la descarga de códigos de barras 2D para efectuar los pagos o la revisión de los formularios presentados, puesto que la aplicación garantiza una gestión sencilla de las obligaciones tributarias. Además, mPorezna permite presentar digitalmente varios formularios de impuestos, lo que reduce el gasto de papel y agiliza los procesos. Por otra parte, la aplicación promueve la responsabilidad tributaria al permitir a los usuarios verificar las facturas emitidas mediante el escaneo de un código QR y comunicar cualquier información errónea directamente a la Autoridad Tributaria.

Este enfoque proactivo está en línea con los objetivos más amplios de transformación digital, y lleva a que, en una época dominada por las tecnologías móviles, el cumplimiento de las obligaciones tributarias sea más fácil de gestionar y alcanzar. La aplicación mPorezna, disponible en las tiendas de aplicaciones, supone un gran avance hacia un sistema de gestión tributaria más accesible, eficiente e intuitivo.

Hungría – Aplicación móvil

La Administración Nacional de Impuestos y Aduanas (NTCA) de Hungría, en su compromiso con la reducción de la carga administrativa, está llevando la digitalización al siguiente nivel.

En 2022, cerca de medio millón de contribuyentes usó la aplicación móvil de la NTCA. Gracias a las últimas mejoras, los contribuyentes tienen ahora a su alcance la interfaz de información general del contribuyente de la NTCA, donde pueden consultar información útil como los datos de su cuenta corriente, la cuantía de los bienes que pueden meter y sacar del país sin pagar impuestos, los precios de liquidación actuales del combustible y sus datos de empleo.

Además, el desarrollo de esta plataforma ha dado lugar a la implantación de servicios completos para el cumplimiento de las obligaciones tributarias. Por ejemplo, se desarrolló una interfaz de usuario simplificada y se mejoró el sistema de pago para facilitar a los contribuyentes el abono del impuesto de matriculación, gracias a la introducción en 2024 de una función de solicitud de pago a plazos obligatoria por ley. También se introdujo una función de notificación en la aplicación móvil, que envía notificaciones a los teléfonos inteligentes de los contribuyentes en las que se les comunican los cambios en sus datos de empleo (por ejemplo, las horas trabajadas).

Para más información, visite: https://www.youtube.com/watch?v=WBOzHOAzq6Y (consultado el 10 de septiembre de 2024).

Reino Unido – Conservación de los números nacionales de la Seguridad Social en la aplicación móvil y las billeteras digitales

La HMRC ha facilitado que más contribuyentes hagan uso del autoservicio mediante canales digitales. En los últimos doce meses, 3,28 millones de contribuyentes emplearon la aplicación de la HMRC 77,9 millones de veces, lo que representa un crecimiento del 73 % con respecto al uso de los contribuyentes en los doce meses anteriores. La aplicación de la HMRC tiene una valoración de 4,7 - 4,8/5 en las tiendas de aplicaciones en línea.

La HMRC también ha simplificado el proceso de consulta y almacenamiento por los contribuyentes de su Número Nacional de Seguro (NINO). Se ha habilitado en primicia para la HMRC una innovadora función que permite a los particulares almacenar el NINO en la billetera digital de sus dispositivos. Más de 335 000 contribuyentes han guardado su NINO en una billetera digital, y alrededor de 700 000 también ha consultado o descargado una comunicación relativa al NINO. Estos avances contribuirán a reducir las llamadas de los ciudadanos que han perdido sus NINO y evitarán que la HMRC tenga que enviar comunicaciones impresas.

Fuentes: Croacia (2024), Hungría (2024) y Reino Unido (2024).

Iniciativas educativas y de apoyo

La educación cívico-tributaria presenta dos vertientes: la primera gira en torno a la comprensión de sus propias obligaciones y de su capacidad para cumplirlas; la segunda se refiere a la concientización del papel de los impuestos en la sociedad. Ambas son esenciales para promover el cumplimiento voluntario. Influir en las creencias, actitudes y normas suele ser una forma eficaz y eficiente de modelar a largo plazo la conducta relativa al cumplimiento. A este respecto, la mayoría de administraciones tributarias afirman llevar a cabo iniciativas educativas, y alrededor de la mitad de ellas ofrece servicios tributarios gratuitos a empresas de reciente constitución y a ciudadanos de rentas bajas (véase la Tabla 5.9.).

En la práctica, estas iniciativas incluyen la prestación de material y formación en línea, las campañas de información (incluidas las llevadas a cabo a través de redes sociales) y las conferencias y eventos comunitarios, por citar algunos ejemplos. La importancia de las redes sociales como medio para informar a los ciudadanos ha sido reconocida por casi todas las administraciones, de las que un 95 % señala que usa las redes sociales para distribuir información, y alrededor de un 75 % afirma que lo hace de forma interactiva (véase la Tabla B.40).

Tabla 5.9. Iniciativas educativas y de apoyo empresarial, 2022

Porcentaje de administraciones

Servicios educativos a niños, jóvenes y estudiantes	Servicios educativos a empresas de reciente constitución	Servicios tributarios gratuitos a ciudadanos de rentas bajas	Servicios tributarios gratuitos a empresas de reciente constitución	Campañas educativas o de concientización al contribuyente dirigidas a un género particular
86,0	66,7	47,4	49,1	8,8

Fuente: CIAT, OIAT, FMI, OCDE, Encuesta Internacional sobre Administración Tributaria, Tabla B.47, Educación cívico-tributaria, https://data.rafit.org/regular.aspx?key=74180919 (consultado el 10 de septiembre de 2024).

En las ediciones pasadas de esta serie y en otros informes de la OCDE se ofrecen numerosos ejemplos de iniciativas educativas y de apoyo empresarial:

- Los Capítulos 6 y 7 del informe *Administración tributaria 2019* (OECD, 2019[1]) incluyen descripciones detalladas sobre la educación que imparten Canadá y Japón a los futuros contribuyentes.
- La edición de 2021 de la publicación *Fomentando la cultura tributaria, el cumplimiento fiscal y la ciudadanía: Guía sobre educación tributaria en el mundo* (OECD, 2021[2]) analiza una base de datos única de 140 iniciativas de educación cívico-tributaria y pretende ayudar a las administraciones tributarias a diseñar y ejecutar iniciativas de educación cívico-tributaria. También muestra que promover los conocimientos tributarios puede ser esencial para dar forma a la cultura fiscal de un país y promover la ética tributaria, esto es, la motivación intrínseca para pagar los impuestos.
- El informe de 2023 *Communication and Engagement with SMEs: Supporting SMEs to Get Tax Right* (OECD, 2023[3]) examina las estrategias de comunicación que pueden adoptar las administraciones tributarias para ayudar a las pequeñas y medianas empresas (PyMEs) a cumplir sus obligaciones tributarias y analiza las distintas herramientas y canales de que disponen las administraciones tributarias, tales como los programas de educación tributaria.

Recuadro 5.6. Ejemplos – Iniciativas educativas y de apoyo

Canadá – Programa de cumplimiento asistido

La CRA adopta un enfoque escalonado para abordar y evitar el incumplimiento tan pronto como sea posible y con el nivel de intervención adecuado. En este contexto, lleva a cabo labores de comunicación, educación y divulgación dirigidas a ayudar a los contribuyentes a cumplir sus obligaciones tributarias.

La CRA parte de la premisa de que la mayoría de los ciudadanos cumplirá sus obligaciones tributarias, si se les brinda la oportunidad y se les ofrecen los servicios adecuados. La CRA, que reconoce que el sistema tributario es complejo y que el cumplimiento voluntario es más eficiente que recurrir a medidas coercitivas, está cada vez más centrada en ayudar a los contribuyentes a que cumplan sus obligaciones tributarias mediante la adopción de un enfoque basado principalmente en la educación.

En caso de incumplimiento, la CRA se centra en el servicio al cliente, para lo cual adapta las medidas a las circunstancias y garantiza que el trato que recibe el cliente sea profesional, transparente, justo y honesto. Como tales, las estrategias de cumplimiento siguen favoreciendo un enfoque basado en la divulgación y la educación, diseñado para informar a los contribuyentes de sus obligaciones de declaración y de sus posibles derechos.

Un ejemplo de ello es el Programa de Cumplimiento Asistido, que pretende reforzar el cumplimiento voluntario y abordar el incumplimiento desde un punto de vista basado, sobre todo, en la educación. Este programa tiende un puente entre las actividades de divulgación e inspección, puesto que ayuda a las personas físicas y jurídicas a comprender y cumplir sus obligaciones tributarias al tiempo que evita costosos procesos de inspección.

El Programa de Cumplimiento Asistido ayuda a los contribuyentes a modificar declaraciones presentadas incorrectamente mediante un sistema más adecuado que las inspecciones tradicionales. Supone una evolución respecto de las actividades de educación cívico-tributaria, al ofrecer a los contribuyentes información personalizada y asistencia individual. De este modo, la CRA puede reservar la aplicación de medidas coercitivas más exhaustivas y tradicionales, como las labores de inspección, a los casos más graves o complicados.

Chile – Promoción de la responsabilidad social en el seno de grupos empresariales

Fomentar el sentido de responsabilidad en cuanto al pago de impuestos es crucial en Chile. Uno de los objetivos específicos del Servicio de Impuestos Internos (SII) ha sido transmitir este principio a los grupos empresariales.

Para promover la sensibilización y la responsabilidad en cuanto al pago de impuestos, el SII ha desarrollado dos herramientas que pretenden reducir al máximo cualquier posible incumplimiento por parte de los grupos empresariales y resaltar la importancia que reviste para el país la contribución impositiva de cada entidad. Por ejemplo, el SII ha elaborado un conjunto de buenas prácticas que las empresas deberían tener en cuenta para garantizar el cumplimiento. Además, publica un informe sobre el aporte a la recaudación de cada grupo empresarial, en el que se detalla la forma en que los impuestos que pagan estos grupos contribuyen a la economía nacional.

Gracias al desarrollo de herramientas e informes que ponen de manifiesto el valor del cumplimiento, el SII está promoviendo un esfuerzo colectivo por contribuir al progreso del país y fomentando el sentido de responsabilidad social en los grupos empresariales.

China (República Popular de) – TaxExpress

En 2023, la STA lanzó TaxExpress, un servicio que ayuda a los contribuyentes a entender el funcionamiento de la tributación internacional. El objetivo de esta herramienta es promover los flujos transfronterizos de inversión, tecnología y recursos.

Sus principales características son las siguientes:

- Comunicación: TaxExpress permite a los contribuyentes ponerse en contacto con la administración tributaria para realizar consultas. También ofrece a los contribuyentes suscritos al servicio la posibilidad de acceder a las actualizaciones de las políticas a través de correo electrónico o mensaje de texto.
- Material informativo: En el sitio web de la STA, y en su cuenta de redes sociales, se publica y actualiza con regularidad material informativo gratuito.
- Precios de transferencia: La STA ha asignado más recursos a programas sobre precios de transferencia, lo que ha sido valorado positivamente por los contribuyentes.
- Perfiles de país: Se ha elaborado el perfil de país de 105 jurisdicciones con el objetivo de ayudar a los contribuyentes a realizar sus labores de diligencia debida al hacer negocios con el exterior.
- Derecho tributario internacional: Se han publicado los principales asuntos de Derecho tributario internacional que pueden ser útiles para dirimir controversias.

- Preguntas frecuentes: Se ha publicado una página de preguntas frecuentes que recopila la respuesta a las dudas que se plantean con mayor frecuencia a través del servicio de atención telefónica de la STA.

Francia – Uso de las redes sociales para comunicarse con los contribuyentes más jóvenes

En el marco de su estrategia general de comunicación, la Dirección General de Finanzas Públicas (DGFiP) ha empezado a usar cuentas de redes sociales con el objetivo de llegar a los jóvenes.

En 2023, la DGFiP publicó un vídeo en el que se mostraba cómo presentar una declaración tributaria más rápido que lo que se tarda en hacer un baile coreografiado. La DGFiP también creó algunos vídeos musicales cortos, en los que un joven artista interpreta éxitos de música pop para animar a los contribuyentes a cumplir sus obligaciones tributarias. El contenido pretendía informar y divertir. Los vídeos personalizados publicados en redes sociales son mucho más visibles para los contribuyentes jóvenes que el contenido publicado anteriormente en el sitio web de la DGFiP.

Estos vídeos tuvieron cientos de miles de visualizaciones y captaron la atención de los medios de comunicación. Son un útil complemento de los recursos de comunicación de la DGFiP.

India – Centros de contribuyentes

Los centros de contribuyentes son espacios específicos diseñados como puntos de difusión de la sensibilización tributaria y la cultura financiera en las ciudades de nivel 2 y 3 de la India, con el objetivo de reforzar la visibilidad del Departamento del impuesto sobre la renta por lo que respecta a la administración de los servicios para los contribuyentes y a la promoción del cumplimiento voluntario. El Departamento instauró centros de contribuyentes en varias ciudades de todo el país, en particular, en Gorakhpur, Bhagalpur, Cuttack, Jhansi y Vishakhapatnam. Está previsto que se establezcan otros nuevos en Shillong y Udaipur.

Los centros de contribuyentes se construyen en zonas que suelen ser muy concurridas, como, por ejemplo, parques, centros de convenciones, ayuntamientos o ferias locales. Se dividen en varios puestos, cada uno de las cuales desempeña una función específica:

- El puesto de información pretende difundir información y actualizaciones importantes sobre cuestiones tributarias.
- El puesto de quejas está diseñado para prestar asistencia al contribuyente y resolver problemas o cuestiones relacionados con impuestos.
- El puesto educativo tiene por objeto promover la educación tributaria y prestar orientaciones valiosas sobre planificación fiscal y cumplimiento de las obligaciones tributarias.

Además, los centros de contribuyentes disponen de espacios infantojuveniles, con juegos de mesa, rompecabezas, juegos de realidad virtual y cómics sobre impuestos, destinados a afianzar las bases de la cultura financiera desde edades tempranas.

En los centros de contribuyentes se proyectan folletos informativos e información tributaria clave, a través de pantallas LED, con el objetivo de educar e instruir a los contribuyentes que visitan dichos centros.

Gracias a una combinación de folletos interactivos e informativos, y al potente eslogan que reza «cada contribuyente construye la nación», los centros de contribuyentes se esfuerzan por transmitir a los contribuyentes los conocimientos necesarios para tomar decisiones informadas.

Irlanda – Módulo «Introducción a los Impuestos»

El cumplimiento de las obligaciones tributarias depende de que los contribuyentes tengan una comprensión clara del sistema tributario y de sus obligaciones en materia de cumplimiento. El módulo «Introducción a los Impuestos» es un recurso formativo que se ha desarrollado para proporcionar a los estudiantes una visión general de los principales impuestos a los que podrían enfrentarse en su vida personal y profesional.

Del análisis de las interacciones con contribuyentes realizado por la Agencia Tributaria se desprende que el grupo de edad de 16 a 20 años es un grupo de alta interacción al que no se dirigían comunicaciones de la Agencia Tributaria. El módulo pretende mejorar la educación tributaria, fomentar el uso de los servicios en línea de la Agencia Tributaria, educar a los jóvenes sobre la utilidad social y la importancia de los impuestos y animarlos a gestionar sus propios impuestos. Sus elementos principales son los siguientes:

- Identificar a las partes interesadas, e interactuar y colaborar con ellas.
- Realizar programas de prueba con distintas escuelas, tanto urbanas como rurales, mixtas o de un solo sexo, públicas o privadas.
- Llevar a cabo encuestas, cuestionarios y grupos de discusión para recabar información valiosa.

Los resultados han sido muy positivos. Los estudiantes que han cursado el módulo muestran lo siguiente:

- Entienden un 49 % mejor cómo darse de alta en un impuesto antes de empezar a trabajar.
- Entienden un 41 % mejor cómo usar los servicios en línea de la Agencia Tributaria.
- Entienden un 37 % mejor cómo leer una nómina.
- Entienden un 29 % mejor cómo calcular la cuota de un impuesto.

Es posible que se trate de la primera interacción de un ciudadano con un organismo público. La primera interacción le genera tranquilidad y seguridad de cara a trámites futuros, lo que a su vez redunda en la confianza en el gobierno y da lugar a beneficios a largo plazo para los organismos de la administración pública.

Italia – Educación tributaria

En Italia, impartir educación tributaria a los jóvenes es importante. La Agencia Tributaria italiana colabora desde 2004 con el Ministerio de Educación para promover el proyecto «Impuestos y Escuela». El proyecto incluye visitas a escuelas, visitas a la Agencia Tributaria, concursos y la participación en eventos institucionales y de índole internacional, tales como, por ejemplo, la Global Money Week. El acercamiento de los niños a los impuestos se produce a través de distintos formatos interactivos, como cuentos, cómics, juegos y videoclips.

Desde 2017, la Agencia Tributaria italiana también participa en el proyecto TAXEDU de la Comisión Europea, que pretende enseñar a los jóvenes europeos nociones sobre los impuestos y el impacto que estos tienen en sus vidas. En el marco de este proyecto, existe un portal, dirigido a jóvenes de entre 9 y 25 años, en el que se presenta información sobre distintos aspectos relacionados con los impuestos, adaptada tanto en contenido como en lenguaje en función de la edad. El portal se actualiza periódicamente con juegos, material de aprendizaje en línea y vídeos de microaprendizaje diseñados para que los jóvenes aprendan sobre impuestos de forma divertida y motivante. También se ofrecen materiales de formación específicos para docentes.

Italia – Estrategia y campañas de comunicación digital sobre impuestos

En los últimos años, la estrategia web y de redes sociales de la Agencia Tributaria italiana ha cambiado de foco progresivamente y se ha hecho cada vez más sensible a las necesidades de los contribuyentes. Esto significa que la estrategia de comunicación no se limita a informar, sino que también cumple su misión institucional de mejorar los servicios prestados a los contribuyentes.

La Agencia Tributaria italiana usa un enfoque orientado a objetivos al adoptar acciones de comunicación integrada, con el fin de adaptar el uso de las redes sociales que hacen sus contribuyentes. Gracias a este enfoque proactivo, la Agencia ha concientizado de la oportunidad de usar sus servicios con mayor agilidad.

Sobre esta base, la Agencia Tributaria ha optado por consolidar su presencia institucional en línea y en plataformas de redes sociales, y ha logrado resultados alentadores. Por ejemplo, los tutoriales de vídeo en línea en los que se explica a los contribuyentes cómo usar los nuevos servicios han recibido más de seis millones de visitas.

En línea con su estrategia de comunicación digital, la Agencia lleva a cabo acciones de comunicación integrada relativas a distintos temas, como la presentación de declaraciones de impuestos precumplimentadas, la obligación de emitir facturas electrónicas y los servicios en línea.

En los últimos meses, la Agencia ha utilizado su sitio web en combinación con campañas de redes sociales para facilitar que los contribuyentes puedan acceder a información que les ayude a cumplir sus obligaciones tributarias.

Gracias a llegar a millones más de contribuyentes, la Agencia Tributaria italiana, además de mejorar su credibilidad y visibilidad, ha mostrado apertura y ha establecido un diálogo más fluido con los contribuyentes.

Turquía – Comunicación con nuevos contribuyentes para promover el cumplimiento voluntario

Turquía ha adaptado diversos enfoques de comunicación para promover el cumplimiento voluntario de los nuevos contribuyentes del impuesto sobre la renta de las personas físicas y del impuesto de sociedades. Los contribuyentes se dan de alta mensualmente y reciben los documentos de los funcionarios.

Estas son las guías que se les proporcionan:

- Un documento en el que se recuerda a las personas sujetas al impuesto sobre la renta de las personas físicas sus derechos y obligaciones básicas, así como los canales a través de los cuales pueden ponerse en contacto con la administración tributaria.
- Un folleto en el que se describen de forma clara y resumida los derechos y las obligaciones de los contribuyentes.
- Una tarjeta de comunicación en la que figuran las distintas vías de comunicación con la administración tributaria de que disponen los contribuyentes.

También se enviaron mensajes de texto para felicitar a los nuevos contribuyentes por empezar su actividad, en los que se incluía un enlace al «Vídeo informativo para los contribuyentes que acaban de darse de alta» elaborado por la administración tributaria.

Fuentes: Canadá (2024), Chile (2024), China (República Popular de) (2024), Francia (2024), India (2024), Irlanda (2024), Italia (2024) y Turquía (2024).

Servicios colaborativos

A medida que crecen los servicios digitales desarrollados por las administraciones tributarias, más y más administraciones reconocen que estos servicios brindan oportunidades para:

- coordinarse con otros organismos públicos para ofrecer una experiencia de servicio integrada; y
- colaborar con terceros desarrolladores para conectar con los sistemas de los contribuyentes.

Servicios administrativos integrados

Las administraciones tributarias informan de que se están coordinando con otros organismos públicos para mejorar la experiencia global de servicio en toda la administración, incluso mediante enfoques de «recopilar una vez, usar muchas veces». A este respecto, las administraciones tributarias ocupan un lugar privilegiado en el sector público, puesto que suelen disponer de datos de identidad verificados y actualizados, ordenan y reciben pagos, y reciben y envían información a terceros (por ejemplo, entidades financieras y empleadores).

La Tabla 5.10. muestra dos ejemplos de servicios administrativos integrados. En muchas jurisdicciones, la carga administrativa se ha reducido y simplificado gracias a que el registro a efectos tributarios o el pago de impuestos forman ahora parte de procesos administrativos más genéricos. Asimismo, en ediciones anteriores de esta serie se han incluido varios ejemplos de países con este tipo de servicios integrados, por ejemplo, en el Recuadro 1.7. de la edición de 2019 (OECD, 2019[1]). Por otra parte, el ejemplo que figura en el Recuadro 5.7. muestra cómo la Agencia Tributaria de Singapur ha formado un equipo que coordina la administración tributaria con el resto del ecosistema público.

Tabla 5.10. Servicios administrativos integrados, 2022

Porcentaje de jurisdicciones que cuentan con el servicio respectivo

Tipo de impuesto	El registro a efectos tributarios forma parte de un proceso de registro administrativo más amplio	El proceso de pago es parte de un portal general de pagos en línea de la administración
Impuesto sobre la renta de las personas físicas	49,0	39,2
Impuesto de sociedades	63,5	36,5
Impuesto sobre el valor agregado	40,8	34,7

Fuente: OCDE et al. (2024), Inventory of Tax Technology Initiatives, https://web-archive.oecd.org/temp/2023-03-09/618462-taxpayer-touchpoints.htm, Tablas TT1, TT2 y TT3 (consultado el 10 de septiembre de 2024).

Recuadro 5.7. Singapur – Formación del Equipo de Colaboraciones del Ecosistema Digital

La Autoridad Tributaria de Singapur (IRAS) ha puesto en marcha el Grupo de Trabajo sobre el Ecosistema Digital con el objetivo de hacer mayor hincapié en la transformación del ecosistema tributario, y en eras de la agilidad institucional.

El Grupo de Trabajo se compone de dos equipos de proyecto interdepartamentales, a los que se ha encomendado abordar los aspectos relacionados con la oferta y demanda de la digitalización dentro del ecosistema tributario durante un período de dos años. Tras la exitosa fase experimental del Grupo de Trabajo, la IRAS creó un equipo especializado denominado Equipo de Colaboraciones del Ecosistema Digital (DEPT), compuesto por un grupo muy diverso de funcionarios con conocimientos de negocios, experiencia en tecnología de la información y gestión de datos, habilidades en marketing y relación con las partes interesadas, así como experiencia en materia tributaria y gestión de subvenciones.

El DEPT lideró la interacción con el ecosistema tributario e impulsó el desarrollo de soluciones digitales que facilitan el cumplimiento ágil de las obligaciones tributarias. Por ejemplo, el DEPT permitió la interoperabilidad de los sistemas al establecer conexiones con el ecosistema administrativo en general, aprovechando iniciativas existentes del gobierno en su conjunto y colaborando con otros organismos públicos con el objetivo de facilitar la transmisión fluida de datos a través de software de contabilidad o de gestión de nóminas. El efecto de red también se consiguió mediante el establecimiento de una red autoorganizada, para lo cual se creó una lista de desarrolladores de programas informáticos que habían integrado con éxito su software con la IRAS.

Gracias al DEPT, la IRAS ha podido impulsar un ecosistema digital más robusto e interconectado, que se ha traducido en la adopción generalizada de soluciones digitales por parte de los contribuyentes e intermediarios tributarios y en la mejora de la eficiencia y eficacia de los procesos de cumplimiento de las obligaciones tributarias de empresas y particulares.

Fuente: Singapur (2024).

Colaboración con terceros desarrolladores

Integrar los servicios y procesos en los sistemas naturales que los contribuyentes utilizan en su vida diaria y en sus negocios ayudará a mejorar el cumplimiento de las obligaciones tributarias, además de reducir la carga administrativa y liberar tiempo que los empresarios pueden dedicar a hacer crecer sus negocios. La mayoría de esos sistemas naturales están diseñados por desarrolladores externos, con quienes muchas administraciones están creando alianzas para desarrollar nuevos servicios. Además de los servicios integrados, muchas administraciones también están creando sistemas naturales que ayudarán a los contribuyentes a cumplir sus obligaciones tributarias, ya sea directamente o en colaboración con terceros (véase la Tabla 5.11.).

Tabla 5.11. Colaboración con terceros desarrolladores, 2022

Porcentaje de administraciones

Desarrollo de paquetes de software para su uso por los contribuyentes		Integración de las interacciones sobre impuestos en sistemas de terceros		
La administración crea paquetes de software que ayudan a los contribuyentes a cumplir sus obligaciones tributarias	La administración participa con terceros desarrollando conjuntamente paquetes de software	La administración desarrolla API	En caso afirmativo, La administración pone a disposición del público una biblioteca de API para su uso por terceros	En caso afirmativo, La administración participa con terceros desarrollando conjuntamente API
57,7	48,1	84,6	75,0	56,8

Nota: Los porcentajes se basan en datos del ITTI de 52 jurisdicciones que se contemplan en este informe y que han completado la encuesta global sobre digitalización.
Fuente: OCDE et al. (2024), Inventory of Tax Technology Initiatives, https://web-archive.oecd.org/temp/2023-03-09/618462-taxpayer-touchpoints.htm, Tabla TT7 (consultado el 10 de septiembre de 2024).

La conexión del sistema de la administración tributaria con los sistemas naturales de los contribuyentes suele llevarse a cabo a través de interfaces de programación de aplicaciones (API). Las API, aunque no proporcionan acceso directo, permiten la conectividad entre sistemas, personas y objetos, y son clave para muchos servicios innovadores. En este contexto, alrededor del 85 % de las administraciones tributarias están desarrollando API, y tres cuartas partes de ellas están poniendo las API a disposición de terceros desarrolladores. Además, casi el 60 % de las administraciones tributarias están desarrollando las API conjuntamente con terceros.

El informe de la OCDE *Unlocking the digital economy – a guide to unlocking application programming interfaces in government* (OECD, 2019[4]) expone una visión general de las prácticas, técnicas y estándares que guían la prestación de servicios digitales contemporáneos y eficaces a los contribuyentes a través de API. A medida que los servicios ofrecidos se vuelven más sofisticados y adquieren un papel más relevante en la prestación de servicios de calidad a los contribuyentes, las administraciones tributarias deben invertir más en la gestión y supervisión de sus API. El Recuadro 5.8. contiene ejemplos de algunos de los últimos avances en la administración por lo que respecta a las API y a la colaboración con terceros desarrolladores.

Recuadro 5.8. Ejemplo – Uso de API y colaboración con terceros desarrolladores para mejorar los servicios prestados

Australia – Colaboraciones con terceros para prestar nuevos servicios

La Agencia Tributaria de Australia (ATO) sigue comprometida con el fortalecimiento de la relación con sus socios Proveedores de Servicios Digitales (DSP) a través de su marco de colaboración. Los DSP son esenciales en la administración de los sistemas tributario y de pensiones, y la colaboración temprana es clave para el éxito de cualquier nueva iniciativa. La industria del software sigue evolucionando gracias a las nuevas innovaciones tecnológicas y al deseo de integración con las plataformas financieras.

El Grupo de Trabajo Estratégico de la ATO permite consultar con un amplio sector de representantes de la industria sobre una variedad de temas estratégicos que afectan al futuro del sector. Entre los temas tratados en 2024, destacan los pagos en tiempo real alineados con las obligaciones de declaración, la utilización de software basado en IA, la mejora en la adopción de la facturación electrónica y la continuidad de los avances en el marco de seguridad operacional de los DSP para mejorar la integridad de los servicios de la ATO y del ecosistema en general.

Australia – Concepto de orientación integrada en el software

La ATO pretende desarrollar un ecosistema digital que aproveche los sistemas naturales de las pequeñas empresas para fomentar la sensibilización tributaria y la comprensión de los impuestos. En línea con esta filosofía, ha elaborado un concepto de orientación integrada en el software, que tiene como objetivo:

- Incorporar orientaciones y herramientas tributarias, generadas por el sistema y de alta calidad, en los sistemas naturales que las pequeñas empresas utilizan para gestionar su negocio.
- Proporcionar asesoramiento en tiempo real.
- Fomentar una mejor toma de decisiones y comprensión de las posibles consecuencias fiscales de las transacciones.

La ATO está trabajando con sus socios digitales y con profesionales tributarios en el diseño conjunto de una solución que haga que sus recomendaciones y guías actuales sean más accesibles y fáciles de entender. Se están consiguiendo los resultados esperados gracias a la incorporación de indicaciones y herramientas en los servicios de software utilizados por los profesionales tributarios y las pequeñas empresas. El concepto es coherente con los componentes básicos de la OCDE para el futuro sistema tributario (gestión y aplicación de las reglas tributarias) y con la visión de la OCDE de la Administración Tributaria 3.0.

El concepto de orientación integrada en el software se compone de dos elementos, a saber:

- El concepto y marco general de diseño conjunto con los socios digitales de la ATO y los profesionales tributarios, dirigido a fomentar la innovación en el mercado mayorista para ayudar a los contribuyentes a cumplir sus obligaciones.
- El concepto de enfoque en un área de riesgo o ámbito jurídico que sean complejos y difíciles de comprender para los contribuyentes o sus asesores.

Brasil – Integración en los sistemas naturales de los contribuyentes: Sistema de contabilidad Integra

El proyecto «Integra Contador» persigue la integración digital de los sistemas de contabilidad en la administración tributaria de Brasil. Mediante la simplificación y optimización de los procesos contables, tales como el registro de las sociedades, la gestión de facturas, el cálculo de nomas, la cumplimentación de formularios tributarios y la presentación de informes financieros, el proyecto tiene el objetivo de reducir los tiempos de tramitación y respuesta, contribuyendo así a crear un entorno más eficiente y seguro para las empresas, los proveedores de servicios y la administración tributaria.

El proyecto ya reportó unos resultados prometedores en 2023, al gestionar con eficiencia grandes bases de datos de información, como las declaraciones de impuestos. El desarrollo continuado de este proyecto pretende mejorar el cumplimiento de las obligaciones tributarias, así como las alianzas entre el sector público y el sector privado.

Singapur – Solución «Nómina Integral»

La iniciativa Nómina Integral (NI) representa un avance significativo en los esfuerzos de la administración por colaborar con distintos operadores del ecosistema.

La IRAS, el Ministerio de Trabajo (MOM), la Junta del Fondo Central de Previsión (CPFB), los desarrolladores de programas informáticos y los empleadores han colaborado para crear un servicio digital integrado. Este servicio permite a los empleadores de distintos organismos cumplir sus obligaciones legales en materia de nóminas mediante un único software de gestión de nóminas. En la actualidad, los empleadores deben presentar varios documentos diferentes en distintos formatos y con distinta frecuencia ante varios organismos públicos, lo que supone una carga normativa considerable.

La iniciativa NI ofrece a los empleadores una solución única para realizar todas estas gestiones de manera sencilla a través de su sistema de gestión de nóminas y recursos humanos, perfectamente integrado en la IRAS, la CPFB y el MOM mediante interfaces de programación de aplicaciones. Esta iniciativa genera unos beneficios tangibles, especialmente en términos de ahorro de costos y tiempo para las empresas. También permite a los desarrolladores de programas informáticos y a los socios del ecosistema mejorar y ampliar las funciones de su oferta de soluciones. Teniendo en cuenta el gobierno en su conjunto, este enfoque de prestación de servicios centrado en el empleador y el ciudadano es esencial para favorecer que los empleadores realicen sus presentaciones de forma correcta y oportuna. En efecto, reduce la carga que supone para ellos cumplir sus obligaciones y minimiza la necesidad de llevar a cabo procesos posteriores de cumplimiento e inspección, por lo que, en última instancia, promueve un entorno normativo más eficiente.

Suecia – Presentación de la declaración del impuesto de sociedades de las sociedades limitadas a través de una interfaz de programación de aplicaciones

La Administración Tributaria sueca (STA) ha pasado de ofrecer únicamente la posibilidad de presentar las declaraciones de impuestos en soporte físico a desarrollar gradualmente servicios digitales, hasta el punto de que, en el presente, las sociedades de responsabilidad limitada pueden realizar todos los trámites asociados a la declaración del impuesto de sociedades a través de una API. La línea temporal de estos avances puede dividirse en tres etapas:

- Etapa 1 – La declaración del impuesto puede presentarse a través de un servicio electrónico o de transferencia de archivos, que solo admite algunos de los documentos en formato digital.
- Etapa 2 – Desde 2021, la declaración del impuesto puede presentarse a través de un servicio de transferencia de archivos, que admite adjuntos, firmas digitales y otra información.
- Etapa 3 – Desde 2023, la declaración del impuesto puede presentarse directamente a través de una API en el programa de declaración tributaria de la propia empresa, siempre que se disponga de la firma digital.

La STA todavía ofrece los servicios que acaban de mencionarse, incluidas las declaraciones tributarias en soporte físico. Si bien es cierto que las empresas siguen usando todos los servicios, se ha producido un aumento progresivo de los más modernos. La STA ha observado que la cantidad de declaraciones en papel desciende cada año, así como el uso de servicios que ofrecen la posibilidad de realizar digitalmente solo algunos trámites de presentación.

Suecia – Concepto de «reglas como código»

La STA ha estudiado la manera en que el concepto de «reglas como código» puede aplicarse para fomentar el cumplimiento de las obligaciones tributarias por parte de pequeñas y medianas empresas.

La STA está ofreciendo una solución técnica que permite que los desarrolladores de sistemas de negocios incluyan orientaciones jurídicas en sus sistemas. La STA crea archivos legibles por máquina y basados en reglas, así como especificaciones escritas en distintas áreas de la legislación tributaria específica, y los ofrece como datos abiertos. Cuando se usa junto con un motor de reglas, el archivo de reglas en combinación con los datos existentes en el sistema de la empresa puede dar lugar a un proceso de cumplimiento más automatizado.

Un elemento clave de este trabajo es que la STA solo pone a disposición los archivos de reglas para su uso y no está obligada a desarrollar ninguna aplicación o servicio propios. El proceso de trabajo interno permite a los expertos jurídicos de la STA crear archivos de reglas de forma independiente y ponerlos a disposición del público, sin necesidad de solicitar asistencia técnica. Esto es posible gracias al desarrollo de un editor de reglas que permite a los expertos convertir los árboles de decisión en código legible por máquina. Hasta la fecha, la STA ha creado archivos de reglas y especificaciones en tres ámbitos jurídicos diferentes, y ha desarrollado una interfaz de programación de aplicaciones que ha puesto a disposición del público.

El concepto, aunque ya está disponible y en producción, sigue en fase de desarrollo y de mejora continua gracias a los comentarios de los desarrolladores de sistemas de negocio.

Fuentes: Australia (2024), Brasil (2024), Singapur (2024) y Suecia (2024).

Administración inclusiva

Las administraciones tributarias deberían considerar prestar servicios globales que garanticen el acceso equitativo de todos los ciudadanos, en particular, de las personas con discapacidad, sin acceso a Internet, o que no hablan alguno de los idiomas oficiales de la jurisdicción. Ofrecer formatos accesibles, soporte multilingüe y opciones de servicio presenciales ayuda a tender puentes de comunicación y acceso y promueve una sociedad más inclusiva. Estas medidas pueden ayudar a reforzar la confianza en el sistema y el cumplimiento voluntario.

Como se observa en la Tabla 5.12., la mayoría de las administraciones tiene esto en cuenta al diseñar sus servicios. Casi todas adoptan medidas especiales para los contribuyentes con discapacidad. Asimismo, aunque la tendencia a usar servicios electrónicos es cada vez mayor, por motivos de comodidad y eficiencia de costos, hay contribuyentes que no tienen acceso a estos servicios o se muestran reticentes a usarlos. En consecuencia, más del 80 % de las administraciones ofrecen servicios específicos para dar asistencia a los contribuyentes que no manejan con soltura las tecnologías digitales. Por otra parte, más del 60 % de las administraciones garantiza que los servicios en línea están disponibles para usuarios con discapacidad visual, auditiva, motora o intelectual.[1]

La Tabla 5.12. también muestra que la mayoría de las administraciones ofrece servicios en idiomas no oficiales, con el fin de garantizar que todos los contribuyentes puedan acceder a la información esencial necesaria para cumplir sus obligaciones tributarias. El Recuadro 5.9. describe la ayuda que se está brindando a los empleados extranjeros al llegar a Finlandia.

Tabla 5.12. Servicios inclusivos, 2022

Porcentaje de administraciones que ofrece dichos servicios

Se adoptan medidas especiales para los contribuyentes con discapacidad	Se ofrecen servicios especiales para los contribuyentes que no manejan con soltura las tecnologías digitales	Se ofrecen servicios telefónicos en idiomas no oficiales	La información del sitio web o las aplicaciones móviles se ofrece en idiomas no oficiales
91,4	81,0	53,4	72,4

Fuente: CIAT, OIAT, FMI, OCDE, Encuesta Internacional sobre Administración Tributaria, Tablas B.40 Canales de servicio: Características del enfoque de servicio, https://data.rafit.org/regular.aspx?key=74180919 (consultado el 10 de septiembre de 2024).

Recuadro 5.9. Finlandia – Aplicación Work Help Finland

Work Help Finland es una aplicación móvil desarrollada conjuntamente por la Police University College y las autoridades públicas finlandesas. Ofrece a los empleados extranjeros que llegan a Finlandia información sobre sus derechos y obligaciones laborales en el país. La aplicación ayuda a combatir la explotación laboral, el tráfico de seres humanos y el trabajo no declarado, al facilitar a los empleados información esencial y fácil de entender en un único lugar. Está disponible en veintisiete idiomas y puede descargarse gratuitamente.

La Agencia Tributaria de Finlandia participó en el proyecto aportando el contenido tributario de la aplicación. Work Help Finland ofrece información básica sobre los derechos fiscales en Finlandia, las repercusiones de la duración de la estancia a efectos de tributación, qué es y cómo solicitar la tarjeta fiscal finlandesa, y el procedimiento de solicitud de un número de identificación personal finlandés. También contiene explicaciones sobre las normas especiales relativas a determinados grupos de empleados. Además, la aplicación incluye enlaces al sitio web de la Agencia Tributaria y a sus páginas en inglés.

Fuente: Finlandia (2024).

Por otra parte, las administraciones tributarias también están estudiando cómo ayudar a los contribuyentes que están atravesando situaciones personales complicadas, por ejemplo, mediante el desarrollo de nuevos servicios o la prestación de asistencia personalizada. El Recuadro 5.10. contiene dos ejemplos, y el Capítulo 13 de la edición de 2019 de esta serie describe el servicio Dispute Assist de la ATO, que ayuda a personas vulnerables y pequeñas empresas con el proceso de reclamación (OECD, 2019[1]).

Recuadro 5.10. Ejemplos – Inclusión

Australia – Contribuyentes vulnerables

La ATO observa que cada vez hay más contribuyentes en situación de vulnerabilidad que no pueden hacer frente a sus pagos. Aunque, tras la pandemia de COVID-19, la ATO se ha centrado en el cobro de deudas, mantiene un enfoque equilibrado que le ayuda a detectar y diferenciar la necesidad de asistencia de contribuyentes vulnerables que están atravesando momentos difíciles.

Con el objetivo de ayudar de la mejor manera posible a las personas que lo necesitan, la ATO ha solicitado a los contribuyentes que están teniendo dificultades para cumplir sus obligaciones de pago que se pongan en contacto con ella cuanto antes para solicitar asistencia. Esto da cabida a un nuevo enfoque de interacciones mínimas, pero con propósito, que ofrece a los contribuyentes asistencia personalizada y les permite salir adelante.

La vulnerabilidad puede afectar a los contribuyentes de distintas maneras, y es difícil de definir dadas las circunstancias complejas y personales a las que se pueden enfrentar. Por tanto, la ATO pretende comprender a los contribuyentes a través de los elementos o barreras que les impiden pagar, presentar sus declaraciones o interactuar: enfermedades graves, problemas de salud mental, catástrofes naturales, situaciones de violencia familiar o doméstica, o bajos niveles de apoyo o alfabetización.

La ATO está desarrollando un marco más sencillo para apoyar a estos contribuyentes. Por ejemplo, ha propuesto que se introduzcan nuevos productos que suspendan las medidas de cobro mientras los contribuyentes vulnerables buscan ayuda o asesoramiento profesional. También se han creado equipos de apoyo y asistencia adicionales para atender a los contribuyentes vulnerables que se enfrentan a las situaciones más complejas y desafiantes.

Canadá – Refuerzo de la asistencia a los albaceas para presentar los impuestos de los contribuyentes fallecidos

Liquidar los impuestos de una persona fallecida puede ser un proceso complejo y emocional. En otoño de 2020, la CRA habló con algunos albaceas para comprender las necesidades y desafíos a los que tenían que hacer frente al presentar las declaraciones de impuestos de una persona fallecida.

La CRA ha asumido algunos compromisos para que sea más sencillo comprender y llevar a cabo el proceso. Por ejemplo:

- Se introdujeron mejoras en el contenido de la web Canada.ca para que la información sobre la liquidación de los impuestos de una persona fallecida fuera más fácil de encontrar, consultar y usar. En comparación con el contenido original, el nuevo contenido supuso lo siguiente:
  - Un 55 % más de personas encontró el contenido pertinente.
  - Un 41 % más de personas pudo realizar el trámite correctamente.
  - Un 31 % más de personas declaró que el contenido era fácil de usar.
- Los agentes del centro de atención al contribuyente están mejor equipados con recursos especializados para ayudar a los albaceas. Los tiempos de espera de estos centros pueden consultarse en línea, lo que permite a los albaceas decidir cuándo es el mejor momento para llamar teniendo en cuenta esa información.

- Los particulares pueden enviar un mensaje en línea a un representante del servicio de la CRA para obtener respuestas a preguntas generales sobre la liquidación de los impuestos de una persona fallecida.

El servicio está sujeto a mejoras concretas basadas en los aprendizajes obtenidos de la experiencia del cliente y en las opiniones de los usuarios.

Fuentes: Australia (2024) y Canadá (2024).

Bibliografía

OECD (2023), *Communication and Engagement with SMEs: Supporting SMEs to Get Tax Right*, OECD Forum on Tax Administration, OECD Publishing, Paris, https://doi.org/10.1787/f183d70a-en. [3]

OECD (2021), *Fomentando la cultura tributaria, el cumplimiento fiscal y la ciudadanía: Guía sobre educación tributaria en el mundo, segunda edición*, OECD Publishing, Paris, https://doi.org/10.1787/17a3eabd-es. [2]

OECD (2019), *Tax Administration 2019: Comparative Information on OECD and other Advanced and Emerging Economies*, OECD Publishing, Paris, https://doi.org/10.1787/74d162b6-en. [1]

OECD (2019), *Unlocking the Digital Economy: A Guide to Implementing Application Programming Interfaces in Government*, OECD Publishing, Paris, https://doi.org/10.1787/56697aa7-en. [4]

OECD et al. (2024), *Inventory of Tax Technology Initiatives*, https://webarchive.oecd.org/tax/forum-on-tax-administration/tax-technology-tools-and-digitalsolutions/index.htm (accessed on 10 Septembre 2024). [5]

Nota

[1] Véase: OCDE et al. (2024), Inventory of Tax Technology Initiatives, https://web-archive.oecd.org/temp/2023-03-09/618462-taxpayer-touchpoints.htm, Tabla TT4 (consultado el 10 de septiembre de 2024).

6 Gestión del cumplimiento

Evaluar la exactitud y exhaustividad de la información declarada por los contribuyentes es una función esencial de las administraciones tributarias. En este capítulo se analiza más profundamente la labor de las administraciones tributarias en este ámbito, que incluye lo que hacen para comprender y gestionar los riesgos de cumplimiento, y el modo en que previenen y gestionan los incumplimientos. Por último, en este capítulo se exponen enfoques para evaluar las cargas de cumplimiento para los contribuyentes.

Introducción

La función de inspección, verificación e investigación evalúa la exactitud y exhaustividad de la información declarada por los contribuyentes. Esta función emplea, en términos medios, a un 30 % del personal de las administraciones tributarias para verificar el cumplimiento de las obligaciones tributarias. Aunque a menudo esta labor se realiza a través de las funciones de inspección, cada vez es más frecuente el uso de controles electrónicos automatizados, validaciones y cruces de información de los contribuyentes. La adopción y visibilidad de estas y otras medidas de cumplimiento es fundamental para apoyar el cumplimiento voluntario, incluso mediante sus efectos en la percepción de la imparcialidad del sistema tributario, y para crear un efecto disuasorio. En este capítulo se tratan los siguientes temas:

- La forma en que las administraciones tributarias gestionan los riesgos de cumplimiento, incluidos los distintos enfoques adoptados para prevenir y gestionar los incumplimientos;
- La aplicación de las medidas de cumplimiento tomadas por las autoridades tributarias, tanto si son medidas de inspección como medidas de investigación de delitos fiscales; y
- La importancia de la evaluación y reducción de la carga de cumplimiento para los contribuyentes.

Gestión de los riesgos de cumplimiento

El proceso de gestión de los riesgos de cumplimiento, como se describe en la nota de orientación *Compliance Risk Management: Managing and Improving Tax Compliance* (OECD, 2004[1]) de 2024 de la OCDE, se ha mantenido prácticamente tal cual durante los años. Sus principales medidas, ilustradas en el Gráfico 6.1., siguen sirviendo de pauta para la gestión de los riesgos de cumplimiento. Desde entonces, en varios informes de la OCDE se han estudiado aspectos de este marco que brinda orientación y ejemplos de buenas prácticas, y el informe *The Changing Tax Compliance Environment and the Role of Audit* (OECD, 2017[2]) de 2017 analizó una serie de cambios incrementales que habrían tenido lugar entre las administraciones tributarias y que, en su conjunto, estaban alterando la naturaleza del entorno de cumplimiento tributario, dando lugar a un cumplimiento más orientado y gestionado.

Gráfico 6.1. Proceso de gestión de los riesgos de cumplimiento

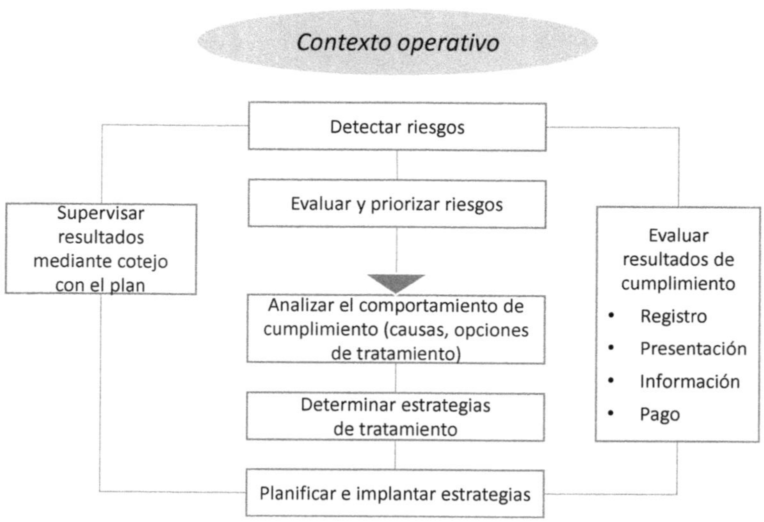

Fuente: OCDE (2004), Compliance Risk Management: Managing and Improving Tax Compliance, https://www.oecd.org/content/dam/oecd/en/topics/policy-issues/tax-administration/compliance-risk-management-managing-and-improving-tax-compliance.pdf (consultado el 12 de septiembre de 2024).

Al recopilar la encuesta ISORA de 2023 una gran parte de los nuevos datos sobre enfoques de gestión de los riesgos de cumplimiento, en esta sección se examina el modo en que las administraciones tributarias están organizando sus procesos en este ámbito. Para ello, se analizan los enfoques que las administraciones tributarias están adoptando a la hora de ***comprender*** y ***gestionar*** los riesgos de cumplimiento, así como algunas de las medidas que han tomado en materia de ***prevención*** y ***gestión*** del incumplimiento.

Comprensión de los riesgos de cumplimiento tributario

En torno al 85 % de las administraciones afirman contar con una estrategia formal de gestión de los riesgos de cumplimiento. Casi todas ellas cuentan con enfoques específicos para la detección, evaluación y priorización de los principales riesgos de cumplimiento, cerca del 30% hace públicos los riesgos de cumplimiento y en torno a una cuarta parte publica los resultados de la gestión de los riesgos (véase Tabla 6.1.). Y lo hacen porque la publicidad puede mejorar las estrategias de cumplimiento al aumentar la concienciación de los contribuyentes ante los posibles riesgos y actuar como elemento de disuasión para quienes se plantean incumplir. Combinadas también pueden hacer ver a la ciudadanía que no se está de brazos cruzados ante los incumplimientos. El ejemplo expuesto en el Recuadro 6.1. describe un nuevo modelo automatizado de riesgos desarrollado por Australia para detectar el riesgo internacional en el mercado de los patrimonios privados.

Tabla 6.1. Estrategia de gestión de los riesgos de cumplimiento, 2022

Porcentaje de administraciones

	En caso afirmativo, ...							
	La estrategia incluye un enfoque formal para la detección, evaluación y priorización de los principales riesgos de cumplimiento	En caso afirmativo, ...						
		Las esferas que abarca el enfoque...						
Existe estrategia formal de gestión de los riesgos de cumplimiento		La presentación de declaraciones	El procesamiento de pagos	Las medidas de cobro	Verificación / inspección	Servicio al contribuyente	La publicitación periódica de los riesgos	La publicitación periódica de los resultados de la gestión de los riesgos
84,5	98,0	89,6	68,8	72,9	100,0	66,7	29,2	27,1

Fuente: CIAT, OIAT, FMI, OCDE, Encuesta Internacional sobre Administración Tributaria, Tabla B.20 Gestión de riesgos de cumplimiento: Estrategia, https://data.rafit.org/regular.aspx?key=74180916 (consultado el 10 de septiembre de 2024).

Recuadro 6.1. Australia – Riesgo internacional en los mercados privados

La Oficina Tributaria Australiana (ATO, por sus siglas en inglés) ha diseñado un modelo automatizado de riesgos internacionales, con el fin de detectar los riesgos tributarios internacionales en el mercado de los patrimonios privados. El modelo de riesgos internacionales en los patrimonios privados combina normas a medida de gestión de riesgos de los patrimonios privados con cruces de datos y análisis de tendencias para detectar riesgos frecuentes en las empresas de propiedad privada, entre los cuales se encuentran:

- La financiación de partes vinculadas;
- La migración de intangibles;
- El maquillaje de los acuerdos de servicio;
- Las reestructuraciones empresariales; y
- El riesgo de las empresas extranjeras controladas.

El modelo permite a la ATO clasificar a los contribuyentes por riesgo internacional y así priorizar sus recursos para que se centren en los casos más significativos. También reduce la intervención manual y permite a la ATO detectar los riesgos en tiempo real, lo que mitiga las complicaciones en el período de inspección (plazos de prescripción de los casos).

La utilización de este nuevo modelo de riesgos es importante para la ATO, porque tradicionalmente las autoridades tributarias se han centrado en la detección de los riesgos internacionales más significativos en las grandes multinacionales utilizando los datos de los informes país por país (CbCR, por sus siglas en inglés) y la información puesta a disposición del público, que en muchas ocasiones no existen tratándose de grupos de propiedad privada. A medida que aumenta el número y tamaño de las empresas privadas en todo el mundo (debido en gran medida a la capacidad de crecimiento de las empresas tecnológicas), este enfoque dirigido permite a la ATO mejorar la precisión y eficiencia de la detección del riesgo internacional en empresas privadas para complementar los modelos de riesgos internacionales existentes.

Fuente: Australia (2024).

Análisis de la brecha fiscal

El uso de la medición de la brecha fiscal es cada vez más frecuente, sobre todo en el caso del impuesto sobre el valor agregado (IVA), a medida que las jurisdicciones ven cada vez más las ventajas de tener altos niveles de estimación de incumplimientos dentro del sistema tributario, incluida la detección de los riesgos de cumplimiento y la comprensión de los factores que impulsan el incumplimiento.

La estimación de la brecha fiscal es compleja y existen dos enfoques principales:

- Las **metodologías descendentes**, que utilizan datos macroeconómicos agregados, son un medio relativamente asequible de elaborar esas estimaciones.
- Las **metodologías ascendentes**, que incluyen información de las inspecciones, requieren un mayor uso de recursos, pero pueden ofrecer una visión más exacta de los ingresos perdidos en el conjunto de segmentos y figuras impositivas.

Dos terceras partes de las 58 administraciones en las que se centra este informe indicaron que su organismo u otro organismo oficial calculaban estimaciones de la brecha fiscal de forma periódica para una o varias de las principales figuras impositivas, tratándose en la mayoría de los casos de estimaciones de la brecha fiscal del IVA. En torno a la mitad de las jurisdicciones que realiza evaluaciones hace públicas (algunas de) sus estimaciones. (Véase Tabla 6.2.)

En el Capítulo 11 se presenta detalladamente la estimación de la brecha fiscal de las administraciones miembros del FTA de la OCDE, con las metodologías empleadas, los distintos componentes de la brecha fiscal y el modo en que las administraciones tributarias utilizan el análisis de la brecha fiscal.

Tabla 6.2. Análisis de la brecha fiscal, 2022

Porcentaje de administraciones

Una administración u otro organismo oficial elabora estimaciones periódicas de la brecha fiscal para ...				
Impuesto sobre la renta de las personas físicas	Impuesto de sociedades	Impuesto sobre el valor agregado	Otros impuestos	Informes sobre la brecha fiscal publicados (como porcentaje de los que elaboran estimaciones)
38,6	34,5	65,5	32,8	55,3

Fuente: CIAT, OIAT, FMI, OCDE, Encuesta Internacional sobre Administración Tributaria, Tabla B.24 Gestión de riesgos de cumplimiento: Brecha fiscal, https://data.rafit.org/regular.aspx?key=74180916 (consultado el 10 de septiembre de 2024).

Recuadro 6.2. Bulgaria – Medición de la influencia de factores externos en el cumplimiento tributario y la brecha fiscal

La Agencia Nacional de Tributos búlgara (NRA, por sus siglas en inglés) ha puesto en marcha un proyecto encaminado a mejorar sus capacidades para desarrollar herramientas y metodologías analíticas con el fin de determinar el alcance del incumplimiento tributario.

El proyecto utiliza modelos econométricos para entender los factores clave en la determinación del comportamiento de los contribuyentes y prever la evolución del incumplimiento tributario en Bulgaria. Se crearon tres modelos centrados en los siguientes ámbitos: la economía sumergida, el impuesto sobre la renta de las personas físicas (IRPF) y el impuesto sobre el valor agregado (IVA). Los modelos midieron el tamaño de la economía sumergida a escala nacional y las brechas fiscales en el caso del IRPF y el IVA, además de evaluar sus causas.

La NRA utiliza los modelos de forma periódica para estimar y prever los niveles de cumplimiento, así como para elegir las medidas adecuadas para mejorar el cumplimiento.

Si desea más información, consulte el siguiente enlace: https://reform-support.ec.europa.eu/publications-0/strengthening-tax-compliance-assessing-external-context-and-taxpayers-behaviour_en#files (consultado el 10 de septiembre de 2024).

Fuente: Bulgaria (2024).

Inspecciones aleatorias

Algo menos de las dos terceras partes de las administraciones tributarias participantes afirman tener implantados programas de inspección aleatoria (véase Tabla 6.3.). Además de potenciar cualquier efecto disuasorio, estos programas también facilitan una comprensión más exacta de los riesgos de cumplimiento que pueden mejorar los sistemas de creación de perfiles de riesgo. Cerca de la mitad de las administraciones que disponen de programas de inspección aleatoria manifiestan que también utilizan los datos para elaborar estimaciones de la brecha fiscal. Las administraciones que no utilizan programas de inspección aleatoria a menudo citan la considerable carga que suponen para los contribuyentes, sobre todo para los que presentan menor riesgo que, de otro modo, no serían objeto de inspección.

Tabla 6.3. Inspecciones aleatorias, 2022

Porcentaje de administraciones

La administración realiza inspecciones aleatorias	En caso afirmativo, el objeto de las inspecciones aleatorias es...					
	Comprobar el cumplimiento en sectores específicos	Mejorar los sistemas de creación de perfiles de riesgo	Elaborar estimaciones de la brecha fiscal	Medir los efectos de las inspecciones en el comportamiento	Solo a los efectos de inspección, como disuasor general	Otros
63,8	70,3	75,7	56,8	37,8	51,4	21,6

Fuente: CIAT, OIAT, FMI, OCDE, Encuesta Internacional sobre Administración Tributaria, Tabla B.36 Actividad de verificación / inspección: Inspecciones aleatorias, https://data.rafit.org/regular.aspx?key=74180918 (consultado el 10 de septiembre de 2024).

Mayor disponibilidad de datos

A medida que va creciendo la cantidad de datos que se almacenan electrónicamente, y que va siendo más fácil su transmisión, almacenamiento e integración mediante la aplicación de nuevas técnicas y procesos, ha crecido enormemente la cantidad de datos disponibles para las administraciones tributarias a efectos de cumplimiento, lo que puede ayudarles a entender las esferas de riesgo y promover el cumplimiento tributario. Con frecuencia las fuentes de datos utilizadas incluyen:

- ***Datos de dispositivos***: Los datos pueden recopilarse de dispositivos que registran transacciones como cajas en línea y ordenadores de viaje en taxis y camiones, así como de registros de paso en barreras y puentes de pesaje.
- ***Datos de bancos, comercios e intermediarios de pago y proveedores de servicios***: Permite la verificación directa de rentas o activos declarados por el contribuyente. Algunas jurisdicciones ya reciben periódicamente los detalles o totales de las transacciones de los contribuyentes.
- ***Datos de proveedores***: La recopilación de datos de los proveedores, sea directamente o a través del contribuyente, permite obtener una visión más completa de las actividades y las rentas del contribuyente. Así lo evidencia el creciente uso de los sistemas de facturación electrónica que, como se comenta en el Capítulo 4, permite a algunas administraciones tributarias la cumplimentación previa de las declaraciones de impuestos.
- ***Datos del consumidor***: Es más fácil cuando el número de clientes es limitado y conocido, pero cada vez se utilizan más mecanismos para reunir los datos de los clientes, como por ejemplo en la verificación de cobros en efectivo.
- ***Datos desestructurados sobre el contribuyente***: Cada vez se pueden encontrar más rastros electrónicos de las actividades y transacciones comerciales en Internet y las redes sociales.
- ***Datos de otros organismos oficiales***: Los datos registrados por otros organismos oficiales, por ejemplo a efectos de concesión de licencias o con fines reglamentarios o de seguridad social, pueden ser pertinentes para verificar las declaraciones de impuestos o realizar evaluaciones de riesgos.
- ***Datos de socios internacionales***: Los intercambios electrónicos de datos previstos en los informes *International Standards for Automatic Exchange of Information in Tax Matters* (OECD, 2023[3]) y *Country-by-Country Reporting* (OECD, 2016[4]) están aumentando exponencialmente la cantidad de datos disponibles sobre la actividad internacional y aportando información útil para los

procesos de selección de casos e inspección y, en algunos casos, para la cumplimentación previa de las declaraciones de impuestos.

En gran parte se debe a los avances tecnológicos y a la digitalización de la economía, y las administraciones tributarias pueden seguir promoviendo esa digitalización y la transformación digital de las actividades empresariales como puede verse en el ejemplo recogido en el Recuadro 6.3.

Recuadro 6.3. Japón – Promoción de la digitalización de empresas a través de las partes interesadas

La Agencia Nacional de Tributación japonesa (NTA, por sus siglas en inglés) ha comenzado a promover la digitalización de las actividades empresariales generales mejorar la exactitud y velocidad de procesamiento.

Hasta ahora, la NTA había centrado principalmente sus iniciativas de digitalización en los procedimientos tributarios. En cambio, si algunos de sus procesos de gestión diarios (como, por ejemplo, el cobro de pagos y la contabilidad) también estuvieran digitalizados, mejoraría la precisión global del procesamiento y la productividad de las actividades generales de gestión.

La NTA tiene una amplia variedad de partes interesadas, entre las que se encuentran organizaciones privadas vinculadas, fiscalistas y organizaciones económicas locales. Al promover la digitalización de las empresas, es más esencial que nunca trabajar y colaborar con estas organizaciones, ministerios relacionados y agencias.

La NTA seguirá trabajando en la digitalización de la sociedad en su conjunto mediante la cooperación y colaboración con las organizaciones relacionadas para impulsar la digitalización entre las empresas, como con la Declaración conjunta sobre la digitalización y Declaración sobre el fomento del pago electrónico, así como mediante el apoyo a la cooperación y colaboración con otros ministerios y agencias con el fin de promover la concienciación y el fomento del uso de la factura electrónica y varias ayudas.

Fuente: Japón (2024).

En la Tabla 6.4. se muestran los tipos de ingresos cuyos detalles de pago se suelen comunicar a la administración. No es de sorprender que casi todas las administraciones reciban información sobre los pagos de sueldos y salarios. A estos pagos les siguen los de dividendos e intereses, cuyos pagos individuales se comunican en torno al 80 % de las administraciones. Mirando a los datos por jurisdicción, un buen número de administraciones recibe información exhaustiva sobre los pagos de ingresos, lo que hace posible el régimen de cumplimentación previa (véase el Capítulo 4) y dificulta al contribuyente la omisión de ingresos en su declaración. (Véase también la Tabla B.50.)

Tabla 6.4. Tipos de ingresos generalmente sujetos a declaración de los detalles del pago individual, 2022

Porcentaje de jurisdicciones

Sueldos y salarios	Dividendos	Intereses	Ingresos por alquileres	Ingresos por actividades comerciales específicas	Cánones, patentes	Ingresos por la compraventa de acciones	Ingresos por la compraventa de bienes inmuebles	Otros tipos de ingresos
93,1	79,3	77,6	47,4	54,4	64,9	54,4	50,9	47,4

Fuente: CIAT, OIAT, FMI, OCDE, Encuesta Internacional sobre Administración Tributaria, Tabla B.50 Presentación de detalles de pago, https://data.rafit.org/regular.aspx?key=74180917 (consultado el 10 de septiembre de 2024).

Con importantes cantidades de información disponible, las administraciones tributarias están invirtiendo en sistemas para importar, almacenar y gestionar los datos de terceros. En la Tabla 6.5. se resumen los tipos de datos de terceros para los que las administraciones disponen de estos sistemas. Cerca del 80 % de las administraciones están trabajando con datos de aduanas, datos de organismos de Seguridad Social y/o datos de titularidad y compraventa de bienes. Cerca de la mitad de las administraciones también están importando, almacenando y gestionando datos de proveedores en línea.

Tabla 6.5. Gestión de datos de terceros, 2022

Porcentaje de administraciones

Sistemas para importar, almacenar y gestionar datos de terceros disponibles para...						Comprobación sistemática de la calidad de los datos declarados por terceros	En caso afirmativo, los resultados se comunican rutinariamente a los terceros
Datos de aduanas	Datos de mercados de valores	Datos de la Seguridad Social	Datos de proveedores en línea (a través de Internet)	Datos de servicios públicos (como la electricidad)	Datos de titularidad y compraventa de bienes		
80,7	39,7	79,3	48,3	31,0	79,3	77,6	71,1

Fuente: CIAT, OIAT, FMI, OCDE, Encuesta Internacional sobre Administración Tributaria, Tabla B.51 Datos de terceros, https://data.rafit.org/regular.aspx?key=74180918 (consultado el 10 de septiembre de 2024).

Con la transformación digital continua, también hay más datos relativos a la fiscalidad a disposición de los sistemas empresariales de los contribuyentes. Entre ellos se incluyen, por ejemplo, los sistemas de facturación electrónica y el uso de dispositivos que registran y transmiten datos a la administración. Como se ilustra en la Tabla 6.6., la mitad de las administraciones reciben datos de dispositivos fiscales o cajas electrónicos y en dos terceras partes de esas situaciones, los datos se transmiten automáticamente. Un reducido número de administraciones (en torno al 15 %) también reciben datos de otros dispositivos, como los taxímetros.

Tabla 6.6. Facturación y dispositivos electrónicos que registran transacciones, 2022

Porcentaje de administraciones

Determinadas categorías de contribuyentes están obligadas a utilizar un mecanismo de facturación electrónica que transmite los datos a la administración tributaria	La administración recibe datos de dispositivos que registran transacciones	En caso afirmativo, tipo de dispositivo y transmisión de datos			
		Dispositivos fiscales / cajas electrónicos		Otros dispositivos (p. ej., taxímetros)	
		Los datos se transmiten automáticamente	Los datos se transmiten a petición	Los datos se transmiten automáticamente	Los datos se transmiten a petición
37,9	50,0	62,1	37,9	6,9	24,1

Fuente: CIAT, OIAT, FMI, OCDE, Encuesta Internacional sobre Administración Tributaria, Tablas A.105 Enfoques de cumplimiento: Facturación electrónico, y A.106 Enfoques de cumplimiento: Dispositivos que registran transacciones, https://data.rafit.org/regular.aspx?key=74180897 (consultado el 10 de septiembre de 2024).

Recuadro 6.4. Ejemplos – Facturación y dispositivos electrónicos que registran transacciones

Lituania – Subsistema de cajas electrónicas inteligentes

La Inspección Tributaria del Estado (STI, por sus siglas en inglés) ha puesto en marcha un proyecto para la creación e implantación de un subsistema de cajas electrónicas inteligentes (i.EKA), una de las siete partes del proyecto del Sistema de la Administración Tributaria inteligente de Lituania. El proyecto i.EKA tiene como objetivo reducir la carga administrativa para las empresas, aumentar la eficiencia de la STI y reducir el tamaño de la economía sumergida mediante la modernización y optimización del uso de las cajas registradoras a través la creación e implantación de nuevos servicios electrónicos:

- Registro a distancia de las cajas y otros puntos de venta: Este servicio permitirá a las empresas cumplimentar automáticamente un pasaporte técnico electrónico, realizar el registro a distancia de un medio de pago, informar de cualquier cambio en las condiciones, ajustar los datos de registro y procesar los certificados digitales necesarios para el proceso de registro y transmisión de las transacciones.
- Fiscalización virtual de las cajas y otros puntos de venta: Este servicio permite la transmisión automática de los datos de los recibos (como el importe del recibo, los tipos y el importe de IVA) de la caja u otro medio de pago directamente a la autoridad tributaria, generando un libro electrónico de transacciones de caja.

Ello ha facilitado un control más eficiente de la contabilización de ingresos y la revisión en tiempo real de los datos de registro de las cajas, así como la posibilidad de elaborar informes cruzados sobre los datos administrados por el sistema i.EKA. Los datos obtenidos de las cajas se pueden comparar con los datos presentados por los contribuyentes en sus declaraciones para evaluar si existen riesgos. Los clientes de empresas registradas pueden comprobar el envío de los datos de sus recibos a la STI y si los datos transmitidos son correctos. Si existen discrepancias, el comprador puede enviar un informe sobre posibles infracciones.

Arabia Saudí – Facturación electrónica (proyecto Fatoora)

La facturación electrónica se introdujo en el marco de las iniciativas continuas de reactivación económica y transformación digital de Arabia Saudí (KSA). En ese marco, la Autoridad Saudí de Aduanas, Tributos y Azaque (ZATCA) introdujo el proyecto nacional de facturación electrónica (el "Proyecto Fatoora").

La puesta en marcha de este proyecto se dividió en dos fases:

- La primera fase, que comenzó el 4 de diciembre de 2021, se centró en la generación de facturas electrónicas. También incluyó disposiciones sobre el procesamiento de las facturas electrónicas y la tarea esencial del registro contable.
- La segunda fase, que comenzó el 1 de enero de 2023, se centró en la integración de los sistemas de facturación electrónica de los contribuyentes con el portal de facturación electrónica de ZATCA (Fatoora). Establece la transmisión de las facturas y los recibos electrónicos, al igual que la obligación de compartirlos con ZATCA.

La facturación electrónica ha tenido varios efectos positivos en KSA, al haberse aplicado a más de 300 000 contribuyentes a través de más de 700 proveedores de soluciones registrados para generar, transmitir y almacenar las facturas electrónicas.

Los efectos más importantes son:

- La generación manual de facturas en papel ha quedado totalmente eliminada desde la primera fase.
- Se han emitido más de 950 millones de facturas electrónicas desde el inicio, con una tasa de éxito del 98 %.
- La aprobación de facturas por Fatoora se ha logrado en menos de 0,1 segundos gracias a soluciones íntegramente automatizadas.

La facturación electrónica ha desempeñado un papel fundamental en los planes de transformación digital del gobierno detallados en la estrategia Visión 2030 del país. Esta iniciativa demuestra el compromiso de ZATCA por adoptar la tecnología digital, apoyar la economía digital y actuar como facilitador clave para alcanzar su objetivo de convertirse en una entidad de administración tributaria digital de primera clase.

Fuentes: Lituania (2024) y Arabia Saudí (2024).

Con las crecientes cantidades de datos que están tramitando las administraciones tributarias, la adopción de mecanismos para proteger y gestionar los datos se ha convertido en algo habitual y una función crítica. Estos mecanismos respaldan procesos de gobernanza de datos más amplios y, a su vez, mantienen la confianza de los contribuyentes en el sistema mientras cumplen con sus obligaciones legales (véase Tabla 6.7.). Por otra parte, a medida que los sistemas de datos se van conectando cada vez más, la ciberseguridad va cobrando mayor importancia. La edición de esta publicación de 2023 contenía algunos ejemplos de administraciones tributarias en este ámbito; véase Administración Tributaria 2023, Recuadro 10.5. (OECD, 2023[5]).

Tabla 6.7. Gobernanza de datos, 2022

Porcentaje de administraciones que cuentan con el procedimiento correspondiente

Existe estrategia integral de gestión de datos	Existe evaluación de la calidad de los datos presentados	Existe marco ético en materia de datos	Existe control de acceso y seguridad de los datos de usuario	Existe detección automática de accesos no autorizados	Existe un Responsable de Privacidad de Datos	Existe una unidad de ciberseguridad	Existen partes externas contratadas para comprobar la seguridad de los sistemas
66,0	88,0	74,0	100,0	84,3	90,2	90,2	82,0

Nota: La tabla se basa en datos de 52 jurisdicciones incluidas en este informe y en la base de datos ITTI.
Fuente: OCDE et al. (2024), Inventario de iniciativas tecnológicas tributarias, https://web-archive.oecd.org/temp/2023-03-09/618463-data-management.htm, Tabla DM4 (consultado el 10 de septiembre de 2024).

Cumplimiento fiscal y género

En la encuesta ISORA de 2023 también se analizó si las administraciones tributarias empezaban a analizar el cumplimiento fiscal por género. Identificar si existen diferencias de género en el cumplimiento fiscal podría ayudar a las administraciones tributarias a personalizar sus enfoques de cumplimiento y también a abordar las causas subyacentes mediante servicios y campañas de educación adaptadas al contribuyente.

Solo ocho administraciones declararon reunir datos desagregados por género para los contribuyentes persona física sobre cumplimiento tributario y seis de ellos habían realizado un análisis de cumplimiento en función del género. Resulta interesante ver que la mitad de esas administraciones concluyeron en sus análisis que no era necesario introducir cambios en el modo de administración del sistema tributario.

Tabla 6.8. Recopilación de datos sobre cumplimiento tributario desagregados por género para contribuyentes persona física, 2022

Porcentaje de administraciones

Se recopilan datos desagregados por género sobre el cumplimiento tributario de los contribuyentes persona física	En caso afirmativo, ...			
	La administración ha realizado un análisis de cumplimiento en función del género	En caso afirmativo, se han introducido cambios a raíz de ese análisis		
		Sí	Todavía no	No ha sido necesario
13,8	75,0	16,7	33,3	50,0

Fuente: CIAT, OIAT, FMI, OCDE, Encuesta Internacional sobre Administración Tributaria, Tabla B.21 Gestión de riesgos de cumplimiento: Datos desagregados por género, https://data.rafit.org/regular.aspx?key=74180916 (consultado el 10 de septiembre de 2024).

Gestión de los riesgos de cumplimiento tributario

Ciencia de datos

En los últimos años, la aplicación de la analítica avanzada a la gestión de riesgos y la focalización en riesgos determinados se está convirtiendo en una práctica cada vez más habitual:

- En la Tabla 6.9. se muestra que el 80 % de las administraciones tributarias afirman utilizar *big data* en su labor y, de las que lo utilizan, casi todas lo hacen para mejorar su labor de cumplimiento.
- De las 58 administraciones tributarias estudiadas en este informe, la práctica totalidad afirman utilizar la ciencia de datos / herramientas analíticas con el resto de las administraciones en el proceso de preparación del uso de estas herramientas en el futuro (véase Tabla 6.10.).
- De forma similar, el uso de la inteligencia artificial, incluido el aprendizaje automático, para la evaluación de riesgos y la detección de fraudes ya ha comenzado o está en proceso de aplicarse por cerca de la mitad de las administraciones tributarias tratadas en esta publicación (véase Tabla 6.9.).

Este uso cada vez más sofisticado de la analítica en conjuntos de datos ampliados está dando paso a un perfeccionamiento de la gestión de riesgos y el desarrollo de una serie de medidas de intervención, también mediante procesos automatizados. Por otra parte, el informe *Advanced Analytics for Tax Administration: Putting data to work* (OECD, 2016[6]) de la OCDE aporta pautas de orientación práctica sobre el modo en que las administraciones tributarias pueden utilizar la analítica para respaldar el cumplimiento y la prestación de servicios.

Tabla 6.9. Uso de *big data* e inteligencia artificial con fines analíticos, 2022

Porcentaje de administraciones

Uso de *big data*							Uso de inteligencia artificial (IA)	
	En caso afirmativo, el objeto del uso de *big data* es...							
La administración utiliza *big data*	La mejora del cumplimiento	La detección de tendencias	La previsión de políticas	La previsión de ingresos	La prestación de nuevos servicios	Otros usos	El uso de IA en procesos de evaluación de riesgos	El uso de IA para detección de casos de evasión y fraude fiscal
80,0	97,5	72,5	47,5	60,0	45,0	17,5	52,9	49,0

Nota: Los porcentajes se basan en los datos ITTI de 52 jurisdicciones contempladas en este informe y que han respondido a la encuesta mundial sobre digitalización.
Fuente: OCDE et al. (2024), Inventario de iniciativas tecnológicas tributarias, https://web-archive.oecd.org/temp/2023-03-09/618463-data-management.htm, Tabla DM3 y https://web-archive.oecd.org/temp/2023-03-09/618466-tax-rule-management-and-application.htm, Tabla TRM3 (consultado el 10 de septiembre de 2024).

Recuadro 6.5. Ejemplos – Inteligencia artificial y datos para fines analíticos

Australia – Mejora de las capacidades en el ámbito de las empresas, la tecnología, y los datos y la analítica

La ATO es uno de los mayores consumidores de datos de terceros de Australia.

Para poder observar la visión 3.0 recogida en el informe Administración Tributaria de la OCDE, la ATO ha iniciado un programa de modernización. Este programa ha concluido satisfactoriamente sus etapas iniciales, apoyado en una serie de capacidades innovadoras, entre las que se encuentran las siguientes:

- Metodología de entrega ágil Nexus: La aplicación de una metodología de entrega ágil Nexus en un marco ágil más amplio, para facilitar una mejor colaboración entre los miembros de los equipos de arquitectura y entrega, ha mejorado la velocidad de entrega. Esto ha invertido la cultura que ha pasado de un sistema de entrega monolítica a entregas rápidas e iterativas impulsadas por el valor.
- (*Nota*: *El marco Nexus parte de la metodología Scrum (un marco de colaboración ágil entre equipos) y permite que varios equipos colaboren en un mismo producto minimizando las dependencias entre ellos y los problemas de integración.* Se centra en la integración y entrega continua, *asegurando que los equipos contribuyen a un resultado integrado y coherente al final de cada etapa intermedia, denominada* sprint.*)*
- Capacidades interdisciplinares mejoradas para el futuro: La ATO ha establecido equipos multidisciplinares, formados por miembros con habilidades diversas y complementarias entre el conjunto de consumidores, ingenieros y productores de datos. Esto ha reducido las dependencias disciplinares, lo que ha permitido un diseño continuo y oportuno.

Enfoque basado en patrones para mejorar las capacidades de datos de la ATO: La ATO ha adoptado un enfoque basado en las aplicaciones prácticas para aplicar patrones en sus nuevas capacidades, formado por dos componentes clave:

- Patrones de solución: soluciones integrales reutilizables para características de datos específicas con el fin de lograr un resultado empresarial.

- Patrones de componentes: patrones reutilizables basados en la configuración dentro de una aplicación para satisfacer requisitos frecuentes y reiterativos como, por ejemplo, patrones reutilizables para la ingesta de datos de *streaming* entre varias aplicaciones prácticas.

La ATO ha empezado a ver una reducción de los plazos de desarrollo al final de la primera fase de entrega, y está surgiendo un considerable número de aplicaciones prácticas que esperan para utilizar sus nuevos patrones de datos, como la administración de asuntos fiscales de gran complejidad mediante el uso de soluciones totalmente automatizadas.

Finlandia – Centros de estado

Estos últimos años, la Administración Tributaria de Finlandia ha reformado sus métodos de funcionamiento y, en este contexto, ha introducido centros de estado para medir el alcance en que sus actividades consiguen las metas de la administración. Lo hace comparando y reuniendo datos de actividades y objetivos en un lugar, lo que permite a los empleados tomar decisiones y establecer metas sobre la base de las evidencias obtenidas.

Miles de empleados de la administración tributaria utilizan activamente los centros de estado, incluso para reuniones de equipo donde se pueden detectar éxitos, lecciones y desafíos para fundamentar las siguientes medidas. El intercambio de datos y la comunicación son cruciales para la toma de decisiones basadas en las evidencias que respalden los objetivos de la administración y den solución a los problemas que se presenten.

Los centros de estado han visto aumentar la confianza y la interacción dentro de los equipos y en toda la administración. Tener acceso a todos los datos y la información pertinentes centra la atención en los problemas, orienta el debate hacia las soluciones y permite fijar objetivos con fundamento.

Francia – Uso de la inteligencia artificial para luchar contra el fraude en el impuesto sobre la renta de los bienes inmuebles

La Dirección General de Finanzas Públicas francesa (DGFiP) ha empezado a utilizar la inteligencia artificial (IA) para detectar el fraude fiscal, con resultados positivos.

En concreto, la DGFiP utiliza la IA para calcular el nivel del alquiler que se debe declarar a efectos fiscales en relación con los bienes inmuebles que se tienen en propiedad y en régimen de arrendamiento. Se ha creado un modelo para estimar el valor arrendaticio de cada bien, que se basa en un algoritmo de aprendizaje automático que analiza y vincula el importe de alquiler declarado, las características de los bienes arrendados y los datos socioeconómicos de los vecindarios en los que se encuentran los bienes (renta media, composición de los hogares, número de unidades de vivienda social, etc.).

El modelo se aplica entonces a todas las edificaciones residenciales arrendadas y se compara el importe total estimado de los alquileres de cada arrendador con los alquileres que declara, lo que permite a la DGFiP detectar cualquier infravaloración de los ingresos por alquileres y posible fraude.

Se trata del primer modelo utilizado para detectar el fraude fiscal por parte de particulares y, de los casos que el modelo señaló que había que inspeccionar, en casi un 50 % hubo que efectuar un pago adicional del impuesto. Aunque fue necesario el apoyo de proveedores de servicios para iniciar esta labor, ya se han desarrollado las habilidades necesarias en materia de ciencia de datos dentro de la DGFiP para realizar este trabajo.

Japón – Uso de inteligencia artificial y analítica de datos en tributación

La NTA está trabajando para mejorar la eficiencia y sofisticación de la recaudación de impuestos con el uso de la IA. Así es posible determinar los contribuyentes que tienen mayor riesgo de no presentar la declaración de impuestos correctamente y aumenta los ingresos al recaudar más impuestos.

La NTA analiza datos de distintas fuentes, como las declaraciones de impuestos y los estados financieros depositados por los contribuyentes, información aportada por terceros e información de inspecciones fiscales. Estos datos se analizan posteriormente aplicando métodos estadísticos y de aprendizaje automático para determinar los contribuyentes que tienen más probabilidades de no presentar la declaración de impuestos. Al utilizar los resultados de este análisis, la NTA puede ser más eficiente en sus actividades de inspección y adopción de medidas de cumplimiento.

Por ejemplo, en 2022 la IA determinó que el importe medio adicional del impuesto adeudado por inspección del impuesto de sociedades y del impuesto sobre el consumo en pequeñas y medianas empresas era un 40 % superior al impuesto efectivamente percibido. Parte del problema era que las oficinas regionales de tributación tenían dificultades para contactar con los contribuyentes, incluso después de intentar localizarlos por teléfono o mediante visitas en persona. Por tanto, la IA se utiliza para predecir el método preferente para establecer el contacto, que puede variar entre las llamadas telefónicas, las visitas en persona o el envío de cartas. La decisión se basa en información como los archivos de contactos anteriores con los contribuyentes y sus declaraciones de impuestos.

Fuentes: Australia (2024), Finlandia (2024), Francia (2024) y Japón (2024).

Tabla 6.10. Evolución de la aplicación de herramientas de ciencia de datos, inteligencia artificial y automatización robótica de procesos entre 2018 y 2022

Porcentaje de administraciones

	Herramientas analíticas / ciencia de datos			Inteligencia artificial, incluido aprendizaje automático			Automatización robótica de procesos		
Estado de implantación y uso	2018	2022	Diferencia en puntos porcentuales (p.p.)	2018	2022	Diferencia en p.p.	2018	2022	Diferencia en p.p.
Tecnología implantada y utilizada	71,9	96,6	+24,7	29,8	63,8	+34,0	22,8	58,6	+35,8
Tecnología en fase de implantación para uso futuro	19,3	3,4	-15,9	15,8	24,1	+8,3	14,0	6,9	-7,1
Tecnología no utilizada, incluidas situaciones en que no ha comenzado la implantación	8,8	0,0	-8,8	54,4	12,1	-42,3	63,2	34,5	-28,7

Fuente: CIAT, OIAT, FMI, OCDE, Encuesta Internacional sobre Administración Tributaria, Tabla A.108 Tecnologías innovadoras: Implantación y uso - Blockchain, inteligencia artificial y computación en la nube, y A.109 Tecnologías innovadoras: Implantación y uso - Ciencia de datos, automatización robótica de procesos, y API, https://data.rafit.org/regular.aspx?key=74180897 (consultado el 10 de septiembre de 2024).

Ahora que el uso de la analítica está pasando a formar parte integrante y habitual de las administraciones tributarias en todo el mundo, tanto en los países desarrollados como en los que están en desarrollo, el Foro de Administración Tributaria de la OCDE ha desarrollado el *Modelo de madurez analítica* (OECD, 2022[7]) para ayudar a las administraciones tributarias a autoevaluar su nivel de madurez actual en el uso y las capacidades en materia analítica. Esto ayuda a comprender mejor su estado actual al señalar los ámbitos donde presentan puntos débiles así como puntos fuertes. Como se muestra en el Gráfico 6.2., casi 40 administraciones tributarias lo han aplicado y los resultados están orientando y respaldando a las administraciones en sus estrategias de análisis.

Gráfico 6.2. Resultados de las autoevaluaciones con el Modelo de madurez analítica

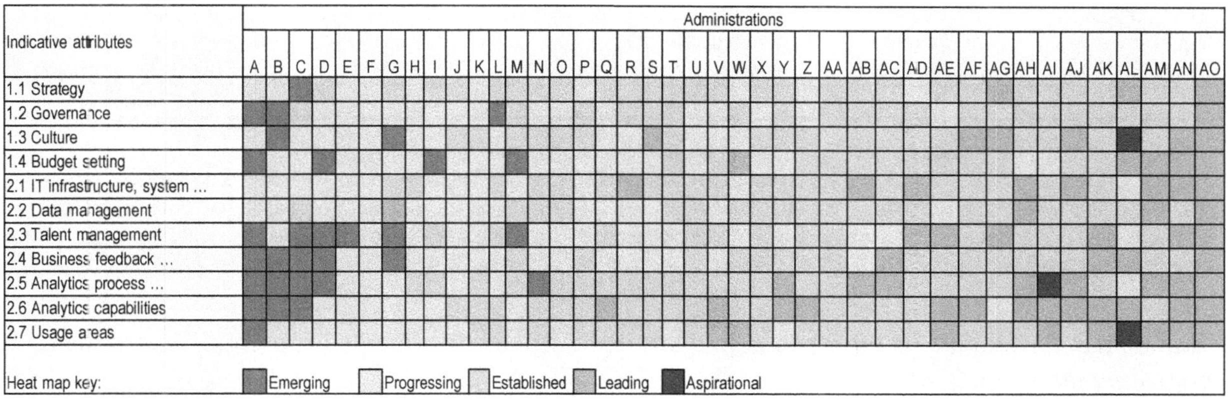

Fuente: OCDE (2022), Modelo de madurez analítica, https://www.oecd.org/en/topics/sub-issues/comparative-analysis-of-tax-administrations/tax-maturity-models.html (consultado el 10 de septiembre de 2024).

Programas para contribuyentes

Otro enfoque para la gestión focalizada de riesgos es la creación de unidades de estudio de los asuntos fiscales de determinados segmentos de contribuyentes. Dos ámbitos en los que las administraciones tributarias han encontrado ventajoso gestionar grupos específicos de contribuyentes por segmentos son las grandes empresas y los individuos de alto patrimonio neto (IAPN). La razón para centrar los recursos de la administración en la gestión de estos grupos gira en torno a los siguientes aspectos:

- ***Importancia de los riesgos de cumplimiento tributario***: debido a la naturaleza y el tipo de transacciones, actividades *offshore*, oportunidades y estrategias para minimizar los pasivos fiscales y, en el caso de las grandes empresas, las diferencias entre los beneficios contables y los beneficios a efectos fiscales.
- ***Complejidad de los acuerdos empresariales y tributarios***: sobre todo la amplitud de sus intereses empresariales y, en el caso de los IAPN, la combinación de asuntos privados y tributarios.
- ***Integridad del sistema tributario***: la importancia de poder asegurar al resto de interesados la labor llevada a cabo con estos grupos de contribuyentes de alto perfil.

Por otro lado, en el caso de los grandes contribuyentes, a pesar de ser un número reducido, suelen representar una parte desproporcionada de los ingresos obtenidos. Aunque las oficinas y los programas de grandes contribuyentes solo gestionan el 1,7 % de los contribuyentes societarios, en términos medios representan el 44 % del total de los ingresos netos obtenidos, incluidas las retenciones a cuenta de empleados (Tabla 6.11.). Si lo observamos a nivel de país, los datos indican que, en la mayoría de las jurisdicciones, entre el 30 % y el 60 % del total de ingresos netos procede de contribuyentes englobados en sus programas para grandes contribuyentes (véase Gráfico 6.3.).

Tabla 6.11. Importancia de las oficinas y los programas para grandes contribuyentes (LTO/P), 2022

Empleados a jornada completa (FTE) en LTO/P como porcentaje del total de FTE	Contribuyentes societarios gestionados mediante LTO/P como porcentaje de contribuyentes societarios activos	Porcentaje de ingresos netos administrados mediante LTO/P frente al total de ingresos netos percibido por la administración tributaria	FTE en la función de inspección, investigación y otra verificación de LTO/P como porcentaje del total de FTE de LTO/P	Valor total de las actas complementarias levantas por LTO/P como porcentaje del valor total de las actas complementarias levantadas a raíz de inspecciones
3,9	1,7	43,8	62,1	31,8

Nota: En la tabla se muestran los porcentajes medios en las jurisdicciones que pudieron aportar la información.
Fuentes: CIAT, OIAT, FMI, OCDE, Encuesta Internacional sobre Administración Tributaria, Tablas D.17 Ratios de oficinas / programas de grandes contribuyentes: Equivalentes a jornada completa (FTE), y D.18 Ratios de oficinas / programas de grandes contribuyentes: Contribuyentes societarios, liquidaciones complementarias planteadas e ingresos netos administrados, https://data.rafit.org/regular.aspx?key=74180900 (consultado el 10 de septiembre de 2024).

Gráfico 6.3. Porcentaje de ingresos administrados a través de oficinas/programas de grandes contribuyentes, 2022

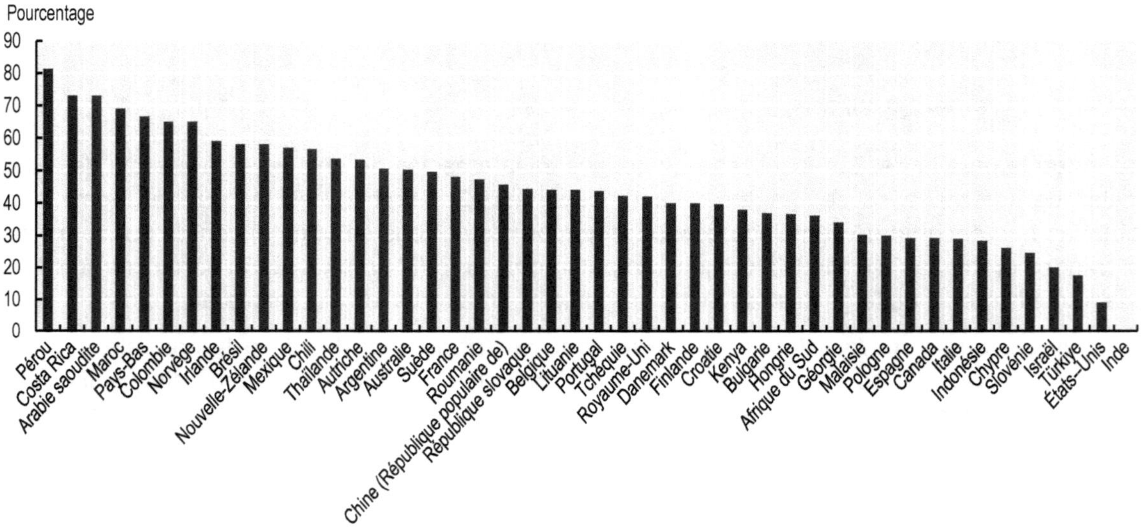

Fuente: CIAT, OIAT, FMI, OCDE, Encuesta Internacional sobre Administración Tributaria, Tabla D.18 Ratios de oficinas / programas de grandes contribuyentes: Contribuyentes societarios, liquidaciones complementarias planteadas e ingresos netos administrados, https://data.rafit.org/regular.aspx?key=74180900 (consultado el 10 de septiembre de 2024).

StatLink https://stat.link/t6d0hb

Si bien es frecuente que la gestión de estos grupos de contribuyentes se lleve a cabo en forma de programa, en muchas jurisdicciones esos programas también son estructurales, e incluyen una Oficina de Grandes Contribuyentes o una unidad de IAPN. Como puede verse en Tabla 6.12. y Tabla 6.13., el alcance de la labor de estas unidades varía considerablemente y puede ir desde la realización de actividades tradicionales de inspección, hasta enfoques de “servicio completo” que también conllevan programas de cumplimiento colaborativo (véase el Capítulo 8 para profundizar en esta cuestión). No obstante, en términos medios, más del 60 % del personal de la administración tributaria de las oficinas o programas de grandes contribuyentes trabajan en funciones de inspección, investigación u otra verificación relacionada (véase Tabla 6.11.).

En cuanto a los principales criterios para incluir a los contribuyentes en LTO/P y programas de IAPN, son los siguientes (por orden de importancia):

- ***En el caso de grandes contribuyentes societarios***: Cifra de negocios/ingresos, sector económico y cuantía de impuestos (véase la Tabla B.16); y
- ***En el caso de IAPN***: Activos/patrimonio, e ingresos (Tabla B.17).

Tabla 6.12. Oficinas / programas de grandes contribuyentes: Existencia y funciones desempeñadas, 2022

Porcentaje de administraciones

Existe oficina / programa de grandes contribuyentes	En caso afirmativo, funciones desempeñadas...					
	Registro	Tramitación de pagos y devoluciones	Servicios	Inspección	Cobro de atrasos	Resolución de controversias
87,9	51,0	62,7	94,1	100,0	62,7	72,5

Fuente: CIAT, OIAT, FMI, OCDE, Encuesta Internacional sobre Administración Tributaria, Tablas A.34 Oficinas / programas de grandes contribuyentes: Existencia e ingresos recaudados, A.35 Oficinas / programas de grandes contribuyentes: Funciones – Procesos de registro, declaración y pago, y servicios, y A.36 Oficinas / programas de grandes contribuyentes: Funciones – Inspección, cobro de deudas, solución de controversias, https://data.rafit.org/regular.aspx?key=74180907 (consultado el 10 de septiembre de 2024).

Tabla 6.13. Programas de IAPN: Existencia y funciones desempeñadas, 2022

Porcentaje de administraciones

Existe programa de IAPN	En caso afirmativo, ...						
		Funciones desempeñadas					
	Forma parte de LTO/P	Registro	Tramitación de pagos y devoluciones	Servicios	Inspección	Cobro de atrasos	Resolución de controversias
39,7	65,2	34,8	43,5	91,3	39,1	39,1	43,5

Fuente: CIAT, OIAT, FMI, OCDE, Encuesta Internacional sobre Administración Tributaria, Tablas A.40 Oficina / programa de individuos de alto patrimonio neto (IAPN): Existencia e ingresos recaudados, https://data.rafit.org/regular.aspx?key=74180907 (consultado el 10 de septiembre de 2024), y Tabla B.18 Oficina / programa de individuos de alto patrimonio neto (IAPN): Funciones, personal y contribuyentes, https://data.rafit.org/regular.aspx?key=74180915 (consultado el 10 de septiembre de 2024).

Planificación para riesgos futuros

Si bien es fundamental que las administraciones tributarias comprendan los riesgos de cumplimiento actuales y preparen estrategias de respuesta adecuadas, resulta igualmente importante comprender y prevenir los riesgos que puedan surgir en el futuro. La mayor disponibilidad de datos, junto con la mejor capacidad de las administraciones tributarias para manejarlos y analizarlos, permite a las administraciones tributarias evaluar con mayor solvencia los futuros riesgos fiscales.

La capacidad de detectar, comprender y gestionar los riesgos en un entorno que cambia rápidamente es un elemento crítico para una administración tributaria eficaz y resistente. En la Tabla 6.9. se señalan el gran número de administraciones tributarias que llevan a cabo labores de previsión, lo que las pone en situación de evaluar los ámbitos donde podrían surgir nuevos riesgos y de desarrollar estrategias de mitigación adecuadas. Esto se está traduciendo en la creación de sofisticados programas de gestión de riesgos, que pueden incorporar la gestión de riesgos en toda la organización en lugar de llevarse a cabo de forma aislada.

Recuadro 6.6. Finlandia – Actividades de prospección

La Administración Tributaria de Finlandia realiza actividades de prospección de forma sistemática y, como consecuencia, la alta dirección de la administración recibe información al respecto cuatro veces al año para ayudarle a evaluar si la estrategia necesita una actualización.

Los grupos encargados de las actividades de prospección también comparten la información prospectiva con otras funciones de la administración para ayudarles a tener una perspectiva más amplia del modo en que está evolucionando el entorno operativo. Existen siete grupos: relaciones con clientes, experiencia del cliente y partes interesadas, cambios en el trabajo, tecnología, experiencia del usuario, administración pública, PESTLE (asuntos políticos, económicos, sociológicos, tecnológicos, jurídicos y ambientales), y observaciones de atención al cliente.

Para incentivar el uso generalizado de estos conocimientos, la información se comparte en el centro de estado de la dirección. Además, una vez al mes se celebra una sesión para tomar café mientras se exponen las actividades de prospección que se están realizando en ese momento y existe un programa de formación del personal.

Como consecuencia, las actividades de prospección de la Administración Tributaria fomentan una cultura colaborativa y sirven para incrementar la interacción entre los miembros del personal. Esta colaboración se extiende a otras autoridades públicas y a las autoridades tributarias de otros países de forma que existe una buena perspectiva de la situación actual y de los desafíos que aguardan en el futuro.

Fuente: Finlandia (2024).

La planificación de los riesgos futuros también conlleva que las administraciones tributarias se enfrenten a una serie de desafíos que, si no se abordan, podrían socavar sus esfuerzos generales. La complejidad y la evolución de las leyes y los reglamentos, las transacciones digitales y las actividades transfronterizas pueden dificultar la detección y mitigación eficaz de los riesgos de cumplimiento. En este sentido, ISORA de 2023 invitaba a las administraciones tributarias a describir una serie de desafíos a la hora de abordar los riesgos de cumplimiento relacionados con la fiscalidad internacional.

En Tabla 6.14. se resumen las opiniones de las administraciones tributarias y se muestra que las cuestiones relacionadas con los recursos humanos (RR.HH.) son las que suscitan mayor preocupación. Más de la mitad de las administraciones perciben como un gran desafío la contratación de personal con las competencias, la experiencia y los conocimientos adecuados para ocuparse de las cuestiones fiscales internacionales. Cerca del 40 % de las administraciones considera muy difícil retener a estas personas.

Tabla 6.14. Desafíos a la hora de abordar el riesgo de cumplimiento relacionado con cuestiones fiscales internacionales, 2022

Porcentaje de administraciones

Desafíos	Descripción del grado de desafío		
	Alto	Medio	Bajo o nulo
Contratar personal con las competencias, la experiencia y los conocimientos adecuados	55,2	43,1	1,7
Retener personal con las competencias, la experiencia y los conocimientos adecuados	37,9	62,1	0,0
Obtener datos para la detección, el análisis y la gestión de riesgos de cumplimiento	19,0	72,4	8,6
Utilizar datos para la detección, el análisis y la gestión de riesgos de cumplimiento	19,0	65,5	15,5
Desarrollar un plan eficaz de mejora del cumplimiento	19,0	67,2	13,8
Contar con el marco legislativo adecuado	20,7	65,5	13,8
Desarrollar una estructura organizativa eficaz	8,6	79,3	12,1

Fuente: CIAT, OIAT, FMI, OCDE, Encuesta Internacional sobre Administración Tributaria, Tabla B.22 Gestión de riesgos de cumplimiento: Descripción de los desafíos en materia de tributación internacional, https://data.rafit.org/regular.aspx?key=74180916 (consultado el 10 de septiembre de 2024).

Prevención del incumplimiento

Las administraciones tributarias dependen en gran medida de la actitud responsable de los contribuyentes a la hora de declarar y pagar sus impuestos. Es lo que suele denominarse "cumplimiento voluntario". Las actitudes de cumplimiento son especialmente importantes cuando las administraciones tributarias dependen en gran medida de que los contribuyentes realicen una autodeclaración completa y exacta de los ingresos y hechos imponibles, y efectúen los pagos.

Como se destaca en el Capítulo 5, el cumplimiento fiscal puede verse muy afectado por elementos que escapan al control de la administración tributaria, pero pueden utilizar diversos enfoques relacionados con los servicios para apoyar el cumplimiento voluntario y prevenir el incumplimiento. Normalmente, estos enfoques son anteriores a la presentación de la declaración de la renta e incluyen:

- Recordar a los contribuyentes los plazos (presentación y pago);
- Facilitar el acceso de los contribuyentes a los datos de terceros ya recopilados, por ejemplo, mediante regímenes previos a la presentación de la declaración o el acceso a dichos datos a través de portales de contribuyentes;
- Realizar campañas focalizadas para fomentar el cumplimiento; y
- Ofrecer iniciativas educativas y de apoyo.

Agilizar la comunicación con los contribuyentes también puede resultar provechoso, como puede verse en el ejemplo del Recuadro 6.7.

Recuadro 6.7. España – Simplificación de las comunicaciones con los contribuyentes

Uno de los principales objetivos de la Agencia Tributaria española (AEAT) es promover el cumplimiento voluntario por parte de los contribuyentes. Para lograr este objetivo, la AEAT ha emprendido un proyecto para simplificar el contenido y la estructura de sus comunicaciones con los ciudadanos. Entre las novedades se incluyen:

- La introducción de una página de cabecera que resuma en un lenguaje sencillo la información clave sobre la finalidad del documento, el destinatario y las acciones que se piden al contribuyente.
- La reducción de la longitud de los documentos para simplificar la información.
- La simplificación de los formularios de respuesta adjuntos para facilitar su cumplimentación a los contribuyentes.
- La disponibilidad de servicios de atención al cliente por teléfono (solo con cita previa) y chat por Internet.

Este proyecto ya ha generado beneficios. Se ha producido un aumento del 20,2 % en las respuestas, la reputación de la AEAT ha mejorado y se ha reducido la carga administrativa del personal.

Fuente: España (2024).

Ahora bien, las administraciones tributarias también disponen de métodos no relacionados con los servicios para influir en el cumplimiento de la normativa. Por ejemplo, alrededor de una tercera parte de las administraciones indicaron que informaban a los contribuyentes sobre intervenciones de cumplimiento predeterminadas (véase Tabla 6.15.). Saber que cabe la posibilidad de que se produzca una intervención puede animar a los contribuyentes a prestar más atención al cumplimiento de las obligaciones fiscales.

Tabla 6.15. Selección de intervenciones previas a la presentación de las declaraciones, 2022

Porcentaje de administraciones que realizan la intervención pertinente

Facilitar el acceso de los contribuyentes a datos de terceros ya recopilados	Focalizar las campañas para fomentar el cumplimiento	Recordar a los contribuyentes los plazos de presentación	Facilitar información sobre intervenciones de cumplimiento predeterminadas	Otras intervenciones
74,1	81,0	96,6	34,5	36,2

Fuente: CIAT, OIAT, FMI, OCDE, Encuesta Internacional sobre Administración Tributaria, Tabla B.26 Gestión de riesgos de cumplimiento: Intervenciones anteriores a la presentación de la declaración, https://data.rafit.org/regular.aspx?key=74180916 (consultado el 10 de septiembre de 2024).

Las administraciones también indicaron que utilizaban cartas, correos electrónicos o redes sociales para recordar y animar a los contribuyentes a cumplir sus obligaciones fiscales. Esta medida puede llevarse a cabo mediante una comunicación genérica colectiva o en forma de comunicación preventiva personalizada dirigida a los contribuyentes que hayan incumplido determinadas obligaciones en el pasado. También se ha recurrido a las llamadas por teléfono con los contribuyentes considerados de alto riesgo.

Por lo que respecta a las grandes empresas, las administraciones tributarias también señalaron el uso de programas de cumplimiento colaborativo y acuerdos de adelanto de precios como medios para evitar el incumplimiento. Estos enfoques se describen con más detalle en el Capítulo 8.

Nociones sobre el comportamiento e incentivos

Otro enfoque para prevenir el incumplimiento es el uso de nociones sobre el comportamiento. El conocimiento del comportamiento es un campo de investigación interdisciplinar que utiliza principios de las ciencias del comportamiento, como la psicología, la neurociencia y la economía del comportamiento, para comprender el modo en que las personas asimilan la información, la procesan y reaccionan ante ella. Estos principios pueden utilizarse para diseñar políticas e intervenciones prácticas basadas en el comportamiento humano. Esto puede resultar especialmente útil si se combina con la información obtenida a partir del análisis de los volúmenes cada vez mayores de datos de que dispone la administración tributaria, generados tanto interna como externamente. Un ejemplo de ello son los mensajes de apoyo durante el proceso de presentación de la declaración, que indican a los contribuyentes dónde puede haber problemas o errores en las cifras declaradas.

Alrededor de la mitad de las administraciones declaran emplear investigadores del comportamiento (véase la Tabla 10.4.) y el informe *Behavioural Insights for Better Tax Administration: A Brief Guide* elaborado en 2021 por la Comunidad de Interés sobre el Conocimiento del Comportamiento del Foro de Administración Tributaria de la OCDE recoge muchos ejemplos de ello en la práctica (OECD, 2021[8]).

Recuadro 6.8. Ejemplos – Nociones sobre el comportamiento e incentivos

Australia – Contemporización de los modelos de riesgos del impuesto sobre bienes y servicios

El proyecto de Contemporización de los modelos de riesgos del impuesto sobre bienes y servicios (CGRM, por sus siglas en inglés) ha desarrollado *prompts* casi cercanos al tiempo real para la declaración del impuesto sobre bienes y servicios (GST, del inglés *Goods and Sales Tax*) para prevenir problemas de cumplimiento antes de aparezcan, apoyando a quienes quieren hacer lo correcto y ayudándoles a reducir los errores.

Los modelos basados en datos de la ATO ayudan a reducir los errores y las equivocaciones que los contribuyentes pueden cometer al presentar la Declaración de Actividad Empresarial (BAS, por sus siglas en inglés) en línea.

La ATO utiliza los datos disponibles para localizar las BAS presentadas en línea que contienen errores identificables o posibles errores de presentación. La ATO emite después un mensaje de incentivación en el que recomienda al contribuyente comprobar su BAS antes de presentarla para la devolución.

Este modelo está en consonancia con un eje central del Plan Societario 2023-24 de la ATO destinado a mejorar el rendimiento fiscal de las pequeñas empresas con un enfoque de priorización digital, proporcionando pautas de orientación fiscal generadas por el sistema para minimizar los errores.

Este marco puede ampliarse en el futuro para incluir nuevos mensajes personalizados que ayuden a los contribuyentes a reducir los errores.

Esta iniciativa ha dado resultados impresionantes en los dos primeros años:

- Año 1 (2021-22): 196 000 mensajes de incentivación fueron enviados a 102 000 contribuyentes. Esta intervención temprana ayudó a los contribuyentes a corregir errores antes de presentar su declaración BAS y dio lugar a una autocorrección y a la protección de ingresos por valor de 51,1 millones de dólares australianos.

- Año 2 (2022-23): 543 000 mensajes de incentivación fueron enviados a 217 000 contribuyentes. Esta intervención temprana ayudó a los contribuyentes a corregir errores antes de presentar su declaración BAS y dio lugar a una autocorrección y a la protección de ingresos por valor de 43,2 millones de dólares australianos.

(República Popular de) China – Promoción del cumplimiento tributario con nociones sobre el comportamiento

La República Popular de China (en lo sucesivo, "China") ha introducido nuevos métodos de análisis del comportamiento en relación con la presentación de declaraciones de impuestos. La STA ha estudiado la posibilidad de enviar distintos tipos de avisos y recordatorios a los contribuyentes para aumentar el número de declaraciones que se presentan.

Teniendo en cuenta el gran tamaño de China y las diferencias regionales en el comportamiento, se eligieron diferentes provincias de todo el país como pilotos iniciales. En general, se constató que la introducción de mensajes recordatorios y avisos a través de mensajes de texto, llamadas telefónicas y la aplicación china para el impuesto sobre la renta aumentó las declaraciones en un 13 %. La STA observó que los contribuyentes de los grupos socioeconómicos más altos eran más propensos a dejarse influir por los avisos y recordatorios para presentar su declaración de impuestos. También se observó que los mensajes de tono más positivo (por ejemplo, animando a la gente a rellenar sus declaraciones) eran más eficaces que los de tono negativo (por ejemplo, con referencias a las posibles consecuencias y sanciones ante la falta de presentación).

República Eslovaca – Notificaciones en línea para fomentar el cumplimiento

La República Eslovaca fomenta el cumplimiento voluntario de sus contribuyentes poniéndose en contacto con ellos mediante notificaciones en línea para recordarles sus obligaciones tributarias. Las notificaciones van desde recordatorios del pago de impuestos y pagos pendientes, hasta la indicación de posibles errores en las declaraciones de impuestos y la oportunidad de corregirlos. Esto es aplicable tanto a los contribuyentes persona física como a los contribuyentes persona jurídica.

Notificar en línea a los contribuyentes sus obligaciones no solo aumenta los niveles de cumplimiento voluntario con poco costo para la administración tributaria, sino que también aumenta la eficiencia de la administración tributaria y permite a los contribuyentes dar cualquier opinión, mejorando el servicio al cliente.

Turquía – Uso de nociones sobre el comportamiento para aumentar el cumplimiento

La administración tributaria turca soporta un gran volumen de demanda de sus servicios. Con el fin de garantizar una respuesta rápida a los contribuyentes y reducir la carga de trabajo de su personal, Turquía probó a utilizar información sobre el comportamiento para enviar mensajes SMS a determinados grupos y aumentar así el cumplimiento:

- Sujetos pasivos por el impuesto sobre la renta de las personas físicas: Se enviaron mensajes SMS a los contribuyentes que no habían efectuado el pago del IRPF, recordándoles el plazo del período de declaración. Una vez finalizado el plazo de declaración, se identificó a los contribuyentes que no habían presentado sus declaraciones y se les envió un mensaje SMS explicándoles el proceso subsiguiente. A los contribuyentes que habían presentado su declaración pero aún no habían efectuado el pago, se les envió un mensaje explicándoles cómo efectuar el pago y recordándoles la deuda pendiente.

- Sujetos pasivos por el impuesto sobre vehículos de motor: Se enviaron mensajes SMS informando a los contribuyentes del inicio del plazo de declaración. A los contribuyentes que no habían efectuado el pago, se les fue recordando a intervalos regulares hasta el final del período de declaración. Una vez finalizado el plazo de declaración, se enviaron mensajes de agradecimiento a los contribuyentes que habían efectuado el pago.

Fuentes: Australia (2024), (República Popular de) China (2024), República Eslovaca (2024) y Turquía (2024).

Programas de calificación de contribuyentes

Se ha producido un aumento en el número de administraciones que han comunicado la introducción de programas de calificación de contribuyentes para fomentar el cumplimiento mediante la generación de un sentido de responsabilidad en torno al pago de impuestos y la emisión de ndicadores para que los contribuyentes midan su grado de cumplimiento de las obligaciones. Para seguir incentivando el cumplimiento, a veces se acompaña de un sistema de recompensas para los cumplidores. El Recuadro 6.8. contiene las últimas novedades sobre estos programas.

Recuadro 6.9. Ejemplos – Programas de calificación de contribuyentes

Georgia – Programa de calificación del comportamiento de los contribuyentes

Para fomentar la confianza y el compromiso entre la administración tributaria y los contribuyentes, Georgia ha introducido el Programa de Comportamiento del Contribuyente. Evalúa el cumplimiento global de las obligaciones tributarias por parte de los contribuyentes y pretende mejorar los niveles de cumplimiento inculcando el sentido de la responsabilidad a la hora de pagar los impuestos. Se dirige principalmente a los sujetos pasivos por IVA y a los contribuyentes de tamaño medio.

El Programa utiliza cuatro indicadores para medir el grado de cumplimiento de los contribuyentes:

1. Registro fiscal
2. Declaración de la renta en plazo
3. Exactitud e integridad de la información declarada
4. Responsabilidad presupuestaria

Se evalúa a los contribuyentes en una escala de 10 puntos con una asignación inicial de puntos máxima. Los puntos se deducen en función del grado de cumplimiento de los indicadores por parte de los contribuyentes, con explicaciones disponibles en línea. Las evaluaciones se realizan mensualmente y los contribuyentes pueden consultar las calificaciones obtenidas en el portal electrónico, así como un resumen histórico de las calificaciones a lo largo de los períodos de declaración. Los contribuyentes tienen la oportunidad de enviar sus comentarios sobre la calificación de comportamiento que han obtenido a través de un formulario específico. Se están estudiando planes para que los contribuyentes puedan hacer visibles sus calificaciones a audiencias específicas, e incluso hacerlas públicas.

Letonia – Sistema de calificación del contribuyente

Letonia ha introducido una calificación del contribuyente para las empresas, con el fin de que puedan hacer un seguimiento de sus resultados en materia de cumplimiento y mejorarlos. Cada empresa puede acceder a su calificación y a una explicación de cómo se forma en su perfil del Sistema de Declaración Electrónica.

Los niveles de calificación son:

- A - Buen rendimiento - contribuyentes fiables que podrían ser buenos socios colaboradores.
- B - Necesita mejorar - contribuyentes que en general cumplen con sus obligaciones, pero tienen margen de mejora. El contribuyente podría ser un socio empresarial, pero se requiere una evaluación en términos de colaboración para determinar si la empresa tiene deudas tributarias significativas o no.
- C - Infracciones - exclusión del registro de sujetos pasivos por IVA o suspensión de la actividad económica
- N - Inactivo – no hay actividad económica.
- J - Registro reciente – constituido en los seis últimos meses.

Los indicadores que componen las calificaciones son los siguientes:

- Datos de registro: si se ha iniciado un procedimiento concursal, si se ha suspendido la actividad económica, si se ha excluido del registro de IVA, historial de cumplimiento tributario de los directivos de la empresa.
- Presentación en plazo de declaraciones e informes.
- Pago íntegro y en plazo de los impuestos; si surge una deuda, la paga a plazos.
- Sanciones: la proporción de multas es pequeña en comparación con el total de pagos de impuestos; no indica una infracción grave,
- Evaluación salarial: comparación con el salario medio del sector y de la región. Los salarios inusitadamente bajos indican riesgos salariales no declarados y pueden rebajar la calificación.
- Información que indique infracciones: riesgos puestos de manifiesto en los análisis de riesgos o la información recibida mediante el intercambio internacional de información.

Estos indicadores ayudan a las empresas a comprender dónde y cómo pueden mejorar su calificación. El Servicio de Recaudación del Estado (SRS, por sus siglas en inglés) ofrece apoyo a las empresas con calificaciones más altas, mientras que existen restricciones para las empresas con una calificación C.

Lituania – Uso de perfiles de riesgo para medir los riesgos de cumplimiento

La STI lanzó el perfil de riesgo interno del contribuyente (RISKIS) y el perfil fiscal externo (perfil del Cliente), que ofrecen una evaluación cómoda, rápida y minuciosa del comportamiento del contribuyente mediante el uso del criterio de riesgo y la visualización de datos agregados.

RISKIS tiene 36 criterios que se utilizan para señalar a los contribuyentes que pueden representar un riesgo de impago de sus impuestos en plazo. Los criterios se dividen en cinco dimensiones: registro, presentación, comportamiento, control y pago. Los resultados de cada criterio se muestran según el principio del semáforo: el rojo indica un riesgo elevado, el amarillo un riesgo medio, el verde ningún riesgo y el gris que el contribuyente no puede ser evaluado por ese criterio. Para cada criterio, se presentan los datos pertinentes, proporcionando información objetiva sobre por qué se ha activado un criterio concreto. Por ejemplo, si se activa un criterio porque no se ha presentado una declaración de impuestos, se mostrará el modelo de declaración específico y el período. Mediante diferentes gráficos y diagramas, los usuarios pueden comprender fácilmente el lugar del perfil de riesgo en el que se encuentra cada contribuyente. RISKIS también proporciona una red gráfica de dependencias.

El perfil del Cliente consta de 21 criterios, similares a los utilizados en RISKIS. La diferencia clave es que los perfiles de los Clientes son visibles para los contribuyentes particulares, lo que les da una idea de los tipos de comportamiento que indican un riesgo para la STI. Todas las empresas pueden acceder a sus respectivos perfiles de contribuyente y tomar medidas para mitigar los riesgos, introducir los cambios necesarios y presentarse como entidades menos arriesgadas. Las empresas también pueden compartir la información de su perfil de Cliente con otros homólogos.

Las cifras planas de deuda y préstamos tributarios también se muestran en RISKIS y en los perfiles de Cliente. Todos los datos de los perfiles de RISKIS y de Cliente se actualizan diariamente.

República Eslovaca – Índice de fiabilidad fiscal

Para fomentar el cumplimiento, la República Eslovaca utiliza un Índice de fiabilidad fiscal para evaluar a sus entidades imponibles que han estado registradas a efectos del impuesto de sociedades durante al menos dos años. Se evalúa a los contribuyentes en función de diversos criterios, como el impago de impuestos, la presentación de declaraciones fuera de plazo y los resultados de las inspecciones fiscales. Basándose en un sistema de puntos, a los contribuyentes se les asigna automáticamente una de las siguientes calificaciones:

- Muy fiable
- Fiable
- Poco fiable
- No evaluado

Una vez asignada una calificación, se publica en línea y se hace pública. Los contribuyentes tienen la oportunidad de impugnar su calificación. Para recompensar el buen comportamiento y fomentar el cumplimiento, los que tienen la calificación de muy fiable se benefician de ventajas como una reducción del 50 % en la tasa por emitir un dictamen vinculante. En cambio, aquellos que tienen una calificación de poco fiable están sujetos a restricciones, como un plazo más corto para la presentación de los documentos requeridos durante una inspección o investigación fiscal.

Fuentes: Georgia (2024), Letonia (2024), Lituania (2024) y República Eslovaca (2024).

Gestión del incumplimiento

Las administraciones tributarias determinan mediante una combinación de métodos e instrumentos si un contribuyente incumple sus obligaciones. Para ello pueden servirse de programas de cotejo de datos; análisis de datos y el uso de algoritmos, por ejemplo, como parte de los modelos de riesgo de cumplimiento; el intercambio de información entre organismos públicos y jurisdicciones; y las revisiones de riesgos, en las que los funcionarios pueden examinar los registros públicos y las redes sociales (véase también Tabla 6.16.). En Recuadro 6.10. se recogen algunas de las últimas novedades en este terreno.

Tabla 6.16. Selección de intervenciones tras la presentación de la declaración, pero antes de la acción formal de inspección, 2022

Porcentaje de administraciones que realizan la intervención pertinente

Identificación de incoherencias mediante el cotejo de datos de terceros	Identificación de anomalías o valores atípicos mediante el análisis de datos para instar a los contribuyentes a presentar la información	Revisiones de riesgos	Solicitud de más información	Otras intervenciones
91,4	81,0	87,9	82,9	41,4

Fuente: CIAT, OIAT, FMI, OCDE, Encuesta Internacional sobre Administración Tributaria, Tabla B.27 Gestión de riesgos de cumplimiento: Intervenciones posteriores a la presentación de la declaración, y medición de la efectividad de las intervenciones, https://data.rafit.org/regular.aspx?key=74180916 (consultado el 10 de septiembre de 2024).

Recuadro 6.10. Ejemplos – Detección de incumplimientos

Australia – Motor Automatizado de Identificación de Redes y Agrupaciones

El Motor Automatizado de Identificación de Redes y Agrupaciones (ANGIE, por sus siglas en inglés) es una base de datos gráfica automatizada y basada en reglas que extrae información de una serie de fuentes de datos internas y externas para ayudar al personal de la ATO a encontrar y visualizar estructuras complejas de grupos y redes, y a comprender las relaciones entre entidades y miembros de grupos.

ANGIE sustituye a los sistemas tradicionales responsables de vincular a los clientes mediante relaciones conocidas en grupos definidos (denominadas agrupaciones de clientes). Asigna los grupos a poblaciones para que el área de negocio responsable de la ATO los revise en función de las prioridades de riesgo, y permite al personal:

- Proporcionar una visión precisa, dinámica y personalizable de poblaciones y grupos de clientes;
- Identificar los cambios en un grupo de clientes y/o población, incluidos los movimientos de entrada y salida de ellos;
- Visualizar y analizar las estructuras de los grupos a lo largo del tiempo y encontrar automáticamente los cambios significativos en los distintos períodos;
- Interactuar con los contribuyentes indicados mediante la identificación precisa de los grupos de clientes y el control efectivo;
- Detectar posibles riesgos comprobando dónde se obtienen los ingresos, dónde radica la titularidad de los activos y los cambios estructurales.

La ATO está ampliando ANGIE, poniendo el foco en un análisis más sofisticado, potentes herramientas de visualización y una gama más amplia de poblaciones de agrupaciones. Esto mejorará los resultados, la fiabilidad, la utilidad y la visibilidad en toda la ATO, garantizando que pueda responder a las redes cada vez más complejas y a los comportamientos emergentes.

Bélgica – Aplicación del Sistema Operativo Integrado de Datos

Bélgica ha introducido la aplicación Sistema Operativo Integrado de Datos para que los funcionarios de la Hacienda Pública Federal puedan realizar sus tareas cotidianas con mayor eficiencia. DIOS es una base de datos de contribuyentes única y totalmente integrada en la que el usuario puede recuperar toda la información que necesita y realizar todos los análisis pertinentes en un solo lugar. Entre las funcionalidades que ofrece se incluyen las siguientes:

- Los motores de búsqueda permiten rastrear a los contribuyentes a partir de datos incompletos o incorrectos (sin identificación exacta). También es posible rastrear a un contribuyente a través de otros expedientes, aunque no sea el sujeto principal.
- La función de análisis en red permite al usuario visualizar la red del contribuyente.
- La herramienta de análisis de la tarjeta de puntuación detecta automáticamente posibles comportamientos "sospechosos" relacionados directa o indirectamente con un contribuyente o titular de licencia.
- Los usuarios pueden exportar informes estándar para comunicar los resultados de sus investigaciones de forma sencilla y fácil de entender.
- Se han integrado en el proyecto varios proyectos de minería de datos para mejorar y optimizar el uso de la inteligencia empresarial.

Canadá – Programa de Cotejo de Fuentes Extranjeras

La Agencia Tributaria de Canadá (CRA) ha adoptado el uso de la Norma Común de Información (CRS, por sus siglas en inglés) y los datos de la Ley de Cumplimiento Tributario de Cuentas Extranjeras (FATCA) en su programa de Cotejo de Fuentes Extranjeras (FSM, por sus siglas en inglés).

El FSM se centra en los residentes canadienses con posibles ingresos no declarados procedentes de países extranjeros, cotejando los datos de las fuentes extranjeras con los importes presentados en su declaración de impuestos.

En 2023 se llevó a cabo un proyecto piloto para ampliar la carga de trabajo del FSM utilizando las fuentes de datos de la CRS y la FATCA, que supuso la revisión de ingresos potencialmente no declarados procedentes de 27 jurisdicciones. El proyecto piloto tenía aproximadamente 2 000 modelos FATCA y CRS vinculados a contribuyentes que podrían no haber declarado los ingresos por intereses y dividendos indicados en los modelos. El proyecto piloto obtuvo resultados positivos y un buen rendimiento de la inversión.

El programa FSM seguirá trabajando con las fuentes de datos FATCA y CRS, y supervisará el éxito de estos archivos e indicará el potencial de crecimiento del programa, si procede.

Italia – Uso de modelos predictivos para contribuir a la labor de cumplimiento

Para ayudar en su labor de cumplimiento, la Agencia Tributaria italiana ha desarrollado un modelo predictivo que clasifica a los contribuyentes según el grado de cumplimiento de sus obligaciones. El modelo utiliza datos históricos de inspecciones fiscales de los contribuyentes y genera una serie de puntuaciones que pueden utilizarse para dar prioridad a los casos que requieren comprobaciones e inspecciones adicionales.

El proceso de selección de contribuyentes para la inspección consta de varias fases:

1. Análisis de riesgos para detectar comportamientos sospechosos y señalar los casos de alto riesgo para su posterior análisis.
2. Investigación de estos casos de alto riesgo, incluido el envío de cuestionarios a los contribuyentes o el contacto con ellos para aclarar cualquier duda.
3. Si la investigación revela infracciones tributarias, la administración tributaria solicitará formalmente al contribuyente el pago de una cantidad basada en la infracción.
4. Los contribuyentes pueden elegir entre pagar el importe o iniciar un contencioso fiscal.

La metodología se basa en la elaboración de modelos para cada fase del proceso mediante una distribución adecuada de las probabilidades. Estos distintos modelos se combinan después para predecir una puntuación que expresa la rentabilidad global de la investigación de cada contribuyente seleccionado.

Fuentes: Australia (2024), Bélgica (2024), Canadá (2024) e Italia (2024).

Basándose en esos métodos e instrumentos, una administración tributaria podría solicitar más información (véase Tabla 6.16.) o dar al contribuyente la oportunidad de declarar voluntariamente. Cuando se considere necesario, se iniciará una "acción de cumplimiento" para determinar si los contribuyentes han declarado correctamente su pasivo fiscal.

La mayor disponibilidad de datos y la introducción de sofisticados modelos analíticos e inteligencia artificial están permitiendo a las administraciones encontrar mejor las declaraciones y reclamaciones o transacciones que pueden requerir mayor revisión o ser fraudulentas. Asimismo, estos modelos, muchos de los cuales pueden funcionar en tiempo real, están permitiendo a las administraciones realizar comprobaciones electrónicas automatizadas de todas las declaraciones o de las transacciones de un tipo determinado.

El uso de controles electrónicos automatizados o de enfoques basados en reglas para tratar algunos riesgos definidos (por ejemplo, denegar automáticamente una reclamación, emitir una carta o cotejar una transacción) está proporcionando a las administraciones formas más eficaces y eficientes de llevar a cabo parte de este trabajo. Como se indica en Tabla 6.17., en torno al 80 % de las administraciones están utilizando controles de cumplimiento electrónicos en el marco de su proceso de presentación de declaraciones, más concretamente:

- Alrededor del 60 % de los que lo hacen durante el proceso de cumplimentación de la declaración o al presentarla, por ejemplo, utilizan avisos y sugerencias en tiempo real que indican que puede faltar información o que las deducciones son demasiado elevadas; y
- Casi el 85 % utiliza controles electrónicos una vez presentada la declaración.

Tabla 6.17. Controles de cumplimiento electrónicos, 2022

Porcentaje de administraciones que adoptan el enfoque pertinente

Uso de controles de cumplimiento electrónicos en el marco del proceso de presentación de declaraciones	En caso afirmativo, los controles se realizan...		
	Durante el proceso de cumplimentación de la declaración	Al presentar la declaración	Una vez presentada la declaración
79,3	60,9	63,0	84,8

Fuente: CIAT, OIAT, FMI, OCDE, Encuesta Internacional sobre Administración Tributaria, Tabla A.86 Actividad de verificación / inspección: Controles de cumplimiento electrónicos, https://data.rafit.org/regular.aspx?key=74180894 (consultado el 10 de septiembre de 2024).

El tipo de medida de cumplimiento que se adoptará puede variar en función de la gravedad de cada caso y como se muestra en Tabla 6.18., cerca del 90 % de las administraciones tienen (o están desarrollando) un marco formal para las intervenciones de cumplimiento que incorpora la inspección fiscal tradicional dentro de un marco basado en clases de intervenciones que proporcionan una respuesta coherente y adecuada al riesgo y al comportamiento de cumplimiento de los contribuyentes.

En este sentido, más del 85 % de las administraciones afirmaron dar una respuesta proporcionada al incumplimiento, por ejemplo, aplicando multas y sanciones progresivas que reflejen el grado de cooperación del contribuyente y/o su historial de cumplimiento. Por otra parte, alrededor del 80 % de las administraciones indicaron que los contribuyentes podían beneficiarse si comunicaban los errores u omisiones lo antes posible y si cooperaban plenamente. (Véase Tabla 6.18.)

Tabla 6.18. Enfoques generales en materia de cumplimiento, 2022

Porcentaje de administraciones que adoptan el enfoque pertinente

Dar una respuesta proporcionada a los incumplimientos	Dar la posibilidad de corregir voluntariamente los errores o las omisiones en la declaración de impuestos	Garantizar que los contribuyentes se beneficien de la pronta revelación de errores u omisiones y de la plena cooperación	Recordar y animar a los contribuyentes a cumplir sus obligaciones tributarias	Existe o se está desarrollando un marco formal para las intervenciones de cumplimiento
86,2	98,3	82,8	94,8	89,7

Fuente: CIAT, OIAT, FMI, OCDE, Encuesta Internacional sobre Administración Tributaria, Tabla B.25 Gestión de riesgos de cumplimiento: Marco de intervención en materia de cumplimiento, https://data.rafit.org/regular.aspx?key=74180916 (consultado el 10 de septiembre de 2024).

Recuadro 6.11. Ejemplos – Cumplimiento automatizado

Francia – Proyecto de extracción óptica de declaraciones de herencias

El proyecto de Extracción Óptica de Declaraciones de Herencias, iniciado por la DGFiP, representa un avance significativo en la mejora de la tramitación administrativa de los modelos de sucesión a efectos fiscales. Esta iniciativa combina el reconocimiento óptico de caracteres (OCR) avanzado con las últimas tecnologías de inteligencia artificial generativa para extraer y analizar los datos financieros de estos documentos.

Los modelos de sucesión, en los que se detallan los activos y pasivos de una persona fallecida, son complejos porque contienen información diversa que va desde datos personales del difunto hasta productos financieros específicos que pueden tener implicaciones fiscales. La capacidad de descifrar y clasificar con precisión esta información es crucial para la correcta liquidación y recaudación de los impuestos sucesorios.

La tecnología OCR del proyecto está diseñada para avanzar por el texto denso y a menudo manuscrito de los modelos de sucesión. Extrae la información necesaria para el cálculo de los impuestos, abordando uno de los principales atascos en el ámbito de la fiscalidad: la clasificación y el análisis de los activos financieros.

La IA generativa mejora más si cabe este proceso al interpretar diversos estilos de escritura y terminología jurídica. Reconoce y comprende los términos específicos que definen las relaciones familiares y el contexto jurídico de la sucesión, facilitando la descripción precisa de las cadenas sucesorias y la determinación de las responsabilidades fiscales de cada heredero.

Esta iniciativa ha mejorado significativamente la capacidad de la DGFiP para exigir con mayor eficacia el cumplimiento de las leyes y los reglamentos en materia tributaria. Al digitalizar y estructurar la gran cantidad de datos que contienen los modelos de sucesión, se ha reducido el riesgo de evasión y error, lo que favorece un sistema fiscal más coherente y eficiente.

Singapur – Modelo para Intermediarios en el fraude del operador desaparecido

El fraude del operador desaparecido (MTF) representa un importante riesgo para los ingresos públicos. El MTF es una forma de fraude en el impuesto sobre el valor agregado / impuesto sobre bienes y servicios (GST) por el que un proveedor fraudulento cobra estos impuestos a los clientes en las ventas realizadas, pero no los paga a las autoridades tributarias. Mientras tanto, los clientes dados de alta en el GST que participan en la cadena de suministro siguen reclamando a las autoridades tributarias la devolución del IVA/GST pagado en sus compras.

La Agencia Tributaria de Singapur (IRAS, por sus siglas en inglés) ha desarrollado una solución de aprendizaje automático, el Modelo para Intermediarios en el MTF, para detectar de forma preventiva a entidades intermediarias (*buffers*) implicadas en actividades de MTF. Esto permite a la IRAS intervenir en una fase temprana e interrumpir la cadena de suministro antes de que puedan perpetrar más MTF. Este planteamiento cuestiona la idea de que el MTF solo puede detectarse al final de la cadena del MTF, cuando los exportadores intentan presentar la solicitud fraudulenta de devolución del GST.

Dado que el Modelo se centra en las entidades intermediarias creadas para opacar la cadena de suministro del MTF, la IRAS puede identificar a las entidades cómplices y descubrir toda la cadena del MTF en un plazo mucho más breve. La IRAS ha experimentado con una herramienta de aprendizaje automático, DataRobot, para probar y evaluar el rendimiento de varios modelos utilizando distintos algoritmos para hallar uno que ofrezca resultados óptimos. Hasta la fecha, el modelo ha dado resultados alentadores y se considera tres veces más eficaz para detectar las entidades intermedias que los métodos tradicionales.

Fuentes: Francia (2024) y Singapur (2024).

Una vez detectadas las incoherencias o anomalías, y cuando los contactos posteriores con el contribuyente no hayan permitido resolver el posible problema de incumplimiento o error, las administraciones tributarias pueden iniciar una acción de inspección. El alcance y la profundidad de la inspección pueden depender del problema potencial y de los hallazgos encontrados durante los contactos previos a la inspección con el contribuyente. En Tabla 6.19. se muestra la amplia mayoría de las administraciones que disponen de distintas acciones de inspección.

Tabla 6.19. Medidas de aplicación posteriores a la presentación, 2022

Porcentaje de administraciones que toman la medida pertinente

Inspecciones documentales	Inspecciones de un solo asunto	Inspecciones de alcance limitado	Inspecciones integrales	Investigaciones de evasión y elusión
91,4	93,1	93,1	94,8	91,4

Fuente: CIAT, OIAT, FMI, OCDE, Encuesta Internacional sobre Administración Tributaria, Tabla B.28 Gestión de riesgos de cumplimiento: Medidas de aplicación posteriores a la presentación, https://data.rafit.org/regular.aspx?key=74180916 (consultado el 10 de septiembre de 2024).

Recuadro 6.12. Ejemplos – Medidas de aplicación posteriores a la presentación

India – Mitigación del riesgo en solicitud de reembolso de alto riesgo

Con el fin de reducir el número de solicitudes de reembolso incorrectas, el sistema de minería de datos e información de inteligencia del Departamento de Hacienda de la India analiza los datos utilizando reglas de reembolso de alto riesgo (RAR) y comparte el resultado con el Centro de Procesamiento

Central (CPC), que procesa las declaraciones del impuesto sobre la renta. A partir de ese momento, el CPC suspende la tramitación del reembolso hasta que el contribuyente confirme que su solicitud de reembolso es correcta o revise su declaración. Como consecuencia, un gran número de contribuyentes redujo el importe de sus solicitudes de reembolso.

Sin embargo, con el tiempo han surgido diversos problemas con este planteamiento, como retrasos en la tramitación de las declaraciones, aumento de los pagos de intereses por parte del Gobierno como consecuencia de los retrasos en los reembolsos y de las salidas de intereses del Gobierno por los retrasos en los pagos, etc. Además, la nueva legislación, que permitía más deducciones, obligó a adoptar un nuevo enfoque.

Con el nuevo enfoque, se aplican las normas RAR, pero cuando un contribuyente no responde a una solicitud de más información, después de un plazo definido, la reclamación se comparte con los inspectores jurisdiccionales (JAO, por sus siglas en inglés). El JAO determina entonces si se concede el reembolso, o si el caso debe ser sometido a mayor escrutinio.

Letonia – Instrucciones simplificadas

Desde 2023, Letonia ha simplificado el modo en que lleva a cabo sus inspecciones fiscales reduciendo los distintos tipos de inspecciones a uno solo: el control fiscal. Esto facilita el trabajo con los contribuyentes y aumenta los niveles de cumplimiento.

Este tipo de inspección comprueba primero las discrepancias específicas y luego da a los contribuyentes la oportunidad de explicarlas y corregirlas. Si el control fiscal detecta incoherencias sin corregir, se informará al contribuyente sobre la devolución del importe de la incoherencia y los intereses de demora correspondientes. Es lo que se conoce como medida de control fiscal.

Se aplica una sanción por manipular ilegalmente las cajas registradoras y también si se descubren infracciones significativas del cumplimiento de la normativa.

También existe la opción de firmar un acuerdo voluntario de liquidación de impuestos al inicio de la inspección, que puede reducir las multas hasta en un 85 % o, en algunos casos, eliminarlas por completo.

Fuentes: India (2024) y Letonia (2024).

Sanciones administrativas por incumplimiento del contribuyente en materia de comunicación de información

En caso de incumplimiento de la obligación de comunicar información o de presentación de información incierta, las administraciones tributarias suelen disponer de una serie de sanciones. Tales sanciones tienen por objeto disuadir de las conductas de incumplimiento, imponer el cumplimiento de una disposición específica de la ley (por ejemplo, la presentación de una declaración de impuestos) y castigar a los infractores.

Como se muestra en Tabla 6.20., casi todas las administraciones aplican sanciones administrativas a los contribuyentes que no presentan su información. Las que lo hacen suelen aplicar un marco común de sanciones administrativas que existe para las principales figuras impositivas. Alrededor del 80 % de las administraciones tienen en cuenta la culpabilidad del contribuyente y un porcentaje similar de administraciones están facultadas para condonar o reducir las sanciones en determinadas circunstancias. Además, una cuarta parte de las administraciones están facultadas para hacer públicos los datos de los contribuyentes sujetos a sanciones administrativas impuestas por no presentar la información.

Tabla 6.20. Sanciones administrativas por incumplimiento del contribuyente en materia de comunicación de información, 2022

Porcentaje de administraciones

La administración aplica sanciones administrativas por incumplimiento del contribuyente en materia de comunicación de información	En caso afirmativo, algunas características del enfoque son...			
	Existe un marco común de sanción administrativa para el incumplimiento de la obligación de información en las principales figuras impositivas.	Las sanciones impuestas suelen tener en cuenta la culpabilidad de los contribuyentes (es decir, el grado de culpa)	La Administración está facultada para remitir/reducir las sanciones en las circunstancias apropiadas	La Administración está facultada para hacer públicos los datos de algunos / todos los contribuyentes, sin perjuicio de las sanciones administrativas impuestas por la falta de presentación de la información.
96,6	92,9	78,6	82,1	25,0

Fuente: CIAT, OIAT, FMI, OCDE, Encuesta Internacional sobre Administración Tributaria, Tabla B.38 Sanciones administrativas por incumplimiento del contribuyente en materia de comunicación de información: Aplicación y selección de características, https://data.rafit.org/regular.aspx?key=74180918 (consultado el 10 de septiembre de 2024).

A partir de los datos de ISORA de 2023, esta primera parte del Capítulo 6 ofrece una visión de conjunto de los enfoques de las administraciones tributarias en materia de gestión del riesgo de cumplimiento. En él se examinaba su labor de comprensión y gestión de los riesgos de cumplimiento de las obligaciones fiscales, y el modo en que los datos y la ciencia de datos apoyan esos procesos, antes de analizar las medidas adoptadas para prevenir y atajar el incumplimiento.

En relación con la prevención y gestión del incumplimiento, es importante señalar que muchos de los demás Capítulos también incluyen información sobre la labor que realizan las administraciones tributarias para influir positivamente en el cumplimiento de las obligaciones tributarias, por ejemplo, los regímenes de cumplimentación previa (Capítulo 4), los servicios al contribuyente (Capítulo 5) o los mecanismos para prevenir conflictos (Capítulo 7). A pesar de los amplios datos de la encuesta periódica ISORA de 2023, es fundamental ser conscientes de que se trata solo de una visión del trabajo que realizan las administraciones tributarias para garantizar el cumplimiento de la normativa.

En la siguiente parte de este Capítulo se expondrán algunas ideas sobre las medidas de cumplimiento que adoptan las administraciones tributarias y la forma en que han evolucionado en los últimos años.

Medición de la eficacia de las intervenciones

La medición de la eficacia de las intervenciones en materia de cumplimiento tributario es importante por varias razones, entre ellas la optimización de la asignación de recursos, la mejora de la relación costo-eficacia y el diseño de intervenciones más eficaces y focalizadas.

Como puede verse en Tabla 6.21., alrededor del 70 % de las administraciones miden la efectividad de las intervenciones que realizan antes de una inspección. Los enfoques incluyen el uso de modelos estadísticos para supervisar el efecto de las intervenciones, como las tasas de ajuste, la presentación de declaraciones complementarias; el uso de la ciencia del comportamiento, por ejemplo, cartas de incentivación a grupos de control; y la medición del número de casos derivados a inspección.

Además, un número significativo de administraciones ha establecido indicadores que les permiten comprender la eficacia del trabajo de inspección, fijándose sobre todo en las inspecciones que arrojan un resultado positivo (93 %), seguidas de las liquidaciones complementarias planteadas (88 %) y la cobertura de la inspección (74 %). Otros indicadores que se han comunicado son el número de contenciosos perdidos tras una inspección, los cambios positivos en el comportamiento de los contribuyentes tras una inspección u otra intervención, y el impacto en el cumplimiento voluntario de otros contribuyentes que operan en el mismo sector.

En las secciones siguientes se examinan algunos indicadores de resultados relativos a las inspecciones y las investigaciones de delitos fiscales.

Tabla 6.21. Medición de la efectividad de las intervenciones, 2022

Porcentaje de administraciones

Medición de la eficacia de las intervenciones antes y después de la presentación de la declaración (pero antes de la inspección)	Indicadores para medir la eficacia de las medidas de aplicación				Existen normas para la productividad de los inspectores
	Cobertura de la inspección	Valor de las liquidaciones complementarias planteadas durante la inspección	Porcentaje de las inspecciones que dieron resultado positivo	Otros indicadores	
70,7	74,1	87,9	93,1	44,8	67,2

Fuente: CIAT, OIAT, FMI, OCDE, Encuesta Internacional sobre Administración Tributaria, Tablas B.27 Gestión de riesgos de cumplimiento: Intervenciones posteriores a la presentación de la declaración, y medición de la efectividad de las intervenciones, y B.29 Gestión de riesgos de cumplimiento: Indicadores de efectividad de la aplicación, https://data.rafit.org/regular.aspx?key=74180916 (consultado el 10 de septiembre de 2024).

Inspección

En términos medios, los porcentajes de ajuste de las inspecciones se han mantenido estables entre 2018 y 2022 (véase Tabla 6.22.). No obstante, como se muestra en Gráfico 6.4., las tasas varían significativamente entre las administraciones tratadas en este informe.

La importancia de las inspecciones también se pone de manifiesto en las liquidaciones complementarias planteadas. Por término medio, las liquidaciones complementarias planteadas en las inspecciones representan entre el 3,4 % y el 4,4 % del total de ingresos recaudado. Esta cifra se ha mantenido relativamente estable entre 2018 y 2020, pero ha disminuido en 2021 y 2022 (véase Tabla 6.22.). Si se examinan los datos a nivel de jurisdicción, se observa que existen diferencias significativas entre las 54 administraciones que pudieron facilitar datos (véase Gráfico 6.5.).

Tabla 6.22. Tasas de ajuste de las inspecciones y liquidaciones complementarias planteadas, 2018-22

	2018	2019	2020	2021	2022
Tasas de ajuste de las inspecciones – en porcentaje (39 jurisdicciones)	57,3	58,7	57,7	61,3	60,9
Liquidaciones complementarias planteadas durante la inspección como porcentaje de la recaudación de impuestos (48 jurisdicciones)	4,1	4,1	4,4	3,8	3,4

Nota: En la tabla se muestran las tasas medias de ajuste de las inspecciones y las liquidaciones complementarias planteadas durante la inspección (sin contar los controles de cumplimiento electrónicos) para las jurisdicciones que pudieron presentar la información de los años 2018 a 2022. Entre paréntesis figura el número de jurisdicciones para las que se disponía de datos.
Fuente: CIAT, OIAT, FMI, OCDE, Encuesta Internacional sobre Administración Tributaria, Tabla D.46 Ratios de inspección: Tasa de acierto y liquidaciones complementarias planteadas, https://data.rafit.org/regular.aspx?key=74180903 (consultado el 10 de septiembre de 2024).

Desglosando este dato por figura impositiva, se observa que la relación entre las liquidaciones complementarias percibidas y el impuesto recaudado es mayor en el caso del impuesto de sociedades.

Por término medio, la liquidación complementaria planteada como porcentaje del impuesto de sociedades percibido se sitúa en torno al 6 %, y el porcentaje del impuesto sobre el valor agregado se sitúa en torno al 3,5 %. Ambos porcentajes de estos impuestos de sociedades están muy por encima de los porcentajes del impuesto sobre la renta de las personas físicas (1,6 %) y de las retenciones de las empresas (1,0 %). (Véase Gráfico 6.6.)

En muchas jurisdicciones, las liquidaciones complementarias planteadas a través de las oficinas o programas de grandes contribuyentes (LTO/P) representan una parte significativa del total de liquidaciones complementarias planteadas en las inspecciones (véase Gráfico 6.7.). Por término medio, los LTO/P aportan en torno al 30 % del total de las liquidaciones complementarias planteadas en las auditorías (véase Tabla 6.11.).

Gráfico 6.4. Tasas de ajuste de las inspecciones, 2022

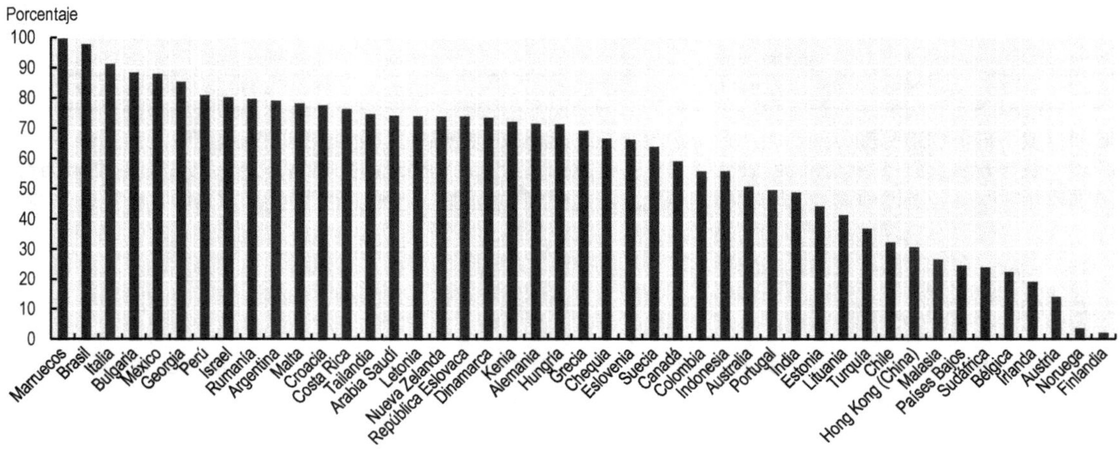

Fuente: CIAT, OIAT, FMI, OCDE, Encuesta Internacional sobre Administración Tributaria, Tabla D.46 Ratios de inspección: Tasa de acierto y liquidaciones complementarias planteadas, https://data.rafit.org/regular.aspx?key=74180903 (consultado el 10 de septiembre de 2024).

StatLink https://stat.link/gpi6cd

Gráfico 6.5. Liquidaciones complementarias planteadas durante la inspección como porcentaje de la recaudación de impuestos, 2022

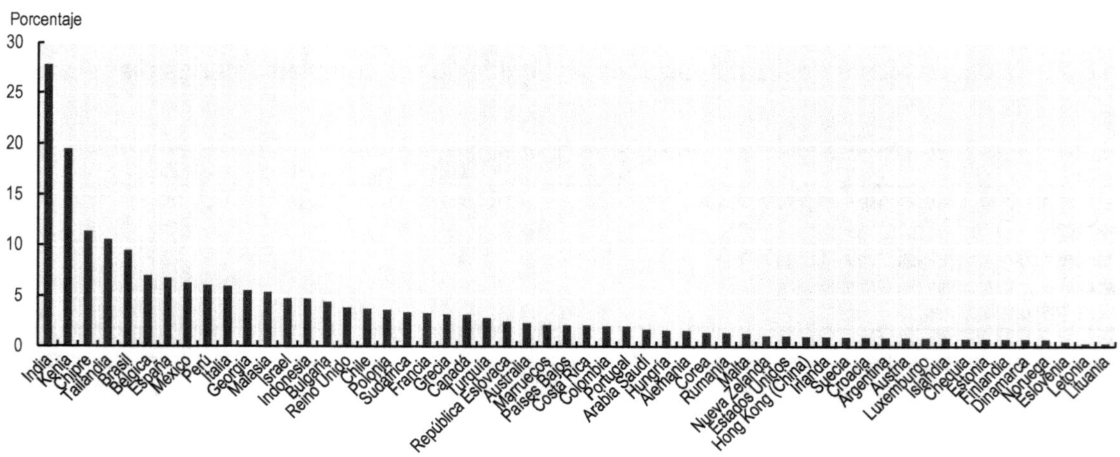

Fuente: CIAT, OIAT, FMI, OCDE, Encuesta Internacional sobre Administración Tributaria, Tabla D.46 Ratios de inspección: Tasa de acierto y liquidaciones complementarias planteadas, https://data.rafit.org/regular.aspx?key=74180903 (consultado el 10 de septiembre de 2024).

StatLink https://stat.link/ne3s6q

Gráfico 6.6. Liquidaciones complementarias planteadas durante la inspección como porcentaje de la recaudación de impuestos por figura impositiva, 2022

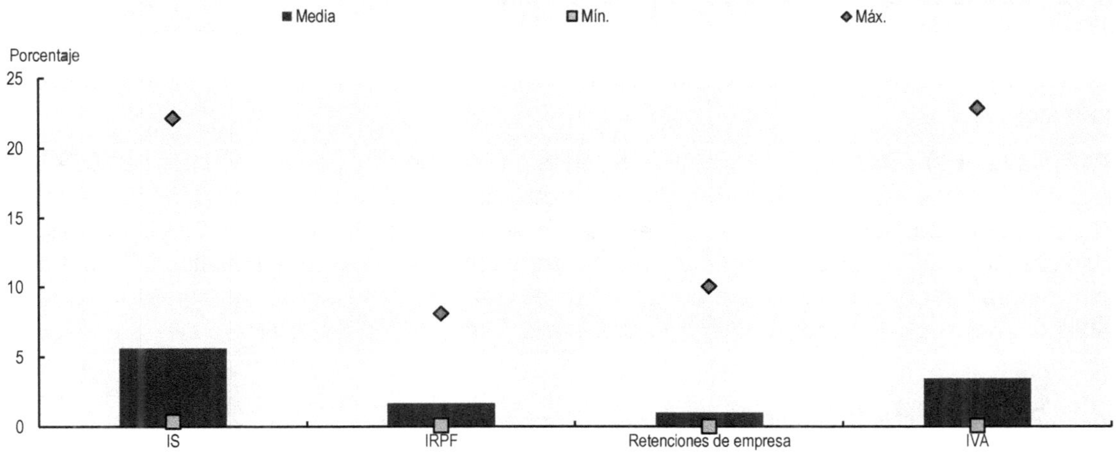

Nota: Los datos del impuesto de sociedades de la India y Kenia han sido excluidos del cálculo ya que distorsionarían los ratios medios.
Fuente: CIAT, OIAT, FMI, OCDE, Encuesta Internacional sobre Administración Tributaria, Tablas D.47 Ratios de inspección: Liquidaciones complementarias planteadas por figura impositiva – IS e IRPF, y D.48 Ratios de inspección: Liquidaciones complementarias planteadas por figura impositiva – PAYE (retención a cuenta sobre el salario) e IVA, https://data.rafit.org/regular.aspx?key=74180903 (consultado el 10 de septiembre de 2024).

StatLink https://stat.link/g4ambu

Gráfico 6.7. Liquidaciones complementarias planteadas durante la inspección realizada por LTO/P como porcentaje de las liquidaciones complementarias planteadas a raíz de todas las auditorías, 2022

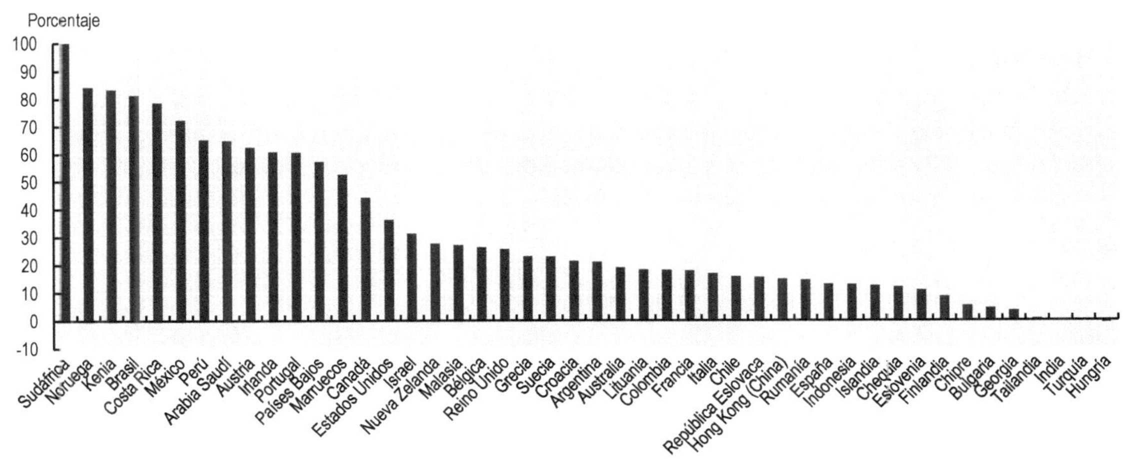

Fuente: CIAT, OIAT, FMI, OCDE, Encuesta Internacional sobre Administración Tributaria, Tabla D.18 Ratios de oficinas / programas de grandes contribuyentes: Contribuyentes societarios, liquidaciones complementarias planteadas e ingresos netos administrados, https://data.rafit.org/regular.aspx?key=74180900 (consultado el 10 de septiembre de 2024).

StatLink https://stat.link/jxyatc

Recuadro 6.13. Ejemplos – Inspección

Japón – Digitalización de las consultas a las entidades financieras

La NTA emite aproximadamente seis millones de consultas al año a las entidades financieras para obtener información sobre depósitos y ahorros durante los procesos de inspección fiscal y recaudación de impuestos.

La NTA solía realizar estas consultas mediante cartas o visitas *in situ*, pero en octubre de 2021 pasó a utilizar consultas en línea. De este modo, el plazo medio de respuesta de una entidad financiera a una consulta escrita ha pasado de varias semanas a 2,3 días. Asimismo, la eliminación de la necesidad de correspondencia escrita o *in situ* ha reducido considerablemente la carga administrativa tanto para la NTA como para las entidades financieras. La NTA seguirá esforzándose por aumentar el número de entidades financieras que pueden ofrecer este servicio y seguir ampliando el uso de las consultas en línea.

Portugal – Procedimiento de inspección digital

El procedimiento de inspección en Portugal ha experimentado una importante transformación digital con el fin de pasar a un entorno sin papel. Estos cambios suponen la digitalización completa de la documentación asociada al procedimiento de inspección fiscal. Con la adopción de metodologías digitales, se ha mejorado la eficiencia del procedimiento de inspección fiscal y aduanera, facilitando una mayor trazabilidad y control a lo largo de todo su ciclo de vida.

Además, esto también ha mejorado la sostenibilidad de la Autoridad Fiscal y Aduanera portuguesa. Al reducir la dependencia del papel y, por tanto, el almacenamiento físico de los archivos, esta iniciativa ha supuesto una reducción sustancial de los costos, al tiempo que ha contribuido a la conservación del medio ambiente.

Este proyecto también ha supuesto beneficios para el contribuyente, ya que permite:

- Una mayor transparencia: El procedimiento de auditoría está meticulosamente documentado y disponible paso a paso en el área dedicada a los contribuyentes en el sitio web de la Agencia Tributaria. Esta mayor transparencia fomenta la confianza y la responsabilidad en todo el proceso.
- Una comunicación más ágil: Los canales de comunicación entre la Agencia Tributaria y los contribuyentes se han perfeccionado para operar exclusivamente en el ámbito digital. Este enfoque agilizado acelera los procedimientos de inspección, fomentando la eficacia y acelerando la resolución de los asuntos fiscales.

Fuentes: Japón (2024) y Portugal (2024).

Investigación de delitos fiscales

Como se menciona en el Capítulo 2, algo más de la mitad de las administraciones tributarias contempladas en esta publicación llevan a cabo investigaciones sobre delitos fiscales, y en la encuesta del ISORA se les pidió información sobre el número de casos derivados para su procesamiento.

En Tabla 6.23. se muestra el número total de casos derivados para su procesamiento durante el ejercicio para las 30 administraciones que son responsables de llevar a cabo las investigaciones de delitos fiscales y que pudieron presentar datos de los ejercicios 2018 a 2022. Aunque el número de casos remitidos para su procesamiento fue similar en 2018 y 2019, se aprecia una reducción significativa en el número total de casos remitidos para su procesamiento desde 2020.

Esto también se refleja en los datos a nivel de jurisdicción, que muestran que alrededor del 75 % de las administraciones responsables de llevar a cabo investigaciones sobre delitos fiscales remitieron un número cada vez menor de casos para su procesamiento en los últimos años (véase la Tabla A.88).

Tabla 6.23. Evolución de los casos de investigación de delitos fiscales remitidos para su procesamiento entre 2018 y 2022

Año	N.º de casos remitidos para su procesamiento durante el ejercicio	Variación porcentual (frente al año anterior)
2018	41 081	
2019	39 768	-3,2
2020	33 210	-16,5
2021	29 918	-9,9
2022	23 523	-21,4

Nota: Solo incluye los datos de las administraciones que tienen competencias en la investigación de delitos fiscales y han podido facilitar la información para los años 2018 a 2022.
Fuente: CIAT, OIAT, FMI, OCDE, Encuesta Internacional sobre Administración Tributaria, Tabla A.88 Investigaciones de delitos fiscales: Número de casos, https://data.rafit.org/regular.aspx?key=74180895 (consultado el 10 de septiembre de 2024).

Cargas de cumplimiento

La tarea principal de una administración tributaria es recaudar fondos para financiar los servicios públicos y hacerlo sin imponer cargas innecesarias a los contribuyentes. Reducir las cargas al mínimo es fundamental para lograr el objetivo principal, ya que pueden incidir en la voluntad o, en algunos casos, en la capacidad de los contribuyentes para cumplir con sus obligaciones. Unas cargas excesivas también pueden representar importantes costos de oportunidad para los contribuyentes, reduciendo potencialmente el crecimiento económico.

Que las administraciones tributarias son conscientes de la importancia de minimizar la carga que supone el cumplimiento de las obligaciones fiscales queda patente en las mejoras que se están introduciendo en los procesos de cara al contribuyente, como la presentación y el pago electrónicos, los regímenes de cumplimentación previa, los canales de comunicación nuevos y mejorados, y el aumento de las opciones de autoservicio. Los numerosos ejemplos incluidos en esta y en anteriores ediciones de la serie Administración Tributaria representan una pequeña parte de las múltiples medidas que toman las administraciones tributarias al respecto.

Para respaldar las mejoras en curso y comprender mejor dónde se producen las cargas, más de una tercera parte de las administraciones han empezado a evaluar las cargas de cumplimiento de los contribuyentes, la mayor parte con carácter anual. Por otra parte, en Tabla 6.24. se muestra que:

- ***Las administraciones miden la percepción de las cargas de cumplimiento***: Aunque el tiempo y el dinero invertidos en el cumplimiento de las obligaciones tributarias suelen considerarse indicadores esenciales para medir la carga que supone dicho cumplimiento, los contribuyentes también se fijan en la carga cognitiva y la carga emocional. En contrapartida, aproximadamente el 85 % de las administraciones que evalúan las cargas lo hacen también con la percepción de las cargas de cumplimiento.
- ***Las cargas de cumplimiento se supervisan para diferentes segmentos***: Conscientes de que las cargas son distintas para los diferentes segmentos de contribuyentes, más del 80 % de las

administraciones están adoptando un enfoque segmentado para medir las cargas de cumplimiento.

- ***Se han puesto en marcha estrategias formales***: Partiendo de la evaluación de las cargas de cumplimiento como primer paso, más del 70 % de las administraciones que realizan esas evaluaciones han adoptado una estrategia formal para reducir las cargas de cumplimiento.

Tabla 6.24. Evaluación de la carga de cumplimiento de los contribuyentes, 2022

Porcentaje de administraciones

Evaluación de la carga fiscal para el contribuyente	En caso afirmativo, ...						
	Frecuencia de evaluación			Medición de la percepción de las cargas de cumplimiento	Evaluación realizada por un tercero	Supervisión de la carga de cumplimiento de los distintos segmentos de contribuyentes	Existe una estrategia formal para reducir las cargas de cumplimiento
	Anual	Bianual	Con menor frecuencia				
36,8	57,1	14,3	28,6	85,7	61,9	81,0	71,4

Fuente: CIAT, OIAT, FMI, OCDE, Encuesta Internacional sobre Administración Tributaria, Tabla B.52 Carga de cumplimiento de los contribuyentes, https://data.rafit.org/regular.aspx?key=74180919 (consultado el 10 de septiembre de 2024).

Bibliografía

OECD (2023), *International Standards for Automatic Exchange of Information in Tax Matters: Crypto-Asset Reporting Framework and 2023 update to the Common Reporting Standard*, OECD Publishing, Paris, https://doi.org/10.1787/896d79d1-en. [3]

OECD (2023), *Tax Administration 2023: Comparative Information on OECD and other Advanced and Emerging Economies*, OECD Publishing, Paris, https://doi.org/10.1787/900b6382-en. [5]

OECD (2022), *Analytics Maturity Model*, https://www.oecd.org/en/topics/sub-issues/comparative-analysis-of-tax-administrations/tax-maturity-models.html (accessed on 10 September 2024). [7]

OECD (2021), *Behavioural Insights for Better Tax Administration: A Brief Guide*, OECD Publishing, Paris, https://doi.org/10.1787/582c283e-en. [9]

OECD (2017), *The Changing Tax Compliance Environment and the Role of Audit*, OECD Publishing, Paris, https://doi.org/10.1787/9789264282186-en. [2]

OECD (2016), *Advanced Analytics for Better Tax Administration: Putting Data to Work*, OECD Publishing, Paris, https://doi.org/10.1787/9789264256453-en. [6]

OECD (2016), *Documentación sobre precios de transferencia e informe país por país, Acción 13 - Informe final 2015*, Proyecto de la OCDE y del G-20 sobre la Erosión de la Base Imponible y el Traslado de Beneficios, OECD Publishing, Paris, https://doi.org/10.1787/9789264267909-es. [4]

OECD (2004), *Compliance Risk Management: Managing and Improving Tax Compliance*, https://www.oecd.org/content/dam/oecd/en/topics/policy-issues/tax-administration/compliance-risk-management-managing-and-improving-tax-compliance.pdf (accessed on 12 September 2024). [1]

OECD et al. (2024), *Inventory of Tax Technology Initiatives*, https://webarchive.oecd.org/tax/forum-on-tax-administration/tax-technology-tools-and-digitalsolutions/index.htm (accessed on 10 Septembre 2024). [8]

7 Recaudación

Este capítulo analiza el desempeño de las administraciones tributarias en la gestión del cobro de los impuestos pendientes de pago, y describe las características que debe reunir una gestión moderna de la recaudación de deudas tributarias. A continuación, ofrece una visión general de las facultades de recaudación de que disponen las administraciones tributarias y el uso que hacen de ellas. Por último, presenta algunos ejemplos de enfoques aplicados por las administraciones para evitar la morosidad.

Introducción

La función de recaudación consiste en ponerse en contacto con quienes no presenten una declaración a tiempo y/o no efectúen un pago a su vencimiento, y eventualmente tomar medidas coercitivas contra ellos. A pesar de que en los últimos años han proliferado los enfoques basados en la precumplimentación o que no requieren la presentación de una declaración (véase el Capítulo 4), en muchas de las jurisdicciones que participan en esta publicación sigue siendo obligatorio presentar declaraciones. Si bien los porcentajes de presentación dentro de plazo en 2022 se situaron en promedio entre el 76 % y el 87 %, al menos 100 millones de declaraciones no se presentaron en plazo ese año (véanse las Tablas 4.8. y A.47, A.51, A.55 y A.60). Por lo tanto, es importante que las administraciones sigan centrando sus esfuerzos en mejorar la recaudación puntual de las declaraciones presentadas fuera de plazo o que no se llegan a presentar.

En cuanto a la recaudación de los pagos atrasados, todas las administraciones participantes en la encuesta, excepto una, señalan que están destinando recursos de personal a emprender acciones para garantizar el cobro de los impuestos vencidos (la administración tributaria chilena informó de que la recaudación de deudas no es de su competencia; véase la Tabla A.19). Según la información facilitada por las administraciones, en promedio, alrededor del 11 % de la plantilla se ocupa de la función de recaudación (véase el Capítulo 10).

En este capítulo:

- Se examinan sucintamente las características propias de una función moderna de recaudación de deudas tributarias y los elementos esenciales de una estrategia eficaz de gestión de deudas tributarias.
- Se hace un breve repaso del desempeño de la administración tributaria en la gestión de la recaudación de deudas pendientes.
- Se analizan las facultades de recaudación de deudas y su uso por parte de las administraciones tributarias.
- Se exponen ejemplos de enfoques de prevención de la morosidad.

Características de la función de recaudación de deudas tributarias

Para mantener niveles elevados de cumplimiento voluntario y de confianza en el sistema fiscal, las administraciones deben asegurarse de que sus métodos de recaudación de deudas sean a la vez «adecuados para su propósito» y cumplan con las expectativas de los contribuyentes en cuanto a la forma en que debe administrarse el sistema. Esto implica no solo tomar medidas firmes contra aquellos contribuyentes que incumplen deliberadamente sus obligaciones, sino también adoptar enfoques más centrados en la atención al ciudadano respecto a los contribuyentes que quieren cumplir, pero no pueden hacerlo debido a factores como problemas de liquidez a corto plazo.

Cada vez más, las administraciones tributarias adoptan una perspectiva integral o sistémica de sus procesos y analizan las razones por las que no se presentan las declaraciones o no se efectúan los pagos. También están utilizando la información del historial del contribuyente para identificar patrones y/o anomalías. El Recuadro 7.1. destaca algunos avances en este ámbito.

Recuadro 7.1. Ejemplos: mejora en la recaudación de deudas tributarias

Canadá: Sistema de Gestión de la Carga de Trabajo de Verificación de Cobros

La plataforma del Sistema de Gestión de la Carga de Trabajo de Verificación de Cobros («CVWMS», por sus siglas en inglés) representa un hito importante en la transformación de la Agencia Tributaria de Canadá (CRA).

Actualmente en desarrollo, el enfoque principal reside en crear un sistema de gestión de casos que permita a los programas de recaudación y cumplimiento agilizar los procesos y optimizar las operaciones. El CVWMS adopta un enfoque horizontal respecto a la entrega de valor, en el que las nuevas funcionalidades del sistema se desarrollan para múltiples cargas de trabajo simultáneamente. Este enfoque permite a la CRA mejorar los estándares de gestión de datos, posibilitando la generación de inteligencia empresarial pertinente y oportuna.

El CVWMS ya ha cosechado importantes logros. Ha logrado reducir las cargas administrativas, aumentar la resiliencia y agilidad, y optimizar los estándares y la gestión de datos. La integración de la plataforma con otros sistemas de la administración tributaria ha facilitado una gestión eficiente de reglas operativas y ha contribuido a mejorar los controles de calidad. Entre los beneficios obtenidos por los usuarios ya incorporados al sistema se encuentran:

- Reducción del tiempo necesario para realizar un resumen de cuenta.
- Disminución del tiempo requerido para crear y asignar cuentas a los funcionarios.
- Mejora de la capacidad de elaboración de informes.
- Acceso más rápido a la información.
- Recuperación más ágil de los ingresos perdidos.
- Mejor servicio a los canadienses.

Este sistema ha demostrado ser una plataforma eficaz que seguirá dando resultados tangibles.

Georgia: reforma de la gestión de la deuda tributaria

En 2022, Georgia puso en marcha un programa piloto de reforma de la gestión de la deuda tributaria para promover el cumplimiento de los contribuyentes. El programa se ha perfeccionado con una serie de mejoras recientes que han permitido obtener resultados positivos, entre ellos:

- Se han desarrollado nuevos criterios para identificar a los contribuyentes con deudas tributarias pendientes. A partir de este grupo, el sistema selecciona automáticamente a los contribuyentes para los que se requiere intervención, y estos casos se asignan al personal competente de la administración tributaria georgiana. Se da prioridad a los contribuyentes con deudas crecientes o recientes.
- Se ha introducido un nuevo software que asiste a los empleados a través de un sistema electrónico de gestión de casos.

Estos cambios han tenido resultados positivos. La proporción de la deuda tributaria reconocida en relación con los ingresos tributarios totales es ahora inferior al 20 %, y ha aumentado el índice de pago voluntario de las deudas. También ha aumentado el interés de los contribuyentes por alcanzar acuerdos para el aplazamiento del pago de su deuda, y un número considerable de estos acuerdos se inician automáticamente sin necesidad de intervención humana.

Fuente: Canadá (2024) y Georgia (2024).

El informe de 2014 *Working Smarter in Tax Debt Management* (OECD, 2014[1]) Presentó una visión general de las características esenciales de una función moderna de recaudación de deudas tributarias, destacando los siguientes aspectos:

- ***Analítica avanzada***: que permite utilizar toda la información que las administraciones tributarias tienen sobre los contribuyentes para identificar con precisión a los deudores y realizar la intervención adecuada en el momento oportuno.
- ***Estrategias de tratamiento***: la función de recaudación implica una serie de intervenciones, desde las diseñadas para minimizar el riesgo de que las personas se endeuden, hasta las dirigidas a ayudar a los contribuyentes a realizar los pagos y aplicar las medidas coercitivas adecuadas cuando proceda.
- ***Centros de llamadas salientes***: que hacen posible gestionar eficientemente un gran volumen de deudas.
- ***Organización***: el cobro de las deudas tributarias es una función especializada y, por lo general, está estructurada como tal. La aplicación de indicadores de rendimiento adecuados y un enfoque orientado a la mejora continua contribuyen a lograr los resultados deseados.
- ***Deudas transfronterizas***: resulta crucial recurrir de manera adecuada y oportuna a la asistencia internacional, en particular a los «artículos de asistencia en materia de recaudación» de los acuerdos entre jurisdicciones.

El informe de 2019 *Successful Tax Debt Management: Measuring Maturity and Supporting Change* (OECD, 2019[2]) ofrece más información sobre los elementos de una estrategia eficaz de gestión de la deuda tributaria, y establece cuatro principios estratégicos que las administraciones tributarias pueden considerar a la hora de definir su estrategia de gestión de la deuda tributaria. Estos principios se centran en determinar el momento oportuno para intervenir en el ciclo de la deuda tributaria, desde la consideración de medidas para evitar que surjan deudas tributarias, pasando por el compromiso temprano y continuo con los contribuyentes antes de aplicar medidas coercitivas, hasta la ejecución efectiva y proporcionada de tales medidas y el desarrollo de estrategias realistas de condonación de deudas. La premisa subyacente a estos principios es que centrarse en atajar la deuda de manera temprana, e idealmente antes de que surja, es el mejor medio para minimizar la deuda tributaria pendiente. El informe también contiene un compendio de iniciativas exitosas de gestión de la deuda tributaria y una descripción general de un *Modelo de Madurez de la Gestión de la Deuda Tributaria* que posteriormente se publicó como documento independiente (OECD, 2019[3]).

Desempeño en materia de recaudación de deudas tributarias pendientes

El importe total de los atrasos pendientes al final del ejercicio fiscal sigue siendo muy elevado, del orden de 2,7 billones de euros. A efectos de encuesta y análisis comparativo, se entiende por «atrasos totales pendientes de pago al final del ejercicio» el importe total de la deuda tributaria y de la deuda sobre otros ingresos de la que es responsable la administración tributaria y que está pendiente de pago al final del ejercicio fiscal. Esto incluye intereses y sanciones. El término también comprende los atrasos cuyo cobro se ha aplazado (por ejemplo, como resultado de acuerdos de pago).

El importe total de los «atrasos cobrables» al final del ejercicio ascendía a unos 810 000 millones de euros. Los atrasos cobrables se definen como la cifra total de atrasos menos (i) los importes impugnados cuyo cobro se ha suspendido a la espera del resultado, (ii) los importes que no son legalmente recuperables, y (iii) los atrasos que no pueden cobrarse, por ejemplo, cuando el deudor carece de fondos u otros activos.

En consecuencia, y a pesar de los esfuerzos realizados para que los datos sean comparables, hay que ser cautos a la hora de comparar puntos de datos específicos, ya que la administración de los sistemas fiscales difiere de una jurisdicción a otra, y lo mismo ocurre respecto a las prácticas administrativas.

En 2022, en promedio, la proporción de atrasos totales pendientes de pago al final del ejercicio en relación con los ingresos netos recaudados fue del 29 % (véase la Tabla D.41). Como en años anteriores, dicho promedio sigue estando muy influido por el elevado porcentaje (superior al 50 %) de un pequeño número de jurisdicciones. Si se excluyen estas jurisdicciones, el promedio se reduce a alrededor del 13 % de los ingresos netos (véanse el Gráfico 7.1. y el Gráfico 7.2., así como la Tabla D.41). *(Nota: Los porcentajes mencionados en este párrafo son diferentes de los que aparecen en la Tabla 7.1. ya que la tabla muestra los ratios promedio de morosidad solo para aquellas jurisdicciones que proporcionaron información sobre los años 2018 a 2022.)*

Tabla 7.1. Evolución de los ratios promedio de morosidad, 2018-22

Ratios de morosidad	2018	2019	2020	2021	2022	Variación porcentual entre 2018-22
Total de atrasos a final del ejercicio como porcentaje de los ingresos netos recaudados (50 jurisdicciones)	28,2	27,9	34,7	30,2	27,7	-1,7
Total de atrasos cobrables al final del ejercicio como porcentaje del total de atrasos a final del ejercicio (41 jurisdicciones)	49,6	50,5	53,2	53,4	51,8	+4,4

Nota: La tabla muestra los ratios promedio de morosidad para aquellas jurisdicciones que proporcionaron información sobre los años 2018 a 2022. Entre paréntesis figura el número de jurisdicciones que presentaron datos. Los datos de Bulgaria se han excluido del cálculo del promedio del «total de atrasos a final del ejercicio como porcentaje de los ingresos netos recaudados», por no ser sus datos comparables en relación con esos años (véase la Tabla A.74).
Fuente: CIAT, OIAT, FMI, OCDE, Encuesta Internacional sobre Administración Tributaria, Tabla D.41 Ratios de morosidad: Deuda pendiente y atrasos cobrables, https://data.rafit.org/regular.aspx?key=74180902 (consultado el 10 de septiembre de 2024).

Si se observan los datos a lo largo del período de cinco años comprendido entre 2018 y 2022, se observa que, en los dos últimos años, ha disminuido el promedio de atrasos totales pendientes de pago al final del ejercicio en relación con los ingresos netos recaudados. Esto se debe al notable aumento del ratio durante 2020, el primer año de la pandemia, en el que se incrementó, en promedio, más del 20 % en un momento en el que muchos gobiernos adoptaron medidas para brindar apoyo a las personas y las empresas en el marco de la pandemia, al extender los plazos de pago o suspender el cobro de deudas pendientes (CIAT/IOTA/OECD, 2020[4]). De acuerdo con los datos más recientes disponibles, el promedio de atrasos totales pendientes de pago al final del ejercicio en relación con los ingresos netos recaudados ha vuelto a los niveles anteriores a la pandemia. (Véase la Tabla 7.1.)

Por lo general, la variación del promedio también se refleja, en general, en los datos a nivel de jurisdicción: Entre 2019 y 2020, el porcentaje de «atrasos totales en relación con los ingresos netos recaudados» aumentó en el 86 % de las jurisdicciones, mientras que entre 2020 y 2022 el ratio disminuyó en el 77 % de las jurisdicciones (véase la Tabla D.41).

Gráfico 7.1. Total de atrasos a final del ejercicio como porcentaje del total de ingresos netos recaudados (para las administraciones con un ratio superior al 50 %), 2022

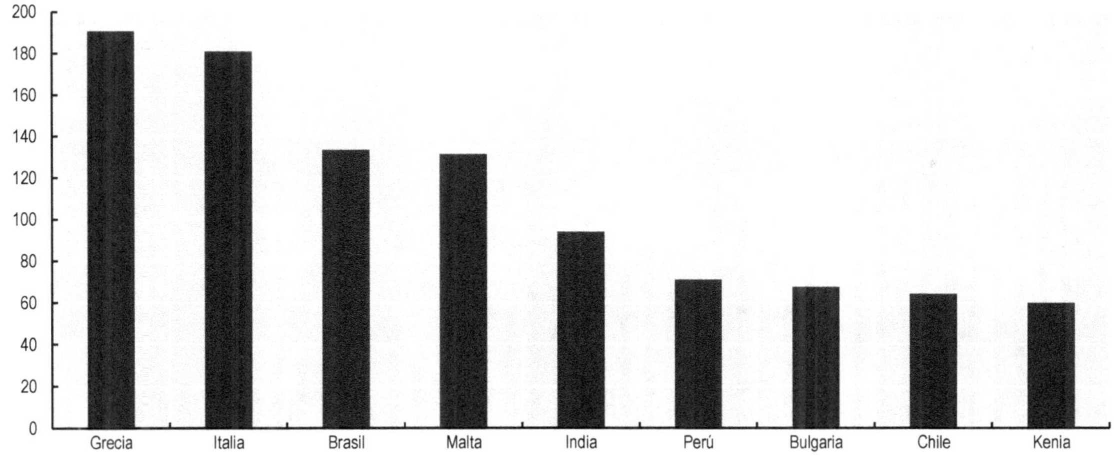

Fuente: CIAT, OIAT, FMI, OCDE, Encuesta Internacional sobre Administración Tributaria, Tabla D.41 Ratios de morosidad: Deuda pendiente y atrasos cobrables, https://data.rafit.org/regular.aspx?key=74180902 (consultado el 10 de septiembre de 2024).

StatLink https://stat.link/p98tmy

Gráfico 7.2. Total de atrasos a final del ejercicio como porcentaje del total de ingresos netos recaudados (para las administraciones con un ratio inferior al 50 %), 2022

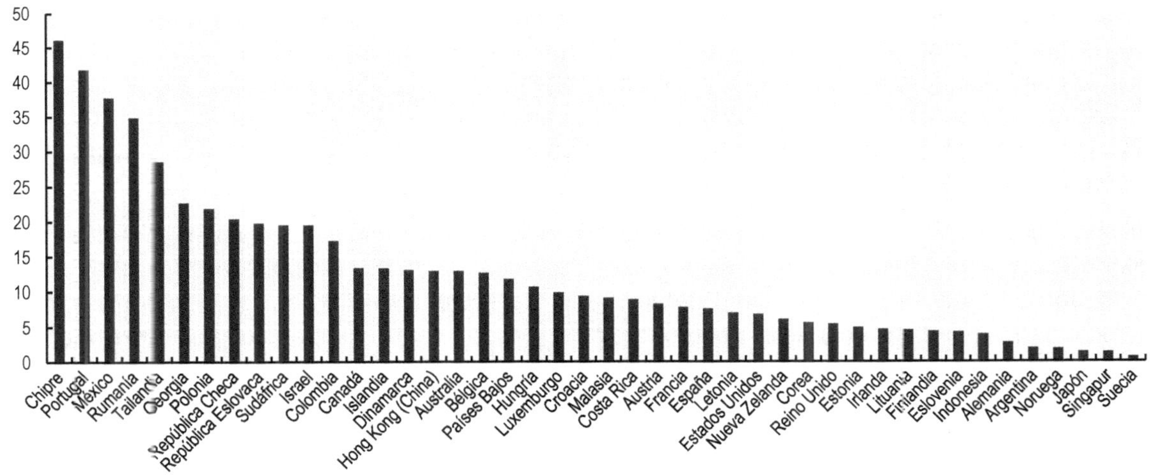

Fuente: CIAT, OIAT, FMI, OCDE, Encuesta Internacional sobre Administración Tributaria, Tabla D.41 Ratios de morosidad: Deuda pendiente y atrasos cobrables, https://data.rafit.org/regular.aspx?key=74180902 (consultado el 10 de septiembre de 2024).

StatLink https://stat.link/084hxm

En cuanto a los atrasos cobrables, los datos de 2022 muestran que, por término medio, alrededor de la mitad de los atrasos totales se consideran cobrables. Esto supone un aumento del 4 % en comparación con 2018. (Véase la Tabla 7.1.) Sin embargo, el Gráfico 7.3. ilustra bien las diferencias entre jurisdicciones: en algunas, casi todos los atrasos se consideran cobrables, mientras que en otras casi todos se consideran no cobrables.

Gráfico 7.3. Total de atrasos cobrables al final del ejercicio como porcentaje del total de atrasos al final del ejercicio, 2022

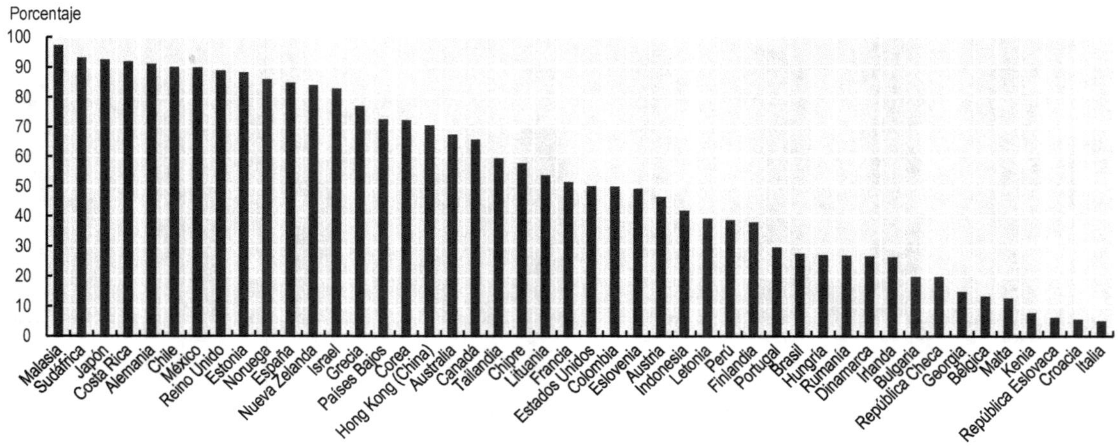

Fuente: CIAT, OIAT, FMI, OCDE, Encuesta Internacional sobre Administración Tributaria, Tabla D.41 Ratios de morosidad: Deuda pendiente y atrasos cobrables, https://data.rafit.org/regular.aspx?key=74180902 (consultado el 10 de septiembre de 2024).

StatLink https://stat.link/6mgbic

El Gráfico 7.4. muestra la variación de los atrasos totales pendientes de pago al final del ejercicio entre 2021 y 2022. En cifras absolutas, los atrasos totales pendientes de pago al final del ejercicio aumentaron en 34 de las 53 jurisdicciones que aportaron información al respecto. (Nota: Esto no contradice la observación anterior de que los ratios de morosidad están disminuyendo. Pese a que, en cifras absolutas, la morosidad está aumentando en muchas jurisdicciones, el porcentaje de «atrasos totales en relación con los ingresos netos recaudados» está disminuyendo, ya que los ingresos totales recaudados han aumentado aún más).

Al observar el importe de los atrasos de los principales tipos de impuestos (véase la Tabla 7.2.), se observa que las personas físicas son más propensas a pagar dentro de plazo que las empresas. En 2022, la proporción promedio de la morosidad del impuesto de sociedades (IS) en relación con los ingresos netos recaudados por dicho impuesto, y la proporción correspondiente al impuesto sobre el valor agregado (IVA), se situaron en torno al 20 % y el 24 %, respectivamente. Al mismo tiempo, la proporción correspondiente al impuesto sobre la renta de las personas físicas (IRPF) fue mucho más baja, situándose en el 15 %.

Los datos también confirman las dificultades que enfrentaron las empresas al inicio de la pandemia. Las proporciones promedio del IS y del IVA aumentaron significativamente entre 2019 y 2020, pero ahora han regresado a los niveles previos a la pandemia.

Con alrededor del 6 %, la proporción más baja es la de las retenciones sobre el salario. Sin embargo, esto es de esperar, ya que los empleadores son responsables de transferir el impuesto a la administración en nombre de sus empleados y no tienen ningún derecho sobre los importes.

Gráfico 7.4. Evolución de los atrasos totales entre 2021 y 2022

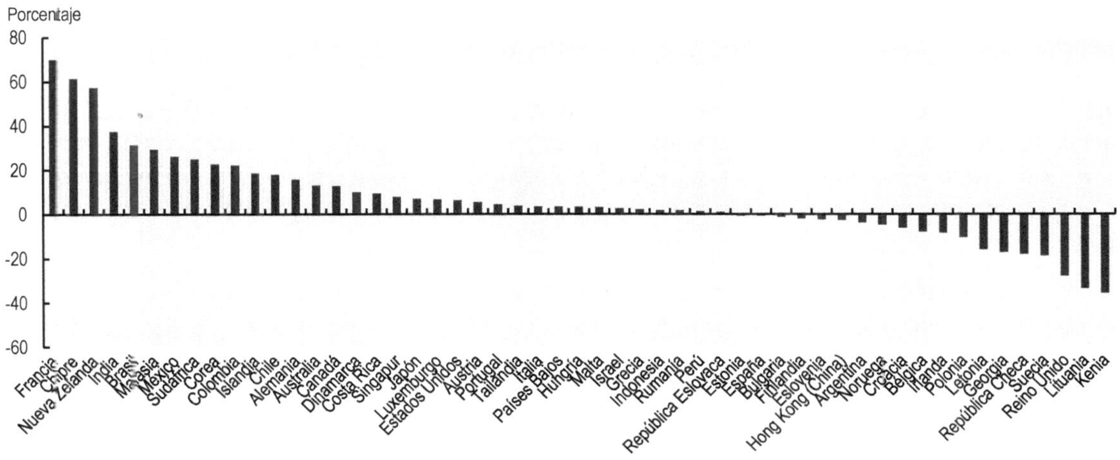

Fuente: CIAT, OIAT, FMI, OCDE, Encuesta Internacional sobre Administración Tributaria, Tabla D.42 Ratios de morosidad: Variación interanual, https://data.rafit.org/regular.aspx?key=74180902 (consultado el 10 de septiembre de 2024).

StatLink https://stat.link/6dhols

Tabla 7.2. Evolución del promedio de atrasos pendientes de pago al final del ejercicio en relación con los ingresos netos recaudados por tipo de impuesto entre 2018 y 2022

Tipo de impuesto	2018	2019	2020	2021	2022
Morosidad del IS como porcentaje del IS recaudado (40 jurisdicciones)	23,7	26,4	30,1	23,9	19,9
Morosidad del IRPF como porcentaje del IRPF recaudado (41 jurisdicciones)	16,5	14,4	15,8	15,3	15,5
Atrasos en las retenciones a cuenta sobre el salario como porcentaje de atrasos en el pago del IRPF recaudado (34 jurisdicciones)	7,2	6,5	7,2	6,9	6,2
Morosidad del IVA como porcentaje del IVA recaudado (39 jurisdicciones)	23,8	23,5	30,2	25,1	23,6

Nota: La tabla muestra las proporciones promedio para las jurisdicciones que proporcionaron la información sobre los años 2018 a 2022. Entre paréntesis figura el número de jurisdicciones que presentaron datos. Los datos de Bulgaria se han excluido del cálculo del promedio del «total de atrasos a final del ejercicio como porcentaje de los ingresos netos recaudados», por no ser sus datos comparables en relación con esos años (véase la Tabla A.74). También se excluyeron, para evitar que distorsionaran los promedios, los datos de Brasil y Grecia en el cálculo del promedio del IS, y los datos de Malta en el cálculo del promedio del IVA.
Fuente: CIAT, OIAT, FMI, OCDE, Encuesta Internacional sobre Administración Tributaria, Tablas D.44 Morosidad en relación con la recaudación por tipo de impuesto IS e IRPF, y D.45 Morosidad en relación con la recaudación por tipo de impuesto: Retenciones a cuenta sobre los salarios e IVA, https://data.rafit.org/regular.aspx?key=74180902 (consultado el 10 de septiembre de 2024).

Facultades de recaudación y su uso por parte de las administraciones tributarias

El marco legal contempla disposiciones que facultan a los funcionarios de la administración tributaria para emprender determinadas acciones relacionadas con la gestión de la deuda y la recaudación de cantidades vencidas, así como para ejecutar medidas contra deudores morosos. Los Gráficos 7.5. a 7.7. resumen esta información en relación con las 58 jurisdicciones de la serie, analizando:

- Facultades de las administraciones para asistir a los contribuyentes en el pago de su deuda.
- Facultades de las administraciones para recaudar importes pendientes.

- Facultades de las administraciones para exigir el pago de la deuda mediante la activación de ciertos puntos de presión.

Facultades para asistir a los contribuyentes en el pago de su deuda

Como se muestra en el Gráfico 7.5., la mayoría de las administraciones informan de que utilizan con frecuencia facultades que les permiten alcanzar acuerdos de pago, y alrededor de la mitad afirma conceder a menudo aplazamientos para pagar los impuestos atrasados. (Véase el Recuadro 7.2., que contiene dos ejemplos de cómo las administraciones ayudan a los contribuyentes a alcanzar acuerdos de pago).

En cuanto a la facultad de condonar intereses y multas, algo más del 40 % de las administraciones la utilizan con frecuencia, mientras que un número igual de administraciones solo la utilizan de forma poco frecuente a pesar de contar con esta opción. Si bien las jurisdicciones están divididas a partes iguales en lo que respecta a las políticas que permitirían a su administración tributaria reducir las multas y los intereses a los contribuyentes, aproximadamente la mitad de las que tienen esta facultad informan de que no la utilizan o de que lo hacen con poca frecuencia (Véase el Gráfico 7.5.)

Gráfico 7.5. Facultades para asistir a los contribuyentes en el pago de su deuda, 2022

Porcentaje de jurisdicciones

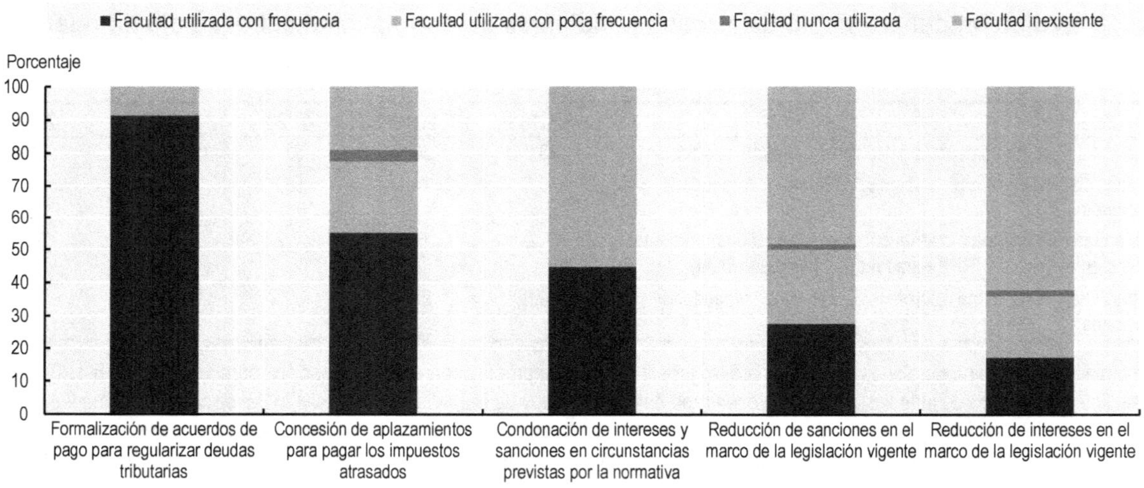

Fuente: CIAT, OIAT, FMI, OCDE, Encuesta Internacional sobre Administración Tributaria, Tablas B.31 Impuestos atrasados Facultades de recaudación y su uso por parte de las administraciones tributarias - Parte 1, B.32 Facultades de recaudación de impuestos atrasados y su uso - Parte 2, B.33 Facultades de recaudación de impuestos atrasados y su uso - Parte 3, y B.34 Facultades de recaudación de impuestos atrasados y su uso - Parte 4, https://data.rafit.org/regular.aspx?key=74180917 (consultado el 10 de septiembre de 2024).

StatLink https://stat.link/ih9kux

Recuadro 7.2. Ejemplos: asistencia a los contribuyentes en el pago de su deuda

Canadá: Calculadora de Acuerdos de Pago

Los contribuyentes que no puedan pagar su deuda inmediatamente tienen ahora la posibilidad de llegar a acuerdos de pago sin necesidad de comunicarse con la Agencia Tributaria de Canadá (CRA).

Presentada por primera vez al público en el sitio web Canada.ca en junio de 2017, la Calculadora de Acuerdos de Pago (PAC, por sus siglas en inglés) funcionaba como una herramienta independiente que guiaba a los contribuyentes a calcular una frecuencia de pagos para su deuda pendiente con la CRA. Los contribuyentes se conectaban a los portales seguros (Mi Cuenta o Mi Cuenta de Empresa) e introducían manualmente la información proporcionada por la calculadora en la opción de pago de Débitos Preautorizados (PAD, por sus siglas en inglés) para suscribir un acuerdo de pago a plazos.

En febrero de 2023, las funcionalidades de la PAC se integraron en el proceso de pago de PAD como una mejora de las opciones de pago dentro de Mi Cuenta y Mi Cuenta de Empresa. Esta iniciativa permite a los contribuyentes:

- Modificar el importe a pagar.
- Ver la tasa de interés prescrita actual.
- Seleccionar la fecha de inicio, la frecuencia y el número de pagos.
- Incluir los intereses en sus pagos calculados.

Esto ha permitido reducir el tráfico en las líneas de consulta general de la CRA sobre acuerdos de pago y ha satisfecho la demanda de muchos canadienses que prefieren opciones rápidas y eficientes para realizar pagos en línea.

Reino Unido: Self-Serve Time to Pay

La visión de futuro de la Agencia Tributaria y Aduanera del Reino Unido (HM Revenue & Customs, HMRC) se centra en mejorar su resiliencia, eficacia y apoyo a los contribuyentes, de modo que sea lo más fácil posible para los contribuyentes con dificultades financieras pagar cualquier impuesto adeudado.

En la misma línea, la HMRC ha implementado un nuevo servicio al contribuyente: el denominado «Self-Serve Time to Pay (SSTTP)», que ofrece a aquellos contribuyentes que cumplen determinados requisitos la posibilidad de realizar un pago inicial y acordar un plan de pago mediante domiciliación bancaria. A esto se añade una herramienta de cálculo de la capacidad de pago, que permite al contribuyente consignar información sobre sus ingresos y gastos para obtener un plan de pago que se ajuste a su capacidad de pago. Si los contribuyentes tienen dificultades para configurar un plan de pago a través del portal en línea, pueden obtener asistencia a través del chat web.

Con ello se pretende reducir la dependencia de los servicios telefónicos y aumentar la digitalización de los servicios fiscales. Desde su puesta en marcha, se han tramitado más de 22 500 planes de pago por un valor acumulado de más de 190 millones de GBP.

Fuente: Canadá (2024) y Reino Unido (2024).

Facultades para recaudar importes pendientes

Las administraciones informan de un amplio uso de la compensación de impuestos atrasados con otros impuestos pagados en exceso, de órdenes de embargo sobre salarios y propiedades, y del cobro a través de terceros, como bancos y empleadores. En cuanto al uso de facultades para cobrar impuestos impugnados cuando un caso está pendiente de resolución judicial o administrativa y de facultades para recaudar mediante acuerdos con otras administraciones tributarias, aproximadamente la mitad de las administraciones que disponen de ese tipo de facultades informan de que no las utilizan o lo hacen con poca frecuencia. (Véase el Gráfico 7.6.)

El Recuadro 7.3. contiene un ejemplo de colaboración internacional para mejorar el cobro de deudas tributarias.

Recuadro 7.3. Bélgica: Proyecto BENE

Un desafío común al que se enfrentan las administraciones tributarias belga y holandesa es cómo tratar con los deudores que residen en otro país. Así, las administraciones tributarias belga y holandesa cuentan con opciones limitadas en cuanto a la recaudación y recuperación de impuestos frente a deudores que viven o están domiciliados en el extranjero. Normalmente, tendrían que solicitar asistencia mutua para cobrar el impuesto, lo que resulta costoso y requiere mucho tiempo.

Con el fin de resolver esta situación y reducir los costos, en 2023 se emprendió un proyecto transnacional en el que participaron ambas administraciones tributarias, que se denominó Proyecto BENE. El proyecto está dirigido a los contribuyentes que viven en los Países Bajos y tienen deudas con la administración tributaria belga y, a la inversa, a los contribuyentes que viven en Bélgica y tienen deudas con la administración tributaria neerlandesa.

Su objetivo es tanto reforzar el cumplimiento de los pagos como reducir la necesidad de solicitar formalmente asistencia mutua en materia de cobro mediante el envío de escritos recordatorios del pago. Así, la administración del país donde se adeuda el pago envía un primer recordatorio. Si transcurridos 30 días no se recibe ningún pago o respuesta, la administración del país en el que reside el deudor envía un segundo escrito recordatorio. Solo si no se responde a ninguno de los dos recordatorios se solicita la asistencia mutua.

Fuente: Bélgica (2024).

Gráfico 7.6. Facultades para recaudar importes pendientes, 2022

Porcentaje de jurisdicciones

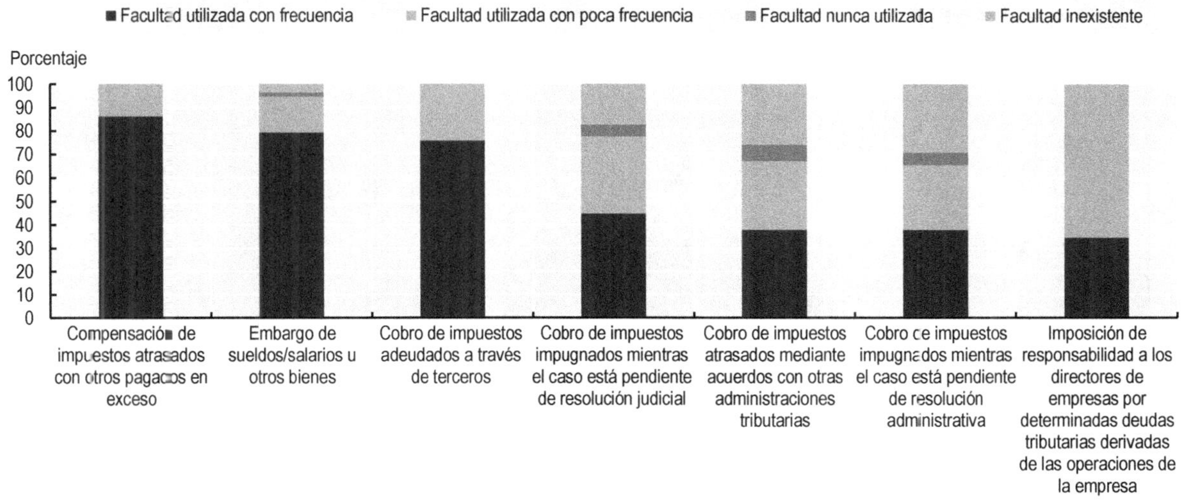

Fuente: CIAT, OIAT, FMI, OCDE, Encuesta Internacional sobre Administración Tributaria, Tablas B.31 Impuestos atrasados Facultades de recaudación y su uso por parte de las administraciones tributarias - Parte 1, B.32 Facultades de recaudación de impuestos atrasados y su uso - Parte 2, B.33 Facultades de recaudación de impuestos atrasados y su uso - Parte 3, y B.34 Facultades de recaudación de impuestos atrasados y su uso - Parte 4, https://data.rafit.org/regular.aspx?key=74180917 (consultado el 10 de septiembre de 2024).

StatLink https://stat.link/fdwmbo

Facultades para exigir el pago de la deuda

Dado que las facultades que figuran en el Gráfico 7.7. pueden acarrear graves consecuencias (por ejemplo, el cierre temporal de un negocio, la publicación de los nombres de los contribuyentes deudores, la imposición de restricciones de viaje, etc.), no es de extrañar que en la mayoría de las jurisdicciones la administración tributaria no disponga de gran parte de esas facultades, no las utilice o bien lo haga con poca frecuencia. La excepción es el requisito de disponer de un certificado de solvencia fiscal al presentarse a licitaciones públicas, que es menos severo pero muy eficaz, y por lo tanto utilizado con frecuencia por más del 75 % de las administraciones.

Gráfico 7.7. Facultades para exigir el pago de la deuda, 2022

Porcentaje de jurisdicciones

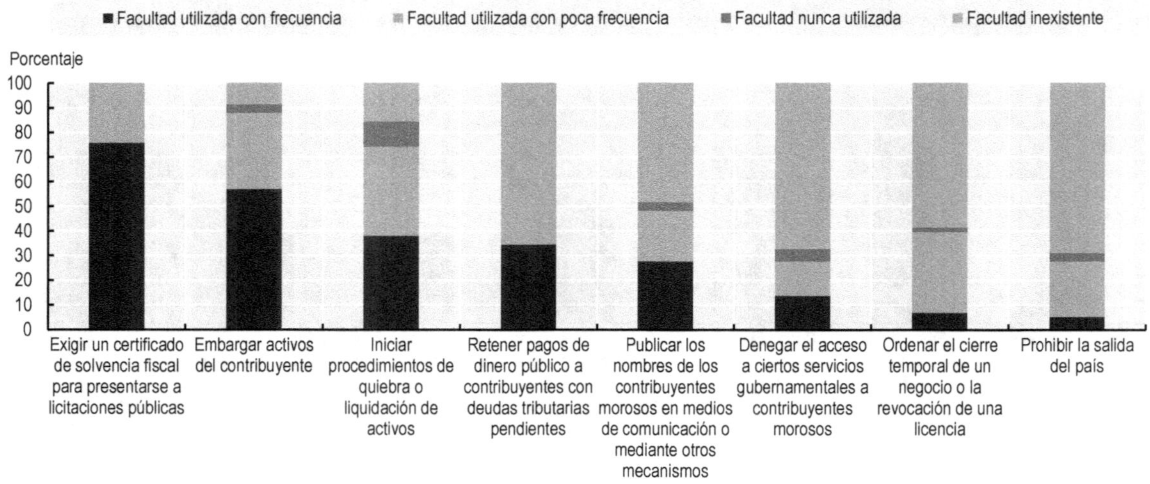

Fuente: CIAT, OIAT, FMI, OCDE, Encuesta Internacional sobre Administración Tributaria, Tablas B.31 Impuestos atrasados Facultades de recaudación y su uso por parte de las administraciones tributarias - Parte 1, B.32 Facultades de recaudación de impuestos atrasados y su uso - Parte 2, B.33 Facultades de recaudación de impuestos atrasados y su uso - Parte 3, y B.34 Facultades de recaudación de impuestos atrasados y su uso - Parte 4, https://data.rafit.org/regular.aspx?key=74180917 (consultado el 10 de septiembre de 2024).

StatLink https://stat.link/lmjeni

Enfoques preventivos

El conjunto de acciones emprendidas por las administraciones tributarias para prevenir la generación de deudas y recaudar los atrasos pendientes continúa evolucionando. El Recuadro 7.4. ilustra los enfoques adoptados por algunas administraciones. Los avances en el modelado predictivo y las técnicas experimentales, tal como se recogen en el informe de la OCDE *Advanced Analytics for Better Tax Administration* (OECD, 2016[5]) y en el compendio de prácticas exitosas de gestión de la deuda tributaria contenido en el informe de la OCDE *Successful Tax Debt Management:. Measuring Maturity and Supporting Change* (OECD, 2019[2]), están ayudando a muchas administraciones a adecuar mejor sus intervenciones al riesgo específico de cada contribuyente. Los enfoques utilizados se agrupan en las siguientes categorías:

- **Analítica predictiva**, que trata de dilucidar la probabilidad de que se produzcan determinados resultados y, en lo que respecta al cobro de deudas, incluye la modelización del riesgo de impago de una persona o empresa, así como modelos que intentan evaluar la probabilidad de insolvencia u otros problemas de pago.
- **Analítica prescriptiva**, que consiste en predecir el impacto probable de las acciones en el comportamiento de los contribuyentes, de modo que las administraciones tributarias puedan seleccionar el curso de acción más adecuado para cada contribuyente o grupo de contribuyentes (OECD, 2016[5]).

Muchas administraciones están combinando ambas prácticas y han probado diversos enfoques dirigidos a modificar el «comportamiento de los contribuyentes». Como se señala en el Capítulo 6, alrededor de la mitad de las administraciones afirman emplear investigadores especializados en comportamiento, y el uso de enfoques conductuales tiene el potencial de transformar el enfoque de la deuda tributaria a medida que las administraciones se alejan de los enfoques «universales» (cuando es rentable hacerlo) y tratan, en su lugar, de identificar:

- Qué casos deben ser objeto de una intervención
- Cuando intervenir (por ejemplo, incluso antes de que deba efectuarse una devolución o un pago).
- Qué tipo de acción generaría el mejor resultado en términos de costo-beneficio.

Recuadro 7.4. Ejemplos: enfoques preventivos

Lituania: riesgo de morosidad

Durante la pandemia de Covid-19, la Inspección Tributaria del Estado (STI, por sus siglas en inglés) puso en marcha el módulo de gestión del riesgo de morosidad, integrándolo en el Sistema de Información Contable Tributaria (TAIS, por sus siglas en inglés) de la STI. El objetivo principal del módulo es identificar a los contribuyentes que presentan un mayor riesgo de no pagar sus deudas.

Este sistema de calificación de riesgo de morosidad ha optimizado significativamente diversos procesos de recuperación de deudas en las operaciones de la STI. El módulo se perfecciona continuamente, incorporando nuevos criterios de riesgo con el tiempo. Por ejemplo, actualmente la STI está desarrollando un nuevo criterio para identificar a los contribuyentes con mayor riesgo de insolvencia. Los principales criterios que utiliza la STI para evaluar este nuevo riesgo se derivan de los documentos de información financiera de las personas jurídicas. De conformidad con la Ley de Insolvencia de las Personas Jurídicas de Lituania, una persona jurídica se considera insolvente cuando su pasivo supera el valor de su activo. El objetivo de la STI es identificar automáticamente a los contribuyentes que cumplen este criterio. Incorporar los resultados obtenidos en la evaluación general del riesgo de morosidad permitirá a la STI aplicar un enfoque específico a sus deudores, a fin de determinar de forma exhaustiva las tácticas más eficaces para el cobro de deudas.

España: enfoques preventivos en materia de cumplimiento

España ha introducido una serie de medidas preventivas para protegerse contra el riesgo de no poder cobrar los impuestos adeudados. A tal efecto, se han puesto en marcha tres iniciativas:

- Uso de técnicas de análisis de datos para identificar y medir con mayor precisión los riesgos de impago. Para conocer mejor los riesgos de impago, se examinan numerosos indicadores, como la descapitalización, el historial de morosidad y los antecedentes en materia de presentación de declaraciones de impuestos, etc.
- Mejora de la cooperación entre los departamentos de inspección y recaudación, por ejemplo, facilitando el intercambio de información analítica entre los distintos equipos.
- Mejora de las herramientas informáticas para agilizar el cobro preventivo.

El objetivo de estas iniciativas es evaluar de forma exhaustiva, automática y analítica el riesgo de que un sujeto pasivo no pague su deuda, y poder actuar rápidamente ante estos riesgos si fuera necesario.

Fuente: Lituania (2024) y España (2024).

Bibliografía

CIAT/IOTA/OECD (2020), "Tax administration responses to COVID-19: Measures taken to support taxpayers", *OECD Policy Responses to Coronavirus (COVID-19)*, OECD Publishing, Paris, https://doi.org/10.1787/adc84188-en. [4]

OECD (2019), *Successful Tax Debt Management: Measuring Maturity And Supporting Change*, OECD Publishing, Paris, https://doi.org/10.1787/e8fdb816-en. [2]

OECD (2019), *Tax Debt Management Maturity Model*, OECD Publishing, https://www.oecd.org/en/topics/sub-issues/comparative-analysis-of-tax-administrations/tax-maturity-models.html. [3]

OECD (2016), *Advanced Analytics for Better Tax Administration: Putting Data to Work*, OECD Publishing, Paris, https://doi.org/10.1787/9789264256453-en. [5]

OECD (2014), *Working Smarter in Tax Debt Management*, OECD Publishing, Paris, https://doi.org/10.1787/9789264223257-en. [1]

8 Controversias

La prevención y resolución de controversias son esenciales para preservar la confianza en el sistema fiscal. Este capítulo explora las estrategias implementadas por las administraciones tributarias para resolver y prevenir controversias de manera justa y eficiente.

Introducción

Los derechos y obligaciones de los contribuyentes suelen estar establecidos en la legislación o en cartas de derechos de los contribuyentes (véase también el Capítulo 9, Tabla 9.4.). El fundamento de estos derechos y obligaciones es el acceso efectivo a procedimientos que permitan a los contribuyentes impugnar las liquidaciones y decisiones. Así se salvaguardan los derechos de los contribuyentes y se garantiza la existencia de controles y equilibrios adecuados en el ejercicio de las competencias en materia fiscal por parte de las administraciones. Al mismo tiempo, las administraciones tributarias y los contribuyentes deben esforzarse por trabajar conjuntamente para evitar que surjan controversias desde un principio, reduciendo así las cargas y la incertidumbre para ambas partes.

Este capítulo examina las estrategias de resolución y revisión de controversias en las jurisdicciones analizadas en este informe, así como su desempeño en este ámbito. Se trata de una función importante de las administraciones tributarias y en promedio, alrededor del 5 % del personal se dedica a la gestión de controversias, lo que incluye litigios, resolución de controversias, apelaciones, recursos y resoluciones (véase el Capítulo 10).

Mecanismos de revisión en la resolución de controversias

Las 58 jurisdicciones incluidas en este informe garantizan a los contribuyentes el derecho a impugnar las liquidaciones. Casi todas las administraciones informan de que disponen de un mecanismo de revisión interna, y una gran mayoría ofrecen a los contribuyentes la opción de solicitar una revisión independiente por parte de un organismo externo, lo que puede contribuir a mejorar la seguridad jurídica de los contribuyentes, evitando al mismo tiempo procedimientos judiciales potencialmente largos y costosos. En el caso de las administraciones que ofrecen ambos mecanismos de revisión, aproximadamente el 80 % exige que los contribuyentes agoten primero el mecanismo de revisión interna antes de que su caso pueda ser revisado por un organismo externo. (Véase la Tabla 8.1.)

Tabla 8.1. Resolución de controversias: mecanismos de revisión disponibles, 2022

Porcentaje de administraciones

Mecanismos de que disponen los contribuyentes para impugnar las liquidaciones			Los contribuyentes deben primero solicitar una revisión interna allí donde esto sea posible
Revisión interna por parte de la administración tributaria	Revisión independiente por parte de un organismo externo	Revisión independiente por parte de un órgano jurisdiccional superior	
98,3	93,1	100,0	80,7

Fuente: CIAT, OIAT, FMI, OCDE, Encuesta Internacional sobre Administración Tributaria Tablas A.89 Resolución de controversias: Mecanismos de revisión, y A.90 Resolución de controversias: Procedimiento de revisión, https://data.rafit.org/regular.aspx?key=74180895 (consultado el 10 de septiembre de 2024).

Desempeño en materia de resolución de controversias

Si bien en general las administraciones tributarias no pueden controlar los plazos de los procesos judiciales, muchas de ellas están trabajando para mejorar los procedimientos de resolución de controversias con el fin de agilizarlos. Estas mejoras pueden incluir el recurso a la mediación u otras vías no judiciales. Los ejemplos incluidos en el Recuadro 8.1. Muestran cómo las administraciones están optimizando sus sistemas de gestión de casos.

Recuadro 8.1. Ejemplos: gestión de casos en la resolución de controversias

Brasil: clasificación y etiquetado de procesos y alegaciones

Brasil ha adoptado medidas para reducir la acumulación de casos y el tiempo promedio necesario para la emisión de resoluciones judiciales. El área de contencioso administrativo tributario de la Agencia Tributaria brasileña es responsable de gestionar las actividades relacionadas con los juicios, entre ellas gestionar los casos a nivel nacional para su selección y posterior asignación entre los jueces. En el marco del plan de trabajo para aumentar la productividad sin incrementar el número de jueces, se incluyó la iniciativa: «Clasificación y etiquetado de procesos y alegaciones».

Esta iniciativa se ha materializado en varias acciones, entre las que se incluyen:

- La elaboración de listados con posibles alegaciones que el contribuyente puede formular en su recurso.
- La identificación de las alegaciones contenidas en el recurso.
- La selección y distribución de conjuntos de casos a los jueces en función de las alegaciones presentadas.

Además, se han logrado avances en:

- La toma de decisiones estratégicas.
- La creación de conjuntos de procesos más homogéneos para agilizar las resoluciones judiciales.
- La rápida identificación de categorías de procesos en circunstancias especiales, por ejemplo, cuando se publica una decisión judicial que acarrea repercusiones en las resoluciones administrativas.
- La creación de una base de datos consistente para el aprendizaje automático con el fin de utilizar algoritmos de inteligencia artificial.
- La clasificación de los procesos también ha permitido trabajar en identificar las causas de las absoluciones, con el fin de respaldar proyectos dirigidos a mejorar las liquidaciones y realizar cambios procedimentales en las actividades jurisdiccionales.

Las iniciativas han demostrado ser eficaces, con un aumento del 94 % en los casos resueltos en 2023 en comparación con 2022.

Arabia Saudí: gestión más inteligente de los casos gracias a la inteligencia artificial

El proyecto Al-Njaz ofrece una solución de inteligencia avanzada para los procesos legales y tributarios relacionados con las actividades principales de la Secretaría General de Comités Tributarios de Arabia Saudí (GSTC, por sus siglas en inglés), desde el registro de casos hasta la emisión de decisiones judiciales. Su objetivo es aprovechar diversas técnicas de inteligencia artificial para mejorar la toma de decisiones, evitar discrepancias, garantizar el cumplimiento de la normativa y analizar casos históricos.

Se identificaron veinte desafíos empresariales, que se abordan a través de casos prácticos clasificados en cuatro temas:

- Organización de datos: Se basa en técnicas de clasificación para detectar casos duplicados, identificar similitudes y realizar comprobaciones de consistencia de los casos. Su objetivo es mejorar la tramitación de los casos y evitar discrepancias en las resoluciones de casos similares.

- Análisis de cumplimiento: Se centra en los estándares de la GSTC en cuanto a los requisitos de los casos. Utiliza técnicas avanzadas de ciencia de datos para realizar comprobaciones en la estructura de los documentos y su contenido relacionado.
- Propósito de la inteligencia de decisiones: Esto respalda la toma de decisiones del analista a lo largo del proceso de análisis de casos y toma de decisiones utilizando técnicas avanzadas de ciencia de datos, como los modelos de regresión. Este tema comprende tareas como la redacción de decisiones, el aseguramiento de calidad y el control de calidad (QA/QC) de los campos de datos obligatorios.
- Análisis con inteligencia artificial: Se trata de emplear capacidades de cálculo determinista para comprender mejor las tendencias y la información, con el fin de garantizar la coherencia y la alineación entre las diversas decisiones previas y así poder realizar predicciones a futuro.

Fuente: Brasil (2024) y Arabia Saudí (2024).

En las Tablas 8.2. y 8.3. se compara la variación entre 2018 y 2022 en el número de casos de revisión iniciados y pendientes al cierre del ejercicio fiscal, tanto para revisiones internas como externas. Ya no se observa la reducción en el número de casos iniciados, véase la Tabla 8.2., que fue comunicada por la mayoría de las administraciones durante la pandemia de COVID-19. Entre 2021 y 2022, una ligera mayoría de administraciones informa de un aumento en el número de casos iniciados.

En cuanto al número de casos pendientes al cierre del ejercicio fiscal, véase la Tabla 8.3., la mayoría de las administraciones comunicaron cifras decrecientes entre 2021 y 2022, tanto para los casos en revisión interna como externa. En lo que respecta a los casos tributarios sometidos a revisión externa, se mantiene la tendencia observada en los tres últimos años.

Tabla 8.2. Resolución de controversias: Variación en el número de casos iniciados durante el año, 2018-22

Porcentaje de administraciones que comunicaron un aumento o una disminución del número de casos iniciados

Movimiento	Casos en materia fiscal iniciados en virtud de un procedimiento de revisión interna				Casos en materia fiscal iniciados en virtud de una revisión independiente por parte de organismos externos			
	Variación entre				Variación entre			
	2018-19	2019-20	2020-21	2021-22	2018-19	2019-20	2020-21	2021-22
Aumento	51,0	39,2	56,9	51,0	44,4	27,0	44,4	55,3
Disminución	49,0	60,8	43,1	49,0	55,6	72,7	55,6	44,7

Fuente: CIAT, OIAT, FMI, OCDE, Encuesta Internacional sobre Administración Tributaria Tablas A.91 Resolución de controversias: Número de casos: casos en materia fiscal sometidos a procedimientos internos, y A.92 Resolución de controversias: Número de casos: casos en materia fiscal sometidos a revisión independiente por parte de organismos externos, https://data.rafit.org/regular.aspx?key=74180895 (consultado el 10 de septiembre de 2024).

Tabla 8.3. Resolución de controversias: Variación en el número de casos pendientes al cierre del ejercicio fiscal, 2018-22

Porcentaje de administraciones que comunicaron un aumento o una disminución del número de casos pendientes

Movimiento	Casos pendientes en materia fiscal sometidos a un procedimiento de revisión interna				Casos pendientes en materia fiscal sometidos a revisión independiente por parte de organismos externos			
	Variación entre				Variación entre			
	2018-19	2019-20	2020-21	2021-22	2018-19	2019-20	2020-21	2021-22
Aumento	63,3	44,9	54,0	42,0	51,2	33,3	35,7	37,2
Disminución	36,7	55,1	46,0	58,0	48,8	66,7	64,3	62,8

Fuente: CIAT, OIAT, FMI, OCDE, Encuesta Internacional sobre Administración Tributaria Tablas A.91 Resolución de controversias: Número de casos: casos en materia fiscal sometidos a procedimientos internos, y A.92 Resolución de controversias: Número de casos: casos en materia fiscal sometidos a revisión independiente por parte de organismos externos, https://data.rafit.org/regular.aspx?key=74180895 (consultado el 10 de septiembre de 2024).

El Gráfico 8.1. y el Gráfico 8.2. ofrecen un análisis más detallado a nivel de jurisdicción y muestran la variación habida entre 2021 y 2022 en el número de casos de revisión pendientes al cierre del ejercicio fiscal, tanto para las revisiones internas como las externas. Es importante destacar los aumentos significativos en el número de casos de revisión interna comunicados por un pequeño número de jurisdicciones. Tabla 8.4., Al mismo tiempo, debe señalarse que el volumen de casos por jurisdicción varía considerablemente, interna. Observando la Tabla 8.4., que muestra el número promedio de casos de revisión interna iniciados durante el período 2018 a 2022, se observa que este promedio se ha mantenido estable en torno a 7,5 casos de revisión interna iniciados por cada 1 000 contribuyentes activos del IRPF y el IS (con un número ligeramente superior en 2021).

Gráfico 8.1. Procedimientos de revisión interna: Variación entre 2021 y 2022 del número de casos pendientes al cierre del ejercicio fiscal

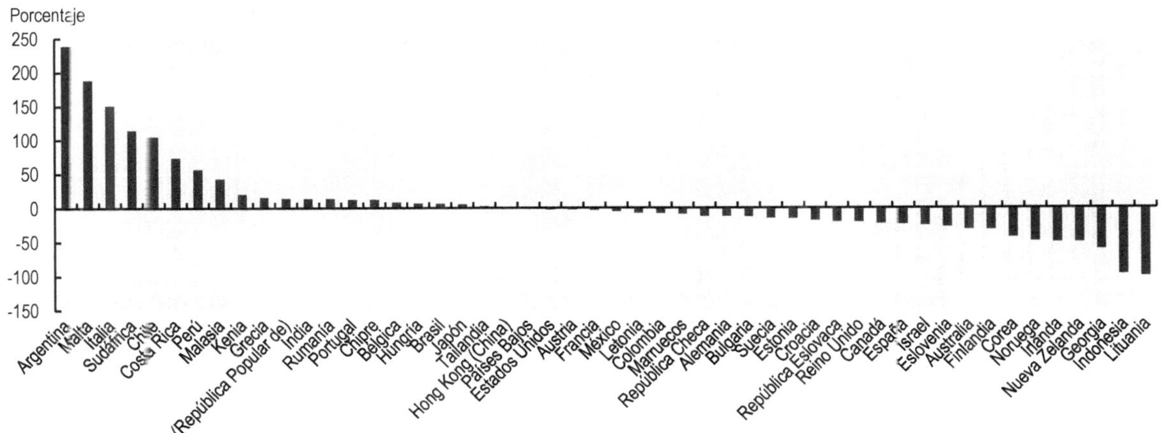

Fuente: CIAT, OIAT, FMI, OCDE, Encuesta Internacional sobre Administración Tributaria, Tabla A.91 Resolución de controversias: Número de casos: casos en materia fiscal sometidos a procedimientos internos, https://data.rafit.org/regular.aspx?key=74180895 (consultado el 10 de septiembre de 2024).

StatLink https://stat.link/6vnmt7

Gráfico 8.2. Revisión independiente por parte de organismos externos: Variación entre 2021 y 2022 del número de casos pendientes al cierre del ejercicio fiscal

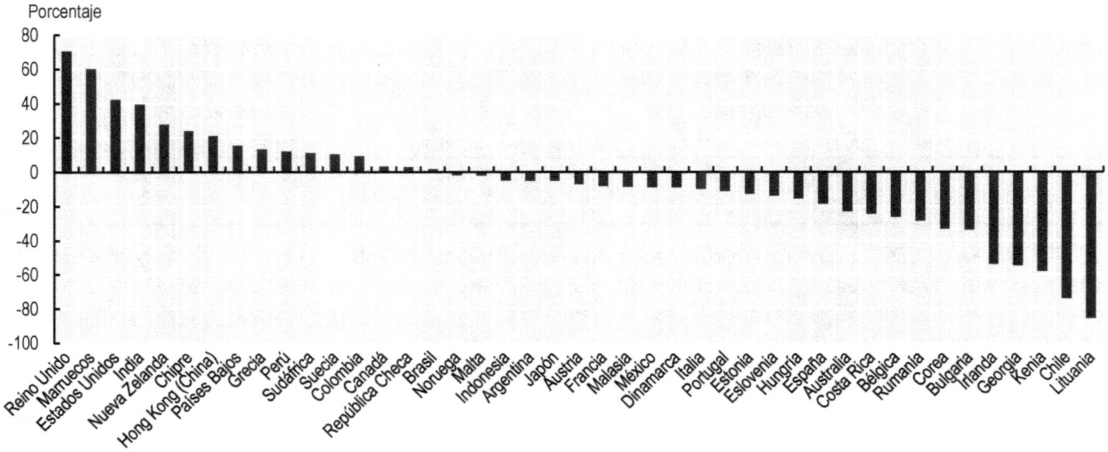

Fuente: CIAT, OIAT, FMI, OCDE, Encuesta Internacional sobre Administración Tributaria, Tabla A.92 Resolución de controversias: Número de casos: casos en materia fiscal sometidos a revisión independiente por parte de organismos externos, https://data.rafit.org/regular.aspx?key=74180895 (consultado el 10 de septiembre de 2024).

StatLink https://stat.link/eyh7kg

Gráfico 8.3. Número de casos de revisión interna iniciados por cada 1 000 contribuyentes activos del IRPF y del IS, 2022

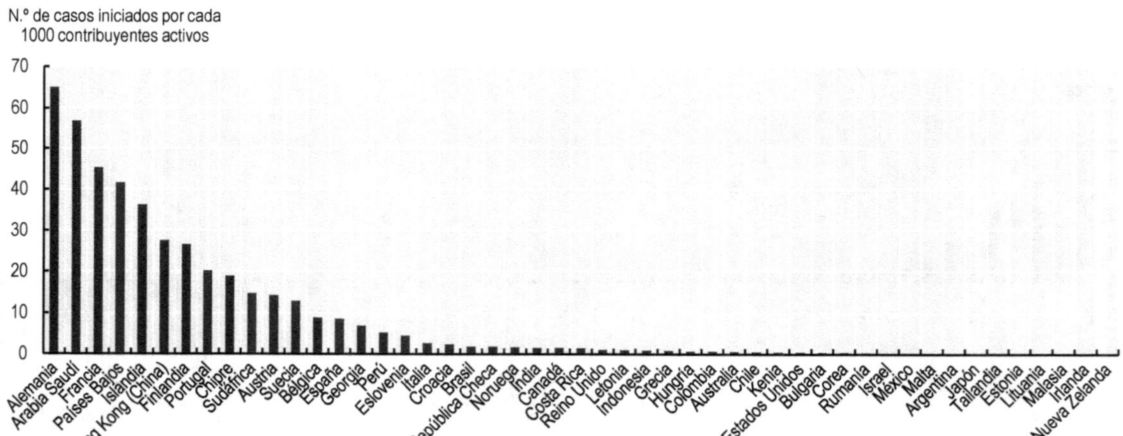

Nota: Por lo que respecta a Arabia Saudí, el «número de casos de revisión interna iniciados durante el ejercicio fiscal por cada 1 000 contribuyentes activos» se puso en relación con los contribuyentes activos del IVA.
Fuente: CIAT, OIAT, FMI, OCDE, Encuesta Internacional sobre Administración Tributaria, Tabla D.49 Casos de revisión administrativa y litigios, https://data.rafit.org/regular.aspx?key=74180903 (consultado el 10 de septiembre de 2024).

StatLink https://stat.link/4aeyjp

Tabla 8.4. Número promedio de casos de revisión interna iniciados por cada 1 000 contribuyentes activos del IRPF y del IS, 2018-22

	2018	2019	2020	2021	2022
Número promedio de casos de revisión interna iniciados por cada 1 000 contribuyentes activos del IRPF y del IS (40 jurisdicciones)	7,2	7,7	7,3	8,4	7,5

Nota: La tabla muestra las proporciones promedio para las jurisdicciones que proporcionaron información sobre los años 2018 a 2022. Entre paréntesis figura el número de jurisdicciones que presentaron datos.
Fuente: CIAT, OIAT, FMI, OCDE, Encuesta Internacional sobre Administración Tributaria, Tabla D.49 Casos de revisión administrativa y litigios, https://data.rafit.org/regular.aspx?key=74180903 (consultado el 10 de septiembre de 2024).

La existencia de divergencias en la interpretación de la legislación fiscal por parte de los contribuyentes y de la administración tributaria es un fenómeno normal en este ámbito, y no es raro que tales divergencias den lugar a litigios, una vez agotados los procedimientos de revisión internos y externos. Si bien las administraciones tributarias informan de que la mayoría de las controversias se resuelven sin necesidad de entablar un litigio, el Gráfico 8.4. ofrece información sobre el desempeño de las administraciones en relación con los casos resueltos ante los tribunales. En él se observan diferencias significativas en el porcentaje de éxito de las administraciones, aunque conviene tener en cuenta que en algunas jurisdicciones el número de casos juzgados es muy bajo, de modo que los resultados pueden variar considerablemente de un año a otro.

Gráfico 8.4. Porcentaje de casos resueltos a favor de la administración, 2022

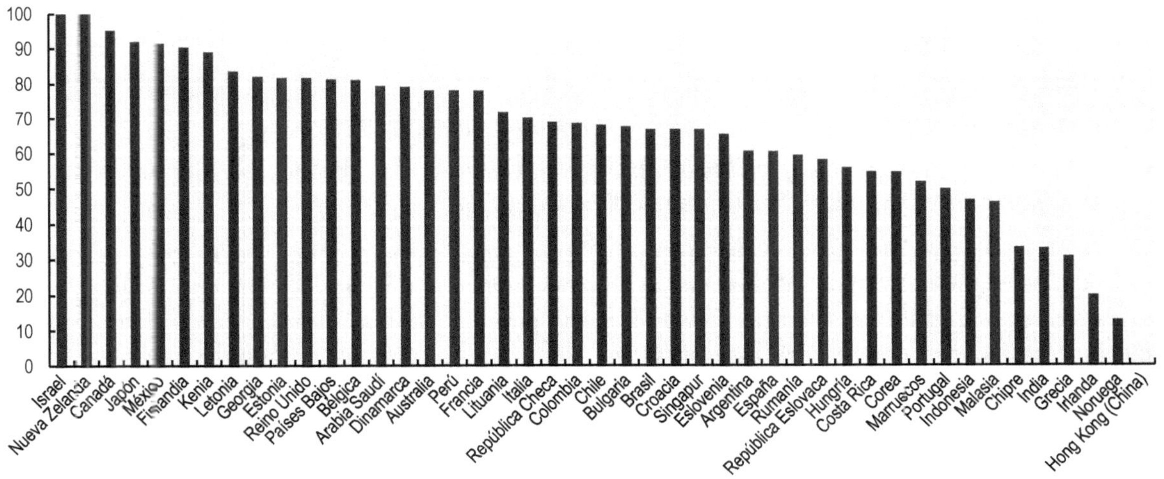

Nota: Se consideran casos resueltos a favor de la administración aquellos en los que la administración ha tenido éxito en más de la mitad de las cuestiones impugnadas en cada caso. Para Argentina, véase la nota que figura en la Tabla A.93.
Fuente: CIAT, OIAT, FMI, OCDE, Encuesta Internacional sobre Administración Tributaria, Tabla D.49 Casos de revisión administrativa y litigios, https://data.rafit.org/regular.aspx?key=74180903 (consultado el 10 de septiembre de 2024).

StatLink https://stat.link/87i0ev

Resolución de controversias tributarias de carácter internacional

Cada vez son más habituales las actividades comerciales transfronterizas y la movilidad laboral a nivel internacional. Esto conlleva inevitablemente que surjan controversias sobre qué jurisdicciones tienen derecho a gravar determinados tipos de ingresos. Los convenios fiscales entre jurisdicciones, también conocidos como acuerdos de doble imposición, tienen por objeto eliminar la doble imposición mediante el establecimiento de normas mutuamente acordadas sobre la asignación de los derechos de imposición. Para abordar situaciones en las que las partes involucradas discrepan sobre la aplicación o interpretación de dichas normas, muchos convenios fiscales prevén una disposición relativa a un procedimiento amistoso que permite resolver este tipo de controversias, al margen de los recursos legales ordinarios disponibles en virtud de la legislación nacional.

Este procedimiento amistoso es un elemento crucial para la correcta aplicación e interpretación de los convenios fiscales. No en vano, garantiza que los contribuyentes que tienen derecho a los beneficios del convenio no estén sujetos a una imposición que no se ajuste a los términos del convenio. Por lo tanto, resulta fundamental procurar que el acceso al procedimiento amistoso sea sencillo y que los casos se resuelvan y ejecuten con prontitud y dentro de un plazo razonable.

Tras la publicación del informe *Hacer más efectivos los mecanismos de resolución de controversias, Acción 14 – Informe final 2015* (OECD, 2016[1]), que contiene un estándar mínimo BEPS en lo referente a la resolución de controversias sobre convenios fiscales, los miembros del Marco Inclusivo de la OCDE y el G-20 sobre BEPS acordaron:

- Establecer un proceso de revisión por pares para evaluar la aplicación de dicho estándar mínimo.
- Publicar un perfil del procedimiento amistoso para cada jurisdicción.
- Elaborar y publicar estadísticas sobre el procedimiento amistoso conforme al marco de presentación de información acordado a tal efecto.

Los resultados de este trabajo, incluidos los perfiles y estadísticas del procedimiento amistoso, pueden consultarse en el sitio web de la OCDE sobre *Resolución de controversias en materia de fiscalidad internacional* (OECD, 2024[2]).

Además, la OCDE, a través del Foro sobre Administración Tributaria (FTA), ha desarrollado herramientas para ayudar a las jurisdicciones y a los contribuyentes a desenvolverse en el procedimiento amistoso:

- el *Manual on Effective Mutual Agreement Procedures* (OECD, 2007[3]); y
- el *Manual on the Handling of Multilateral Mutual Agreement Procedures and Advance Pricing Arrangements: Enhancing Tax Certainty* (OECD, 2023[4]).

Las administraciones tributarias emplean expertos especializados para ocuparse de los procedimientos amistosos, y los datos de ISORA indican que las administraciones analizadas en esta publicación cuentan, en promedio, con 15 profesionales dedicados a estos procedimientos. Al analizar los datos a nivel de jurisdicción, se observan diferencias significativas entre unas administraciones y otras; en algunas cuentan con unos pocos empleados y en otras, como en Estados Unidos, con más de 100. (Véase la Tabla B.23.)

Prevención de controversias

Dado que las controversias pueden ser procesos que consumen una gran cantidad de recursos, prevenirlos es la estrategia más eficaz, y un elemento clave del marco de prevención de controversias pasa por orientar y asesorar a los contribuyentes. Las administraciones tributarias suelen encuadrar esta labor como parte de su estrategia de servicios más amplia. Esto puede incluir publicar información y herramientas interactivas en su sitio web, emitir directrices y notas informativas para los contribuyentes y poner en marcha iniciativas educativas y programas de apoyo a las empresas. Además, muchas administraciones ofrecen mecanismos específicos de prevención de controversias, algunos de los cuales se describen en esta sección.

Resoluciones

En consonancia con su compromiso de ofrecer a los contribuyentes certidumbre en cuanto al trato que reciben, actualmente es habitual que las administraciones tributarias aclaren cómo interpretarán las leyes que aplican, así como la legislación fiscal en situaciones concretas. Para ello, se utilizan las resoluciones:

- Una ***resolución pública*** es una declaración en la que una administración explica cómo va a interpretar las disposiciones de la legislación fiscal en situaciones determinadas. En general, el objetivo de las resoluciones públicas es aclarar la aplicación de la ley, en particular cuando un gran número de contribuyentes pueda verse afectado por determinadas disposiciones y/o cuando una disposición sea fuente de confusión o incertidumbre. Normalmente, una resolución pública es vinculante para la administración tributaria si se aplica al contribuyente y este se acoge a ella.
- Una ***resolución privada*** se refiere a una solicitud específica de un contribuyente (o de su representante fiscal) que busca una mayor certidumbre en cuanto a la aplicación de la ley por parte de la administración tributaria en el contexto de una o varias transacciones que se están considerando o que se han realizado. El objetivo de las resoluciones privadas es proporcionar apoyo adicional y certidumbre a los contribuyentes respecto a las consecuencias fiscales de transacciones más complejas.

Tabla 8.5. Resoluciones sobre la aplicación de la legislación fiscal, 2022

Porcentaje de administraciones

Resoluciones públicas		Resoluciones privadas			
			En caso afirmativo,		
Se proporcionan	En caso afirmativo, tienen carácter vinculante para la administración	Se proporcionan	tienen carácter vinculante para la administración	Están sujetas al pago de tasas	Deben emitirse dentro de un plazo determinado
84,2	89,6	86,0	91,8	49,0	79,6

Fuente: CIAT, OIAT, FMI, OCDE, Encuesta Internacional sobre Administración Tributaria, Tabla B.48 Resoluciones sobre la aplicación de la legislación fiscal, https://data.rafit.org/regular.aspx?key=74180919 (consultado el 10 de septiembre de 2024).

Alrededor del 85 % de las administraciones informaron de que emiten resoluciones públicas. Curiosamente, el 10 % indicó que las resoluciones públicas no eran vinculantes para la administración. Un número similar de administraciones declaró que emiten resoluciones privadas para los contribuyentes y, de nuevo, en alrededor del 10 % de ellas las resoluciones privadas no son vinculantes para la administración tributaria. El 80 % de las administraciones tributarias que emiten resoluciones privadas informaron de la existencia de plazos para la emisión de resoluciones, y la mitad de las administraciones señalaron que las resoluciones privadas están sujetas al pago de tasas. (Véase la Tabla 8.5.)

Recuadro 8.2. India: Junta de Resoluciones Anticipadas

India ha instituido las Juntas de Resoluciones Anticipadas (Boards of Advance Rulings) para proporcionar seguridad jurídica en materia tributaria a los inversores no residentes. Estas juntas utilizan el correo electrónico y las videoconferencias para celebrar sus audiencias y emitir resoluciones anticipadas a los no residentes sobre las obligaciones fiscales que conllevan sus posibles inversiones.

La recepción de las solicitudes, su tramitación y las audiencias se realizan por vía electrónica, lo que garantiza la transparencia y la comodidad para el solicitante. Las juntas tienen las mismas competencias que los tribunales civiles de la India, y es posible apelar sus resoluciones ante el tribunal superior (en concreto, el Honourable High Court).

Fuente: India (2024).

Acuerdos previos sobre precios de transferencia

Los acuerdos bilaterales y multilaterales previos sobre precios de transferencia (APPT) son pactos vinculantes entre dos o más administraciones tributarias y los contribuyentes en relación con un asunto específico durante un período determinado. En un número cada vez mayor de casos, estos APPT de colaboración han contribuido con éxito a proporcionar seguridad jurídica anticipada en materia fiscal tanto a los contribuyentes como a las administraciones tributarias, garantizando la previsibilidad en el tratamiento fiscal de las transacciones internacionales y reduciendo las posibles controversias fiscales.

Para apoyar a las administraciones y a los contribuyentes, el Foro MAP del FTA ha elaborado el *Bilateral Advance Pricing Arrangement Manual* (OECD, 2023[4]), concebido como guía para agilizar el proceso de los APPT bilaterales de modo que facilite un proceso cooperativo y colaborativo. Por otra parte, *el Manual on the Handling of Multilateral Mutual Agreement Procedures and Advance Pricing Arrangements: Enhancing Tax Certainty* (OECD, 2023[4]) ofrece orientación a las administraciones tributarias y a los contribuyentes sobre los APPT multilaterales tanto desde el punto de vista jurídico como procedimental.

Cerca del 90 % de las administraciones analizadas en esta publicación afirmaron que celebran APPT y que, para respaldar esta práctica, cuentan con un promedio de 17 empleados especializados en la materia. Sin embargo, existen diferencias significativas entre las distintas jurisdicciones. (Véase la Tabla B.23.)

Recuadro 8.3. Chile - Menú de acuerdos previos sobre precios de transferencia

Con el fin de dinamizar el cumplimiento tributario y mejorar la seguridad de la información en el proceso de solicitud de acuerdos previos sobre precios de transferencia (APPT) el Servicio de Impuestos Internos (SII) ha puesto en marcha un nuevo sistema en línea.

Esta plataforma segura simplifica la presentación y renovación de las solicitudes de APPT y proporciona diversas herramientas adicionales. Entre ellas figuran la posibilidad de celebrar reuniones previas a la presentación de solicitudes, el acceso a la normativa sobre APPT y, en general, sobre precios de transferencia, información estadística sobre la tramitación de solicitudes y los acuerdos suscritos, una sección de preguntas frecuentes, recursos en vídeo y una completa guía paso a paso para cargar ficheros en el sistema.

Además, con el fin de mejorar la asistencia al usuario, se ha creado un buzón de correo electrónico para atender cualquier consulta relacionada con este tema.

El acceso a esta plataforma digital está disponible en el sitio web oficial. Esta interfaz de fácil manejo tiene como objetivo garantizar la transparencia y eficiencia de todo el proceso.

Además de simplificar los procedimientos tributarios, este sistema fomenta un entorno de colaboración y transparencia entre los contribuyentes y la autoridad competente.

Fuente: Chile (2024).

Programas de cumplimiento cooperativo

A lo largo de los últimos años, se ha prestado cada vez más atención al uso de acuerdos cooperativos para gestionar el cumplimiento y mejorar la seguridad jurídica en materia fiscal. Estos programas suelen comportar una relación más transparente entre las administraciones tributarias y los contribuyentes, y en ocasiones requieren enfoques más proactivos para resolver riesgos fiscales considerables. El concepto de cumplimiento cooperativo ha sido objeto de varios informes de la OCDE, el más reciente *Co-operative Tax Compliance: Building Better Tax Control Frameworks* (OECD, 2016[5]).

Tradicionalmente, estos programas, que requieren muchos recursos debido al alto nivel de compromiso entre los funcionarios de la administración tributaria y los contribuyentes, estaban reservados a las grandes empresas, y cerca del 75 % de las administraciones declararon contar con ellos. Sin embargo, los avances tecnológicos en los procesos de evaluación de riesgos han llevado a varias administraciones a aplicar este concepto a otros grupos de contribuyentes, como los individuos de alto patrimonio neto (véase la Tabla 8.6.).

Tabla 8.6. Existencia de enfoques formales de cumplimiento cooperativo para diferentes segmentos de contribuyentes, 2022

Porcentaje de administraciones que aplican dichos enfoques

Grandes contribuyentes	Individuos de alto patrimonio neto	Otros contribuyentes
74,1	24,1	39,7

Fuente: CIAT, OIAT, FMI, OCDE, Encuesta Internacional sobre Administración Tributaria, Tabla A.107 Enfoques de cumplimiento cooperativo, https://data.rafit.org/regular.aspx?key=74180897 (consultado el 14 de junio de 2024).

Programa internacional de cumplimiento de las obligaciones tributarias de la OCDE

El Programa internacional de cumplimiento de las obligaciones tributarias (ICAP, por sus siglas en inglés) es un proceso de cooperación multilateral para la evaluación de riesgos y la seguridad jurídica en materia fiscal basado en la participación voluntaria. Está concebido para proporcionar a los grupos de empresas multinacionales (EMN) dispuestos a participar de forma activa, abierta y totalmente transparente una mayor seguridad jurídica en cuestiones fiscales relacionadas con algunas de sus actividades y transacciones. El ICAP no proporciona a estos grupos de EMN la seguridad jurídica que podría lograrse, por ejemplo, a través de un APPT. No obstante, sí ofrece garantías cuando las administraciones tributarias que participan en la evaluación de riesgos de un grupo de EMN consideran que el riesgo es bajo (OECD, 2021[6]).[1]

Inspecciones conjuntas

Las inspecciones conjuntas son otro instrumento que puede ayudar a prevenir controversias; en ellas, funcionarios de dos o más administraciones se unen para formar un único equipo de inspección que examinará cuestiones o transacciones de contribuyentes con actividades empresariales transfronterizas y en las que las jurisdicciones tienen un interés común o complementario. Mediante esta colaboración, las administraciones tributarias participantes tienen la oportunidad de detectar y resolver posibles desacuerdos o controversias en una fase temprana (OECD, 2019[7]).

Bibliografía

OECD (2024), *Dispute resolution in cross-border taxation*, https://www.oecd.org/en/topics/dispute-resolution-in-cross-border-taxation.html. [2]

OECD (2023), *Manual on the Handling of Multilateral Mutual Agreement Procedures and Advance Pricing Arrangements: Enhancing Tax Certainty*, OECD Forum on Tax Administration, OECD Publishing, Paris, https://doi.org/10.1787/f0cad7f3-en. [4]

OECD (2022), *Bilateral Advance Pricing Arrangement Manual*, OECD Forum on Tax Administration, OECD Publishing, Paris, https://doi.org/10.1787/4aa570e1-en. [8]

OECD (2021), *International Compliance Assurance Programme: Handbook for tax administrations and MNE groups*, OECD Publishing, Paris, https://doi.org/10.1787/a44d51e2-en. [6]

OECD (2019), *Joint Audit 2019 – Enhancing Tax Co-operation and Improving Tax Certainty: Forum on Tax Administration*, OECD Publishing, Paris, https://doi.org/10.1787/17bfa30d-en. [7]

OECD (2016), *Co-operative Tax Compliance: Building Better Tax Control Frameworks*, OECD Publishing, Paris, https://doi.org/10.1787/9789264253384-en. [5]

OECD (2016), *Hacer más efectivos los mecanismos de resolución de controversias, Acción 14 – Informe final 2015*, Proyecto de la OCDE y del G-20 sobre la Erosión de la Base Imponible y el Traslado de Beneficios, OECD Publishing, Paris, https://doi.org/10.1787/9789264258266-es. [1]

OECD (2007), *Manual on Effective Mutual Agreement Procedures (MEMAP)*, OECD Publishing, Paris, https://doi.org/10.1787/2bb3ab55-en. [3]

Nota

[1] Véase https://www.oecd.org/en/about/programmes/icap.html para más información (consultado el 10 de septiembre de 2024).

9 Marcos institucionales y gobernanza

Este capítulo examina los marcos institucionales y mecanismos de gobernanza de las administraciones tributarias.

Introducción

Como todos los organismos públicos, las administraciones tributarias deben, en última instancia, rendir cuentas ante los ciudadanos a los que sirven. Deben operar y ser percibidas como organismos justos e imparciales. Esto implica estar sujetas a una serie de controles y mecanismos de equilibrio que garanticen la transparencia de sus operaciones y la debida rendición de cuentas en la gestión del sistema fiscal.

El marco dentro del cual se lleva a cabo esta rendición de cuentas varía entre jurisdicciones y es resultado de diversos factores, entre ellos los mecanismos institucionales y las estructuras de gobernanza existentes. Las diferencias también estarán condicionadas por el régimen legislativo, reglamentario y judicial y moldeadas por el contexto cultural, histórico y político. No existe un planteamiento único que funcione para todas las administraciones tributarias.

Este capítulo examina los marcos institucionales y los mecanismos de gobernanza de las administraciones tributarias, analizando, en concreto: (i) los mecanismos institucionales, (ii) la autonomía operativa, (iii) el control y otras características de la función de supervisión, y (iv) la relación entre la administración tributaria y el contribuyente.

Mecanismos institucionales

Los mecanismos institucionales de las administraciones tributarias suelen agruparse en torno a dos categorías generales. Las administraciones tributarias se establecen como (i) secretarías o departamentos dentro del Ministerio de Hacienda o su equivalente, o como (ii) organismos semiautónomos unificados. Se pueden clasificar en cuatro subcategorías:

- Una *única secretaría* o departamento dentro del Ministerio de Hacienda o su equivalente.
- *Múltiples secretarías* o departamentos dentro del Ministerio de Hacienda o su equivalente.
- Un *organismo semiautónomo unificado*, en el que la administración tributaria y las funciones de apoyo son responsabilidad de un comisario o director general que depende de un ministro del Gobierno.
- Un *organismo semiautónomo unificado dotado de una junta o consejo de administración*, en el que las funciones de administración tributaria y de respaldo son responsabilidad de un director general que rinde cuentas ante un órgano de supervisión o consejo de administración en el que pueden participar miembros ajenos al organismo. El órgano de administración puede tener funciones decisorias o consultivas.

Las categorías anteriores admiten ciertas excepciones. Por ejemplo, en Alemania, la responsabilidad de recaudar impuestos recae principalmente en las administraciones regionales (es decir, los Länder), mientras que un organismo central relativamente pequeño ejerce una función de coordinación general. Por otra parte, en Grecia, la Autoridad Independiente de Ingresos Públicos goza de independencia operativa y de autonomía en materia administrativa y financiera, y solo está sujeta al control parlamentario.

El Gráfico 9.1. ofrece una visión general de los marcos institucionales de las administraciones tributarias analizadas en este informe. Como puede apreciarse, alrededor del 60 % de las administraciones están constituidas como organismos semiautónomos unificados, y aproximadamente un tercio de ellas cuentan con un consejo de administración. Ocho de las administraciones califican a sus consejos como órganos decisorios y tres como órganos consultivos.

Aparentemente, hay disparidad en cuanto al tamaño del consejo y a la presencia de representantes del sector privado (véase la Tabla B.1):

- El promedio de miembros del consejo es de unos 8,5, oscilando entre los 4 miembros en el caso de Perú y los 15 en el de Canadá.

- Cerca de dos tercios de las administraciones afirman contar con representantes del sector privado en sus consejos de administración, y algunos de ellos están compuestos solo por miembros del sector privado.

Grecia, que entra en la categoría de «otro mecanismo institucional» (véase más arriba), también tiene un consejo de administración compuesto por cinco miembros, que pueden o no proceder del sector privado.

Gráfico 9.1. Marcos institucionales, 2022

Porcentaje de administraciones

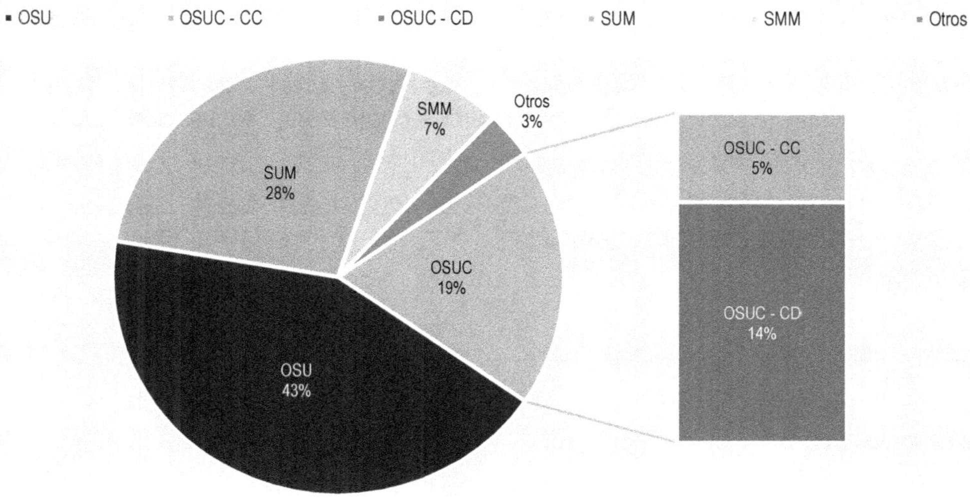

Notas: OSU - Organismo semiautónomo unificado; OSUC - Organismo semiautónomo unificado dotado de un consejo (CC- Consejo consultivo; CD- Consejo decisorio); SUM- Secretaría única en el ministerio; SMM- Secretarías múltiples en el ministerio; Otros - Otro mecanismo institucional

Fuente: CIAT, OIAT, FMI, OCDE, Encuesta Internacional sobre Administración Tributaria, Tabla B.1 Marco institucional y autonomía de gestión, https://data.rafit.org/regular.aspx?key=74180913 (consultado el 10 de septiembre de 2024).

StatLink https://stat.link/n2jzgk

Recuadro 9.1. Canadá: El consejo de administración de la CRA

El consejo de administración de la Agencia Tributaria de Canadá (CRA) supervisa la organización y administración de la CRA, así como la gestión de sus recursos, servicios, bienes, personal y contratos. La intención era proporcionar un cierto grado de independencia con respecto al gobierno federal en consonancia con el servicio de la CRA a los organismos gubernamentales de ámbito subnacional, y posibilitar la innovación más allá de las prácticas administrativas de la administración pública central.

El Consejo:

- Se reúne seis veces al año y rinde cuentas ante el Parlamento (a través del ministro) sobre asuntos relacionados con la administración general y la aplicación de la legislación aplicable a los programas.

- Se compone de quince personas (directores). Entre ellas figuran el presidente, el comisionado (ex officio) y representantes de todas las provincias y un territorio de Canadá que contribuyen a la labor de la CRA aportando una perspectiva empresarial externa y diversa procedente de los sectores privado o sin ánimo de lucro.
- Desempeña su función de supervisión en cooperación con la dirección de la Agencia para garantizar una gestión eficiente y eficaz de la CRA, aportando una perspectiva estratégica y de futuro al funcionamiento del organismo.
- Asume una función de supervisión crítica, garantizando que la CRA gestione y ejerza adecuadamente sus competencias, examinando los informes de rendimiento, los estados financieros y los indicadores de desempeño.

Dado que el director y los funcionarios de la CRA son responsables de la gestión ordinaria de esta, el consejo no puede dar instrucciones al director ni a otros funcionarios de la CRA en el ejercicio de sus competencias legales ni en la administración de otros programas legislativos. Asimismo, no está autorizado a recibir información personal o comercial relativa a la legislación que aplicable a los programas.

Para más información, véase https://www.canada.ca/en/revenue-agency/corporate/about-canada-revenue-agency-cra/board-management.html (consultado el 10 de septiembre de 2024).

Fuente: Canadá (2024).

Autonomía operativa

El grado de autonomía de una administración tributaria depende de varios factores. Estos incluyen: la distribución general de las funciones y poderes gubernamentales, las prácticas administrativas establecidas en el sector público de la jurisdicción, así como el modelo institucional adoptado para la gestión de la administración tributaria. Para los gobiernos, conceder un mayor nivel de autonomía puede traducirse en mayores niveles de eficiencia y efectividad, especialmente en períodos caracterizados por el cambio. Salvo contadas excepciones, la mayoría de las administraciones tributarias informan de que operan con un grado de autonomía suficiente que les permite gestionar adecuadamente sus funciones administrativas (véase la Tabla 9.1.).

Tabla 9.1. Competencias delegadas a las administraciones tributarias, 2022

Porcentaje de administraciones que tienen la competencia indicada

Diseñar la estructura interna	Disponer discrecionalmente del presupuesto operativo	Disponer discrecionalmente del presupuesto para inversiones	Establecer estándares de desempeño
84,5	79,3	69,0	96,6

Fuente: CIAT, OIAT, FMI, OCDE, Encuesta Internacional sobre Administración Tributaria, Tabla B.1 Marco institucional y autonomía de gestión, https://data.rafit.org/regular.aspx?key=74180913 (consultado el 10 de septiembre de 2024).

La autonomía puede adoptar muchas formas, pero en esencia implica que el gobierno establezca objetivos para el sistema fiscal (incluida la legislación fiscal), así como un marco de rendición de cuentas, al tiempo que otorga a las administraciones tributarias flexibilidad en las siguientes áreas para decidir cómo alcanzar dichos objetivos:

- ***Gestión del gasto presupuestario***, incluida la facultad de distribuir/ajustar los fondos administrativos presupuestados entre los distintos departamentos para adaptarse a los cambios de circunstancias o para atender nuevas prioridades. Alrededor del 80 % de las administraciones informan de que deciden discrecionalmente sobre su presupuesto operativo, y alrededor del 70 % sobre su presupuesto para inversiones.
- ***Organización,*** determinar la estructura organizativa interna de las operaciones de la administración tributaria, incluida la localización geográfica de las oficinas. Cerca del 85 % de las administraciones declaran tener autoridad para diseñar su estructura interna.
- ***Planificación***, encargarse de formular planes estratégicos y operativos. Casi todas las administraciones informan de que elaboran planes estratégicos, así como planes operativos anuales (véase la Tabla 9.3).
- ***Estándares de desempeño***, con facultades discrecionales para establecer (en asociación con organismos centrales) estándares de desempeño administrativo. Casi todas las administraciones están facultadas para ello.
- ***Contratación, desarrollo y remuneración del personal***, con capacidad para establecer normas de cualificación para las categorías de contratados, contratar y despedir personal (de conformidad con las políticas del sector público); negociar los niveles de remuneración de conformidad con acuerdos más amplios de todo el sector público; y establecer y gestionar programas de formación y desarrollo. Para más detalles, véase el Capítulo 10, Tabla 10.9.
- ***Tecnologías de la información y la comunicación (TIC)***, teniendo autoridad para administrar sus propios sistemas TIC internos, o para subcontratar la prestación de dichos servicios.

Control y otros mecanismos de supervisión

Controles internos

Por lo general, las administraciones disponen de sólidos controles internos integrados en su marco de TIC para detectar y prevenir el fraude interno, así como de funciones de auditoría interna, según informa el 97 % de las administraciones. Todo ello respaldado por políticas claras de recursos humanos para abordar cualquier conducta indebida de los empleados. A este respecto, el 97 % de las administraciones analizadas en esta publicación declaran disponer de un código de conducta aplicable a los servicios públicos en su conjunto, y cerca del 90 % informan de que tienen su propio código de conducta.

Además, cerca de dos tercios de las administraciones afirman haber puesto en marcha una estrategia en materia de integridad, que suele incluir campañas internas de concienciación y, en muchos casos, también acuerdos con las diversas partes interesadas. Alrededor de la mitad de las administraciones también realizan encuestas periódicas para evaluar cómo se percibe el compromiso de la administración con la integridad. (Véase la Tabla 9.2.)

Tabla 9.2. Características del control interno, 2022

Porcentaje de administraciones que cuentan con las características indicadas

<table>
<tr><th rowspan="3">Mecanismos formales de control interno (auditorías internas)</th><th colspan="4">Estrategia en materia de integridad</th><th colspan="2">Código de conducta</th></tr>
<tr><th rowspan="2">Estrategia formal en materia de integridad</th><th colspan="2">En caso afirmativo, la estrategia de integridad incluye...</th><th rowspan="2">Encuestas periódicas para evaluar cómo se percibe el compromiso de la administración con la integridad</th><th rowspan="2">Código de conducta aplicable a los servicios públicos en su conjunto</th><th rowspan="2">Código de conducta propio</th></tr>
<tr><th>Acuerdos con las partes interesadas</th><th>Campañas de concienciación</th></tr>
<tr><td>96,6</td><td>63,8</td><td>73,0</td><td>97,3</td><td>53,4</td><td>96,6</td><td>87,9</td></tr>
</table>

Fuente: CIAT, OIAT, FMI, OCDE, Encuesta Internacional sobre Administración Tributaria, Tabla B.3 Prácticas de gobernanza seleccionadas: Auditoría, código de conducta e integridad, https://data.rafit.org/regular.aspx?key=74180913 (consultado el 10 de septiembre de 2024).

Recuadro 9.2. Ejemplos: administraciones tributarias y ética

Finlandia: responsabilidad y principios éticos en el uso de la inteligencia artificial

La utilización de la inteligencia artificial (IA) está aumentando en todos los ámbitos de la sociedad, incluidos los servicios públicos. La IA permite a las autoridades prestar un mejor servicio y funcionar con mayor eficacia. Sin embargo, también hay cuestiones éticas relacionadas con el uso responsable y seguro de la IA en tareas oficiales, de modo que se tenga en cuenta tanto la seguridad de los ciudadanos como la de los funcionarios públicos y la toma de decisiones sea transparente.

La Agencia Tributaria finlandesa ha implantado los siguientes principios éticos en relación con el uso de la IA:

- La IA solo utiliza datos fiables.
- Las tareas respaldadas por IA deben estar siempre bajo la responsabilidad de un ser humano.
- La IA siempre ha de respetar las leyes y normativas.
- La Agencia Tributaria participa en el debate público sobre aplicaciones responsables y éticas de la IA.

Un grupo de expertos de los diferentes departamentos de la Agencia Tributaria promueve el uso responsable de la IA y evalúa las soluciones de IA desde la perspectiva de los principios éticos. El grupo cuenta con unos diez miembros y se reúne siempre que sea necesario, generalmente una vez al mes. El grupo está formado por especialistas en comunicación, derecho, fiscalidad, plataformas técnicas y analítica. Asimismo, es posible convocar a otros expertos cuando se necesiten determinados conocimientos especializados.

La Agencia Tributaria promueve un uso responsable de la IA capacitando al personal, evaluando y proporcionando herramientas de IA y valorando las soluciones que ya se utilizan. El grupo de expertos de la Agencia Tributaria sigue de cerca la evolución de la legislación de la Unión Europea en materia de IA y adapta sus actividades e instrucciones en consecuencia.

España: Comisión Consultiva de Ética

La Agencia Estatal de Administración Tributaria (AEAT) ha puesto en marcha la Comisión Consultiva de Ética. La Comisión se crea, conforme a lo dispuesto en las directrices del Plan Estratégico de la AEAT 2020-2023, para apoyar y asistir al Comité Permanente de Dirección de la AEAT en cuestiones éticas y de conducta corporativa.

La Comisión añade valor estratégico a la promoción de buenas prácticas a través de un foro oficial en el que se debaten cuestiones y dilemas éticos relevantes para la AEAT. Desempeña un papel clave a la hora de difundir internamente el código de principios y conducta de la AEAT, mediante la elaboración de un catálogo que recopila buenas prácticas en materia de ética, integridad y transparencia, a la vez que ofrece respuestas a las cuestiones más relevantes.

La Comisión está constituida por ocho miembros: un presidente, un secretario y seis vocales. Está presidida por el titular de la Dirección de la AEAT o por delegación, el miembro del Comité de Dirección que designe.

La función de la Comisión Consultiva es advertir del riesgo reputacional y asesorar sobre eventuales denuncias o quejas que puedan evaluar desde una perspectiva ética.

Fuente: Finlandia (2024) y España (2024).

Control externo y otros mecanismos de supervisión, 2022

En cuanto a los controles externos, un número significativo de administraciones (83 %) están sujetas a cierto grado de supervisión por parte de un comité de cuentas públicas (o equivalente) que evalúa sus resultados, así como a un control presupuestario que supervisa sus gastos. Por lo general, los resultados están sujetos a revisión y verificación por parte de un órgano nacional de auditoría. Las comisiones parlamentarias también suelen tener competencias para evaluar el rendimiento en función de indicadores de resultados, así como de objetivos de carácter más estratégico.

Tabla 9.3. Control externo y otros mecanismos de supervisión, 2022

Porcentaje de administraciones que cuentan con las características indicadas

Revisión por un auditor externo	Informe anual		Conjunto formal de estándares de servicio		Plan estratégico		Plan operativo anual	
	Preparado	En caso afirmativo, publicado	Preparado	En caso afirmativo, publicado	Preparado	En caso afirmativo, publicado	Preparado	En caso afirmativo, publicado
82,8	94,8	90,9	84,5	61,2	98,3	78,9	94,8	54,5

Fuente: CIAT, OIAT, FMI, OCDE, Encuesta Internacional sobre Administración Tributaria Tablas B.3 Prácticas de gobernanza seleccionadas: Auditoría, código de conducta e integridad, y B.4 Prácticas de gobernanza seleccionadas: Planes, informes y normas; y organigrama, https://data.rafit.org/regular.aspx?key=74180913 (consultado el 10 de septiembre de 2024).

Otros mecanismos de supervisión típicos de las administraciones tributarias incluyen:

- ***Publicación de un informe anual***: Alrededor del 95 % elabora un informe anual, y el 90 %, además, lo publica. (Véase la Tabla 9.3.)
- ***Evaluaciones periódicas en función de una serie de métricas acordadas*** (por ejemplo, ingresos recaudados, volumen de deuda, cantidad de intervenciones en materia de cumplimiento, servicios de atención al ciudadano). El 85 % de las administraciones preparan un conjunto formal de estándares de servicio y alrededor del 60 % de ellas hacen públicos dichos estándares. (Véase la Tabla 9.3.)
- ***Sistemas de supervisión de riesgos***: Algo más del 80 % de las administraciones cuentan con enfoques formales para identificar, evaluar y priorizar los principales riesgos de cumplimiento. Sin embargo, solo el 29 % publica regularmente los riesgos identificados, y únicamente el 27 %

informa regularmente sobre los resultados obtenidos al abordar los principales riesgos de cumplimiento. (Véase el Capítulo 6, Tabla 6.1.)

- ***Conjunto acordado de metas y objetivos estratégicos*** para orientar la actuación de las administraciones. Las medidas e indicadores de resultados utilizados por las administraciones tributarias suelen englobar los siguientes aspectos:
  i) la satisfacción de los contribuyentes con los servicios prestados y la percepción general de que se trata de una administración eficiente, justa y eficaz (véase también el Capítulo 5, Tabla 5.3.);
  ii) el grado de cumplimiento de las obligaciones tributarias por parte de los contribuyentes;
  iii) la prestación de servicios al contribuyente, en particular la disponibilidad de determinados servicios y la capacidad de respuesta ante eventuales interrupciones;
  iv) la eficiencia organizativa, y
  v) el compromiso y la satisfacción de los trabajadores (véase también el Capítulo 10, Tabla 10.12.).
- ***Consejo o comité ejecutivo*** para revisar, evaluar y cuestionar la dirección estratégica (alrededor del 20 % de las administraciones tributarias cuentan con un órgano de este tipo, véase el Gráfico 9.1.

El Anexo 9.A. contiene una lista de enlaces seleccionados a informes anuales, planes estratégicos y organigramas publicados por las administraciones tributarias que participan en esta publicación.

Control y otros mecanismos de supervisión: Panorama general

Tomando los datos de la encuesta ISORA 2023, Gráfico 9.2. presenta un panorama general de los mecanismos de control y supervisión de las administraciones tributarias. No se nombran administraciones tributarias concretas, sino que se combina un conjunto de datos que proporcionan una visión global de tres áreas:

- ***Preparación de documentos***: La preparación de documentos estratégicos y operativos que puedan servir de guía, mejorar la toma de decisiones y facilitar la asignación de recursos. Transmitir a la ciudadanía la certeza de que esos documentos se preparan, aunque no se publiquen, contribuye a reforzar su confianza en la administración tributaria. Los datos que se tienen en cuenta incluyen la preparación de (i) un plan estratégico; (ii) un plan operativo anual; (iii) un informe anual; (iv) un conjunto formal de estándares de servicio; (v) una estrategia formal de gestión de riesgos de cumplimiento y la existencia de un enfoque formal para identificar, evaluar y priorizar los principales riesgos de cumplimiento; (vi) estimaciones de la brecha fiscal; (vii) encuestas de satisfacción de los contribuyentes; y (viii) una estrategia de integridad y encuestas para evaluar cómo se percibe el compromiso de la administración con la integridad.
- ***Publicación de documentos***: Si bien el mero hecho de que la ciudadanía sepa que se elaboran este tipo de documentos puede resultar útil, publicarlos envía un mensaje mucho más contundente a las partes interesadas. En este sentido, el panorama general tiene en cuenta la publicación de los documentos antes mencionados, o (i) en el caso de la estrategia de gestión de riesgos de cumplimiento, si la administración publica periódicamente las evaluaciones de riesgos y los resultados en la gestión de dichos riesgos; y (ii) en lo que respecta a las encuestas de satisfacción de los contribuyentes, si la administración publica la información obtenida en dichas encuestas.
- ***Existencia de mecanismos de supervisión***: En cuanto a los mecanismos de supervisión, los datos considerados incluyen la existencia de (i) un consejo de administración; (ii) un auditor externo; (iii) un mecanismo formal de control interno (auditoría interna); (iv) un código de conducta; y (v) mecanismos específicos para atender las quejas de los contribuyentes.

En la puntuación y ponderación de los datos se ha tenido en cuenta la diferente naturaleza y nivel de detalle de las preguntas planteadas en la ISORA. Si bien no se debe considerar que los diversos aspectos relativos al control y los mecanismos de supervisión que se analizaron en la ISORA de 2023 abarcan todos los aspectos a considerar ni tienen todos el mismo peso o relevancia, lo cierto es que su presencia o ausencia puede proporcionar información sobre la capacidad de las administraciones tributarias en ese ámbito.

Así, para cada una de las tres áreas, el gráfico muestra el rango de administraciones que se encuentran entre el cuartil inferior y el superior (ilustrados por los distintos «recuadros»), con la mediana representada por las líneas horizontales trazadas a través de los recuadros. Las líneas que prolongan verticalmente los recuadros indican el rango de administraciones que se encuentran en los cuartiles superior e inferior.

El Gráfico 9.2. refleja que la mayoría de las administraciones tributarias analizadas en esta publicación están sujetas a un buen grado de supervisión y control, y también elaboran un número significativo de documentos estratégicos y operativos. En ambas áreas, la mediana se sitúa en torno al 80 %, y algunas administraciones llegan incluso al 100 %.

Sin embargo, la situación es distinta en lo que respecta a la publicación de documentos estratégicos y operativos, donde la mediana cae por debajo del 60 %, y solo unas pocas administraciones obtienen una puntuación superior al 80 %, lo que sugiere que existe margen para una mayor transparencia, lo que podría contribuir a reforzar la confianza de los ciudadanos en la administración tributaria.

Gráfico 9.2. Control y otros mecanismos de supervisión: Panorama general, 2022

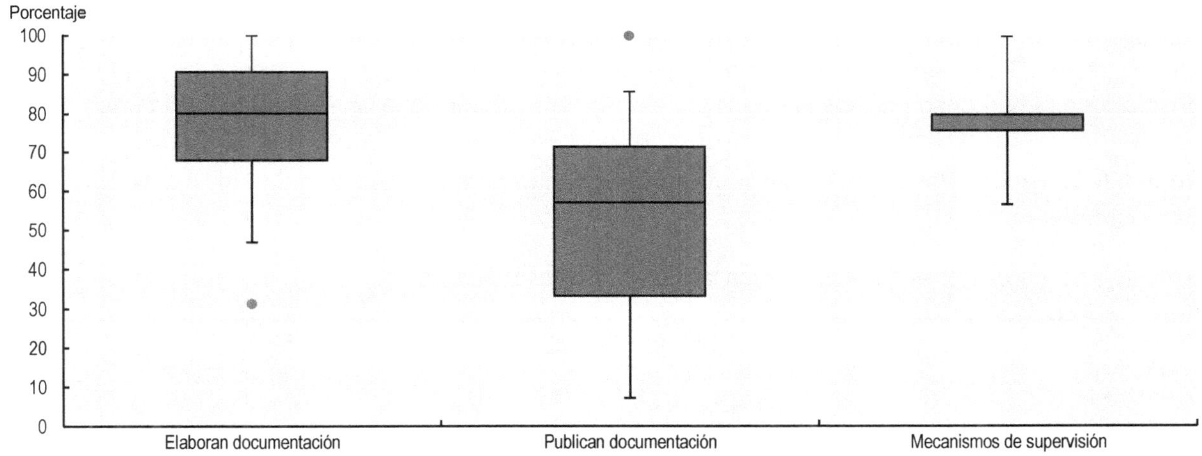

Fuente: Cálculos de la Secretaría de la OCDE basados en CIAT, OIAT, FMI, OCDE, Encuesta Internacional sobre Administración Tributaria, https://data.rafit.org/regular.aspx?key=74180914 (consultado el 10 de septiembre de 2024).

StatLink https://stat.link/finsu4

Relación entre la administración tributaria y el contribuyente

Un aspecto importante de la gobernanza de las administraciones tributarias consiste en definir los derechos y obligaciones de los contribuyentes. Esto contribuye a que el marco de gobernanza se ajuste a las expectativas sociales más amplias en materia de servicios públicos y a que sirva de referencia para la prensa y la sociedad civil. La Tabla 9.4. expone algunos de los derechos y obligaciones más frecuentes, y el Recuadro 9.2. ilustra una serie de ejemplos al respecto.

La publicación de informes sobre el desempeño en relación con los derechos de los contribuyentes (como atención de las quejas o reclamaciones, calidad del servicio, etc.) puede ayudar a dar visibilidad y credibilidad a estos mecanismos. Esto suele hacerse mediante la publicación de informes anuales.

Tabla 9.4. Derechos y obligaciones del contribuyente

Derecho a	Obligación de
ser informado, asistido y escuchado	ser honesto
apelación	cooperar
no pagar más impuestos de los debidos	de proporcionar oportunamente información y documentos veraces
a la certidumbre	mantener registros
la privacidad	pagar los impuestos dentro de plazo
confidencialidad y secreto	

Como muestra la Tabla 9.5., la gran mayoría de las jurisdicciones cuentan con legislación o procedimientos administrativos que rigen los derechos y obligaciones de los contribuyentes, y la mayoría de ellas establecen los derechos por ley u otras normas, mientras que el resto lo hace a través de actos de naturaleza administrativa o de otro tipo (véase la Tabla B.43). Así como el enfoque codificado de los derechos de los contribuyentes tiene fuerza de ley y, en algunas circunstancias, puede aplicarse con mayor rigor, las disposiciones de carácter administrativo tienden a ser más flexibles y estar más orientadas al servicio.

En todas las jurisdicciones existe también un mecanismo especial para tramitar las quejas o reclamaciones de los contribuyentes. Así, todas las administraciones contemplan un mecanismo interno para atender las quejas o reclamaciones y en la mitad de ellas se trata de un proceso independiente. Adicionalmente, en más del 90 % de las jurisdicciones existe también un mecanismo externo a la administración. Tanto en los mecanismos internos como en los externos, en alrededor del 80 % de las jurisdicciones el proceso permite plantear problemas de carácter general. (Véase la Tabla 9.5.)

Tabla 9.5. Derechos del contribuyente y organismo específico encargado de atender las quejas o reclamaciones

Porcentaje de jurisdicciones que cuentan con las características indicadas

Documento que recoge formalmente los derechos del contribuyente	Mecanismos específicos para atender las quejas o reclamaciones							
	Mecanismo interno				Mecanismo externo			
	Existe	Donde existe el mecanismo...			Existe	Donde existe el mecanismo...		
		El contribuyente tiene derecho a recurrir la decisión	El proceso es independiente	Pueden plantearse problemas de carácter general		El contribuyente tiene derecho a recurrir la decisión	El proceso es independiente	Pueden plantearse problemas de carácter general
89,7	100,0	84,5	50,9	75,9	93,1	83,3	88,9	81,5

Fuente: CIAT, OIAT, FMI, OCDE, Encuesta Internacional sobre Administración Tributaria, Tablas B.43 Derechos de los contribuyentes: Documentación, y B.44 Derechos de los contribuyentes: Mecanismos de queja y reclamación, https://data.rafit.org/regular.aspx?key=74180919 (consultado el 10 de septiembre de 2024).

Recuadro 9.3. Ejemplos: relación entre la administración tributaria y el contribuyente

Australia

La relación entre la administración tributaria y los contribuyentes en Australia está definida en la Australian Taxation Office (ATO) Charter (Carta de la Agencia Tributaria australiana; en adelante, simplemente «la Carta». La Carta explica lo que el contribuyente puede esperar de la ATO y los compromisos que esta asume en todas sus interacciones con los contribuyentes. La Carta establece:

- la forma en que la ATO se conduce al tratar con un contribuyente;
- lo que el contribuyente puede esperar de la ATO;
- que el contribuyente puede hacer si no está satisfecho.

Para más información, véase asimismo: https://www.ato.gov.au/about-ato/commitments-and-reporting/ato-charter/our-charter (consultado el 10 de septiembre de 2024).

Cuando un contribuyente no está satisfecho con el trato recibido por parte de la ATO, puede presentar su queja ante el Inspector General de Tributación y Defensor del Contribuyente (IGTO, por sus siglas en inglés). La oficina del IGTO es un organismo oficial independiente, ajeno a la ATO y a su consejo de administración. Además de tramitar las quejas de los particulares, también lleva a cabo evaluaciones más generales de la administración tributaria, identificando problemas de carácter sistémico y formulando recomendaciones dirigidas a la ATO y al Gobierno.

Canadá

En Canadá, los contribuyentes tienen garantizados 16 derechos en sus relaciones con la Agencia Tributaria (CRA). Asimismo, la CRA ha asumido cinco compromisos con las pequeñas empresas. La Declaración de derechos del contribuyente se sustenta en la misión, la visión y los valores de la CRA.

Declaración de derechos del contribuyente

1. Tiene derecho a percibir prestaciones y a no pagar ni más ni menos de lo que exige la ley.
2. Tiene derecho a ser atendido en las dos lenguas oficiales.
3. Tiene derecho a la privacidad y la confidencialidad.
4. Tiene derecho a interponer un recurso de revisión formal y a apelar posteriormente.
5. Tiene derecho a recibir un trato profesional, cortés y justo.
6. Tiene derecho a recibir información completa, precisa, clara y puntual.
7. Tiene derecho, salvo que la ley disponga lo contrario, a no pagar las cantidades del impuesto sobre la renta que estén siendo objeto de litigio antes de que se haya realizado una revisión imparcial.
8. Tiene derecho a que la ley se aplique de forma coherente.
9. Tiene derecho a presentar una queja y a que se le dé una explicación al respecto.
10. Tiene derecho a que se tengan en cuenta los costos de cumplimiento a la hora de aplicar la legislación fiscal.
11. Tiene derecho a exigirnos que rindamos cuentas.
12. Tiene derecho a la exención de sanciones e intereses en virtud de la legislación fiscal debido a circunstancias extraordinarias.
13. Tiene derecho a que publiquemos nuestros estándares de servicio y a que presentemos un informe anual.

14. Tiene derecho a que le advirtamos con prontitud sobre regímenes fiscales de dudosa legalidad.
15. Tiene derecho a ser representado por una persona de su elección.
16. Tiene derecho a presentar una queja o reclamación sobre el servicio y a solicitar una revisión formal sin temor a represalias.

Para más información, véase: https://www.canada.ca/en/revenue-agency/corporate/about-canada-revenue-agency-cra/taxpayer-bill-rights.html (consultado el 10 de septiembre de 2024).

Compromiso con las pequeñas empresas

Como medida adicional a la Carta de derechos del contribuyente:

1. La CRA se compromete a administrar el sistema fiscal de forma que se reduzcan al mínimo los costos de cumplimiento para las pequeñas empresas.
2. La CRA se compromete a colaborar con todas las administraciones para agilizar el servicio, minimizar los costos y reducir la carga que supone el cumplimiento de la normativa.
3. La CRA se compromete a ofrecer servicios que satisfagan las necesidades de las pequeñas empresas.
4. La CRA se compromete a llevar a cabo actividades de divulgación que ayuden a las pequeñas empresas a cumplir la legislación tributaria.
5. La CRA se compromete a explicar la forma en que opera en relación con las pequeñas empresas.

Defensor del contribuyente

Los contribuyentes pueden resolver los problemas relacionados con los servicios de la CRA a través de la Oficina del defensor del contribuyente. Este organismo identifica y examina los problemas sistémicos y emergentes, y por lo general solo estudia una queja una vez que se han agotado todos los mecanismos internos de resolución de conflictos de la CRA. Esto excluye los asuntos no relacionados con el servicio, los contenciosos judiciales y las quejas que han sido atendidas por la oficina del ministerio.

Estados Unidos

Los derechos de los contribuyentes se recogen en diversas partes de la legislación fiscal. En 2014 se reunieron en una «Declaración de derechos» publicada por el Servicio de Impuestos Internos (IRS, por sus siglas en inglés). En ella se establecen diez derechos:

1. Derecho a ser informado
2. Derecho a un servicio de calidad
3. Derecho a no pagar más impuestos de los debidos
4. Derecho a impugnar el criterio del IRS y a ser escuchado
5. Derecho a interponer recurso contra una decisión del IRS en un foro independiente
6. Derecho a la a la conclusión definitiva (o cierre del proceso)
7. Derecho a la privacidad
8. Derecho a la confidencialidad
9. Derecho a contar con representación
10. Derecho a un sistema fiscal justo y equitativo

Para más información, véase asimismo: https://www.irs.gov/taxpayer-bill-of-rights (consultado el 10 de septiembre de 2024).

Cuando las quejas y preocupaciones no se resuelven a través de los procesos internos del IRS, los contribuyentes pueden acudir al Servicio de Defensa del Contribuyente (TAS, por sus siglas en inglés). El TAS es un organismo independiente dentro del IRS al que pueden acudir tanto personas físicas como de empresas. El TAS brinda a los contribuyentes acceso a diversos recursos, entre ellos información sobre la Declaración de derechos del contribuyente Cuando un contribuyente reúne los requisitos para obtener asistencia, se le asigna un defensor. El servicio es siempre gratuito.

Asimismo, el TAS se encarga de los problemas sistémicos o a gran escala en materia de legislación o administración tributaria. Se consideran sistémicos aquellos problemas que:

- Afectan a varios contribuyentes.
- Están relacionados con los sistemas, políticas y procedimientos del IRS.
- Tienen que ver con la protección de los derechos de los contribuyentes, la reducción de cargas, la garantía de un trato justo o la prestación de servicios esenciales a los contribuyentes.

Para más información, véase: https://www.taxpayeradvocate.irs.gov/ (consultado el 10 de septiembre de 2024).

Fuente: Australia (2024), Canadá (2024) y Estados Unidos (2024).

Anexo 9.A. Enlaces seleccionados a documentos publicados por administraciones tributarias

Esta sección contiene enlaces seleccionados a una serie de documentos (informes anuales, planes estratégicos y organigramas) publicados por las administraciones tributarias que participan en esta publicación.

Anexo Tabla 9.A.1. Enlaces a una selección de informes anuales de distintas administraciones tributarias

Jurisdicción	Enlaces (consultados el 10 de septiembre de 2024)
Australia	https://www.ato.gov.au/about-ato/commitments-and-reporting/annual-report-and-other-reporting-to-parliament/annual-report
Bélgica	https://finances.belgium.be/fr/sur_le_spf/rapports-annuels
Bulgaria	https://nra.bg/wps/portal/nra/za-nap/osnovni-dokumenti/Godishni-otcheti-za-deynostta-na-NAP
Canadá	https://www.canada.ca/en/revenue-agency/corporate/about-canada-revenue-agency-cra/departmental-performance-reports.html
Chile	https://www.sii.cl/cuenta_publica/CP2023.pdf
Chipre	https://www.mof.gov.cy/mof/tax/taxdep.nsf/All/1BF0DAFC814512A6C225822C004877FF
Finlandia	https://vero.fi/en/About-us/finnish-tax-administration/finnish-tax-administrations-year/earlier-annual-reports/
Francia	https://www.economie.gouv.fr/dgfip/rapports-dactivite-dgfip
Georgia	https://www.rs.ge/AboutUs-en?cat=5&tab=1
Grecia	https://www.aade.gr/apologistikes-ektheseis
Hong Kong (China)	https://www.ird.gov.hk/eng/ppr/are.htm
Hungría	https://nav.gov.hu/kiadvanyok/evkonyvek
Islandia	https://www.skatturinn.is/um-rsk/embaettid/arsskyrslur/
Indonesia	https://pajak.go.id/id/tahunan-page
Irlanda	https://www.revenue.ie/en/corporate/press-office/annual-report/index.aspx
Japón	https://www.nta.go.jp/about/introduction/torikumi/report/report.htm
Letonia	https://www.vid.gov.lv/en/annual-reports-state-revenue-service
Luxemburgo	https://aed.gouvernement.lu/fr/publications/RA.html y https://impotsdirects.public.lu/fr/profil/rapports.html
Malasia	https://www.hasil.gov.my/en/about-hasil/corporate-profile/annual-report/
Malta	https://cfr.gov.mt/en/Documents/MTCA%20AR%202023%20SPREADS%2031%20COMP%202.pdf
Marruecos	https://www.tax.gov.ma/wps/portal/DGI/Nous-connaitre/Rapports-d_activite
Países Bajos	https://www.rijksoverheid.nl/documenten/rapporten/2023/05/24/1-jaarrapportage-2022-belastingdienst
Nueva Zelanda	https://www.ird.govt.nz/about-us/publications/annual-corporate-reports/annual-report
Noruega	https://www.skatteetaten.no/om-skatteetaten/analyse-og-rapporter/arsrapporter/
Perú	https://www.sunat.gob.pe/cuentassunat/planestrategico/informeGestion.html
Portugal	https://info.portaldasfinancas.gov.pt/pt/at/Instrumentos_Gestao/Relatorio_atividades/Pages/default.aspx
Rumanía	https://www.anaf.ro/anaf/internet/ANAF/despre_anaf/strategii_anaf/rapoarte_studii
Arabia Saudí	https://zatca.gov.sa/ar/HelpCenter/Documents/ZATCA_REPORT_2022.pdf
Singapur	https://www.iras.gov.sg/who-we-are/what-we-do/annual-reports-and-publications/annual-reports
República Eslovaca	https://www.financnasprava.sk/sk/financna-sprava/vyrocne-spravy
Sudáfrica	https://www.sars.gov.za/about/annual-reports-strategic-plans/
España	https://sede.agenciatributaria.gob.es/Sede/informacion-institucional/memorias.html
Suecia	https://www.skatteverket.se/download/18.48cfd212185efbb440b2db9/1676993313236/arsredovisning-skatteverket-2022-skv165-utgava31.pdf

Jurisdicción	Enlaces (consultados el 10 de septiembre de 2024)
Suiza	https://www.estv.admin.ch/estv/de/home/die-estv/estv-ueber-uns/estv-taetigkeitsbericht.html
Tailandia	https://rd.go.th/22590.html
Turquía	https://www.gib.gov.tr/kurumsal/stratejik-yonetim/faaliyet-raporlari
Reino Unido	https://www.gov.uk/government/collections/hmrcs-annual-report-and-accounts

Anexo Tabla 9.A.2. Enlaces a planes estratégicos de distintas administraciones tributarias

Jurisdicción	Enlaces (consultados el 10 de septiembre de 2024)
Bélgica	https://finances.belgium.be/fr/sur_le_spf/strat%C3%A9gie/plan_strategique_et_plan_operationnel
Bulgaria	https://nra.bg/wps/portal/nra/za-nap/osnovni-dokumenti/Strategicheski-planove-za-deynostta
Canadá	https://www.canada.ca/en/revenue-agency/corporate/about-canada-revenue-agency-cra/summary-corporate-business-plan.html
Colombia	https://www.dian.gov.co/dian/entidad/PlanEvalInstitucional/6-Plan-Estrategico-2023.pdf
Chipre	https://www.mof.gov.cy/mof/tax/taxdep.nsf/All/463072B158C68A59C2258308001CF6AC
Dinamarca	https://sktst.dk/om-os/vores-byggesten#strategiske
Estonia	https://www.emta.ee/en/business-client/board-news-and-contact/estonian-tax-and-customs-board/introduction-and-structure
Georgia	https://www.rs.ge/AboutUs-en?cat=1&tab=1
Grecia	https://www.aade.gr/aade/epiheirisiaka-shedia-stohothesia/epiheirisiaka-shedia/stratigiko-shedio-aade-2020-2024
Indonesia	https://pajak.go.id/id/sasaran-dan-rencana-strategis-2020-2024-direktorat-jenderal-pajak
Irlanda	https://www.revenue.ie/en/corporate/documents/governance/sos-2023-2025.pdf
Italia	https://www.agenziaentrate.gov.it/portale/documents/20143/4461603/PIAO+2022-2024.pdf
Kenia	https://kra.go.ke/images/publications/KRA-8TH-CORPORATE-PLAN-.pdf
Letonia	https://www.vid.gov.lv/en/strategy
Lituania	https://www.vmi.lt/evmi/en/polaris-2021-2025
Malasia	https://www.hasil.gov.my/en/about-hasil/corporate-profile/irbm-corporate-plan/
Malta	https://cfr.gov.mt/en/cfr/Documents/MTCA%20Strategic%20Plan%202023_2025.pdf
Países Bajos	https://www.rijksoverheid.nl/documenten/jaarplannen/2022/01/31/meerjarenvisie-belastingdienst-2020-2025
Nueva Zelanda	https://www.ird.govt.nz/about-us/publications/annual-corporate-reports/statement-of-intent
Noruega	https://www.skatteetaten.no/strategi/
Perú	https://www.sunat.gob.pe/cuentassunat/planestrategico/pei.html
Polonia	https://www.gov.pl/web/kas/strategia-kas
Portugal	https://info.portaldasfinancas.gov.pt/pt/at/Instrumentos_Gestao/plano_estrategico/Pages/default.aspx
Rumanía	https://static.anaf.ro/static/33/Anaf/20210316192634_strategia_anaf_2021-2024.pdf
Eslovenia	https://www.gov.si/assets/organi-v-sestavi/FURS/Strateski-dokumenti/Strategija-Financne-uprave-RS-2021-2025.pdf
Sudáfrica	https://www.sars.gov.za/about/annual-reports-strategic-plans/
España	https://sede.agenciatributaria.gob.es/Sede/planificacion/plan-estrategico-agencia-tributaria-2020-2023/plan-estrategico-agencia-tributaria-2020-2023.html
Suecia	https://www.skatteverket.se/download/18.5b35a6251761e6914208c33/1613125015264/Skatteverkets%20strategiska%20riktning.pdf
Tailandia	https://rd.go.th/62801.html
Turquía	https://www.gib.gov.tr/stratejik_planlar
Reino Unido	https://www.gov.uk/government/publications/tax-administration-strategy
Estados Unidos	https://www.irs.gov/about-irs/irs-inflation-reduction-act-strategic-operating-plan

Anexo Tabla 9.A.3. Enlaces a organigramas de distintas administraciones tributarias

Jurisdicción	Enlaces (consultados el 10 de septiembre de 2024)
Argentina	https://www.afip.gob.ar/institucional/documentos/Organigrama-hasta-Direccion.pdf
Australia	https://www.ato.gov.au/about-ato/who-we-are/executive-and-governance/organisational-chart
Austria	https://www.bmf.gv.at/en/the-ministry/internal-organisation/Tax-Authority-Austria.html
Bélgica	https://financien.belgium.be/en/about_fps/structure_and_services/organogram
Brasil	https://www.gov.br/receitafederal/pt-br/acesso-a-informacao/institucional/estrutura-organizacional
Canadá	https://www.canada.ca/en/revenue-agency/corporate/about-canada-revenue-agency-cra/ministerial-transition-2023/organization.html
Chile	https://www.sii.cl/sobre_el_sii/organigrama/organigrama.html
China (República Popular de)	https://www.chinatax.gov.cn/chinatax/n810209/index.html
Colombia	https://www.dian.gov.co/dian/entidad/Paginas/Organigrama.aspx
Croacia	https://www.porezna-uprava.hr/HR_o_nama/Stranice/organizacija.aspx
Chipre	https://www.mof.gov.cy/mof/tax/taxdep.nsf/page05_gr/page05_gr?opendocument
Dinamarca	https://skm.dk/ministeriet/om-skatteministeriet/skatteministeriets-koncern
Estonia	https://www.emta.ee/en/business-client/board-news-and-contact/estonian-tax-and-customs-board/introduction-and-structure
Francia	https://www.economie.gouv.fr/dgfip/lorganigramme-dgfip
Estonia	https://www.financnisprava.cz/cs/financni-sprava/financni-sprava-cr/organizacni-struktura
Grecia	https://www.aade.gr/menoy/aade/organogramma
Hong Kong (China)	https://www.ird.gov.hk/eng/abo/org.htm
Hungría	https://nav.gov.hu/en/about_us/management
Islandia	https://www.skatturinn.is/um-rsk/embaettid/skipurit-rikisskattstjora/nr/251
Indonesia	https://pajak.go.id/index.php/id/struktur-organisasi
Israel	https://www.gov.il/BlobFolder/aboutoffice/about-israel-taxes-authority/he/about_structure-misim-170821.pdf
Italia	https://www.agenziaentrate.gov.it/portale/web/guest/agenzia/chi-siamo/organigramma-centrale
Letonia	https://www.vid.gov.lv/en/structure
Lituania	https://www.vmi.lt/evmi/en/vmi-prie-fm-struktura
Luxemburgo	https://aed.gouvernement.lu/fr/organigramme.html y https://impotsdirects.public.lu/fr/profil/organigramme.html
Malta	https://cfr.gov.mt/en/cfr/Pages/Organigram.aspx
Marruecos	https://www.tax.gov.ma/wps/portal/DGI/Nous-connaitre/Notre-organisation/Organigramme-central
Países Bajos	https://over-ons.belastingdienst.nl/wp-content/uploads/2023/04/Organogram-Belastingdienst-1-1-2023.pdf
Noruega	https://www.skatteetaten.no/om-skatteetaten/om-oss/organisasjon-og-ledelse/organisasjonen/
Perú	https://www.sunat.gob.pe/institucional/quienessomos/igo/dofp/2022/organigrama.pdf
Portugal	https://info.portaldasfinancas.gov.pt/pt/at/Documents/AT_Organograma_sintetico.pdf
Rumanía	https://www.anaf.ro/anaf/internet/ANAF/despre_anaf/organizare/organigrama
Singapur	https://www.iras.gov.sg/who-we-are/our-organisation/organisation-structure
Eslovenia	https://www.gov.si/assets/organigrami/organi-v-sestavi/Organigram-Financni-Urad-RS.pdf
España	https://sede.agenciatributaria.gob.es/Sede/gobierno-abierto/transparencia/organigrama.html
Suecia	https://www.skatteverket.se/omoss/organisation.4.7b610ded10741da92fa80001414.html
Suiza	https://www.estv.admin.ch/estv/en/home/fta/about-us/organigram.html
Tailandia	https://rd.go.th/324.html
Turquía	https://www.gib.gov.tr/kurumsal/organizasyon-semasi
Estados Unidos	https://www.irs.gov/pub/newsroom/marketing/internet/irs-organization-chart.pdf

10 Presupuesto y plantilla

Este capítulo analiza los recursos destinados a las administraciones tributarias y facilita información sobre su plantilla de personal. Examina cómo están respondiendo las administraciones a nuevos desafíos y manteniendo su capacidad, al tiempo que gestionan una plantilla que ha de adaptarse a los cambios en el entorno laboral.

Introducción

Para que una administración tributaria pueda cumplir su cometido de recaudar impuestos y prestar servicios a la ciudadanía y las empresas, resulta esencial que disponga de recursos económicos suficientes y de una plantilla cualificada que pueda brindar resultados de calidad de manera eficiente y efectiva. Este capítulo examina los recursos económicos de los que disponen las administraciones tributarias y la forma en que los gastan. También proporciona información sobre la plantilla de las administraciones tributarias y sobre sus estrategias de gestión de personal.

Presupuesto

Gastos operativos

El nivel global de recursos que se destinan a la administración tributaria es una cuestión importante y de actualidad para la mayoría de los gobiernos, grupos de interés externos y, por supuesto, las propias administraciones tributarias. Pese a que los planteamientos presupuestarios difieren, en la mayoría de las jurisdicciones, el presupuesto asignado se vincula a la obtención de resultados de desempeño que se exponen en un plan de negocio anual.

Al analizar las cifras presupuestarias, en torno a un 80 % de las administraciones tributarias indica que sus gastos de explotación aumentaron entre 2021 y 2022. Este porcentaje supone que un número de administraciones ligeramente superior al de períodos anteriores informa de un aumento de su presupuesto (véase la Tabla 10.1.).

Tabla 10.1. Variación de los gastos operativos, 2018-2022

Porcentaje de administraciones

Variación	De 2018 a 2019	De 2019 a 2020	De 2020 a 2021	De 2021 a 2022
Incremento de los gastos operativos	75,5	71,7	77,4	80,8
Descenso de los gastos operativos	24,5	28,3	22,6	19,2

Nota: La tabla se basa en los datos de las 53 jurisdicciones analizadas en esta publicación que pudieron facilitar información correspondiente al período de 2018 a 2022.
Fuente: CIAT, OIAT, FMI, OCDE. Encuesta Internacional sobre Administración Tributaria, Tabla A.16 Gastos de las administraciones tributarias: Gasto salarial y operativo, https://data.rafit.org/regular.aspx?key=74180905 (consultado el 10 de septiembre de 2024).

Sin embargo, estos datos deberían considerarse con precaución. Pese a que, sobre el papel, un número considerable de administraciones registró un incremento de su presupuesto, esto puede deberse al mayor número de responsabilidades que comporta un aumento del presupuesto, así como el mayor volumen de fondos para invertir en tecnología y nuevos servicios, a fin de responder a las demandas de los contribuyentes. Tampoco tiene en cuenta los incrementos que se deben a la inflación ni que se necesita una parte importante del presupuesto para cubrir los costos salariales, que representan en promedio un 72 % de los presupuestos operativos anuales (véase también el Gráfico 10.1.). Cualquier incremento de los presupuestos puede agotarse rápidamente debido a las subidas salariales, que podrían ser una obligación contractual.

Componentes del gasto operativo de las administraciones tributarias

Tal como se ha señalado anteriormente, el mayor componente declarado del presupuesto operativo de las administraciones tributarias son los costos de personal, ya que solo los salarios representan en promedio un 72 % de los presupuestos operativos anuales, pese a que existen ciertas diferencias entre las jurisdicciones (véase el Gráfico 10.1.).

Gráfico 10.1. Costo salarial como porcentaje del gasto operativo total, 2022

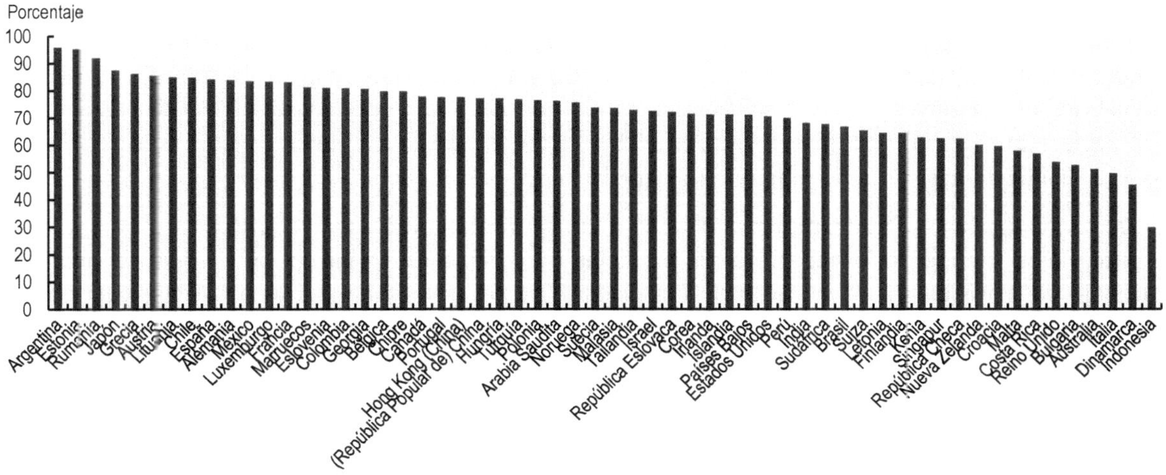

Fuente: CIAT, OIAT, FMI, OCDE. Encuesta Internacional sobre Administración Tributaria, Tabla D.6 Ratios de recursos: Costo, https://data.rafit.org/regular.aspx?key=74180898 (consultado el 10 de septiembre de 2024)

StatLink https://stat.link/7nwtmy

Otro componente importante es el costo operativo de la tecnología de la información y las comunicaciones (TIC). Habida cuenta de la importancia de la TIC para los modelos de funcionamiento de las administraciones tributarias, estas trabajan constantemente en nuevas formas de mejorar dicha tecnología, como en el ejemplo sobre Australia (véase el Recuadro 10.1).

Recuadro 10.1. Australia: Nuevos sistemas de mejora de la tecnología de la información

La Oficina Australiana de Tributación (ATO) ha creado una rama de servicios para desarrolladores y está trabajando directamente con su comunidad de desarrolladores internos a través de un grupo de trabajo, con el objetivo de idear nuevas formas de mejorar la tecnología de la información.

Este grupo de trabajo es un reducido y selecto grupo de desarrolladores, representantes de sus diferentes campos de trabajo en TI. Su objetivo es garantizar que los desarrolladores de la ATO puedan opinar sobre temas que incidirán en su trabajo. Hasta la fecha, el grupo ha prestado asesoramiento sobre temas tales como:

- procesar la automatización mediante la Estrategia de automatización
- probar la gestión de datos
- modernizar los entornos operativos estándar
- mejorar las herramientas de desarrollo

Algunos resultados destacados del grupo desde su constitución han sido una mayor satisfacción y sensibilización de la comunidad de desarrolladores, así como un sólido canal de comunicación en tiempo real con los usuarios internos del desarrollo. Esta comunidad se presta actualmente ayuda mutua entre las diferentes áreas de trabajo en relación con consultas o problemas habituales, lo que refuerza la relación entre los grupos de servicio y aumenta la adopción de patrones y directrices comunes. Dichas directrices son creadas por expertos en la materia y por usuarios finales.

Fuente: Australia (2024).

En promedio, el gasto en TIC representa cerca de un 11 % del gasto operativo. Sin embargo, los niveles de esta partida declarados varían enormemente entre las diferentes administraciones. Para que dichas administraciones puedan prever el costo relacionado con las TIC, cerca de un 40 % del gasto operativo anual declarado por este concepto superó el 10 % del gasto operativo total de la administración en 2022 y otro 30 % informó de cifras de entre el 5 % y el 10 % (véase la Tabla D.6).

Aunque parte de esta variación puede atribuirse a las diferentes fuentes y sistemas de trabajo, otra parte no, y apunta, al menos de forma aparente, a niveles de gasto que, en cierto modo, pueden encontrarse por debajo del nivel de ayuda necesario para prestar los servicios digitales y electrónicos en constante cambio cuya prestación se exige cada vez más a las administraciones. Al mismo tiempo, las administraciones indican que están aumentando su inversión en ciberseguridad, algo necesario para proteger la integridad de su sistema y mantener la confianza de los contribuyentes. En el Recuadro 10.5. de la edición de 2023 de esta serie se destacan algunos ejemplos (OECD, 2023[1]).

Los promedios de ambas partidas (salarios y TIC) se han mantenido estables durante los últimos años, como puede verse en la Tabla 10.2.

Tabla 10.2. Salario promedio y costo de TIC como porcentaje del gasto operativo, 2018-2022

Porcentaje de administraciones

Componentes de costos	2018	2019	2020	2021	2022
Salario promedio como porcentaje del gasto operativo (56 jurisdicciones)	73,2	73,0	73,6	72,9	72,6
Costo de explotación de TIC como porcentaje del gasto operativo (51 jurisdicciones)	10,8	11,4	11,3	11,2	11,1

Nota: La tabla se basa en los datos de las jurisdicciones analizadas en esta publicación que pudieron facilitar información correspondiente al período de 2018 a 2022. Entre paréntesis se muestra el número de jurisdicciones con respecto a las cuales existían datos disponibles.
Fuente: CIAT, OIAT, FMI, OCDE. Encuesta Internacional sobre Administración Tributaria, Tabla D.6 Ratios de recursos: Costo, https://data.rafit.org/regular.aspx?key=74180898 (consultado el 10 de septiembre de 2024).

Costo de la recaudación

Se ha convertido en una práctica bastante habitual que las administraciones tributarias calculen y publiquen (por ejemplo, en sus informes anuales) un ratio del «costo de la recaudación» como medida sustitutiva de su eficiencia o efectividad. Este ratio se calcula comparando el gasto anual de una administración tributaria con la recaudación neta durante el ejercicio fiscal. Habida cuenta de las muchas similitudes existentes entre los impuestos gestionados por las administraciones tributarias, ha habido una tendencia natural de los observadores a realizar comparaciones de los ratios del «costo de la recaudación» de las diferentes jurisdicciones. Dichas comparaciones han de tratarse con la máxima cautela por los motivos que se explican en el Recuadro 10.2.

En la práctica, existen una serie de factores que pueden influir en la relación entre costo y recaudación, pero que no tienen nada que ver con la eficiencia ni con la efectividad relativa. Algunos de esos factores y variables serían, por ejemplo, los cambios macroeconómicos y las diferencias en los tipos de impuestos administrados. Dichos factores se examinan con más detenimiento en el Recuadro 10.2.

Pese a estos factores, en este informe se incluye el ratio del «costo de la recaudación» por dos motivos:

- el ratio del «costo de la recaudación» es útil para que las administraciones le den seguimiento como un indicador nacional, ya que les permite observar la tendencia a lo largo del tiempo de su labor recaudatoria y, como se señala en el Recuadro 10.2., pueden explicar los factores principales que influyen en el ratio; y
- la inclusión del ratio del «costo de la recaudación» y los comentarios al respecto que figuran en el Recuadro 10.2. pueden servir a los actores relevantes como recordatorio destacado de las dificultades y los desafíos que supone utilizar este indicador, que es fácil de calcular, para hacer comparaciones a nivel internacional.

En la Tabla 10.3. se muestra la variación de los ratios del «costo de la recaudación» entre 2018 y 2022 de las administraciones que se incluyen en este informe. Según indica, los ratios de en torno a tres cuartas partes de las administraciones descendieron entre 2021 y 2022, un comportamiento muy similar al del período anterior. Esta situación contrasta con un 80 % de administraciones aproximadamente cuyos ratios aumentaron entre 2019 y 2020, muy probablemente debido al descenso de la recaudación durante la pandemia de COVID-19.

Tabla 10.3. Variaciones de los ratios del «costo de la recaudación», 2018-2022

Porcentaje de administraciones

Variación	De 2018 a 2019	De 2019 a 2020	De 2020 a 2021	De 2021 a 2022
Incremento del costo de la recaudación	43,4	83,0	22,6	24,5
Descenso del costo de la recaudación	56,6	17,0	77,4	75,5

Nota: La tabla se basa en los datos de las 53 jurisdicciones analizadas en esta publicación que pudieron facilitar información correspondiente al período de 2018 a 2022.
Fuente: CIAT, OIAT, FMI, OCDE. Encuesta Internacional sobre Administración Tributaria, Tabla D.6 Ratios de recursos: Costo, https://data.rafit.org/regular.aspx?key=74180898 (consultado el 10 de septiembre de 2024).

El Gráfico 10.2. analiza la variación de los ratios del «costo de la recaudación» durante el lustro comprendido entre 2018 y 2022, desde la perspectiva de las jurisdicciones. Sin embargo, tal como se ha mencionado en el Recuadro 10.2., el gráfico y las cifras en las que se basa han de interpretarse con gran cautela.

Gráfico 10.2. Variación de los ratios del «costo de la recaudación» entre 2018 y 2022

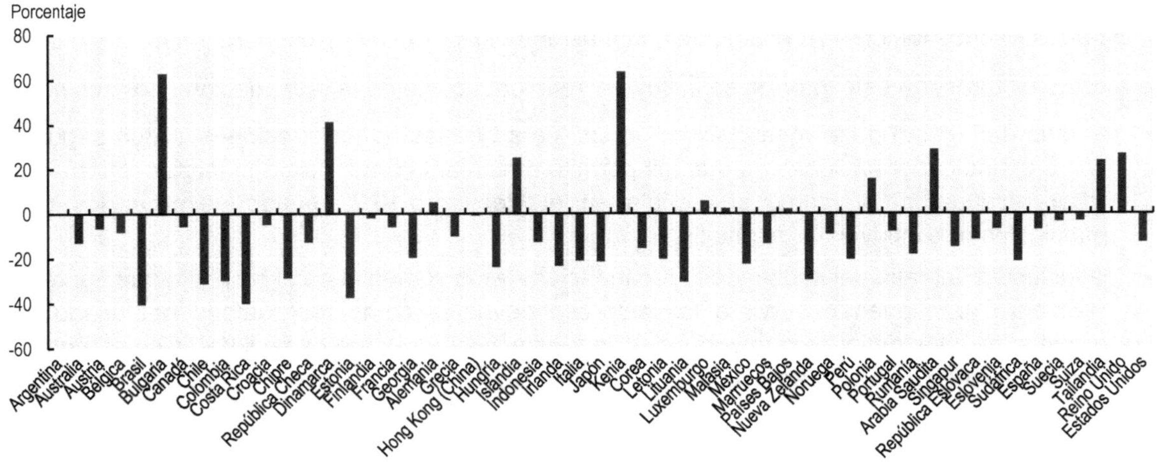

Nota: Al interpretar este gráfico, deberían tenerse en cuenta los factores mencionados en el Recuadro 10.2. Se han excluido los datos correspondientes a la India, Israel y Turquía. Véanse las notas de la Tabla A.16 Gastos de las administraciones tributarias: Gasto salarial y operativo.

Fuente: CIAT, OIAT, FMI, OCDE. Encuesta Internacional sobre Administración Tributaria, Tabla D.6 Ratios de recursos: Costo, https://data.rafit.org/regular.aspx?key=74180898 (consultado el 10 de septiembre de 2024).

StatLink https://stat.link/wscy2q

Recuadro 10.2. Dificultades y desafíos del uso del ratio del «costo de la recaudación» como indicador de la eficiencia o la efectividad

Si se observa a lo largo del tiempo, puede parecer que una tendencia a la baja del ratio del «costo de la recaudación» demuestra una reducción de los costos relativos (es decir, una mejora de la eficiencia) o una mejora del cumplimiento de las obligaciones fiscales (es decir, una mejora de la efectividad). Sin embargo, la experiencia también ha demostrado que existen muchos factores que pueden influir en el ratio, pero **no** están relacionados con cambios en la eficiencia ni en la efectividad de las administraciones tributarias y que restan gran fiabilidad a esta estadística en el contexto internacional:

- **Cambios en la política fiscal:** Los cambios en la política fiscal son un factor importante para determinar la relación entre costo y recaudación. En teoría, una decisión en materia de políticas para aumentar la presión tributaria general debería mejorar el ratio en igual medida (si no cambia nada más), aunque esto no tiene nada que ver con una mejora de la eficiencia ni de la efectividad operativa.
- **Cambios macroeconómicos:** Los cambios significativos en las tasas de crecimiento económico, entre otras cosas, o en la inflación a lo largo del tiempo podrían incidir en los ingresos totales obtenidos por la administración tributaria y la relación entre costo y recaudación.
- **Gasto de la administración tributaria fuera de lo normal**: En ocasiones, una administración tributaria podría tener que acometer un nivel de inversión fuera de lo normal (por ejemplo, la construcción de una nueva infraestructura de tecnología de la información o la adquisición de nuevas instalaciones más caras). Estas inversiones podrían aumentar los costos operativos generales a medio plazo y no llegar a brindar eficiencias de compensación, que podrían tardar más en materializarse, lo que incidirá en la relación entre costo y recaudación.

- **Cambios en la cobertura de la recaudación**: En ocasiones, los gobiernos deciden trasladar la responsabilidad de recaudar impuestos concretos de un organismo a otro, lo cual puede afectar a la relación entre costo y recaudación.

Desde una perspectiva puramente nacional, una administración puede rendir cuentas sobre dichos factores realizando los ajustes pertinentes en sus costos o en su recaudación. El seguimiento del ratio del «costo de la recaudación» puede ser, en esos casos, un indicador útil para observar cuál es la tendencia a lo largo del tiempo del trabajo que realiza la administración para recaudar los impuestos. Si se recaba por tipo de impuesto, puede contribuir además a aportar información en la que fundamentar decisiones en materia de políticas sobre cómo pueden administrarse y recaudarse impuestos concretos.

Sin embargo, su utilidad para realizar una comparación internacional es muy limitada. Aunque las administraciones pueden ser capaces de rendir cuentas sobre los factores anteriores desde una perspectiva nacional, será difícil que puedan hacerlo a nivel internacional, puesto que el análisis tendría que considerar lo siguiente:

- **Las diferencias en los tipos impositivos y la estructura de los impuestos**: Los tipos impositivos y la estructura real de los impuestos incidirán en la recaudación total y, en menor medida, en las consideraciones en materia de costos. Por ejemplo, las comparaciones del ratio entre jurisdicciones con una presión tributaria alta y otras con una presión tributaria baja no suelen ser realistas, debido a las amplias diferencias en el nivel de impuestos existente.
- **Diferencias en cuanto a variedad y naturaleza de los impuestos administrados**: En este sentido pueden darse una serie de diferencias. En algunas jurisdicciones, puede haber más de una autoridad tributaria importante a nivel nacional o los impuestos de ámbito federal pueden ser en su mayoría de carácter directo, mientras que los impuestos indirectos podrían estar administrados mayoritariamente por autoridades estatales y regionales diferentes. En otras jurisdicciones, una autoridad nacional recaudará los impuestos correspondientes a todos los niveles de la administración, es decir, federal, regional y local. En relación con el cobro de las contribuciones a la seguridad social, surgen problemas de carácter similar.
- **Diferencias en cuanto a la serie de las funciones asumidas**: La serie de funciones asumidas por las administraciones tributarias puede variar entre una jurisdicción y otra. Por ejemplo, en algunas jurisdicciones, la administración tributaria se encarga también de llevar a cabo actividades no relacionadas directamente con la administración de impuestos (como la administración de determinadas prestaciones sociales o los registros nacionales de población). En otras, por el contrario, ciertas funciones de carácter tributario no son asumidas por la administración tributaria (por ejemplo, la ejecución de los cobros de deuda). Por otra parte, las diferencias en cuanto a perspectivas societarias pueden influir en lo que hace una administración, en la forma en la que puede actuar y en los servicios que ha de ofrecer. Esto último puede afectar de manera especialmente importante a la relación entre costos y recaudación.

Por último, cabe señalar que el ratio del «costo de la recaudación» ignora el potencial del sistema tributario en cuanto a recaudación de ingresos, es decir, la diferencia entre el impuesto realmente recaudado y el potencial máximo de recaudación. Esto resulta especialmente relevante en el contexto de las comparaciones internacionales, ya que algunas administraciones con ratios de costos y recaudación similares pueden presentar diferencias en términos de efectividad relativa.

Plantilla

En 2022, las administraciones incluidas en este informe contaban con una plantilla de cerca de 1,7 millones de personas (véase la Tabla A.18), lo que convierte la gestión efectiva y eficiente del personal en un aspecto esencial para una buena administración tributaria. Contar con una plantilla competente, profesional, productiva y capaz de adaptarse es un aspecto central de la planificación de recursos humanos de la mayoría de las administraciones. Habida cuenta de que los costos salariales representan en promedio más de un 70 % de los gastos operativos, toda variación considerable del presupuesto influye de forma sistemática en las cifras sobre personal. La «doble presión» que se genera debido a las limitaciones presupuestarias y a los cambios en la tecnología, mencionada en la edición de 2017 (OECD, 2017[2]) (véase también el Gráfico 10.3.), sigue constituyendo un aspecto importante de la gestión para la mayoría de las administraciones. Esta dificultad se ve agravada por el hecho de que a algunas administraciones les puede resultar difícil reducir de manera estratégica el alcance de sus operaciones, debido a mandatos administrativos o restricciones contractuales, dejando de sustituir a los miembros de la plantilla que se marchen voluntariamente.

Gráfico 10.3. Doble presión sobre la plantilla

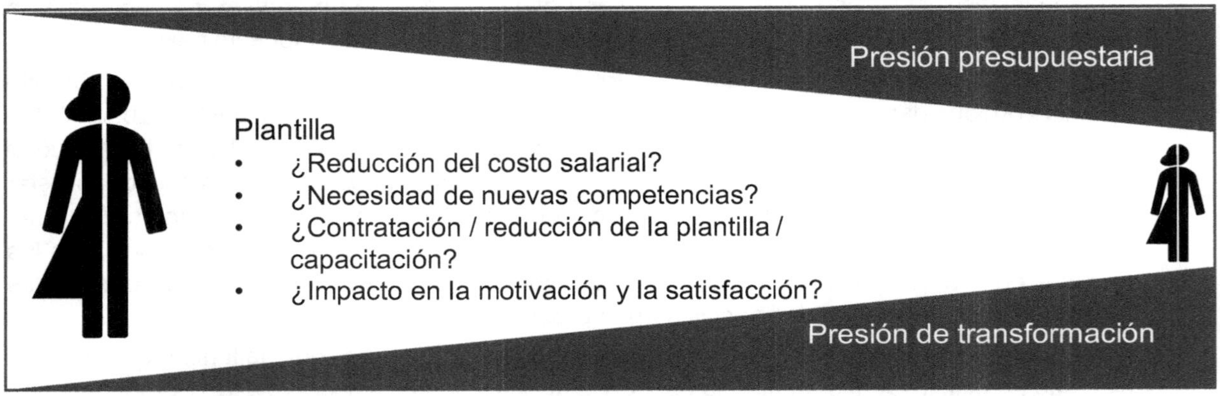

Empleo de personal por función

En el Gráfico 10.4. se facilita una asignación promedio de los recursos de personal (expresados en equivalentes a tiempo completo) de siete agrupaciones funcionales utilizadas para clasificar las operaciones de las administraciones tributarias. Cabe señalar que, para la encuesta de ISORA de 2023, se revisaron los agrupamientos funcionales dividiendo la categoría «Todas las demás funciones» en cuatro: (i) Gestión de controversias; (ii) Gestión de recursos humanos; (iii) Soporte de tecnologías de la información y las comunicaciones; y (iv) Todas las demás funciones. De esta forma, se obtiene una mejor idea del uso que hacen las administraciones tributarias del personal empleado.

Gráfico 10.4. Uso del personal por función, 2022

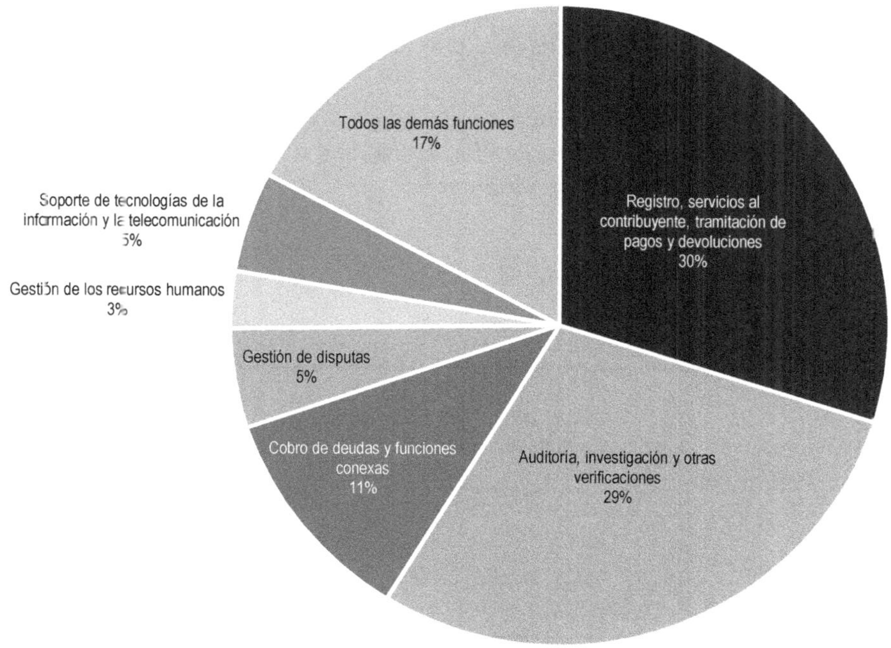

Nota: Excluyendo a las administraciones que no pudieron facilitar datos desglosados en relación con todas las funciones.
Fuente: CIAT, OIAT, FMI, OCDE. Encuesta Internacional sobre Administración Tributaria, Tabla D.7 Reparto de recursos por ubicación y función: Registro, servicios, tramitación, y auditoría y verificación, D.8 Reparto del personal por función: Cobro de deudas, gestión de controversias y gestión de recursos humanos y D.9 Reparto del personal por función: Soporte de TIC y todas las demás funciones. https://data.rafit.org/regular.aspx?key=74180899 (consultado el 10 de septiembre 2024).

StatLink https://stat.link/64yml

Pese a que los datos pormenorizados de cada administración incluidos en las Tablas D.7. a D.9. muestran una dispersión considerable de los valores y una serie de valores atípicos en relación con cada función, en promedio la función de «Auditoría, investigación y otras verificaciones» y la función de «Registro, servicios, tramitación de pagos y devoluciones» presentan el mismo nivel de uso de recursos, pues cada una emplea en promedio al 30 % del personal. Ambos ratios, al igual que el ratio correspondiente a las «Cobro de deuda y funciones conexas» se han mantenido estables durante los últimos años.

Con los avances en la tecnología, una disponibilidad cada vez mayor de datos y unas expectativas de los contribuyentes con respecto a las ofertas de servicios en constante cambio, las administraciones tributarias están mejorando su tecnología de la información y las comunicaciones, así como sus capacidades de análisis. Cada vez emplean a un mayor número de personal especializado o, cuando dichos puestos no existen internamente, los subcontratan de forma externa.

La encuesta ISORA de 2023 analizó tres de esas competencias y pidió a las administraciones que indicasen si tenían en plantilla o subcontrataban a personal con conocimientos sobre ciencias del comportamiento, competencias en diseño de interfaces de usuario o conocimientos sobre ciencia de los datos. En la Tabla 10.4. se resumen los resultados y se muestra que:

- Cerca de la mitad de las administraciones cuentan con personal competente en información sobre comportamiento, ya sea interno o subcontratado según lo necesiten, o ambas cosas. En el Capítulo 6 se describe cómo ayuda la información sobre el comportamiento a las administraciones tributarias, un tema que también se examina en la publicación de la OCDE de 2021 *Behavioural Insights for Better Tax Administration: A Brief Guide* (OECD, 2021[3])

- El diseño de interfaces de usuario es otra competencia especializada que cada vez cobra mayor importancia. Consiste en el proceso de diseño de la interfaz entre las soluciones de software y las personas, con el objetivo de garantizar que el primero sea fácil de usar. Más de un 70 % de las administraciones que tiene personal en plantilla con esta competencia o lo subcontrata la consideran relevante.
- Cerca de un 80 % de las administraciones tiene en plantilla o subcontrata a científicos de datos. Esto no resulta sorprendente, teniendo en cuenta las crecientes cantidades de datos de las que disponen y que gestionan las administraciones tributarias.

Tabla 10.4. Uso de competencias especializadas, 2022

Porcentaje de administraciones

Tipo de competencia especializada	Existe un puesto especializado **solo interno**	Las competencias especializadas **solo se subcontratan** cuando se necesitan	Puestos especializados **internos y subcontratación de** competencias cuando se necesitan
Ciencia del comportamiento	25,9	3,4	19,0
Diseño de interfaz de usuario	19,0	6,9	46,6
Ciencia de datos	41,4	1,7	34,5

Fuente: CIAT, OIAT, FMI, OCDE. Encuesta Internacional sobre Administración Tributaria, Tabla B.15 Competencias especializadas, https://data.rafit.org/regular.aspx?key=74180914 (consultado el 10 de septiembre de 2024).

Indicadores de personal

La encuesta ISORA también recaba datos fundamentales sobre rangos de edad, antigüedad (años de servicio), distribución por género y formación académica del personal de las administraciones tributarias: véanse las Tablas D.10. a D.16. y A.22. a A.33. Cabe señalar que, al interpretar estos datos, las administraciones tributarias y aduaneras combinadas pudieron emplear a su plantilla total para responder a las preguntas de fondo de la encuesta, ya que podría resultarles difícil separar las características del personal que se dedica a aduanas del que se dedica a los tributos.

Rangos de edad

Aunque existen importantes variaciones entre los rangos de edad del personal de las administraciones tributarias (véanse las Tablas D.12. y D.13.), es interesante observar que también hay diferencias cuando se comparan las distintas agrupaciones regionales. Este puede deberse a una compleja combinación de factores culturales, económicos y sociológicos (por ejemplo, la madurez económica y las políticas de selección de personal, remuneración y jubilación).

En el Gráfico 10.5. se muestra que el personal suele ser más joven en las administraciones de las agrupaciones regionales de «Asia Pacífico» y «Oriente Próximo y África» donde, en promedio, cerca del 30 % de los empleados tienen menos de 35 años, mientras que en el «continente americano» y «Europa», este porcentaje se reduce a menos del 20 %. Al mismo tiempo, un amplio porcentaje del personal de las administraciones del «continente americano» y «Europa» es mayor de 54 años.

Gráfico 10.5. Rangos de edad del personal de las administraciones tributarias, 2022

Porcentaje del personal por rangos de edad de las agrupaciones regionales seleccionadas

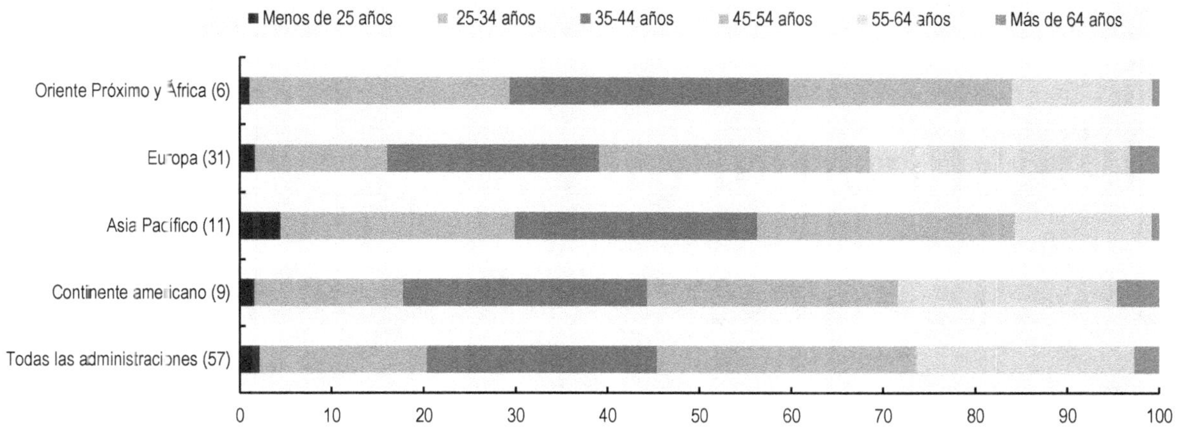

	Todas las administraciones (57)	Continente americano (9)	Asia Pacífico (11)	Europa (31)	Oriente Próximo y África (6)
■	2.1	1.6	4.5	1.7	1.1
■	18.2	16.2	25.5	14.3	28.3
■	25.0	26.5	26.4	23.1	30.3
■	28.3	27.3	28.0	29.5	24.3
■	23.6	23.9	14.9	28.2	15.2
■	2.7	4.5	0.8	3.2	0.8

Porcentaje

Nota: En las agrupaciones regionales se incluyen las siguientes administraciones: Continente americano (9) – Argentina, Brasil, Canadá, Chile, Colombia, Costa Rica, México, Perú y Estados Unidos; Asia Pacífico (11) – Australia, (República Popular de) China, Hong Kong (China), India, Indonesia, Japón, Corea, Malasia, Nueva Zelanda, Singapur y Tailandia; Europa (31) – Austria, Bélgica, Bulgaria, Croacia, Chipre, República Checa, Dinamarca, Estonia, Finlandia, Francia, Georgia, Alemania, Grecia, Hungría, Islandia, Irlanda, Italia, Letonia, Lituania, Luxemburgo, Malta, Países Bajos, Noruega, Polonia, Portugal, la República Eslovaca, Eslovenia, España, Suecia, Suiza y el Reino Unido; Oriente Próximo y África (6): Israel, Kenia, Marruecos, Arabia Saudita, Sudáfrica y Turquía.
Fuente: CIAT, OIAT, FMI, OCDE. Encuesta Internacional sobre Administración Tributaria, Tablas D.12 Distribución por edad de la plantilla: Personal menor de 45 años y D.13 Distribución por edad del personal: Personal de 45 años o más, https://data.rafit.org/regular.aspx?key=74180899 (consultado el 10 de septiembre de 2024).

StatLink https://stat.link/3zvtyl

Si se analizan los datos específicos de las jurisdicciones, el porcentaje del personal mayor de 54 años aumentó en dos terceras partes de las administraciones durante el lustro comprendido entre 2018 y 2022 (véase el Gráfico 10.6).

Gráfico 10.6. Personal mayor de 54 años: Variación entre 2018 y 2022

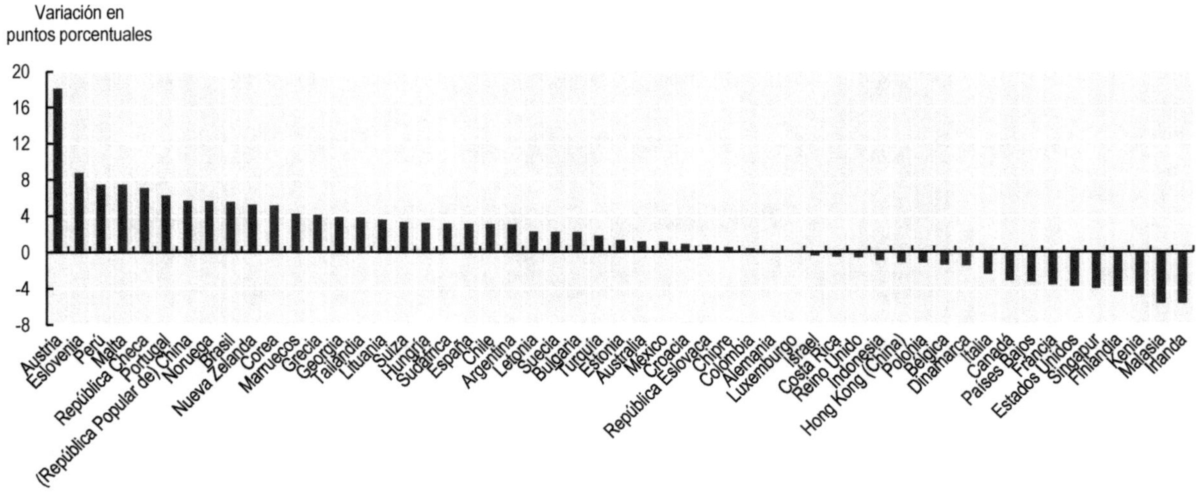

Nota: Solo incluye las jurisdicciones con respecto a las cuales existían datos disponibles en relación con ambos años. Se han excluido los datos de Islandia y Arabia Saudita debido a la fusión de la administración tributaria y la administración aduanera.
Fuente: CIAT, OIAT, FMI, OCDE. Encuesta Internacional sobre Administración Tributaria, Tabla D.13 Distribución por edad del personal: Personal de 45 años o más, https://data.rafit.org/regular.aspx?key=74180899 (consultado el 10 de septiembre de 2024).

StatLink https://stat.link/ybi2de

Gráfico 10.7. Antigüedad (años de servicio) promedio frente a rango de edad promedio, 2022

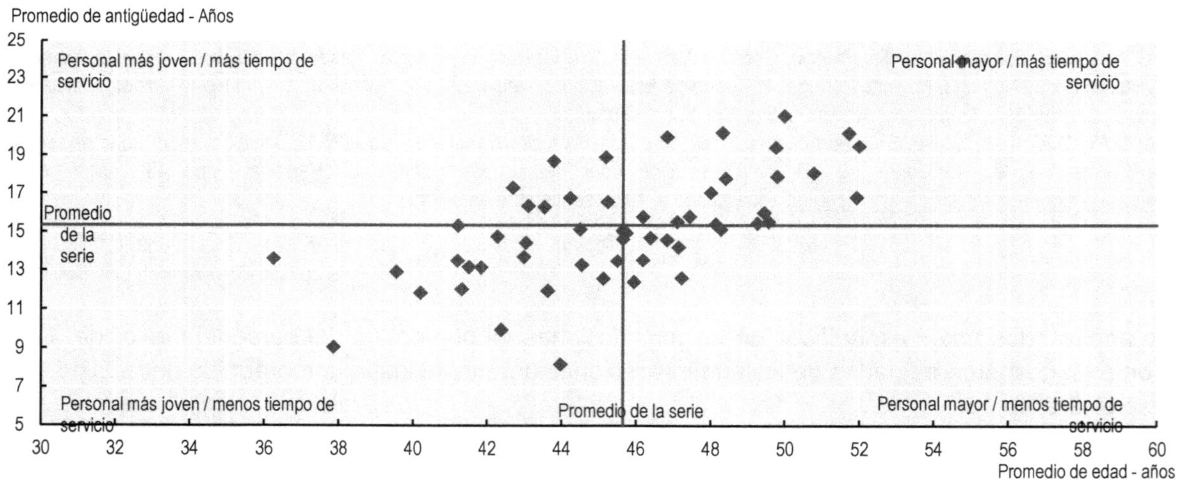

Fuente: Cálculos de la Secretaría de la OCDE basándose en CIAT, OIAT, FMI, OCDE. Encuesta Internacional sobre Administración Tributaria, Tablas D.12 Distribución por edad del personal: Personal menor de 45 años, D.13 Distribución por edad del personal: Personal de 45 años o más, D.14 Antigüedad (Años de servicio): Menos de 10 años y D.15 Antigüedad (Años de servicio): 10 años o más, https://data.rafit.org/regular.aspx?key=74180899 (consultado el 10 de septiembre de 2024).

StatLink https://stat.link/631ygd

Antigüedad (Años de servicio)

La diferencia de los rangos de edad también se refleja en gran medida en la antigüedad (los años de servicio) del personal de las administraciones tributarias. El Gráfico 10.7. indica que no solo se jubilará una gran parte de la plantilla de un importante número de administraciones en los próximos años, sino que muchas de esas personas tendrán una dilatada experiencia, lo que plantea problemas relacionados con el mantenimiento de conocimientos y experiencia fundamentales.

Distribución por género

Habida cuenta del enorme interés público por la paridad de género, se invitó a las administraciones a que informasen del personal total y del personal ejecutivo por género respectivamente. Tal como puede verse en el Gráfico 10.8., aunque muchas administraciones rozan la proporcionalidad, normalmente las mujeres siguen estando proporcionalmente infrarrepresentadas en los puestos de carácter ejecutivo e infrarrepresentadas de forma considerable en una serie de administraciones, algo que no ha cambiado desde la edición de 2017 del presente informe (OECD, 2017[2]).

Gráfico 10.8. Porcentaje de mujeres en plantilla – número total de mujeres en plantilla frente a mujeres ejecutivas, 2022

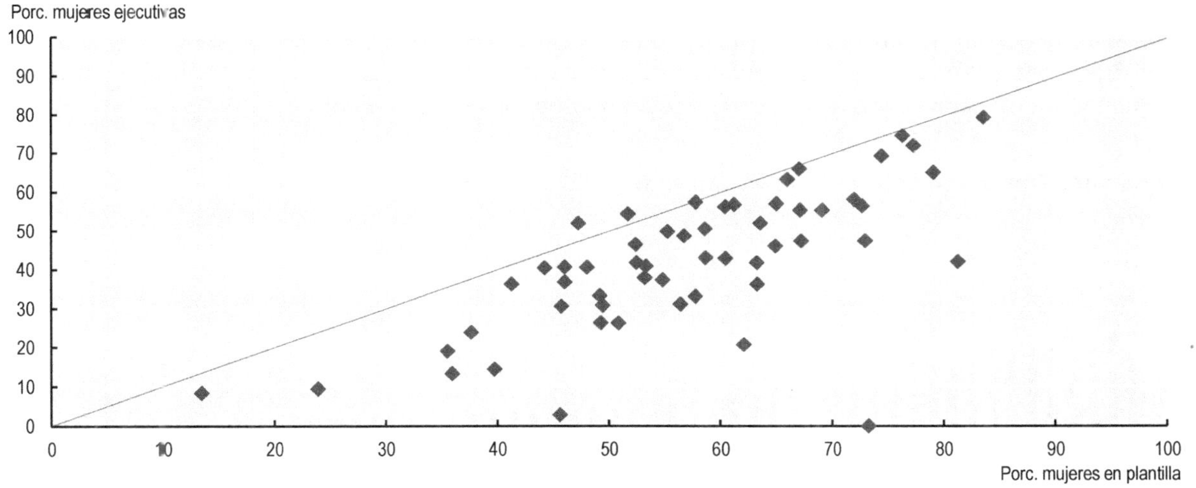

Fuente: CIAT, OIAT, FMI, OCDE. Encuesta Internacional sobre Administración Tributaria, Tabla D.16 Distribución por género, https://data.rafit.org/regular.aspx?key=74180899 (consultado el 10 de septiembre de 2024).

StatLink https://stat.link/ka34ds

Al analizar los promedios totales, aunque existen variaciones entre las diferentes jurisdicciones (véase la Tabla D.16.), en promedio el porcentaje de mujeres en la plantilla total y en puestos ejecutivos se ha mantenido sin grandes cambios durante el lustro comprendido entre 2018 y 2022, con un ligero aumento de las mujeres ejecutivas próximo al 7 % (véase la Tabla 10.5.). Los datos a nivel de la jurisdicción muestran que en cerca de dos terceras partes de las administraciones, el porcentaje de mujeres ejecutivas ha aumentado desde 2018 (véase la Tabla D.16.).

Tabla 10.5. Proporción promedio de mujeres en plantilla y mujeres ejecutivas (porcentaje), 2018-2022

Categoría de personal	2018	2019	2020	2021	2022	Variación porcentual entre 2018 y 2022
Mujeres en plantilla (55 jurisdicciones)	56,8	57,4	57,3	57,4	57,6	+1,4
Mujeres ejecutivas (54 jurisdicciones)	39,9	41,6	41,2	42,4	42,9	+7,4

Nota: La tabla muestra la proporción de la plantilla total y del personal ejecutivo compuesta por mujeres en las jurisdicciones analizadas en esta publicación que pudieron facilitar la información correspondiente a los años 2018 a 2022. Entre paréntesis se muestra el número de jurisdicciones con respecto a las cuales existían datos disponibles.
Fuente: CIAT, OIAT, FMI, OCDE. Encuesta Internacional sobre Administración Tributaria, Tabla D.16 Distribución por género, https://data.rafit.org/regular.aspx?key=74180899 (consultado el 10 de septiembre de 2024).

La encuesta ISORA también pidió a las administraciones que indicasen si la plantilla no se había identificado como mujer ni como hombre (lo cual se indicó en la encuesta mediante la opción de género «otro»). Siete administraciones declaran haber obtenido información sobre la opción de género «otro» y dos administraciones, Australia y Nueva Zelanda, indicaron tener personal que se autoidentifica como «otro», en el caso de Australia también a nivel ejecutivo (véanse las Tablas A.24. y A.27.).

Para saber cómo podría evolucionar la distribución por género en el futuro, la encuesta ISORA de 2023 pidió por primera vez a las administraciones tributarias que indicasen el porcentaje de personas contratadas que eran mujeres. Como puede verse en el Gráfico 10.9., en la amplísima mayoría de las administraciones estudiadas en esta publicación, las mujeres constituían más de la mitad de la plantilla total que se había incorporado a la administración durante el ejercicio fiscal.

Gráfico 10.9. Porcentaje de mujeres contratadas, 2022

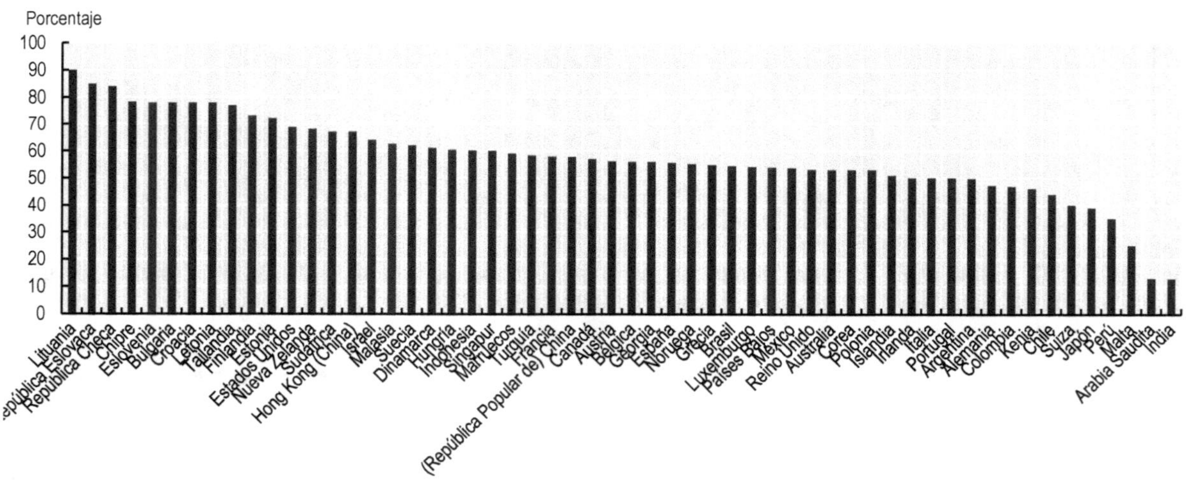

Fuente: CIAT, OIAT, FMI, OCDE. Encuesta Internacional sobre Administración Tributaria, Tabla D.16 Distribución por género, https://data.rafit.org/regular.aspx?key=74180899 (consultado el 10 de septiembre de 2024).

StatLink https://stat.link/xatw14

Salida del personal

La salida del personal (también llamada rotación del personal) se refiere a la tasa de empleados que dejan una organización durante un período dado (normalmente un año). Unas tasas de salida altas pueden deberse a una serie de factores, como las políticas de reducción de personal, la demografía o los cambios en las preferencias en cuanto a personal. La tasa de salida debería considerarse junto con otras medidas, tales como la tasa de contratación, que analiza el número de personal contratado durante un período dado, al evaluar las tendencias de los recursos humanos de una administración.

Aunque una alta tasa de salida combinada con una baja tasa de contratación suele asociarse con una política general de recorte de la plantilla, tal vez las administraciones deberían preocuparse cuando ambas tasas son altas. La contratación resulta costosa, no solo el procedimiento en sí sino también el costo y el tiempo que supone la capacitación y el apoyo a los nuevos miembros de la plantilla.

Es posible que tampoco resulte ideal tener unas tasas de salida demasiado bajas. Mientras una organización esté creciendo, lo deseable podría ser una tasa de salida baja. Sin embargo, en situaciones en las que tanto la tasa de salida como la tasa de contratación son bajas, una organización podría no tener la capacidad de incorporar nuevas competencias, porque todos los puestos estén ocupados. Esto podría constituir un problema, en particular en el caso de administraciones que estén atravesando un proceso de transformación y, por lo tanto, necesiten personal con competencias diferentes de las que se encuentren disponibles en ese momento internamente.

Pese a que lo que se considera una tasa de salida «adecuada» difiere según el sector o la jurisdicción de la que se trate, las tasas de salida y contratación promedio de las administraciones que participan en esta publicación, próximas al 7 % en 2022, parecerían presentar un intervalo razonable para las administraciones tributarias de entre un 5 % y un 10 %. Cabe señalar que las tasas de salida y contratación promedio de 2022 han regresado ya a los niveles previos a la pandemia e incluso los han superado ligeramente. (Véase la Tabla 10.6.)

Tabla 10.6. Tasas de salida y contratación promedio (porcentaje), 2018-2022

Tasas	2018	2019	2020	2021	2022	Variación porcentual entre 2018 y 2022
Tasa de salida (49 jurisdicciones)	6,6	7,1	6,0	6,8	7,4	+12,8
Tasa de contratación (49 jurisdicciones)	6,8	7,1	5,9	6,0	7,4	+8,4

Nota: La tabla muestra las tasas de salida y contratación promedio de las jurisdicciones analizadas en esta publicación que pudieron facilitar la información correspondiente a los años 2018 a 2022. Entre paréntesis se muestra el número de jurisdicciones con respecto a las cuales existían datos disponibles. Se han excluido del cálculo los datos de (la República Popular de) China, Islandia, Noruega y Arabia Saudita, debido a traslados extraordinarios de personal durante el período comprendido entre 2018 y 2021, que se registraron como contrataciones, lo cual distorsionó sus promedios de esos años (véanse las notas de la Tabla A.23).
Fuente: CIAT, OIAT, FMI, OCDE. Encuesta Internacional sobre Administración Tributaria, Tabla D.10 Dinámica del personal empleado, https://data.rafit.org/regular.aspx?key=74180899 (consultado el 10 de septiembre de 2024).

Sin embargo, al analizar datos específicos de las administraciones, resulta obvio que las tasas de «salida y contratación» abarcan un rango muy amplio. El Gráfico 10.10. muestra la relación entre las tasas de contratación y de salida de las administraciones tributarias. Indica que existe una serie de administraciones con tasas de salida y contratación que superan con creces el 10 % (cuadro superior derecho), mientras que otras presentan tasas de salida y contratación bajas (cuadro inferior izquierdo).

Gráfico 10.10. Tasas de salida y contratación, 2022

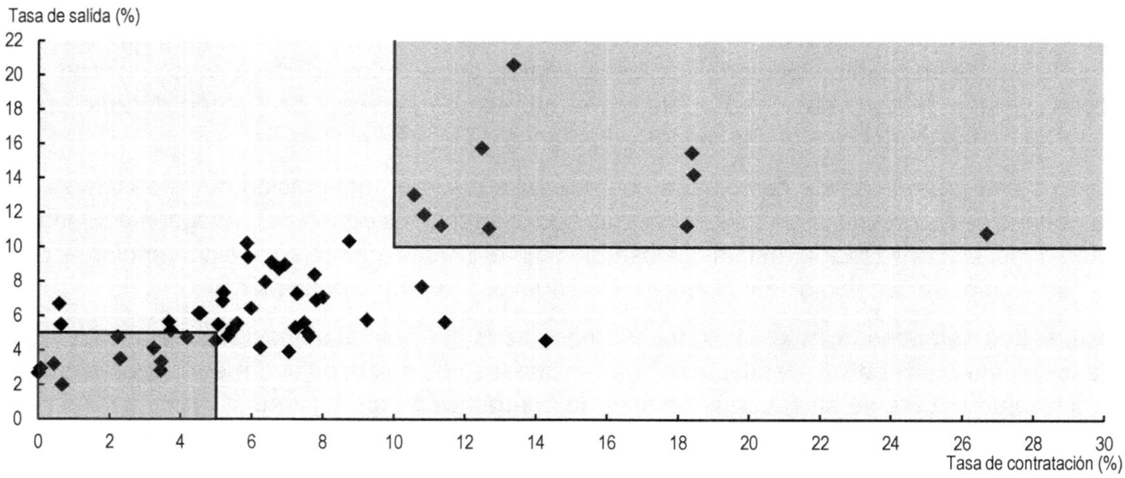

Nota: Tasa de salida = número de salidas de personal/nivel de personal promedio. Tasa de contratación = número de contrataciones de personal/nivel de personal promedio. El nivel promedio de dotación de personal es igual al número de personal inicial + las cifras de personal al final de año/2

Fuente: CIAT, OIAT, FMI, OCDE. Encuesta Internacional sobre Administración Tributaria, Tabla D.10 Dinámica del personal empleado, https://data.rafit.org/regular.aspx?key=74180899 (consultado el 10 de septiembre de 2024).

StatLink https://stat.link/vn823w

Gestión del personal

Una gestión eficaz del personal de la administración tributaria pasa por aplicar estrategias integrales de contratación, capacitación y retención. La inversión en formación profesional continua mantiene al personal actualizado sobre las últimas normativas, tecnologías y metodologías de trabajo. Además, un enfoque centrado en el bienestar y el compromiso de los empleados puede traducirse en un mayor grado de satisfacción laboral, menores tasas de salida y una plantilla más motivada. Esto puede ayudar a cultivar una cultura organizativa positiva que valore la integridad, la responsabilidad y la excelencia, lo que es crucial para el buen funcionamiento del sistema fiscal. Las administraciones invierten en esto y cerca del 3 % del personal participa en la gestión de los recursos humanos (véase el Gráfico 10.4.).

Para conocer mejor los sistemas de gestión del personal de las administraciones tributarias, la encuesta ISORA de 2023 recabó una importante cantidad de datos, que se resumen a continuación en cuatro categorías: (i) contratación y retención del talento, (ii) aprendizaje y desarrollo, (iii) motivación y desempeño del personal y (iv) gestión de la diversidad.

Contratación y retención del talento

Contratar talento y mantenerlo es importante para que las administraciones tributarias consigan resultados positivos a largo plazo. Esto incluye identificar las necesidades de talento de cara al futuro y contar con un sistema estratégico de gestión de la plantilla. Esta sección analiza cuatro esferas que contribuyen a que el sistema de contratación y retención de talento dé frutos:

- La disponibilidad de una estrategia de recursos humanos o un plan plurianual para la plantilla.
- La existencia de un plan de dotación de personal.

- La evaluación de las necesidades de capacidad dentro de la administración.
- La autonomía de la administración en la gestión de los recursos humanos.

Estrategia de recursos humanos / plan para la plantilla

Una estrategia de recursos humanos o un plan plurianual para la plantilla, diseñado para promover los objetivos globales de la administración tributaria, (a) identificando y definiendo las competencias necesarias para alcanzar dichos objetivos y (b) más tarde, contratando, ascendiendo y reteniendo al personal competente, influye de manera esencial en que una administración tributaria sea efectiva y sostenible.

Tal como muestra la Tabla 10.7., la amplia mayoría de las administraciones (cerca de un 90 %) informa de la existencia de una estrategia de recursos humanos que establece sus planes y objetivos esenciales en cuanto a gestión del personal. Aquellas que todavía no hayan establecido dicha práctica, podrían conseguir una ventaja considerable si lo hacen.

Tabla 10.7. Estrategia de recursos humanos / plan para la plantilla y plan de dotación de personal, 2022

Porcentaje de administraciones

Inclusión de una estrategia / plan plurianual para la plantilla en el sistema de gestión de recursos humanos	Si es así,				Inclusión de un plan de dotación de personal en el sistema de gestión de recursos humanos	Si es así,
	la estrategia / el plan plurianual para la plantilla se basa en competencias	existe un diccionario de competencias laborales	existe un catálogo de puestos de trabajo	existen descripciones de los puestos de trabajo		existe un plan de contratación
87,9	78,4	74,5	84,3	90,2	82,8	93,8

Fuente: CIAT, OIAT, FMI, OCDE. Encuesta Internacional sobre Administración Tributaria, Tabla B.10 Sistema de gestión de recursos humanos: Estrategia o plan plurianual para la plantilla y estrategia de capacitación y B.11 Sistema de gestión de recursos humanos: Apoyo al nuevo personal y plan de dotación de personal, https://data.rafit.org/regular.aspx?key=74180914 (consultado el 10 de septiembre de 2024).

En el caso de aquellas que poseen una estrategia de recursos humanos, cerca del 80 % indicó que adopta un sistema basado en competencias, en el que se describen tanto estas como los criterios de desempeño de cada puesto. Además, cerca de tres cuartas partes de las administraciones afirmaron tener un diccionario de competencias laborales. Casi un 85 % declaró tener un catálogo de puestos de trabajo, mientras que un 90 % de las administraciones indicó contar con descripciones de los diferentes puestos de trabajo. (Véase la Tabla 10.7.)

Plan de dotación de personal

Es esencial contar con una estrategia o plan para la plantilla, a fin de definir el sistema de contratación, ascenso y retención del personal a largo plazo y garantizar que se cuente con las competencias adecuadas en el momento adecuado. Al contrario que esta estrategia o plan, un plan de dotación de personal se centrará en las necesidades a corto plazo de la administración y será útil para conocer las necesidades inmediatas de personal, incluido el número y los tipos de personal necesarios.

Como se puede ver en la Tabla 10.7., cerca del 80 % de las administraciones afirmaron contar con un plan de dotación de personal y casi todas ellas han implantado también un plan de contratación.

Valoración de las necesidades de capacidad

Los cambios que están gestionando actualmente las administraciones tributarias, ya se deban a motivos tecnológicos, internacionales, de política o presupuestarios, son considerables. Las administraciones tributarias tendrán que adaptarse a la cultura y los servicios que esperan los contribuyentes, en particular la próxima generación de contribuyentes. Para contribuir al proceso de planificación de los recursos humanos a corto y largo plazo, casi las tres cuartas partes de las administraciones tributarias estudiadas en esta publicación afirmaron valorar las necesidades de capacidad actuales y futuras (véase la Tabla 10.8.).

Utilizando el poder de los datos, cerca del 90 % de las administraciones que evalúan las necesidades de capacidad declararon usar análisis de datos como parte del proceso de evaluación y todas ellas hacen una revisión periódica de la evaluación. Como prueba de los fuertes vínculos que existen entre la evaluación de las necesidades de capacidad y la planificación de la plantilla, un 86 % declaró que los resultados de la evaluación se tienen en cuenta en la estrategia de recursos humanos. Además, cerca de un 80 % indicó disponer de un plan formal para abordar las carencias de capacidad del personal (véase la Tabla 10.8.).

Tabla 10.8. Estrategia de recursos humanos / plan para la plantilla y plan de dotación de personal, 2022

Porcentaje de administraciones

Se evalúan las necesidades de capacidad actuales y futuras	Si es así,			
	el proceso de evaluación usa análisis de datos	la evaluación se revisa periódicamente	la estrategia de recursos humanos tiene en cuenta los resultados de la evaluación	existe un plan formal para abordar las carencias de capacidad del personal
72,4	88,1	100,0	85,7	83,3

Fuente: CIAT, OIAT, FMI, OCDE. Encuesta Internacional sobre Administración Tributaria, Tabla B.14 Evaluación de las necesidades de capacidad, https://data.rafit.org/regular.aspx?key=74180914 (consultado el 10 de septiembre de 2024).

Recuadro 10.3. Ejemplos: procesos de contratación

(República Popular de) China: Gestión inteligente de la información de los empleados

Para ayudar con la selección y la contratación de empleados en los diferentes departamentos y funciones, la Administración Tributaria Estatal ha llevado a cabo un análisis comparativo en profundidad de los datos de los empleados, con el objetivo de crear un perfil exacto de cada uno de ellos:

- Análisis integrado mediante la recopilación de datos de empleados de numerosas fuentes: Mediante la recopilación de datos de los funcionarios de la administración tributaria registrados en asuntos administrativos, sistemas de trabajo y otros sistemas pertinentes, se genera un «perfil en tiempo real» de cada funcionario de la administración, que puede analizarse y compararse con los perfiles de otros funcionarios.
- Actualizaciones laborales en tiempo real: La contratación de nuevos empleados y el cambio de función o el ascenso a puestos superiores de los empleados actuales se actualiza en el sistema

de gestión en línea, lo que permite el seguimiento y análisis del personal en tiempo real. Así se puede planificar y se ayuda a garantizar que todas las áreas dispongan de recursos suficientes.

- Red de Gestión Inteligente: Mediante la creación de una «red de gestión inteligente» que conecta los cinco niveles del sistema tributario nacional, se presenta de forma panorámica la estructura de todos los equipos de funcionarios diferentes. Esto permite la comparación y el análisis de la asignación de recursos humanos y el desempeño del personal en toda la administración tributaria, lo que ayuda a tomar cualquier decisión sobre gestión de recursos.

Francia: campaña de contratación

La Dirección General de Finanzas Públicas (DGFiP) ha puesto en marcha una campaña de comunicaciones digitales destacadas, con el objetivo de incrementar el atractivo de sus puestos de trabajo para los posibles candidatos. Esta campaña incluye la creación de un nuevo sitio web dedicado a la contratación, que pone de relieve la gran cantidad de puestos de trabajo y trayectorias profesionales que existen dentro de la DGFiP, así como el despliegue de una nueva campaña publicitaria.

Al comunicar con claridad sus valores y cultura a través de canales en línea (redes sociales y sitio web), la DGFiP está captando el interés de una variedad más amplia de posibles candidatos. Para ello, comparte historias inspiradoras de su personal directivo, iniciativas sociales y ambientales, así como eventos importantes, para mostrar el lado humano de la DGFiP. La campaña utiliza testimonios en vídeo para captar la atención y mostrar a los candidatos la diversidad de puestos de trabajo disponibles, las oportunidades profesionales y las diferentes ventajas.

Los empleados y directivos de la DGFiP participan de forma activa en la estrategia promocionando a la DGFiP y su trabajo cotidiano de distintas formas. Por ejemplo, las direcciones locales consolidan la imagen de las finanzas públicas participando en importantes ferias locales para estudiantes y transmitiendo las campañas a administraciones asociadas.

Fuentes: (República Popular de) China (2024) y Francia (2024).

Autonomía en la gestión de los recursos humanos

Tal como se establece en el Capítulo 9 sobre mecanismos de gobernanza, las administraciones tributarias pueden beneficiarse de un alto grado de autonomía en relación con la contratación, el ascenso profesional y la remuneración, a fin de garantizar un funcionamiento efectivo y eficiente del sistema tributario. Como puede verse en la Tabla 10.9., la amplia mayoría de las administraciones declara tener autonomía en cuestiones relacionadas con los recursos humanos. Sin embargo, un análisis de los datos por jurisdicción sí muestra que un reducido número de administraciones solo tiene autonomía en determinadas esferas. Además, incluso cuando las administraciones tributarias tienen autonomía, suele haber limitaciones normativas o presupuestarias que pueden dificultar el uso efectivo de dichas facultades.

Aunque el grado de autonomía sigue siendo coherente en gran medida entre las diferentes esferas, existe una excepción destacada, a saber: la «Colocación del personal dentro de un rango salarial» que, en un 64 %, se sitúa considerablemente por debajo de las calificaciones de otras facultades que suelen tener las administraciones en cuanto a recursos humanos. Esta puede ser una preocupación específica en las esferas de las tecnologías de la información y las comunicaciones, la ciencia de los datos, la ciberseguridad y otros puestos, en las que las administraciones tributarias compiten con entidades del sector privado por personal cualificado.

Tabla 10.9. Autonomía en la gestión de los recursos humanos, 2022

Porcentaje de administraciones

La administración tiene la facultad de...							
determinar los requisitos laborales	concertar citas con nuevo personal	decidir sobre el ascenso profesional del personal existente	decidir las competencias y las cualificaciones necesarias para una contratación o ascenso	determinar si el trabajo lo realiza personal fijo o se subcontrata	colocar al personal dentro de un rango salarial	despedir	aplicar medidas disciplinarias
98,3	91,4	89,7	93,1	87,9	63,8	86,2	96,6

Fuente: CIAT, OIAT, FMI, OCDE. Encuesta Internacional sobre Administración Tributaria, Tabla B.7 Facultad en materia de recursos humanos, https://data.rafit.org/regular.aspx?key=74180914 (consultado el 10 de septiembre de 2024).

Aprendizaje y desarrollo

Los cambios que introducen la digitalización y la transformación digital de las administraciones tributarias en los modelos operativos de estas suponen que no solo tendrá que contratarse nuevo personal, sino que el existente podría tener que mejorar sus competencias. Un aspecto esencial en este sentido es cómo hacer la transición y apoyar al personal durante este cambio. Al mismo tiempo, las administraciones han de seguir siendo conscientes del gran número de empleados que se jubilará en los próximos años (véase el subapartado sobre «Indicadores de personal») y cómo transferir su conocimiento y experiencia a los nuevos empleados.

Estrategia de capacitación

Como figura en la Tabla 10.10., las administraciones tributarias han reconocido la importancia de preparar al personal existente para esta transición y más del 90 % ha creado estrategias de capacitación para mejorar sus competencias. La necesidad de aumentar la capacidad internamente es especialmente importante cuando las condiciones laborales, las obligaciones contractuales y los niveles de remuneración dificultan la contratación de personal cualificado, en particular si se compite con el sector privado por esas cualificaciones.

De las administraciones que cuentan con estrategias de capacitación, casi un 90 % ha implantado un proceso cíclico formal al respecto y más de un 95 % cuenta con un plan de capacitación específico que es importante cuando se invierte en nuevas capacidades para fomentar la capacidad de introducir cambios con mayor rapidez y promover el desarrollo y la adopción de nuevos servicios y productos, en especial en relación con la tecnología digital.

Recuadro 10.4. Turquía: Taller sobre la aplicación de sistemas basados en el comportamiento al cumplimiento voluntario de las obligaciones fiscales

Turquía ha impartido formación para los empleados, trabajando en equipo, con sistemas basados en el comportamiento a través de talleres presenciales. Los sistemas basados en el comportamiento están captando cada vez más la atención de las administraciones tributarias como un área de interés para mejorar los niveles de cumplimiento. Esta formación trata de ofrecer un foro en el que se puedan intercambiar opiniones sobre el mejor modo de prestar una atención al cliente sistemática de alta calidad.

El primer taller se celebró en diciembre de 2023 en Ankara y reunió a 141 personas de unidades centrales y provinciales con sistemas basados en el comportamiento, para formular políticas basadas en pruebas empíricas y centradas en los contribuyentes. Se examinaron las decisiones de los contribuyentes y los factores que influían en ellas para saber cómo aumentar los niveles de cumplimiento voluntario de las obligaciones fiscales. También se informó al personal sobre la creación de otras unidades de políticas públicas basadas en el comportamiento en diferentes jurisdicciones. El curso concluyó con una formación en comunicación y dicción, para ayudar a los funcionarios a comunicarse de forma efectiva con los contribuyentes.

Fuente: Turquía (2024).

Tabla 10.10. Estrategia de capacitación, 2022

Porcentaje de administraciones

Inclusion de una estrategia de capacitación en el sistema de gestión de recursos humanos	Si es así,	
	existe un proceso cíclico formal de capacitación	existe un plan de capacitación específico
91,4	88,7	96,2

Fuente: CIAT, OIAT, FMI, OCDE. Encuesta Internacional sobre Administración Tributaria, Tabla B.10 Sistema de gestión de recursos humanos Estrategia o plan plurianual para la plantilla y estrategia de capacitación, https://data.rafit.org/regular.aspx?key=74180914 (consultado el 10 de septiembre de 2024).

Prestar apoyo al nuevo personal

Prestar apoyo al nuevo personal cuando se incorporan a la administración es importante para garantizar una integración sin problemas, que sean operativos rápidamente y que trabajen al máximo nivel. Los programas de orientación inicial y las iniciativas de mentoría dotan a los recién llegados de los conocimientos, las competencias y el conocimiento cultural básicos que necesitan para desenvolverse de forma efectiva en su nuevo entorno. Además, esto puede incidir de forma positiva en la motivación a largo plazo del nuevo personal.

Tal como muestra la Tabla 10.11., más del 90 % de las administraciones tributarias analizadas en esta publicación tienen programas para prestar apoyo al personal nuevo y prácticamente todas ellas llevan a cabo programas formales de orientación inicial. Al mismo tiempo, solo cerca de dos tercios de las administraciones han introducido programas formales de mentoría para el personal nuevo. Esto podría constituir una oportunidad perdida, en particular en un contexto de trabajo remoto en el que el nuevo personal podría no sentirse directamente parte de la organización global. En este caso, los programas de mentoría remota podrían contribuir a reducir las tasas de salida, agilizar la adquisición de competencias y aumentar el compromiso.

Fomento del liderazgo y planificación de la sucesión

El fomento del liderazgo y la planificación de la sucesión son importantes para la continuidad y la estabilidad dentro de la administración tributaria. Garantiza que siempre haya candidatos viables dentro de la administración que puedan tomar el relevo rápidamente cuando sea necesario, lo que aumenta la resiliencia de la administración tributaria. Además, contribuye a la transferencia vital de conocimientos entre sucesores y brinda certidumbre al personal en cuanto a liderazgo.

Cerca del 75 % de las administraciones tiene programas de gestión del talento y de liderazgo. Por lo que se refiere a la transferencia de conocimientos, aproximadamente un 75 % cuenta con un sistema personalizado de transferencia de conocimientos, es decir que los conocimientos se transfieren de un funcionario a otro individualmente. El 90 % usa un sistema en el que la transferencia de conocimientos se documenta, es decir, el conocimiento se convierte en productos, por ejemplo en documentos o vídeos, que muchas personas pueden consumir. (Véase la Tabla 10.11.)

Tabla 10.11. Apoyo al nuevo personal y fomento del liderazgo y planificación de la sucesión, 2022

Porcentaje de administraciones

Inclusión de un programa de apoyo al nuevo personal en el sistema de gestión de recursos humanos	Si es así,		Fomento del liderazgo y planificación de la sucesión		
	existe un programa de orientación inicial formal para el nuevo personal	existe un programa de mentoría formal para el nuevo personal	Existe un programa de gestión del talento y de liderazgo	Se personaliza la transferencia de conocimientos (transferencia individual)	Se documenta la transferencia de conocimientos
91,4	98,1	64,2	72,4	73,8	90,5

Fuente: CIAT, OIAT, FMI, OCDE. Encuesta Internacional sobre Administración Tributaria, Tabla B.10 Sistema de gestión de recursos humanos: Estrategia o plan plurianual para la plantilla y estrategia de capacitación y B.11 Sistema de gestión de recursos humanos: Apoyo al nuevo personal y plan de dotación de personal, https://data.rafit.org/regular.aspx?key=74180914 (consultado el 10 de septiembre de 2024).

Capacitación virtual

Durante la pandemia de COVID-19, muchas administraciones tributarias declararon haber trasladado sus programas de capacitación de una modalidad presencial a un entorno virtual. Las administraciones tributarias afirman que estas prácticas aportaron importantes beneficios a la administración y a los participantes y, en consecuencia, siguen adaptándose con una perspectiva a largo plazo. Anteriores ediciones de este informe incluían ejemplos de esto, por ejemplo el uso de sesiones de formación en línea en directo o vídeos o seminarios web previamente grabados (OECD, 2021[4]) o aplicaciones interactivas que también se pueden usar como parte de las iniciativas de contratación (OECD, 2023[1]).

Aunque cambiar a un entorno de formación virtual puede comportar ciertos costos en un principio, también los puede ahorrar a más largo plazo, ya que una vez que se ha creado, el material de formación grabado puede verse en cualquier momento y desde cualquier lugar. La formación remota puede reducir los gastos de desplazamiento y puede permitir al personal aprender a su propio ritmo y de manera cómoda, además de aumentar el número de miembros de la plantilla que pueden seguir un curso. Las nuevas tecnologías también están ayudando a facilitar los aspectos del aprendizaje colaborativo, al aumentar la calidad de la experiencia de capacitación.

Además de los programas de formación virtual que elaboran las propias administraciones tributarias, las organizaciones internacionales también están creando cursos de aprendizaje por medios electrónicos, diseñados específicamente para las administraciones tributarias. Uno de estos programas es la iniciativa *Virtual Training to Virtual Training to Advance Revenue Administration* (Formación virtual para mejorar la administración de tributos o VITARA), un proyecto conjunto de cuatro organizaciones que se describe más pormenorizadamente en el Recuadro 10.5.

Recuadro 10.5. La iniciativa VITARA

VITARA es un curso en línea diseñado específicamente para las administraciones tributarias. Consta de varios módulos en línea, breves y estructurados. Se trata de un proyecto conjunto de cuatro organizaciones: el Centro Interamericano de Administraciones Tributarias (CIAT), el Fondo Monetario Internacional (FMI), la Organización Intraeuropea de Administraciones Tributarias (OIAT) y la OCDE.

El contenido del curso VITARA está adaptado para la alta dirección y el personal ejecutivo de las administraciones tributarias de países en desarrollo. Si bien, otros funcionarios de la administración tributaria, entre ellos los de las economías avanzadas, también podrían beneficiarse de los diferentes módulos del curso que se indican a continuación. Todos los módulos son gratuitos y no existen requisitos previos ni se exige ninguna cualificación.

El plan de estudios de VITARA conforma un paquete de capacitación integral para la gestión de las administraciones tributarias. Consta de dos partes e incluye los siguientes temas:

- Parte A. Gobernanza institucional, administración y apoyo
  - Gobernanza institucional
  - Manejo del riesgo de cumplimiento
  - Organización
  - Gestión estratégica
  - Tecnología de la información y gestión de datos
  - Gestión de reformas (fundamentos y temas específicos)
  - Gestión de los recursos humanos
  - Gestión de desempeño
  - Gestión del riesgo empresarial
- Parte B. Funciones básicas de la administración tributaria
  - Introducción a la administración tributaria
  - Registro de contribuyentes
  - Servicios a los contribuyentes
  - Presentación de declaraciones
  - Pago y cobro de deudas
  - Programa de auditoría
  - Resolución de controversias
  - Gestión de los ingresos

En septiembre de 2024, se habían creado diez módulos de VITARA en inglés y algunos también están disponibles en español, francés y árabe. Se crearán nuevos módulos en inglés, con nuevas traducciones. Se puede acceder a los módulos disponibles (subrayados antes) mediante este enlace: https://www.imf.org/en/Capacity-Development/Training/ICDTC/Search?sortby=Relevancy&sortdir=Descending&keywords=VITARA (consultado el 10 de septiembre de 2024).

Para ayudar a los estudiantes y ofrecer un acceso fácil y gratuito al contenido de los módulos en línea de VITARA (en particular a aquellos que no disponen de acceso estable a Internet), los socios de VITARA han comenzado a reproducir el contenido de los módulos en lo que se ha denominado «Guías de consulta» (*Reference Guides*). A fecha de septiembre de 2024, se habían publicado cinco Guías de consulta:

- *Human Resource Management* (Gestión de recursos humanos) (OECD et al., 2024[5])
- *Organisation (Organización) (CIAT et al., 2024[6])*
- *Strategic management (Gestión estratégica) (CIAT, IMF, IOTA, OECD, 2023[7])*
- *Reform Management Fundamentals (Fundamentos de la gestión de reformas): Setting Up a Reform Program (Creación de un programa de reforma) (OECD et al., 2024[8])*
- *Reform Management Specific Topics* (Temas específicos de la gestión de reformas): *Managing a Reform Program* (Gestión de un programa de reformas) (OECD et al., 2024[9])

Motivación y desempeño del personal

Es fundamental mantener la motivación de los empleados para dirigir una organización que funcione adecuadamente e impulsar la productividad y el compromiso, lo que a su vez contribuye a que la administración logre sus objetivos. Disponer de un sistema de gestión del desempeño puede complementar esta labor, mediante el establecimiento de objetivos claros, expectativas y el suministro de un mecanismo de información mutua periódica y oportunidades de desarrollo profesional.

Encuestas al personal

Realizar encuestas periódicamente para conocer las opiniones de la plantilla sobre la gestión del personal y de los recursos humanos, en aras de mejorar la toma de decisiones informadas en dichas esferas, puede tener especial relevancia en épocas de cambio. Medir el compromiso de la plantilla, así como su nivel de satisfacción y su motivación, compartiendo los resultados de las encuestas de dichas esferas con el personal y haciéndolos partícipes de la selección, el diseño y la aplicación de los cambios ha demostrado ser una fórmula de éxito para aumentar la productividad en una serie de administraciones tributarias.

Cerca del 70 % de las administraciones encuestan a su plantilla periódicamente sobre las actitudes, las percepciones y la satisfacción de los empleados, aunque la periodicidad puede variar. Más del 90 % de esas administraciones evalúa el compromiso del personal, comparte los resultados con la plantilla y recaba su participación cuando plantean respuestas a las conclusiones de las encuestas. (Véase la Tabla 10.12.)

Tabla 10.12. Encuestas al personal, 2022

Porcentaje de administraciones

Se realizan encuestas periódicas al personal sobre actitudes, percepciones y satisfacción de la plantilla	Si es así,		
	evaluación del compromiso del personal	se comparten los resultados con el personal	se recaba su participación al responder a la evaluación
70,7	97,6	95,1	90,2

Fuente: CIAT, OIAT, FMI, OCDE. Encuesta Internacional sobre Administración Tributaria, Tabla B.9 Sistema de gestión de recursos humanos: Encuestas al personal, https://data.rafit.org/regular.aspx?key=74180914 (consultado el 10 de septiembre de 2024).

Sistemas de gestión del desempeño

Casi la totalidad de las administraciones tributarias afirman tener implantados sistemas de gestión del desempeño. La mayoría realizan la evaluación de forma anual (o incluso con más frecuencia) e incluyen objetivos específicos para cada miembro del personal en este proceso. También se ha reconocido la importancia de los planes de mejora individual y solo un 15 % de las administraciones no los incluye en su sistema de gestión del desempeño. (Véase la Tabla 10.13.)

Tabla 10.13. Sistemas de gestión del desempeño, 2022

Porcentaje de administraciones

Implantación de un sistema de gestión del desempeño	Si es así, incluye planes de mejora individual	incluye objetivos específicos	evaluación formal, como mínimo, anualmente
93,1	85,2	90,7	92,6

Fuente: CIAT, OIAT, FMI, OCDE. Encuesta Internacional sobre Administración Tributaria, Tabla B.8 Remuneración y gestión del desempeño, https://data.rafit.org/regular.aspx?key=74180914 (consultado el 10 de septiembre de 2024).

Remuneración y desempeño del personal

Vincular el desempeño al salario o a algún otro tipo de bonificación puede ser una fuente de motivación importante y aumentar el compromiso del personal. El carácter de los mecanismos de bonificación varía considerablemente y puede incluir subidas salariales individuales o colectivas, flexibilidad para ajustar las escalas de sueldos, ascensos a puestos superiores, primas individuales o colectivas y bonificaciones no monetarias. Esto también puede perjudicar a la plantilla y la cultura de trabajo, ya que genera competitividad.

Un número importante de administraciones (75 %) puede vincular el desempeño al salario y las bonificaciones. Si bien un desempeño positivo puede generar normalmente un aumento de la remuneración (93 %), hay algunas administraciones en las que un mal desempeño puede dar lugar a una reducción del salario (36 %) o a la denegación de las subidas anuales (50 %).

Tabla 10.14. Remuneración y desempeño del personal, 2022

Porcentaje de administraciones

Vinculación del desempeño al salario y las bonificaciones	Si es así, un buen desempeño puede dar lugar a un aumento de la remuneración	un mal desempeño puede dar lugar a una reducción salarial	un mal desempeño puede dar lugar a una denegación de una subida anual
75,9	93,2	36,4	52,3

Fuente: CIAT, OIAT, FMI, OCDE. Encuesta Internacional sobre Administración Tributaria, Tabla B.8 Remuneración y gestión del desempeño, https://data.rafit.org/regular.aspx?key=74180914 (consultado el 10 de septiembre de 2024).

Prestar apoyo al personal

Los cambios que están gestionando actualmente las administraciones tributarias, ya se deban a motivos tecnológicos, de política o presupuestarios, son constantes. Además, la transformación digital general de la economía está cambiando las expectativas de los contribuyentes con respecto a los servicios. Para mantener la motivación de la plantilla y su desempeño, las administraciones tributarias están examinando la mejor manera de prestar apoyo durante dichos cambios, además de garantizar que cuentan con las herramientas adecuadas para realizar las tareas.

La tecnología influye de manera importante en esto, por ejemplo el uso de la inteligencia artificial, el aprendizaje automático y la automatización robótica de procesos (RPA, por sus siglas en inglés) para automatizar algunas de las tareas básicas de una administración tributaria. En la Tabla 6.10. del Capítulo 6 se pone de relieve el rápido crecimiento del uso de dichos servicios. Por ejemplo, casi dos tercios de las administraciones declaran estar usando ya o tener planes para usar la RPA. Esto les está ayudando a responder a las presiones presupuestarias y en relación con la plantilla, ya que libera recursos para que el personal pueda centrarse en tareas más complejas.

El Recuadro 10.6. muestra la gran diversidad de usos que se está dando a la automatización. En el Recuadro 9.5. de la edición de 2023 de esta serie se incluyen más ejemplos (OECD, 2023[1]).

Recuadro 10.6. Ejemplos: Prestar apoyo al personal mediante la automatización

Francia: Uso de la inteligencia artificial generativa para ayudar a tramitar enmiendas parlamentarias al proyecto de ley de presupuestos

El Proyecto LLaMandement, desarrollado por la DGFiP, supone un avance importante en el proceso legislativo, en particular en la gestión del Proyecto de ley de presupuestos, que es la base fundamental del presupuesto anual de Francia.

Este proyecto usa la inteligencia artificial (IA) para racionalizar la tramitación de las enmiendas parlamentarias por parte de la DGFiP, ya que se automatiza el resumen y la asignación de dichas enmiendas a los equipos correctos. Esta innovación es fundamental para definir el presupuesto de la nación, garantizando que la legislación financiera se gestione con la máxima eficiencia y exactitud.

Esta iniciativa incide directamente en el proceso legislativo, al ampliar la capacidad del personal parlamentario y administrativo para gestionar y supervisar el ingente número de enmiendas presentadas durante los debates del Proyecto de ley de presupuestos. Gracias a LLaMandement, el trámite que supone revisar más de 10 000 enmiendas es considerablemente más manejable, lo que permite celebrar un debate más centrado e informado sobre las sutilezas de la legislación financiera. A su vez, esto facilita una consideración más concienzuda de las consecuencias presupuestarias de cada enmienda, lo que garantiza que la Ley de presupuestos definitiva sea integral y cumpla el cometido del trámite legislativo.

La DGFiP ha publicado el código fuente, los datos de entrenamiento y la documentación de uso de la herramienta. Esta filosofía de código abierto aumenta la transparencia del proyecto, lo que invita a la colaboración, la evaluación externa y un mayor desarrollo por parte de una comunidad más amplia. Además, promueve un entorno que permite a los ciudadanos, las instituciones académicas y los socios industriales contribuir a los avances del Estado en materia de IA generativa y beneficiarse de ellos.

Para obtener más información, consúltese: https://arxiv.org/pdf/2401.16182.pdf (consultado el 10 de septiembre de 2024).

Lituania: Automatización Robótica de Procesos

En un esfuerzo por conseguir la excelencia operativa, la Inspección Tributaria Estatal de Lituania concluyó recientemente la automatización de sus procesos invirtiendo en un software de automatización robótica de procesos (RPA) y en las licencias prescriptivas.

Dos áreas centrales objeto de automatización fueron la revisión de los impuestos pendientes de pago y la recopilación de protocolos administrativos. Mediante la automatización del proceso de recopilación de protocolos de conducta indebida, el servicio de Inspección Tributaria ya puede aplicar sanciones de manera rápida a un mayor número de contribuyentes si no presentan las declaraciones de impuestos. Esta medida no solo fomenta una presentación de las declaraciones en plazo, sino que también contribuye a incrementar el presupuesto estatal. Asimismo, la automatización del proceso de revisión de impuestos pendientes de pago y sanciones por faltas administrativas racionaliza la administración de las sanciones. Permite al servicio de Inspección Tributaria responder sin dilación a cambios en el patrimonio de una persona y el cobro de sanciones impuestas en varios plazos.

Al cierre de 2023, se habían automatizado 22 200 decisiones. Esto se tradujo en un ahorro de 581 días de trabajo, lo que subraya el aumento de la eficiencia que produce la automatización. Del mismo modo, la automatización de protocolos de faltas administrativas demostró resultar útil para el servicio de Inspección. Tras tener como objetivo original 18 000 protocolos en 2023, la organización superó las expectativas, al haber redactado 31 285 protocolos al cierre del año, lo cual se tradujo en un ahorro de 9 995 días de trabajo.

De cara al futuro, el servicio de Inspección se centra en mejorar sus operaciones capacitando a sus especialistas para automatizar nuevos procesos.

Arabia Saudita. Uso de la Automatización Robótica de Procesos para tareas operativas

La ZATCA (autoridad tributaria central) de Arabia Saudita ha introducido la RPA para mejorar considerablemente su eficiencia y exactitud operativas. Mediante la automatización de tareas repetitivas, basadas en normas, la RPA ha aliviado la carga de trabajo del personal de la ZATCA y agilizado los procesos tributarios y aduaneros. Con esta automatización, los tiempos de respuesta son menores y han disminuido los errores vinculados a la introducción manual de los datos, lo que ha provocado una mayor exactitud general de las transacciones financieras, la presentación de informes y las operaciones aduaneras.

La integración de la RPA ha dado lugar a algunas ventajas fundamentales para la ZATCA en diversas áreas. Se han automatizado tareas tales como la introducción de datos, la verificación de documentos y las inspecciones del cumplimiento, lo que ha mejorado la eficiencia y minimizado el número de posibles errores humanos. Del mismo modo, la RPA ha racionalizado las operaciones de recursos humanos y optimizado las tareas administrativas y de gestión de los empleados. También ha mejorado la atención al cliente gracias a la automatización de procesos rutinarios de emisión de avisos de incidencias, lo que ha agilizado la resolución de los problemas y mejorado la satisfacción de los clientes.

La ZATCA ha aprovechado además la RPA para el seguimiento de los sistemas de infraestructuras, lo que ha permitido un control continuo y automatizado para detectar problemas de forma proactiva y garantizar la fiabilidad del sistema. Por otra parte, se han automatizado la recopilación de datos y la generación de informes, lo que ha garantizado una gran exactitud de la información y también ha ayudado a agilizar los procesos de toma de decisiones.

En general, la adopción de la RPA por parte de la ZATCA demuestra su compromiso con las soluciones innovadoras en la gestión de los procedimientos tributarios y aduaneros. Al automatizar ámbitos clave, tales como aduanas, operaciones de recursos humanos, gestión de incidencias, seguimiento de sistemas de infraestructuras e informes, la ZATCA no solo ha racionalizado los procesos, sino que también ha mejorado las capacidades de atención al cliente y toma de decisiones. Esta aplicación estratégica de la RPA ha impulsado la exactitud y eficiencia operativas de la autoridad tributaria general.

Fuentes: Francia (2024), Lituania (2024) y Arabia Saudita (2024).

Gestión de la diversidad

Contar con una plantilla diversa, representativa de la población, ayuda a la administración a atender mejor a sus clientes y fomenta un entorno laboral inclusivo. La introducción de una política integral de diversidad puede ser una buena medida para su promoción, al integrar la diversidad y la inclusión en procesos formales dentro de la administración y promover una cultura en la que se valoren y fomenten diferentes perspectivas, lo que mejora la moral del personal. Como se puede ver en la Tabla 10.15., las administraciones tributarias han adoptado este sistema, pues un 85 % posee una política formal de diversidad.

Contar con una plantilla que tenga puntos de vista y experiencias dispares también puede mejorar la toma de decisiones y ayudar a la administración tributaria a prestar sus servicios, al generar mayor confianza entre los contribuyentes. Realizar encuestas periódicas al personal sobre diversidad e inclusión puede resultar útil para evaluar la efectividad de las políticas de diversidad en vigor e identificar posibles ámbitos de mejora y nuevas áreas en que debe centrarse la atención. Pueden servir de orientación para que los equipos directivos pongan en marcha nuevas iniciativas destinadas a hacer frente a cualquier desigualdad o problema que se identifique con la encuesta. Para conocer la percepción que tiene el personal del planteamiento que hace la administración en materia de diversidad, cerca de la mitad de las administraciones declara realizar encuestas al personal sobre diversidad e inclusión periódicamente (véase la Tabla 10.15.) Además, puede haber otras herramientas identificadas por las administraciones para mantener una plantilla diversa e inclusiva, como campañas educativas y redes para el personal.

Tabla 10.15. Sistemas de gestión de la diversidad, 2022

Porcentaje de administraciones

			Si es así,			
Existe una política formal de diversidad	Se realizan encuestas periódicas al personal sobre diversidad e inclusión	Inclusión de políticas de trabajo flexible en el sistema de gestión de recursos humanos	el personal puede hacer un horario de trabajo flexible	el personal puede trabajar desde su casa o desde otro lugar ocasionalmente	el personal puede trabajar desde su casa o desde otro lugar con regularidad	el personal ejecutivo puede trabajar a media jornada
84,5	46,6	89,7	96,2	88,5	78,8	40,4

Fuente: CIAT, OIAT, FMI, OCDE. Encuesta Internacional sobre Administración Tributaria, Tablas B.9 Sistema de gestión de recursos humanos: Encuestas al personal, B.12 Sistema de gestión de recursos humanos: plan de dotación de personal y sistemas de trabajo flexible, B.13 Sistema de gestión de recursos humanos: Fomento del liderazgo, sistemas de fichaje, política de diversidad, https://data.rafit.org/regular.aspx?key=74180914 (consultado el 10 de septiembre de 2024).

Recuadro 10.7. Finlandia: Promoción de la igualdad y la no discriminación

La administración tributaria finlandesa promueve la igualdad y la no discriminación en todas sus operaciones, como empleador y también como prestador de servicios a los contribuyentes.

Existen varias medidas para garantizar la igualdad de trato y oportunidades a todos los empleados. Se ha creado un código de conducta para personal y supervisores, que hace hincapié en la prevención del acoso, la discriminación y otros comportamientos inapropiados. Las iniciativas de diversidad se integran en la experiencia laboral y en modelos de atención temprana. Se han hecho pruebas piloto con búsquedas de trabajo anónimas, garantizando que quienes hacen la selección del personal no tienen, en un principio, acceso a los datos personales, para evitar sesgos. Las opciones para trabajar de forma remota han aumentado, lo que permite contratar a personas de varios lugares de toda Finlandia. Se han modificado los cargos para usar un lenguaje no sexista y ha mejorado el acceso a información en el segundo idioma oficial, el sueco. También existe un grupo de trabajo dedicado a la igualdad que se centra en promover la diversidad y la inclusión en el trabajo diario.

Por lo que se refiere a la igualdad hacia los contribuyentes, se da prioridad a la inclusión y el acceso. Se ofrecen diversos canales de atención para ajustarse a las diferentes necesidades, con servicios diseñados para que resulten accesibles y fáciles de usar. Se da prioridad a una comunicación oportuna y accesible con los clientes y se imparte formación para el personal sobre prácticas y principios de igualdad. Se garantiza la calidad y exactitud de los servicios con un seguimiento y recopilación de opiniones de los clientes.

Por otra parte, existe un diálogo constante con contribuyentes y grupos de interés, entre otros con organizaciones minoritarias, para ayudar a identificar las necesidades de mejora y fijar prioridades. Para los años 2023 a 2025, las prioridades principales son la accesibilidad cognitiva y lingüística, las competencias del personal y la cultura.

Fuente: Finlandia (2024).

Sistemas de trabajo flexible

Una forma de promover la diversidad en las administraciones tributarias es facilitar sistemas de trabajo flexible, entre otros, horarios flexibles u oportunidades de trabajar en remoto. Estos sistemas son cada vez más importantes en el actual entorno laboral, ya que permiten a los empleados conciliar su vida personal y profesional de manera más efectiva, lo que incrementa la satisfacción laboral y la productividad. Al ajustarse a diversas necesidades y preferencias en el trabajo, las administraciones pueden atraer y retener talento de primer orden, reducir el absentismo y fomentar un mayor compromiso y motivación de su plantilla.

Existen políticas de trabajo flexible en cerca de un 90 % de las administraciones analizadas en esta publicación. En la práctica totalidad de esas administraciones, el personal puede hacer un horario de trabajo flexible y la inmensa mayoría ofrece la posibilidad de trabajar desde casa o desde otro lugar de forma ocasional o regular. (Véase la Tabla 10.15.)

En el Gráfico 10.11. figura el porcentaje del:

- personal que puede trabajar en remoto, es decir aquel que dispone de la infraestructura informática para poder desempeñar a distancia todas las tareas que haría en la oficina y
- personal que trabaja en remoto al menos un 20 % del año, es decir, uno o más días a la semana, en promedio.

Gráfico 10.11. Trabajo remoto, 2022

Porcentaje de la plantilla que puede trabajar en remoto y que trabaja en remoto al menos un 20 % del año

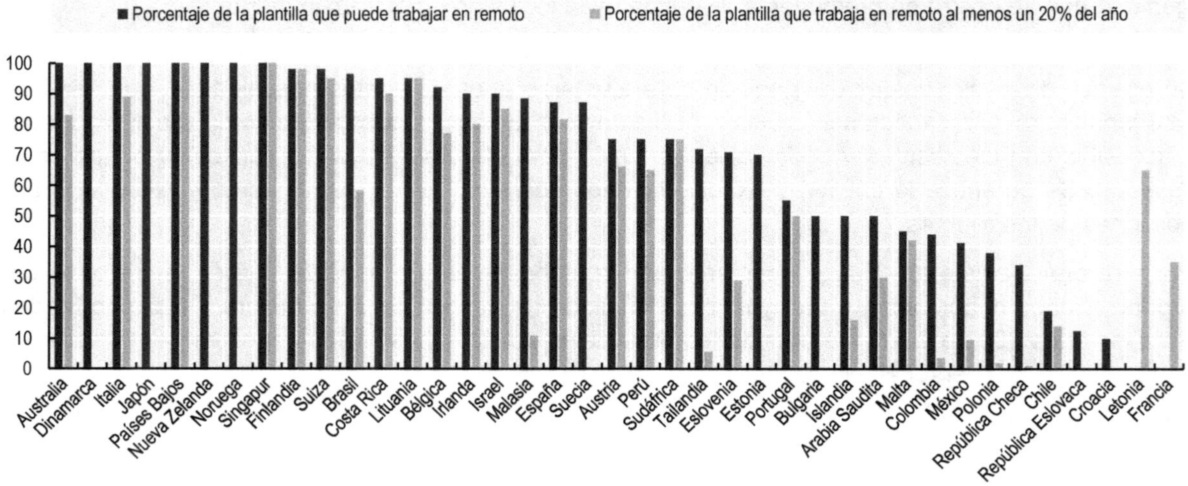

Fuente: CIAT, OIAT, FMI, OCDE. Encuesta Internacional sobre Administración Tributaria, Tabla B.12 Sistema de gestión de recursos humanos: plan de dotación de personal y sistemas de trabajo flexible, https://data.rafit.org/regular.aspx?key=74180914 (consultado el 10 de septiembre de 2024)

StatLink https://stat.link/5l4pxd

Además, en la Tabla 10.15. se muestra que cerca de un 40 % de las administraciones también han introducido la posibilidad de que el personal ejecutivo trabaje a media jornada, y como puede verse en el Gráfico 10.12., dicho personal aprovecha esa posibilidad.

Gráfico 10.12. Porcentaje de personal ejecutivo que trabaja a media jornada, 2022

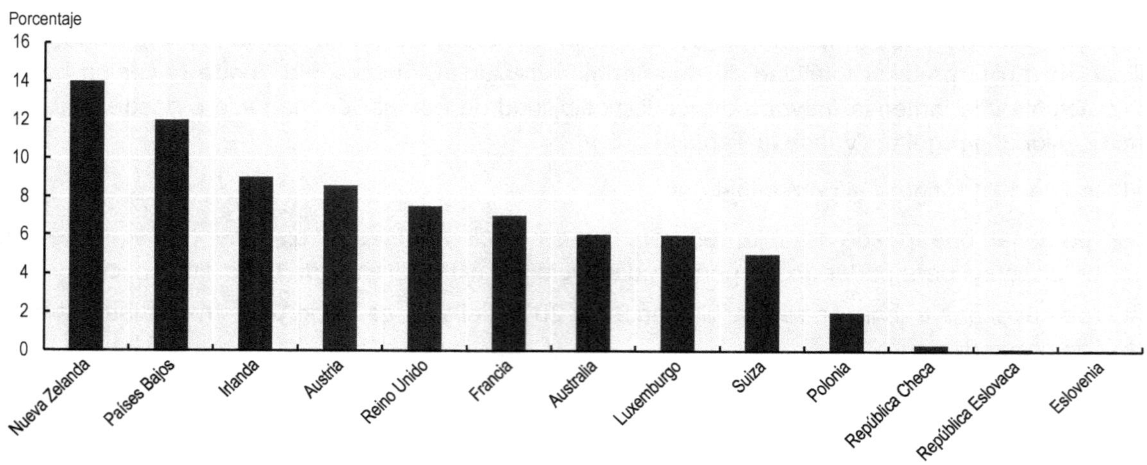

Fuente: CIAT, OIAT, FMI, OCDE. Encuesta Internacional sobre Administración Tributaria, Tabla B.12 Sistema de gestión de recursos humanos: plan de dotación de personal y sistemas de trabajo flexible, https://data.rafit.org/regular.aspx?key=74180914 (consultado el 10 de septiembre de 2024).

StatLink https://stat.link/zd19eh

A medida que las administraciones tributarias reflexionan sobre las prácticas laborales que se establecieron como parte de la respuesta a la pandemia, también se están considerando las consecuencias del trabajo híbrido o remoto a más largo plazo. Este asunto se examina más pormenorizadamente en el informe de la OCDE *Tax Administration: Towards sustainable remote working in a post COVID-19 environment* (OECD, 2021[10]).

Gestión del personal: Visión general

Usando diferentes aspectos y datos de la encuesta ISORA de 2023, el apartado sobre gestión del personal examina los planteamientos que hacen las administraciones tributarias en relación con: (i) la contratación y retención del talento, (ii) el aprendizaje y el desarrollo, (iii) la motivación y el desempeño del personal y (iv) la gestión de la diversidad. Pese a que los diversos aspectos de la gestión del personal que examina ISORA de 2023 no deberían considerarse exhaustivos ni tener el mismo peso o importancia, el hecho de que se den o no puede apuntar en cierta medida a la capacidad de las administraciones tributarias en esa esfera.

El Gráfico 10.13. trata de ofrecer una visión general de la gestión del personal en la administración tributaria. No nombra administraciones tributarias concretas, sino que combina un grupo de datos que ofrecen una visión global de cada una de las cuatro categorías. La puntuación y ponderación de los datos tiene en cuenta la diferente naturaleza y el nivel de detalle de las preguntas de ISORA en las que se basan.

En relación con cada una de las cuatro categorías, el gráfico muestra la serie de administraciones que están entre el cuartil más bajo y más alto (que se indica mediante los «recuadros»), representándose la mediana mediante líneas horizontales que atraviesan los recuadros. Las líneas que expanden los recuadros en sentido vertical (los «márgenes») indican el rango de administraciones que se sitúan en los cuartiles superior e inferior.

El gráfico indica que las administraciones tributarias cuentan con sistemas relativamente avanzados con respecto a la selección y retención del talento, el aprendizaje y el desarrollo, y la motivación y el desempeño del personal. La puntuación medida de las administraciones tributarias en relación con dichas categorías es del 80 % o más, lo que apunta a que, según datos de ISORA, la mayoría de las administraciones han creado capacidades en esas esferas.

La imagen es ligeramente diferente en cuanto a la gestión de la diversidad, respecto a lo cual la puntuación mediana de las administraciones tributarias es inferior al 70 %. Pese a ser positiva, en oposición a las demás categorías, se trata de un área con margen de mejora.

Gráfico 10.13. Gestión del personal: Visión general, 2022

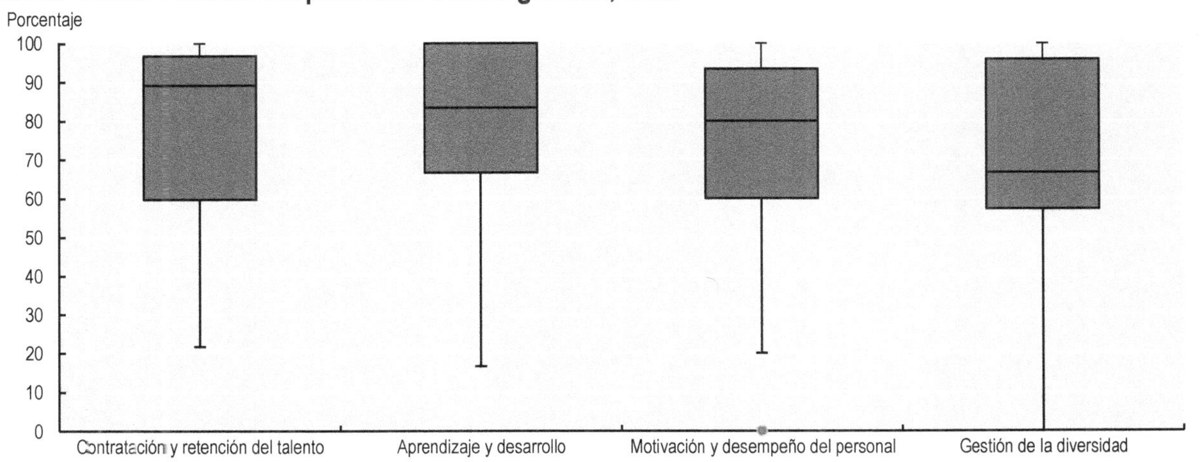

Fuente: Cálculos de la Secretaría de la OCDE basados en CIAT, OIAT, FMI, OCDE. Encuesta Internacional sobre Administración Tributaria https://data.rafit.org/regular.aspx?key=74180914 (consultado el 10 de septiembre de 2024)

StatLink https://stat.link/x90kmt

Bibliografía

CIAT, IMF, IOTA, OECD (2023), *Virtual Training to Advance Revenue Administration (VITARA) Reference Guide*, International Monetary Fund, Washington, D.C., https://doi.org/10.5089/9798400223488.069. [7]

CIAT et al. (2024), *VITARA Reference Guide: Organization*, OECD Publishing, Paris, https://doi.org/10.1787/ab075e83-en. [6]

OECD (2023), *Tax Administration 2023: Comparative Information on OECD and other Advanced and Emerging Economies*, OECD Publishing, Paris, https://doi.org/10.1787/900b6382-en. [1]

OECD (2021), *Behavioural Insights for Better Tax Administration: A Brief Guide*, OECD Publishing, Paris, https://doi.org/10.1787/582c283e-en. [3]

OECD (2021), *Tax Administration 2021: Comparative Information on OECD and other Advanced and Emerging Economies*, OECD Publishing, Paris, https://doi.org/10.1787/cef472b9-en. [4]

OECD (2021), "Tax administration: Towards sustainable remote working in a post COVID-19 environment", *OECD Policy Responses to Coronavirus (COVID-19)*, OECD Publishing, Paris, https://doi.org/10.1787/fdc0844d-en. [10]

OECD (2017), *Tax Administration 2017: Comparative Information on OECD and Other Advanced and Emerging Economies*, OECD Publishing, Paris, https://doi.org/10.1787/tax_admin-2017-en. [2]

OECD et al. (2024), *Reform Management Fundamentals: Setting Up a Reform Program*, OECD Publishing, Paris, https://doi.org/10.1787/4d33b619-en. [8]

OECD et al. (2024), *Reform Management Specific Topics: Managing a Reform Program*, OECD Publishing, Paris, https://doi.org/10.1787/1fc51bcf-en. [9]

OECD et al. (2024), *VITARA Reference Guide: Human Resource Management*, OECD Publishing, Paris, https://doi.org/10.1787/6ef70142-en. [5]

11 Estimación de la brecha fiscal

Mejorar el cumplimiento de las obligaciones tributarias y reducir la brecha fiscal suele ser uno de los principales objetivos de una administración tributaria. De ahí que muchas jurisdicciones estén realizando estimaciones sobre el tamaño de su brecha fiscal. Pese a que el concepto de brecha fiscal puede ser relativamente fácil de definir, realizar una estimación resulta complejo y requiere tener en cuenta numerosos matices. Este capítulo ofrece una visión general de los conceptos clave relacionados con la brecha fiscal y expone una serie de ejemplos de investigaciones internacionales sobre el tema.

Cada vez son más las jurisdicciones que realizan estimaciones de la brecha fiscal, ya que estos cálculos pueden proporcionar información valiosa sobre la magnitud y las características del incumplimiento, las tendencias emergentes y el estado general del sistema tributario. A la hora de calcular la brecha fiscal, una jurisdicción debe tener en cuenta muchos aspectos, como los marcos legislativos, el diseño administrativo general de sus regímenes tributarios, el funcionamiento interno, la disponibilidad de datos y la coyuntura económica. Además, las jurisdicciones también deben considerar fenómenos imperceptibles o actividades deliberadamente ocultas que dificultan la estimación de la brecha fiscal.

Este capítulo ofrece una visión general de:

- la definición de brecha fiscal y los distintos tipos que existen;
- las metodologías de la brecha fiscal;
- los componentes de la brecha fiscal;
- la forma en que las administraciones tributarias se sirven de las brechas fiscales, y
- el impacto de la pandemia de COVID-19 en la brecha fiscal.

También recoge las conclusiones de la investigación a nivel internacional en materia de brecha fiscal.[1]

Definición del concepto «brecha fiscal»

La brecha fiscal se define generalmente como la diferencia entre los ingresos fiscales potenciales y los ingresos fiscales reales (Hutton, 2017[1]). Cabe distinguir dos tipos de brecha fiscal: la brecha de cumplimiento y la brecha normativa.

- ***La brecha de cumplimiento*** es la pérdida potencial de ingresos fiscales que se deriva del incumplimiento de la legislación fiscal vigente. Una de las principales funciones de la mayoría de las administraciones tributarias es reducir el incumplimiento de las obligaciones fiscales, por lo que suelen centrarse, sobre todo, en reducir la brecha de cumplimiento, en detrimento de la brecha normativa. (Hutton, 2017[1]). Por otra parte, la mayoría de las jurisdicciones no tiene en cuenta las actividades ilegales cuando calculan la brecha fiscal, debido a la falta de certeza en cuanto a los impuestos que podrían llegar a exigirse.
- ***La brecha normativa*** mide otras pérdidas de ingresos fiscales como consecuencia de diversas políticas tributarias. Este tipo de brecha abarca tanto los gastos fiscales intencionados, por ejemplo, los créditos fiscales que se otorgan con la intención de lograr determinados resultados políticos, como los gastos fiscales no intencionados, entre ellos, la elusión fiscal provocada por deficiencias de la legislación tributaria. (Hutton, 2017[1]). Dado que las políticas tributarias suelen estar gestionadas por el Ministerio de Hacienda o una secretaría de Estado, a menudo escapan al control de las administraciones tributarias.

Toda vez que la brecha de cumplimiento es más corriente para las administraciones tributarias que la brecha de políticas, el resto de este capítulo se centra principalmente en analizar las metodologías y los matices propios de la primera.

Recuadro 11.1. Ejemplos: *brecha normativa*

Bélgica

La administración tributaria belga define la brecha normativa como la diferencia entre lo que se podría recaudar con el marco normativo existente y lo que se podría recaudar con un nuevo marco normativo o de referencia. Aunque a menudo se pasa por alto, estimar la brecha normativa permite comparar su tamaño con el de la brecha de cumplimiento y conocer la contribución de cada una de ellas a la brecha global. Definir la brecha de este modo permite a los responsables de la toma de decisiones centrarse también en cómo influyen las opciones políticas en la brecha global y si los cambios en las políticas repercuten en la brecha de cumplimiento.

Además, la brecha normativa puede desglosarse en una brecha «no imponible» o no exigible, como las partidas que se incluyen en las estadísticas de consumo de las cuentas nacionales, pero que no están sujetas al IVA. Asimismo, estas estimaciones pueden utilizarse para modelar determinados gastos fiscales. Por ejemplo, pueden ofrecer una visión general no solo del importe de los bienes y servicios sujetos a una tasa cero y de las exenciones, sino también del valor de los bienes públicos y los servicios no comerciales.

En otras palabras, estimar la brecha normativa contribuye a aumentar la transparencia presupuestaria, a establecer un vínculo más estrecho entre los gastos fiscales y los gastos directos, y a identificar posibles vías de acción para mejorar la recaudación fiscal abordando cualquiera de los componentes de la brecha.

Comisión Europea

El estudio anual sobre *La brecha del IVA en la UE* de la Comisión Europea calcula la brecha normativa del IVA además de la brecha de cumplimiento del IVA. La brecha normativa en materia de IVA es un indicador de los ingresos adicionales por IVA que podrían generarse si se aplicara un tipo uniforme de IVA —sin exenciones ni tipos reducidos— a todo el consumo interno final de bienes y servicios por parte de los hogares, el gobierno y las instituciones sin fines de lucro al servicio de los hogares (ISFLSH), en el supuesto de que todos los contribuyentes cumplieran con sus obligaciones. En términos políticos, esta estimación es más «factible» que la estimación de la brecha de cumplimiento del IVA, porque los Estados miembros de la UE tienen, en general, control directo sobre los tipos reducidos y, hasta cierto punto, sobre las exenciones.

La brecha normativa del IVA consta de dos componentes principales: la brecha relativa a la exención del IVA, que representa los ingresos perdidos debido a exenciones y exclusiones de la base imponible, y la brecha relativa a la tasa del IVA, que representa los ingresos no percibidos debido a un trato preferencial, como las tasas reducidas y las tasas cero. La variación en el tamaño de la brecha normativa del IVA puede atribuirse a cambios en el ordenamiento jurídico, como los ajustes nacionales a las tasas reducidas o las exenciones, así como a variaciones en la composición de la demanda.

La estimación de la brecha normativa del IVA proporciona transparencia acerca del costo de las opciones normativas que se apartan de las tasas uniformes del IVA y ayuda a identificar áreas en las que los cambios en la política fiscal podrían suponer un aumento de los ingresos y una mejora de la eficiencia fiscal. La Comisión Europea publica estimaciones anuales de la brecha normativa del IVA y sus componentes como parte de su *Estudio sobre la brecha del IVA en la UE*, en el que se propone un marco estandarizado para que los Estados miembros evalúen sus regímenes del IVA. A lo largo del tiempo, estas estimaciones han ido mejorando progresivamente en cuanto a precisión y detalle, lo que ha permitido a los responsables políticos hacer un seguimiento de los avances y orientar las reformas.

El informe más reciente revela que, en 2022, la brecha normativa del IVA en los 27 Estados miembros de la UE se situaba, en promedio, en torno al 45 % de los ingresos ideales teóricos. La brecha relativa a las tasas del IVA ha aumentado desde 2020. En el mismo período, la brecha relativa a la exención del IVA, que constituye la mayor parte de la brecha normativa, ha disminuido. Esta disminución de la brecha relativa a la exención del IVA se atribuye a variaciones en la composición de la demanda, ya que no ha habido modificaciones significativas en la Directiva del IVA con respecto a las exenciones.

Nota: Si bien los Estados miembros de la UE pueden suprimir las tasas reducidas, la mayoría de las exenciones vienen impuestas por la legislación de la UE, en concreto por la Directiva del IVA (Directiva 2006/112/CE del Consejo). En consecuencia, la supresión de estas exenciones requeriría una modificación de la Directiva a nivel europeo, lo que exige el acuerdo unánime de los Estados miembros de la UE.
Fuente: Bélgica (2024) y la Comisión Europea (2024).

A pesar de que existe una definición común del concepto de brecha fiscal, esta puede no ser exactamente la misma en las distintas jurisdicciones. Por ejemplo, algunas jurisdicciones incluyen los pagos atrasados al calcular la brecha fiscal, mientras que otras no. En otras, es posible que la brecha de pagos no se tenga en cuenta en absoluto a la hora de calcular la brecha fiscal global. Además, las estimaciones de la brecha fiscal podrían vincularse a un año de actividad económica (por ejemplo, el año fiscal) o implicar todos los ingresos percibidos durante un determinado período de tiempo (por ejemplo, el año presupuestario). Por lo tanto, cualquier comparación directa de varias jurisdicciones debe interpretarse con cautela y tener en cuenta las diferencias entre los diversos sistemas fiscales, definiciones y metodologías.

Tipos de brecha fiscal

El concepto más general de «brecha fiscal» puede desglosarse en función de la fuente del incumplimiento, como el registro, la presentación de declaraciones, la declaración de información o el pago (véase el Gráfico 11.1. y el Gráfico 11.2.). Algunas jurisdicciones emplean el término «*lodgement*» en lugar de «*filing*» para hacer referencia al procedimiento de presentación de un formulario fiscal. Las jurisdicciones también pueden utilizar diferentes términos para referirse a sus brechas fiscales en función de cuál sea la fuente de incumplimiento. Por ejemplo, una brecha fiscal relacionada con la falta de pago podría denominarse brecha de pago, brecha de pago insuficiente, brecha de impago o brecha de recaudación. Los términos más comunes para referirse a una brecha fiscal relacionada con el incumplimiento en la declaración son brecha de declaración, brecha por infradeclaración y brecha de liquidación.

La mayoría de las jurisdicciones se enfocan en estimar el incumplimiento en la declaración (75 %) y el pago (64 %), ya que constituyen las principales fuentes que contribuyen a la brecha fiscal. (Véase el Anexo Tabla 11.A.2.) Además, estimar el incumplimiento en materia de registro y presentación de declaraciones puede resultar más complicado, ya que involucra a una población de la que la administración tributaria es posible que ni siquiera tenga constancia.

Gráfico 11.1. Fuentes de incumplimiento que contribuyen a la brecha fiscal

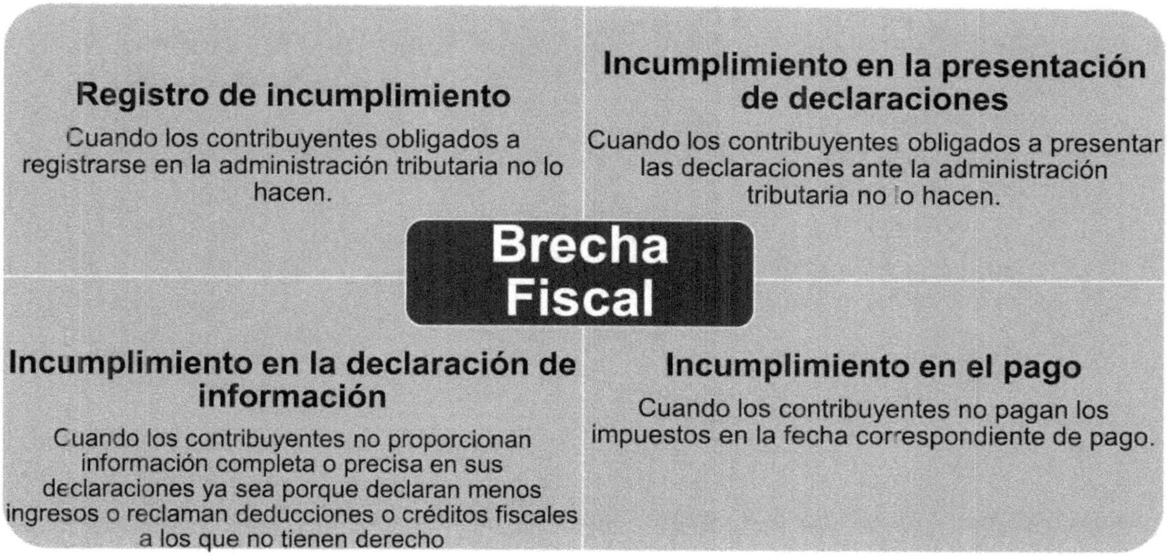

Gráfico 11.2. Estimación de la brecha fiscal y fuentes de incumplimiento

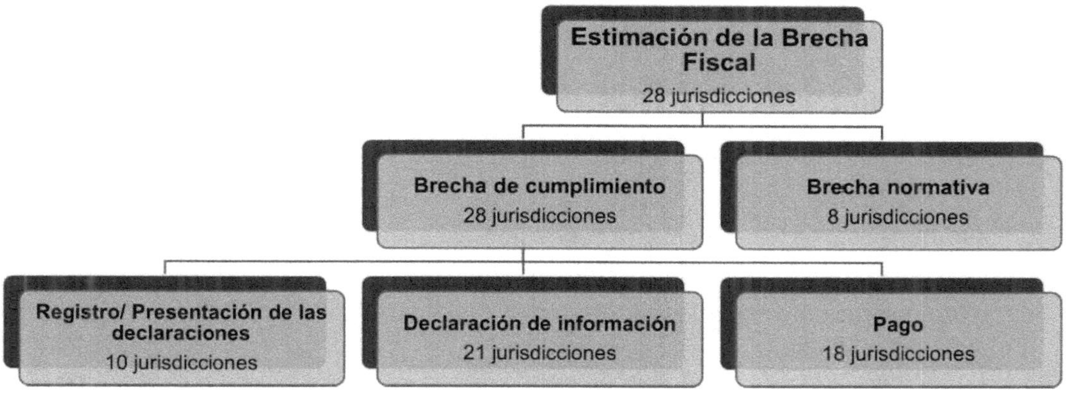

Fuente: Anexo Tabla 11.A.1 y Anexo Tabla 11.A.2.

Para ofrecer una visión más clara de lo que se incluye exactamente en la brecha fiscal, las jurisdicciones distinguen entre la brecha fiscal bruta y la brecha fiscal neta (véase el Gráfico 11.3.). La mayoría de las jurisdicciones estiman la brecha fiscal bruta (82 %) y solo la mitad mide la brecha fiscal neta. Cerca del 40 % miden tanto la brecha fiscal bruta como la neta. Por lo general, la brecha fiscal neta plantea algunos desafíos, ya que es posible que haya un desfase temporal entre la finalización de las actividades de cumplimiento y las de recaudación. (Véase el Anexo Tabla 11.A.2.)

Algunas jurisdicciones (36 %) recurren a proyecciones en lo que respecta, al menos, a un componente de la brecha fiscal, con el fin de equilibrar la puntualidad con otras consideraciones, como la calidad de las estimaciones de la brecha fiscal. (Véase el Anexo Tabla 11.A.3.)

Gráfico 11.3. Brecha fiscal bruta frente a brecha fiscal neta

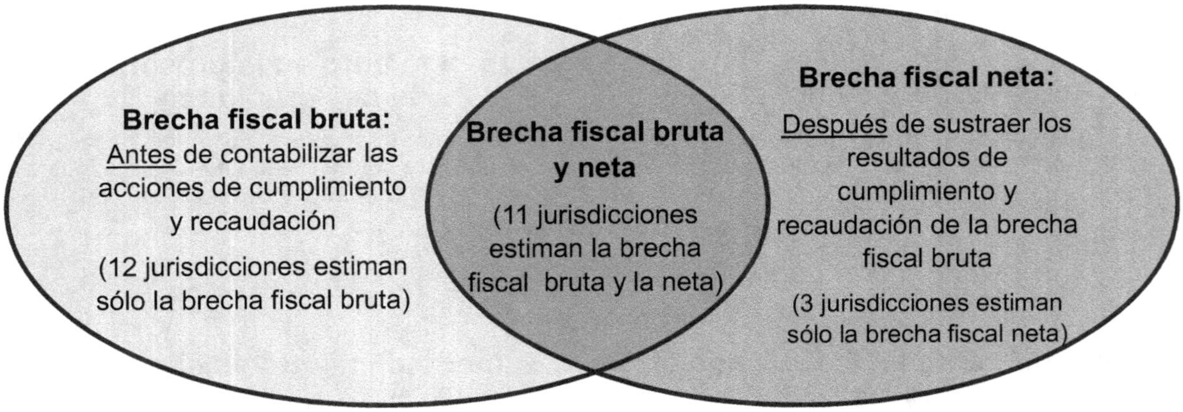

Fuente: Anexo Tabla 11.A.2.

Un reducido número de jurisdicciones publica sus estimaciones generales de la brecha fiscal como información de dominio público (29 %) y algunas de ellas están obligadas por ley a hacerlo. Varias jurisdicciones no publican sus estimaciones generales de la brecha fiscal, pero sí hacen público uno de sus componentes (normalmente, el correspondiente al IVA). La frecuencia con la que se publican estas estimaciones varía entre una vez al año y cada cuatro años, o bien se hace de forma irregular. Casi el 40 % de las jurisdicciones que publican sus estimaciones de la brecha fiscal lo hacen anualmente. (Véase el Anexo Tabla 11.A.1.)

Recuadro 11.2. Estados Unidos: brecha fiscal por fuente de incumplimiento

En Estados Unidos, el Servicio de Impuestos Internos (IRS) estima la brecha fiscal bruta, que se compone de tres elementos:

- La falta de presentación de declaraciones: impuestos no pagados puntualmente por quienes no presentan su declaración dentro del plazo establecido.
- La infradeclaración: impuestos declarados por debajo de lo debido en declaraciones presentadas en plazo.
- La insuficiencia del pago: impuesto declarado en plazo, pero que no se ha pagado en plazo.

El grueso de la brecha fiscal procede de la infradeclaración (que representa en torno al 80 % del total); mientras que la falta de presentación de declaraciones y la insuficiencia del pago son fuentes menores (que contribuyen a la brecha fiscal bruta, en promedio, un 9 % y un 11 %, respectivamente).

El análisis de la brecha fiscal ha puesto de manifiesto de forma reiterada que el grado de cumplimiento es mayor cuando los ingresos están sujetos a obligaciones de presentación de información y aún más alto cuando además están sujetos a retención.

Tabla 11.1. Estimaciones de la brecha fiscal por fuente de cumplimiento para los ejercicios fiscales 2014-16 y proyecciones para los ejercicios fiscales 2017-19, 2020 y 2021 en Estados Unidos

Componente de la brecha fiscal	Años fiscales (AF) 2014-16	Proyecciones			
		AF 2017-19	AF 2017-19	AF 2020	AF 2021
Brecha por falta de presentación de declaraciones	8 %	8 %	7 %	9 %	11 %
Brecha por infradeclaración	80 %	80 %	81 %	80 %	79 %
Brecha fiscal por pago insuficiente	12 %	12 %	12 %	11 %	10 %
Brecha fiscal bruta	100 %	100 %	100 %	100 %	100 %

Fuente: Estados Unidos (2024).

En los últimos años, la estimación de la brecha fiscal se ha convertido en un tema recurrente de debate entre las administraciones tributarias. Sin embargo, en algunas administraciones hace más de 40 años que cuentan con equipos especializados en la brecha fiscal (véase la Tabla 11.2.).

Tabla 11.2. Año de creación de los equipos especializados en la brecha fiscal

Año de creación de los equipos especializados en la brecha fiscal	Jurisdicciones
1980	Chile, **Estados Unidos***
2000	**Italia***
2005	Dinamarca*, **Reino Unido***
2006	**Países Bajos***, Suiza
2007	Portugal
2012	Islandia*, Comisión Europea
2013	Israel
2014	**Australia***, Letonia, Lituania
2015	Rumanía
2016	**Canadá***
2017	**Suecia**
2018	Grecia, Eslovaquia
2019	Indonesia*
2020	**Brasil***, Hungría
2021	España
2022	Finlandia
2023	Colombia*
2024	Francia

Nota: Las jurisdicciones que estiman la brecha fiscal global están marcadas con un asterisco (*) y aquellas que publican sus estimaciones de la brecha fiscal global aparecen **en negrita.**
Fuente: Encuesta del FTA 2023 sobre las estimaciones de la brecha fiscal.

Según una presentación del FMI que tuvo lugar durante la reunión de 2024 de la Comunidad de Interés sobre la brecha fiscal del FTA, los principales factores para tener éxito en la investigación de la brecha fiscal son los datos, la metodología, los recursos humanos, el apoyo de la dirección y la orientación estratégica de la institución (véase la Tabla 11.3.).

Tabla 11.3. Factores clave que contribuyen al éxito de los programas relacionados con la brecha fiscal

Datos	Metodología	Recursos humanos	Apoyo de la dirección	Orientación estratégica de la institución
Invertir en la gestión y limpieza de datos. Asegurarse de que los datos cubren la población objetivo. Acumular datos/análisis longitudinales. Revisar periódicamente los datos para mejorar la fiabilidad de las estimaciones.	Seleccionar la metodología más adecuada y adaptada a los datos disponibles. Establecer objetivos claros. Utilizar técnicas tanto ascendentes como descendentes. Emplear técnicas de estimación coherentes a lo largo del tiempo.	Formar un equipo multidisciplinar formado por expertos en diversas áreas (por ejemplo, análisis de datos, estadística, econometría, auditoría, política fiscal). Evitar la rotación frecuente de personal y contar con un equipo estable.	Respaldo de la alta dirección. Paciencia en el desarrollo de equipos.	Mandato público para estimar la brecha fiscal. Divulgación periódica de información. Transparencia.

Fuente: Presentación del FMI en la reunión 2024 de la Comunidad de Interés sobre la brecha fiscal del Foro de Administración Tributaria de la OCDE.

Metodologías utilizadas para estimar la brecha fiscal

La estimación de la brecha fiscal es compleja y precisa de un análisis detallado. En general, existen dos enfoques principales para estimar la brecha fiscal (véase el Gráfico 11.4.):

- ***Metodologías descendentes***: Generalmente se utilizan datos macroeconómicos agregados (por ejemplo, datos de las cuentas nacionales) para estimar el tamaño de la base imponible y la obligación tributaria teórica. La diferencia entre esta última y la cantidad real de impuestos pagados o declarados es la brecha fiscal estimada.
- ***Metodologías ascendentes***: Por lo general, emplean datos microeconómicos (por ejemplo, datos de inspección) para extrapolar el incumplimiento potencial y estimar la brecha fiscal. Las fuentes de datos más utilizadas a la hora de aplicar estas metodologías son aquellos procedentes de inspecciones aleatorias o basadas en el riesgo.

La mayoría de las jurisdicciones (89 %) prefieren utilizar enfoques descendentes, y algo más de la mitad (57 %) emplean enfoques ascendentes. Un enfoque descendente suele ser un buen punto de partida para aquellas jurisdicciones que no están familiarizadas con la estimación de la brecha fiscal. También es habitual que estas jurisdicciones empiecen por calcular la brecha del IVA, que cuenta con una metodología descendente bastante consolidada. Algunas administraciones (54 %) recurren al apoyo de terceros para la estimación de la brecha fiscal, como el FMI, académicos, un Ministerio de Hacienda, consultores independientes u otros organismos. (Véase el Anexo Tabla 11.A.1. y el Anexo Tabla 11.A.3.)

Gráfico 11.4. Dos enfoques principales para estimar la brecha fiscal

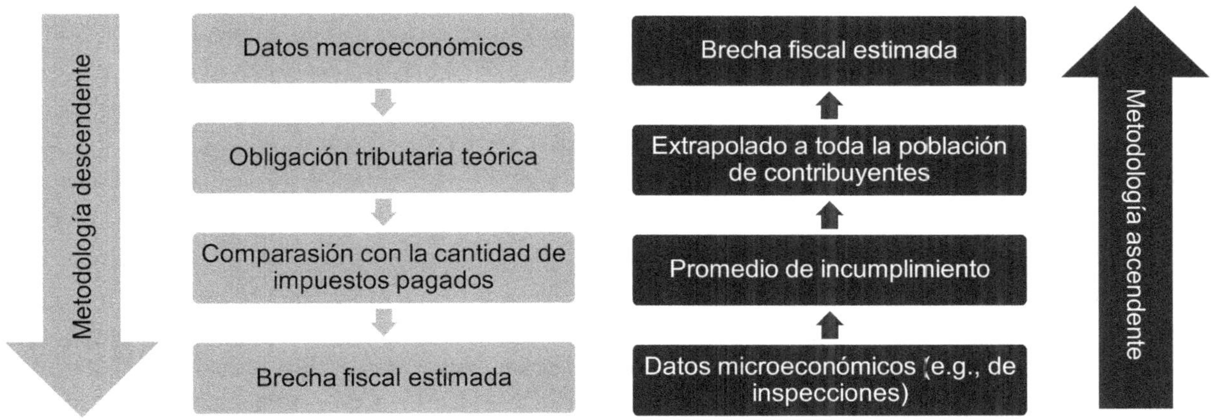

Metodología descendente

Lo ideal es que la jurisdicción estime la brecha fiscal utilizando ambos enfoques, ya que proporcionan información diferente. Una metodología descendente puede aportar información adicional sobre el conjunto de la población que podría no obtenerse a partir de los datos operativos y ofrecer una visión general del incumplimiento y los sectores económicos de riesgo. Sin embargo, tiene sus limitaciones y no puede proporcionar conclusiones más detalladas. Los conocimientos obtenidos a partir de metodologías descendentes pueden utilizarse para fundamentar estrategias de cumplimiento de alcance general.

Las metodologías descendentes son una alternativa a los enfoques ascendentes cuando no se realizan inspecciones aleatorias y los resultados de las inspecciones basadas en el riesgo no pueden extrapolarse a toda la población de contribuyentes. Al mismo tiempo, podrían utilizarse como complemento para analizar la brecha fiscal desde otra perspectiva.

Metodología ascendente

Las metodologías ascendentes suelen proporcionar más información sobre el incumplimiento a nivel micro. Así, pueden desagregarse y utilizarse para mejorar los procesos de evaluación de riesgos. Sin embargo, es posible que las estimaciones de este tipo de metodologías se limiten a grupos de población específicos o a impuestos concretos. Las metodologías ascendentes exigen conocimientos estadísticos o econométricos y conocimientos operativos de la administración tributaria, además de una buena capacidad de comprensión de los datos (OECD, 2017[2]).

Una de las principales fuentes de datos para los enfoques ascendentes son las inspecciones aleatorias, pero es posible que no en todas las jurisdicciones se realicen. Por ello, algunas administraciones tributarias utilizan datos de otro tipo de inspecciones (por ejemplo, de inspecciones basadas en el riesgo) u otros datos disponibles a nivel microeconómico. Por ejemplo, algunas metodologías ascendentes emplean datos censales, datos obtenidos de información presentada por terceros y datos administrativos sobre pagos y presentación de declaraciones en lugar de datos obtenidos a través de las labores de inspección.

Inspecciones aleatorias

Las inspecciones aleatorias suelen realizarse a partir de una muestra aleatoria extraída de la población de contribuyentes. Existen diferentes tipos de muestreo aleatorio, como el muestreo aleatorio simple, el muestreo sistemático, el muestreo estratificado y el muestreo por conglomerados, siendo el muestreo aleatorio simple y el muestreo estratificado los más utilizados por las administraciones tributarias. Algunas de estas técnicas de muestreo se explican en dos notas de orientación técnica publicadas por el FMI en 2021 (Thackray, M., S. Jennings and M. Knudsen, 2021[3]) y 2023 (Barra, 2023[4]).

Los programas de inspección aleatoria se consideran un método fiable para estimar las brechas fiscales en grandes poblaciones de contribuyentes registrados (OECD, 2017[2]). Los resultados de dichas inspecciones también pueden servir para identificar tendencias emergentes de incumplimiento en relación con todos los contribuyentes, y para verificar los criterios de selección de riesgos existentes, y comprobar si siguen siendo pertinentes y óptimos.

Los principales desafíos que plantean las inspecciones aleatorias generalmente radican en que se necesitan recursos adicionales para llevarlas a cabo y, dado que no se basan en el riesgo sino que son aleatorias, a menudo no generan muchos ingresos fiscales adicionales. Sin embargo, al utilizar los resultados de las inspecciones aleatorias para mejorar los sistemas de evaluación de riesgos, una administración tributaria puede conseguir ser más eficiente en las inspecciones operativas, asignando recursos a las áreas de mayor riesgo y recaudando así más impuestos. Además, algunos diseños de muestreo contribuyen a reducir los costos de las inspecciones aleatorias (por ejemplo, las estratificaciones por riesgos, véase el ejemplo de Dinamarca en el Recuadro 11.3.).

Recuadro 11.3. Ejemplos: programas de inspección aleatoria

Dinamarca: estratificación por riesgos en un programa de inspección aleatoria de personas físicas

La Administración tributaria danesa estratifica o agrupa a su población de contribuyentes personas físicas en función de los riesgos y, a continuación, extrae una muestra aleatoria de cada grupo de riesgo. A fin de lograr un equilibrio entre la recaudación de más ingresos fiscales y la obtención de información la población de contribuyentes en general, se extraen muestras más grandes de los grupos de mayor riesgo que de los de menor riesgo. De esta forma, los resultados aún pueden extrapolarse al conjunto de la población, pero al mismo tiempo los recursos de inspección se asignan de un modo más eficiente que un programa de inspección aleatoria convencional. Esto también podría generar mayores retornos de inversión.

Dinamarca se basa en los resultados de las inspecciones aleatorias a la hora de legislar y evaluar los riesgos para mejorar el cumplimiento de las obligaciones tributarias.

Países Bajos: conozca a su contribuyente, comprenda su comportamiento

La Administración tributaria neerlandesa apuesta por las inspecciones aleatorias, por ser un instrumento que permite mejorar la gestión del riesgo de cumplimiento. Las inspecciones aleatorias no solo proporcionan información sobre el grado de cumplimiento de la población, sino también sobre qué aspectos del comportamiento podrían mejorarse. De esta forma, se pueden poner en marcha iniciativas específicas orientadas a modificar el comportamiento.

La gestión del riesgo de cumplimiento en los Países Bajos comprende cinco pasos: identificación de las incertidumbres (posibles errores), análisis de las causas subyacentes, priorización, tratamiento (intervención) y evaluación. El programa de inspecciones aleatorias de los Países Bajos incide en el paso 1, la identificación de incertidumbres (y, por lo tanto, de riesgos de cumplimiento), así como en el paso 2, que consiste en analizar las causas de los errores cometidos con el fin de idear medidas que modifiquen los comportamientos de incumplimiento y los transformen en comportamientos de cumplimiento o que refuercen los comportamientos de cumplimiento existentes.

Mejorar el cumplimiento depende del cambio de comportamiento. La administración utiliza el sistema COM-B como modelo de comportamiento que sirve de base para diseñar acciones enfocadas en lograr un cambio de comportamiento. En este sistema, la capacidad, la oportunidad y la motivación interactúan para generar un comportamiento que, a su vez, influye en estos tres factores. Al aplicar este modelo al diseño de medidas, se debe considerar cuál es el objetivo de comportamiento y qué componentes del sistema de comportamiento deben modificarse para lograrlo.

Por ejemplo, las empresas seleccionadas para el programa de inspecciones aleatorias se someten a un control exhaustivo, es decir, se revisan todos los tipos de impuestos, como el impuesto sobre el valor agregado y el impuesto de sociedades. Por lo tanto, las inspecciones aleatorias ofrecen una visión completa del comportamiento fiscal de las empresas. Sin embargo, no ofrecen información sobre por qué las empresas se comportan del modo en que lo hacen. Para comprender el comportamiento de las empresas, se recoge información a través de una encuesta entre los funcionarios de Hacienda. Las preguntas sobre las características de las empresas, su relación con los profesionales de la fiscalidad y las causas subyacentes que podrían llevar a cometer errores (por ejemplo, causas basadas en la capacidad, la oportunidad y la motivación, como la falta de conocimientos y los problemas financieros) se responden después de cada inspección. Los resultados de estas encuestas ayudan a comprender los datos obtenidos en las inspecciones y, por ende, el comportamiento de las empresas.

La combinación de información sobre el grado de cumplimiento que se obtiene gracias a las inspecciones y sobre las causas subyacentes sirve para diseñar medidas específicas tendentes a modificar el comportamiento de los contribuyentes en materia de cumplimiento.

Fuente: Dinamarca (2024) y Países Bajos (2024).

Inspecciones basadas en el riesgo

Algunas jurisdicciones que no cuentan con programas de inspección aleatoria se basan en enfoques descendentes o utilizan los resultados de las inspecciones basadas en el riesgo. Pese a que los métodos de inspección aleatoria suelen considerarse fiables de cara a la estimación de la brecha fiscal (OECD, 2017[2]), las inspecciones basadas en el riesgo podrían proporcionar información adicional sobre el incumplimiento debido a procedimientos de inspección más exhaustivos.

Sin embargo, las inspecciones basadas en el riesgo tienden a recopilar información sobre los contribuyentes que presentan mayor riesgo y, por lo tanto, sus resultados no son representativos del conjunto de la población. La población inspeccionada suele seleccionarse en función de criterios específicos y no al azar, o que da lugar a resultados sesgados. Este sesgo podría corregirse aplicando métodos estadísticos o econométricos. Entre los métodos más extendidos se encuentran el método de Heckman o de la corrección de Heckman, el método de valores extremos, el análisis de conglomerados, la postestratificación y el pareamiento por puntaje de propensión (Fiscalis TGPG, 2018[5]); (Barra, 2023[4]).

En promedio, hay más metodologías ascendentes en las inspecciones aleatorias que en las basadas en el riesgo (véase el Gráfico 11.5.).

Gráfico 11.5. Número de metodologías ascendentes por fuentes de datos

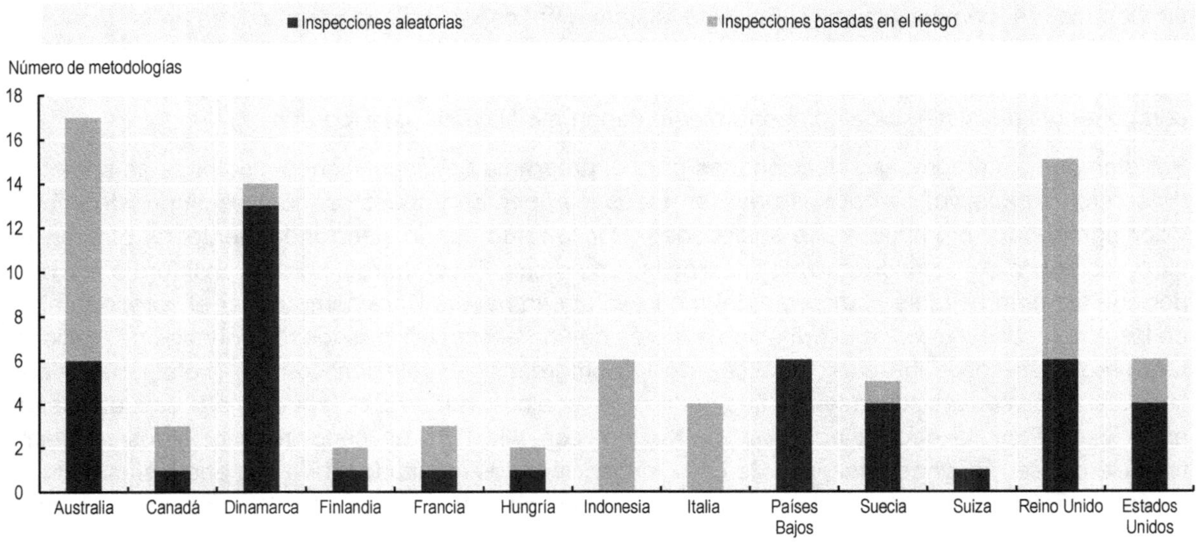

Fuente: Anexo Tabla 11.A.4.

StatLink https://stat.link/3sp4xg

Multiplicador de no detección

Algunas jurisdicciones (21%) aplican un multiplicador de no detección en sus estimaciones de la brecha fiscal (véase el Anexo Tabla 11.A.3.). El multiplicador de no detección, también denominado factor de ajuste (*uplift factor*), es un coeficiente que se aplica a una estimación de la brecha fiscal para reflejar el incumplimiento no detectado que no ha sido capturado en las estimaciones. Por ejemplo, es posible que, por diversas razones, los inspectores no siempre detecten todas las fuentes de incumplimiento al realizar una inspección. En consecuencia, las estimaciones de la brecha fiscal basadas en datos de inspección pueden estar pasando por alto incumplimientos no detectados. Es posible aplicar multiplicadores de no detección a determinados componentes de la brecha fiscal o a ciertas metodologías, en lugar de a la brecha fiscal global.

Como se puede ver en la Tabla 11.4., existen diversos métodos para calcular un multiplicador de no detección. Uno de ellos es la denominada «técnica Delphi», sobre la cual las administraciones tributarias de Suecia y el Reino Unido han publicado artículos en los que describen su uso (HMRC, 2020[6]); (Swedish Tax Agency, 2023[7]).

Tabla 11.4. Métodos para estimar el multiplicador de no detección

Estimación controlada por detección (*Detection Controlled Estimation* o «DCE»)	Revisión secundaria por parte de inspectores expertos	Cotejo de datos con información procedente de terceros	Juicio de expertos (técnica Delphi)	Adopción de multiplicadores utilizados por otras entidades o expertos
Enfoque econométrico basado en un estudio independiente: equipara todos los casos de inspección al mismo nivel en el que fueron examinados por el «mejor» inspector. Desarrollado por investigadores a finales de los 80 en Estados Unidos. Utilizado por primera vez por Estados Unidos para las estimaciones de la brecha fiscal del año fiscal 2001.	Los casos de inspección se derivan a un grupo independiente de expertos para que los revisen y estimen el valor de las obligaciones tributarias no detectadas. Aplicar este método requiere recursos adicionales y su efectividad depende de la capacidad de los expertos para identificar impuestos no detectados.	Las inspecciones se realizan sin tener en cuenta la información procedente de terceros para, posteriormente, comparar los resultados con dicha información. No es aplicable a fuentes de ingresos para las que no se dispone de información procedente de terceros. No es aplicable cuando, al realizar las inspecciones, se haya utilizado información procedente de terceros.	Un grupo de expertos estima el importe de las obligaciones tributarias que, por lo general, no se detectan en diferentes los distintos tipos de inspecciones, a nivel agregado. Requiere menos recursos, pero su efectividad depende de la capacidad de los expertos para estimar el importe de los impuestos no detectados en diversos grupos de contribuyentes. Se utiliza en el Reino Unido.	Consiste en adoptar multiplicadores calculados por otras administraciones tributarias u otros expertos o en basarse en rangos internacionales. Puede no ser representativo del sistema tributario en cuestión o del proceso de inspección de un país en concreto. Puede constituir una alternativa viable en ausencia de metodologías propias.

Fuente: Encuesta del FTA 2023 sobre las estimaciones de la brecha fiscal y Thackray, M., S. Jennings y M. Knudsen (2021), *The Revenue Administration Gap Analysis Program: An Analytical Framework for Personal Income Tax Gap Estimation*, https://doi.org/10.5089/9781513577173.005.

Recuadro 11.4. Ejemplos: multiplicador de no detección o factor de ajuste (*uplift factor*)

Reino Unido: multiplicador de no detección calculado a partir de la técnica Delphi

En el pasado, la Agencia Tributaria y Aduanera del Reino Unido (HM Revenue & Customs, HMRC) utilizaba multiplicadores derivados de análisis del Servicio de Impuestos Internos (IRS) de Estados Unidos y los adoptaba a los resultados de sus inspecciones aleatorias. En los últimos años, la HMRC ha desarrollado nuevos multiplicadores de no detección utilizando la técnica Delphi para que se adapten mejor a los tipos de riesgos observados en el sistema tributario del Reino Unido. Estos multiplicadores permiten ajustar las brechas fiscales por incumplimiento en los casos inspeccionados.

La no detección se produce por varias razones diferentes, entre ellas la capacidad de detección del inspector, la complejidad en materia fiscal, el grado de cooperación del contribuyente, la disponibilidad de datos, el tiempo de que se dispone para realizar la inspección y el grado de incumplimiento oculto.

La técnica Delphi es un método consultivo para recabar la opinión de expertos de forma sistemática y alcanzar un consenso. Consiste en realizar tres rondas de cuestionarios para obtener el consenso de un grupo de expertos en cada régimen fiscal. Al inicio de las dos últimas rondas se entrega un resumen de las respuestas, y el grupo puede modificar o aceptar sus respuestas. En los últimos años, la técnica Delphi se ha utilizado para estimar un multiplicador de no detección en relación con el cumplimiento por parte de las pequeñas empresas del régimen de retención a cuenta sobre los salarios y del impuesto de sociedades.

Es importante revisar periódicamente el multiplicador de no detección para ajustarlo en función de información más reciente, ya que la detección es un factor que puede variar a lo largo del tiempo, por ejemplo, como consecuencia de una mejora de las estrategias de cumplimiento. Los multiplicadores de no detección también pueden diferir según se trate de resultados de inspecciones seleccionadas al azar o de inspecciones basadas en el riesgo. Encontrará más información sobre este tema en el documento de trabajo de la HMRC *Non-detection multipliers for measuring tax gaps* (HMRC, 2020[7]).

Estados Unidos: multiplicador de no detección

Las estimaciones de la brecha fiscal del IRS para el año fiscal (AF) 2001 incorporaron por primera vez la Estimación Controlada por Detección (DCE, por sus siglas en inglés). La primera vez que se utilizó la DCE con datos de inspecciones aleatorias del año fiscal 2001, se realizaron estimaciones para dos categorías de ingresos (basadas en la cantidad de información procedente de terceros) y para dos categorías de contribuyentes (basadas en la naturaleza y el volumen de los ingresos). Posteriormente, los resultados se sintetizaron en cuatro «multiplicadores».

Investigaciones posteriores revelaron que se podía ampliar el DCE de modo que permitiera una mayor variabilidad en las tasas promedio de detección entre los distintos elementos. A partir del AF 2006, el IRS dejó de utilizar multiplicadores explícitos y adoptó un enfoque de microsimulación para asignar las estimaciones de ingresos no detectados basadas en la DCE. El IRS ha seguido investigando para perfeccionar el enfoque de microsimulación, con el objetivo de mejorar la precisión de las estimaciones sobre la distribución de la brecha fiscal.

Fuente: Reino Unido (2024) y Estados Unidos (2024).

Desafíos en la estimación de la brecha fiscal

Los principales desafíos a la hora de estimar la brecha fiscal suelen estar relacionados con los datos, la metodología, los recursos y la legislación (véase la Tabla 11.5.). Las jurisdicciones intentan aprender de las mejores prácticas existentes a nivel internacional y aplicar diversas técnicas para superar estos desafíos, no obstante, ciertas limitaciones pueden restringir su capacidad para estimar la brecha fiscal.

Tabla 11.5. Principales desafíos en la estimación de la brecha fiscal

Datos	Metodología	Recursos	Legislación
No se realizan inspecciones aleatorias Muestras pequeñas o no representativas Disponibilidad de datos Desfases en los datos Cotejar varias fuentes de datos No detección Población heterogénea Necesidad de múltiples fuentes de datos	Extrapolación a partir de inspecciones basadas en el riesgo Dificultades en la modelización de esquemas complejos de incumplimiento Identificación de los métodos adecuados en función de los datos disponibles Consideración de las tendencias emergentes Limitaciones de los métodos descendentes Necesidad de enfoques múltiples	Límites en la capacidad de inspección Carencia de expertos en brecha fiscal Presupuesto insuficiente Inspecciones que exigen una gran cantidad tiempo Falta de apoyo interno	Cambios frecuentes en la legislación fiscal Complejidad de los sistemas tributarios

Fuente: Encuesta del FTA 2023 sobre las estimaciones de la brecha fiscal

Componentes de la brecha fiscal

Los sistemas tributarios varían entre jurisdicciones, por lo que la composición de la brecha fiscal puede diferir entre unas y otras. En general, los principales componentes de la brecha fiscal pueden agruparse en cinco categorías:

- impuesto sobre la renta de las personas físicas (IRPF),
- impuesto de sociedades (IS),
- impuesto sobre el valor agregado (IVA), equivalente al impuesto sobre bienes y servicios (GST) en algunas jurisdicciones,
- impuestos especiales y aranceles, y
- otros tipos de impuestos.

Todas las jurisdicciones que participaron en la encuesta de referencia realizan estimaciones de la brecha del IVA (excepto el IRS de Estados Unidos, dado que dicho impuesto no forma parte del sistema tributario federal), pero solo el 39 % de ellas estiman la brecha fiscal global que comprende los principales tipos de impuestos (véase el Gráfico 11.6.). Algunas jurisdicciones están en las primeras etapas de desarrollo de sus programas de estimación de la brecha fiscal y priorizan la medición de la brecha del IVA, debido a que cuenta con una metodología descendente bastante consolidada. En algunos casos, el FMI ayuda a estimar la brecha del IVA a jurisdicciones que se inician en la investigación de la brecha fiscal.

El segundo y tercer componente de la brecha fiscal que se estiman con más frecuencia son las brechas del IRPF y del IS, ya que más del 50 % de las jurisdicciones realizan estimaciones de una de ellas o de ambas. Las estimaciones de la brecha de los impuestos especiales son las menos frecuentes (estimada por el 29 % de las jurisdicciones), y suelen incluir los impuestos especiales y los aranceles sobre múltiples productos sujetos a impuestos especiales. También es poco frecuente que las jurisdicciones estimen la brecha fiscal de otros impuestos distintos de los mencionados (36 % de las jurisdicciones) ya que, en ocasiones, no se consideran prioritarias debido a su impacto relativamente bajo en la brecha fiscal global.

Algunas jurisdicciones no segmentan la brecha fiscal por tipo de impuesto de la misma manera. Por ejemplo, la Agencia Tributaria de los Países Bajos no utiliza su enfoque ascendente para estimar la brecha fiscal de un ingreso específico, como el IVA, sino que estima la brecha total para cada entidad.[2]

Gráfico 11.6. Número de jurisdicciones que miden los componentes correspondientes de la brecha fiscal

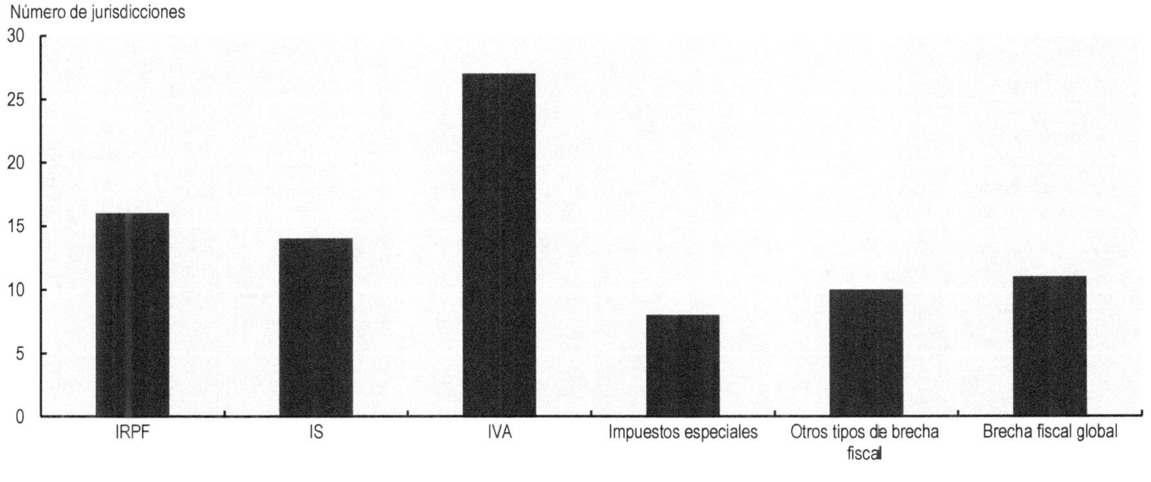

Fuente: Anexo Tablas 11.A.1. a 11.A.13.

StatLink https://stat.link/te0ahg

Brecha del impuesto sobre la renta de las personas físicas

La brecha del IRPF generalmente abarca el incumplimiento tributario por parte de las personas físicas (por ejemplo, de las actividades de economía sumergida, inversiones *offshore*, ganancias de capital), los trabajadores por cuenta propia y los no residentes. La brecha fiscal correspondiente a trabajadores por cuenta propia o pequeñas empresas podría incluirse en la brecha del IRPF o en la del IS, dependiendo del sistema fiscal y de las prácticas internas de la administración tributaria.

Casi el 60 % de las jurisdicciones estiman la brecha del IRPF. De estas:

- El 88 % estima la brecha de declaración y el 69 %, la brecha de pago.
- El 81 % estima la brecha fiscal bruta y la mitad de ellas estima la brecha fiscal neta.

Se utilizan por igual los enfoques descendentes y los ascendentes, y las inspecciones aleatorias son más frecuentes en las metodologías ascendentes. Las metodologías descendentes suelen incorporar estadísticas globales, datos agregados locales e investigaciones académicas. Véase el Gráfico 11.7. para obtener más detalles.

El FMI publicó una nota de orientación técnica con diversas metodologías para la estimación de la brecha del IRPF en *The Revenue Administration Gap Analysis Program: An Analytical Framework for Personal Income Tax Gap Estimation* (Thackray, Jennings and Knudsen, 2021[4]).

Gráfico 11.7. Visión general de la estimación de la brecha del IRPF

Número de jurisdicciones que realizan el análisis correspondiente o aplican los distintos métodos

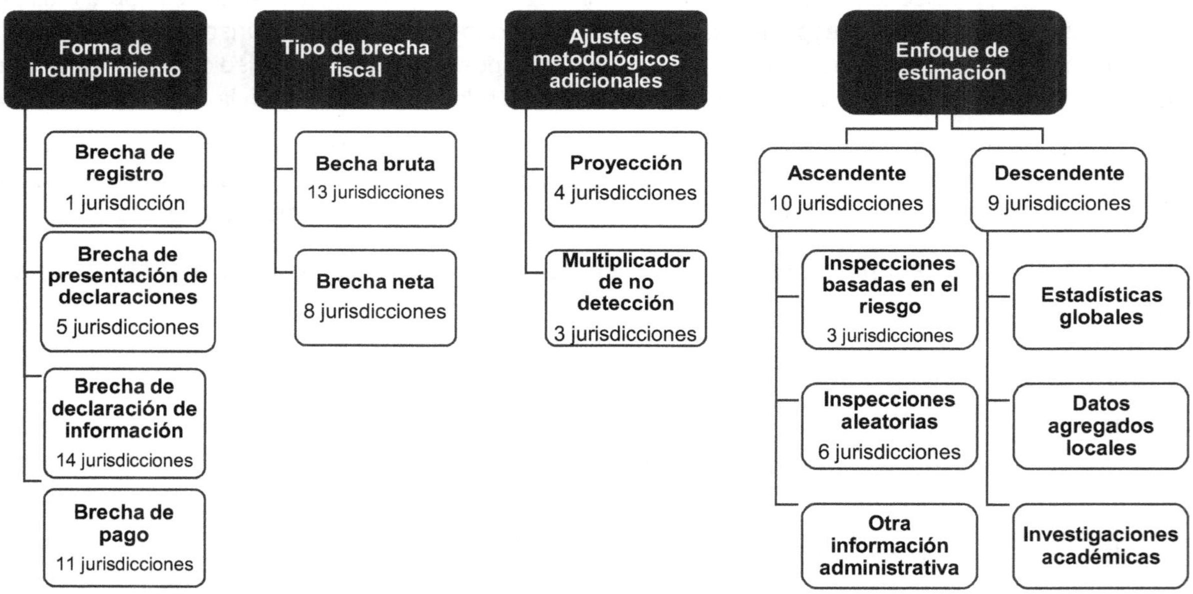

Nota: Hay 16 jurisdicciones que realizan estimaciones de la brecha del IRP.
Fuente: Anexo Tabla 11.A.5 y Anexo Tabla 11.A.6

Recuadro 11.5. Dinamarca: brecha del IRPF derivada del trabajo no declarado

La Agencia Tributaria danesa calcula la brecha del IRPF correspondiente a las personas físicas y los trabajadores por cuenta propia utilizando inspecciones aleatorias. Además de estos programas de inspección aleatoria, la parte de la brecha del IRPF atribuida al trabajo no declarado se estima por separado aplicando el método de los insumos del factor trabajo.

La aplicación de este método se basa en datos de la encuesta de población activa danesa, que se comparan con datos fiscales nacionales. En pocas palabras, se parte de la premisa de que el trabajo no declarado está representado por el número de horas de trabajo declaradas por los propios trabajadores en la encuesta de población activa que excede las horas de trabajo registradas oficialmente en los datos fiscales. A partir del cálculo de la discrepancia entre ambos conceptos, se puede estimar la prevalencia y el valor del trabajo no declarado en Dinamarca, junto con la brecha del IRPF asociada.

Fuente: Dinamarca (2024).

Brecha del impuesto de sociedades

La brecha del IS generalmente incluye el incumplimiento de las obligaciones tributarias por parte de grandes empresas, pequeñas y medianas empresas, empresas públicas, así como otras instituciones. En la mitad de las jurisdicciones se estima la brecha del IS. De estas:

- Todas las jurisdicciones ponen el foco en la brecha de declaración y el 86 % en la brecha de pago.
- El 93 % estima la brecha fiscal bruta y el 64 % estima la brecha fiscal neta.

Las jurisdicciones utilizan enfoques ascendentes o bien, enfoques descendentes; si bien dos de ellas aplican ambos enfoques simultáneamente. En promedio, los enfoques ascendentes son los más utilizados. Los enfoques ascendentes suelen basarse en datos procedentes de la labor de inspección, ya sea de inspecciones aleatorias o basadas en el riesgo. Los datos agregados locales suelen ser la principal fuente empleada en los enfoques descendentes (véase el Gráfico 11.8.).

De forma adicional, se puede encontrar información sobre metodologías específicas para estimar las brechas del IS en la nota de orientación técnica del FMI *Corporate Income Tax Gap Estimation by using Bottom-Up Techniques in Selected Countries: Revenue Administration Gap Analysis Program* (Barra, Hutton and Prokof'yeva, 2023[5]).

Gráfico 11.8. Visión general de la estimación de la brecha del IS

Número de jurisdicciones que realizan el análisis correspondiente o aplican los distintos métodos

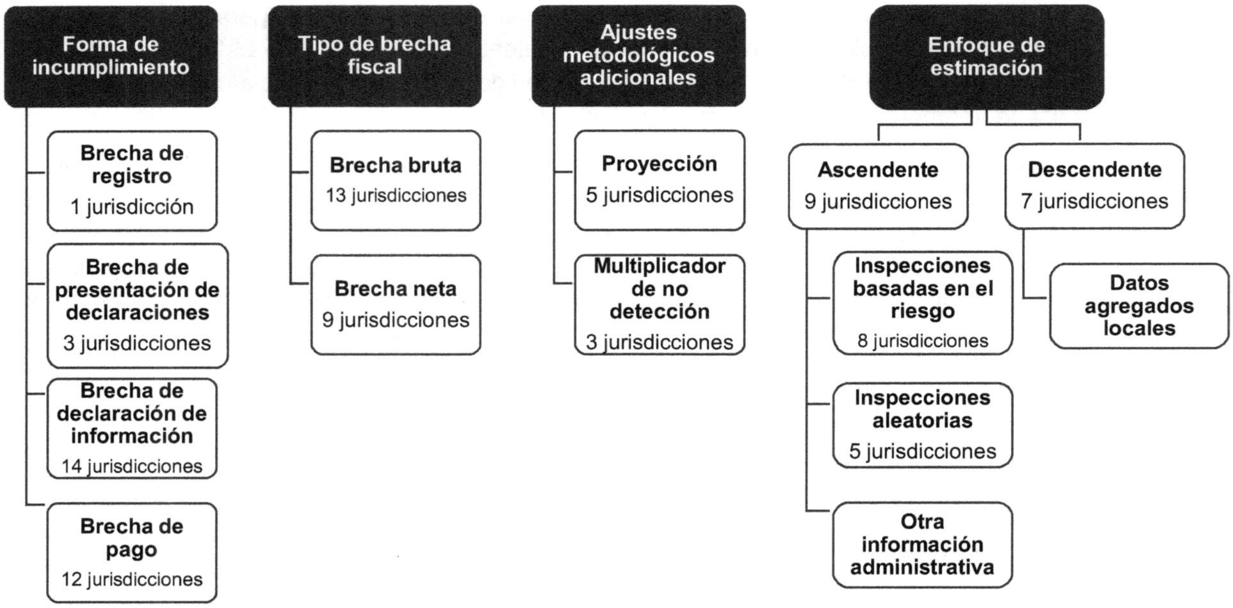

Nota: Hay 14 jurisdicciones que realizan estimaciones de la brecha del IS.
Fuente: Anexo Tabla 11.A.7 y Anexo Tabla 11.A.8.

Recuadro 11.6. Ejemplos; estimación de la brecha del IS

Brasil: uso del modelo de frontera estocástica de producción para estimar la brecha del IS

La Administración Tributaria brasileña se encontró con una serie de dificultades al aplicar los métodos tradicionales para estimar la brecha fiscal del IS correspondiente a las pequeñas empresas (régimen tributario «Simples Nacional»), debido a que carecía de datos fiables y detallados procedentes de los formularios fiscales simplificados. Sin embargo, sí disponía de cierta información procedente de terceros que podía utilizarse para estimar la brecha fiscal correspondiente a las pequeñas empresas. Esta situación hizo que se optara por un método alternativo como herramienta de estimación de la brecha del IS, conocido como modelo de frontera estocástica de producción (FEP).

Este método se desarrolló originalmente para estimar las posibilidades de producción de un conjunto de empresas a partir de un conjunto de insumos, como el capital y la mano de obra, mediante funciones de producción. Así, un modelo clásico de frontera de producción establece los límites teóricos de la capacidad productiva de las empresas utilizando tales insumos. El modelo de frontera estocástica de producción se adaptó para ajustarlo al enfoque fiscal propio del régimen tributario de las pequeñas y medianas empresas brasileñas utilizando distintas fuentes de información fiscal como: las compras registradas en facturas electrónicas, los flujos bancarios y las remuneraciones pagadas; datos que se consideraron insumos de una función de producción cuyo producto eran los ingresos de la empresa. De este modo, el modelo econométrico se ajustó para estimar una frontera teórica de generación de ingresos (cerca de la cual se situarían las empresas más cumplidoras) y, a partir de ahí, estimar el grado de incumplimiento de las empresas, en función de la diferencia entre sus ingresos declarados y la frontera correspondiente. El uso de variables discriminantes en el modelo también permitió obtener un buen nivel de detalle en términos de segmentación geográfica y sectorial.

Tras la reforma del IVA brasileño, está previsto que el modelo se actualice para estimar la brecha del IVA mediante la predicción del valor agregado por las empresas (ingresos menos insumos).

Canadá: estimación de la brecha del IS correspondiente a grandes empresas mediante inspecciones basadas en el riesgo

La Agencia Tributaria de Canadá (CRA) supervisa continuamente a las grandes empresas y evalúa el riesgo de incumplimiento del 100 % de aquellas que identifica como de alto riesgo. Estas empresas se someten a rigurosos procedimientos de inspección en los que la CRA examina sus libros contables y registros pertinentes para asegurarse de que han cumplido todas las obligaciones tributarias.

Si bien las inspecciones basadas en el riesgo tienen la ventaja de que permiten centrar los esfuerzos de la administración tributaria en aquellos contribuyentes que presentan un mayor riesgo de incumplimiento; presentan el inconveniente de que los resultados no pueden extrapolarse directamente a todo el conjunto de la población, debido, precisamente, a que las empresas se seleccionan en función del riesgo de incumplimiento. En consecuencia, para minimizar este sesgo de selección y estimar la brecha de declaración del IS federal por parte de las grandes empresas, la CRA utiliza dos métodos estadísticos:

- ***El método de los valores extremos,*** un enfoque estadístico que parte de la premisa de que la mayoría de los incumplimientos de las obligaciones tributarias de las grandes empresas se concentran en un número relativamente pequeño de ellas. También presupone que la magnitud del incumplimiento tiende a disminuir exponencialmente cuando se clasifican las empresas según su nivel de incumplimiento. A continuación, se aplica un análisis de la regresión para extrapolar el incumplimiento fiscal al resto de la población de grandes empresas con el fin de obtener una estimación de la brecha fiscal. Su principal limitación es que puede conducir a una subestimación de la brecha fiscal. Por lo tanto, el resultado que arroja este método de los valores extremos se utiliza como estimación del límite inferior de la brecha de declaración en el IS.
- ***El análisis de conglomerados***, una técnica de aprendizaje automático no supervisado propia del ámbito de la inteligencia artificial que permite identificar subgrupos o conglomerados (*clusters*) dentro de una población, donde los elementos de un mismo conglomerado son más homogéneos entre sí que respecto a los de otros conglomerados. En el contexto del análisis de la brecha fiscal, se han empleado técnicas basadas en este tipo de análisis para determinar si las grandes empresas pueden clasificarse en grupos relativamente heterogéneos en función de determinadas variables clave, con el objetivo de estimar el nivel potencial de incumplimiento de cada conglomerado o grupo. Al contrario de lo que ocurre con el método de los valores extremos, el análisis de conglomerados puede llevar a sobrestimar la brecha fiscal. Por lo tanto, el resultado que arroja este análisis se utiliza como estimación del límite superior de la brecha de declaración en el IS.

Fuente: Brasil (2024) y Canadá (2024).

Brecha del impuesto sobre el valor agregado

La brecha del IVA está normalmente relacionada con el incumplimiento de las obligaciones tributarias en materia de IVA, que puede abarcar distintas actividades fraudulentas (por ejemplo, el esquema de carrusel) y la solicitud indebida de devoluciones del IVA en diversos sectores. Este componente de la brecha fiscal suele ser el primero en calcularse debido a que cuenta con una metodología descendente bastante consolidada.

Casi todas las jurisdicciones que cuentan con un programa de estimación de la brecha fiscal calculan la brecha del IVA. De estas:

- Alrededor de dos tercios estiman la brecha de declaración y el 59 % estima la brecha de pago. Además, la brecha de registro (estimada por el 19 %) y la brecha de presentación de declaraciones (estimada por el 30 %) son más comunes para este tipo de impuesto que para otros.
- El 74 % de las jurisdicciones estima la brecha fiscal bruta y el 44 % estima la brecha fiscal neta.
- El 89 % de las jurisdicciones utiliza enfoques descendentes y el 33 % emplea enfoques ascendentes. Algunas jurisdicciones han desarrollado metodologías ascendentes como complemento de sus enfoques descendentes. Solo un número reducido de jurisdicciones utiliza exclusivamente enfoques ascendentes para estimar la brecha del IVA. Las principales fuentes de datos para los enfoques ascendentes son los datos procedentes de inspecciones aleatorias o basadas en el riesgo (véase el Gráfico 11.9.).

Para más información, véase lo publicado por la Comisión Europea (European Commission, 2023[8]) y el FMI (Hutton, 2017[1]) sobre las principales metodologías utilizadas para estimar las brechas del IVA.

Gráfico 11.9. Visión general de la estimación de la brecha del IVA

Número de jurisdicciones que realizan el análisis correspondiente o aplican los distintos métodos

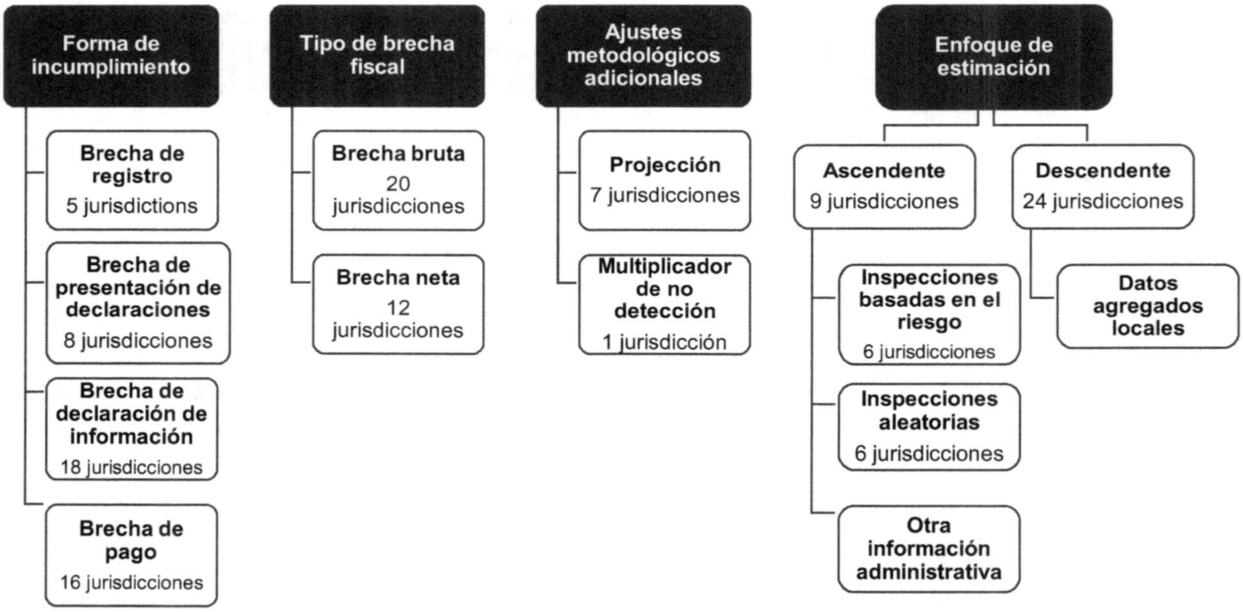

Nota: Hay 27 jurisdicciones que realizan estimaciones de la brecha del IVA.
Fuente: Anexo Tabla 11.A.9 y Anexo Tabla 11.A.10.

Recuadro 11.7. Italia: fraudes en el IVA y estimación de la brecha fiscal

La Agencia Tributaria italiana ha aplicado dos enfoques ascendentes diferentes para estimar la brecha del IVA en general y la parte atribuida al fraude intracomunitario del operador desaparecido (MTIC, por sus siglas en inglés), utilizando datos de inspecciones basadas en el riesgo.

- ***Brecha del IVA***: la metodología combina métodos tradicionales de inferencia paramétrica, técnicas modernas de aprendizaje automático y procedimientos de imputación de vecinos más cercanos. Para corregir el sesgo de selección derivado de la no aleatoriedad en la selección de los contribuyentes inspeccionados, al tiempo que se preserva la distribución de los datos, el modelo se basa en la hipótesis de independencia condicional, siguiendo un procedimiento de tres pasos: En primer lugar, la Agencia Tributaria italiana calcula las probabilidades de selección sobre una población objetivo mediante un modelo logístico y, a continuación, las unidades se agrupan en clases de «probabilidad de selección aproximadamente constante». El segundo paso consiste en la predicción de los valores individuales de la brecha del IVA mediante la agregación (*bagging)* de árboles de regresión, dentro de cada estrato. En el tercer paso se aplica el método de imputación de vecinos más cercanos basado en medios predictivos para relacionar a los contribuyentes no inspeccionados con los inspeccionados.
- ***Brecha del IVA atribuida al fraude intracomunitario del operador desaparecido (MTIC):*** El principal desafío que plantea aplicar este enfoque reside en la posibilidad de que se produzca una doble contabilización en la estimación de la brecha para todos los actores involucrados en el mecanismo de fraude. Para resolver este problema, el análisis ha de centrarse en el operador desaparecido (MT) como actor principal del fraude. Así, con el fin de identificar al MT se adoptan los criterios de riesgo inferidos de una encuesta interna. El modelo se basa en un procedimiento en dos fases. La primera fase consiste en estimar, mediante un modelo logístico, la probabilidad de ser un MT. En la segunda fase se calcula la brecha del fraude MTIC multiplicando la probabilidad (estimada) de ser un MT por el impuesto evadido.

Fuente: Italia (2024).

Brecha de los impuestos especiales

La brecha de los impuestos especiales generalmente incluye el incumplimiento tributario y aduanero relacionado con productos sujetos a impuestos especiales, tales como cigarrillos/tabaco, alcohol, combustibles, bebidas alcohólicas, apuestas y juegos de azar. Es poco frecuente que las jurisdicciones hagan estimaciones de este componente de la brecha fiscal global, solo lo hace el 29 %. Las brechas de declaración y de pago son comunes, y cada una de ellas es estimada por el 63 % de las jurisdicciones que calculan la brecha de los impuestos especiales. La brecha de los impuestos especiales se suele calcular como una brecha fiscal bruta (el 63 %), y el 38 % de las jurisdicciones calculan la brecha fiscal neta. Para estimar la brecha de los impuestos especiales suelen utilizarse indistintamente enfoques ascendentes y descendentes, dependiendo de los datos disponibles en la jurisdicción (véase el Gráfico 11.10.).

Gráfico 11.10. Visión general de la estimación de la brecha de los impuestos especiales

Número de jurisdicciones que realizan el análisis correspondiente o aplican los distintos métodos

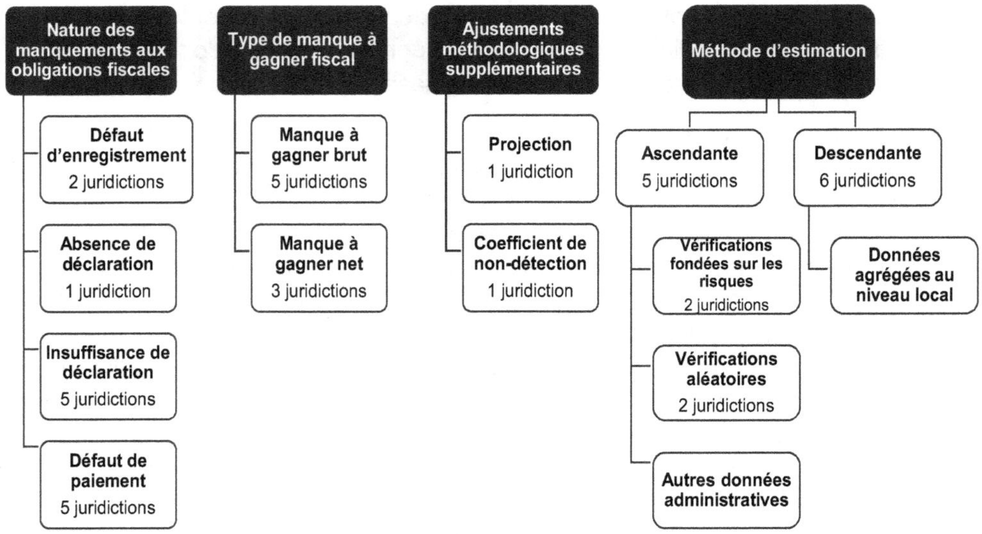

Nota: Hay 8 jurisdicciones que realizan estimaciones de la brecha de los impuestos especiales.
Fuente: Anexo Tabla 11.A.11 y Anexo Tabla 11.A.12.

Recuadro 11.8. Suecia: brecha de los impuestos especiales correspondiente a una serie de productos sujetos este tipo de tributos

Suecia impone actualmente alrededor de 15 impuestos especiales diferentes, siendo los más significativos en términos de recaudación los impuestos sobre la energía, el impuesto al carbono y los impuestos sobre el alcohol y el tabaco. La Agencia Tributaria sueca (STA) ha realizado estimaciones de la brecha fiscal específicamente para los impuestos sobre el alcohol y el tabaco, la congestión vial y algunos impuestos sobre la energía relacionados con un régimen de devolución de impuestos. Debido a la variedad de diseños y poblaciones objetivo de estos impuestos especiales, no existe un enfoque general para evaluar la brecha fiscal global en este ámbito, especialmente porque ciertos errores en los impuestos especiales que generan brechas fiscales son casi imposibles de detectar. Por lo tanto, cada impuesto especial debe analizarse de forma individual.

La brecha fiscal de los impuestos sobre el alcohol y el tabaco se debe principalmente a las actividades ilegales de producción e importación, que son difíciles de detectar a través de datos internos. Por ello, la STA se basa en una encuesta externa para su evaluación de la brecha fiscal, realizada por otro organismo público especializado en el consumo de alcohol y tabaco entre la población sueca. Los tributos que gravan la congestión vial también tienen sus particularidades. Se valoran identificando las matrículas que las cámaras de tráfico no han podido captar, ya sea porque se han ocultado intencionada o accidentalmente. En cambio, los impuestos sobre la energía se valoran mediante inspecciones aleatorias tradicionales.

Fuente: Suecia (2024).

Otros componentes de la brecha fiscal

Otros tipos de brecha fiscal generalmente se refieren al incumplimiento relacionado con otros tipos de impuestos vigentes en el sistema tributario de la jurisdicción y que pueden diferir de los aplicados en otros países. Algunos ejemplos incluyen los impuestos sobre la nómina, los impuestos de ámbito regional, las cotizaciones a la seguridad social y los impuestos sobre sucesiones. Poco más de un tercio de las jurisdicciones (36 %) estiman otros componentes de la brecha fiscal. Las jurisdicciones generalmente cuantifican tanto la brecha de pago (70 %) como la brecha de declaración (90 %). Aproximadamente el 70 % de las jurisdicciones estima la brecha fiscal bruta, y la mitad estima la brecha fiscal neta. Los enfoques ascendentes son más comunes (utilizados por el 70 %) que las metodologías descendentes (utilizadas por el 40 %), debido sobre todo a la disponibilidad de inspecciones aleatorias (véase el Gráfico 11.11.).

Gráfico 11.11. Resumen de otras estimaciones de la brecha fiscal

Número de jurisdicciones que realizan el análisis correspondiente o aplican los distintos métodos

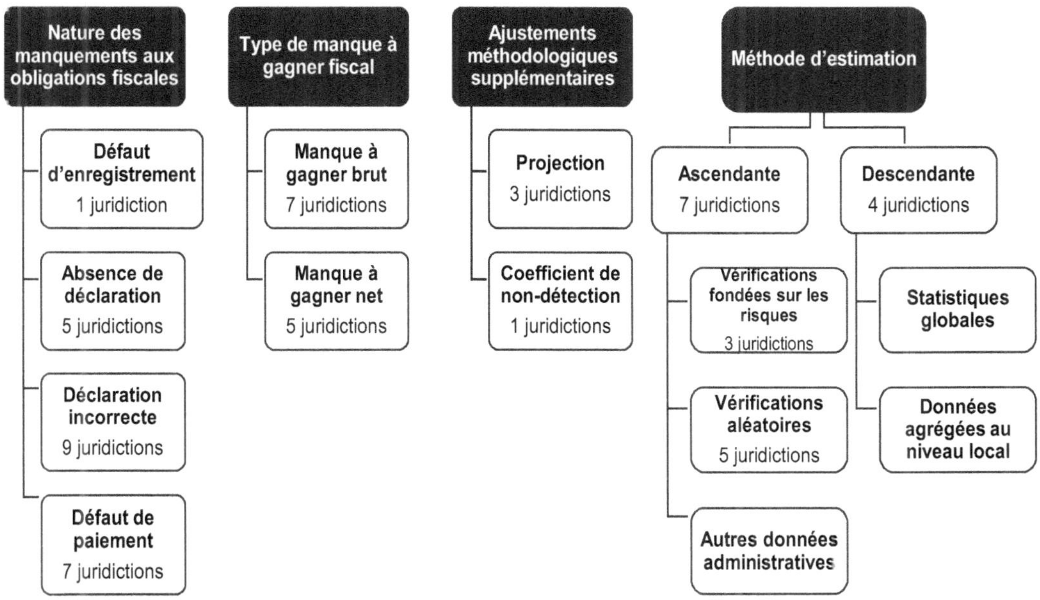

Nota: Hay 10 jurisdicciones que realizan otras estimaciones de la brecha fiscal.
Fuente: Anexo Tabla 11.A.13 y Anexo Tabla 11.A.14.

Recuadro 11.9. Letonia: brecha de las cotizaciones a la seguridad social (CSS) derivada de salarios no declarados

La brecha fiscal de los salarios no declarados se estima mediante un enfoque ascendente utilizando principalmente datos de declaraciones de la renta. En Letonia, todos los empleadores están obligados a presentar mensualmente declaraciones tributarias sobre los salarios con la siguiente información: datos detallados de los empleados, horas trabajadas durante el período impositivo (mes), remuneración y e importes retenidos a cuenta (en concepto de CSS e IRPF). La profesión del empleado también se comunica a la autoridad tributaria en el momento en que se establece la relación laboral.

Considerando que el salario depende de los siguientes parámetros principales: 1) el sector del empleo; 2) la ubicación territorial del empleador; 3) la profesión del empleado y la duración de la jornada laboral, el enfoque de la Agencia Tributaria de Letonia se basa en la comparación de un salario real con un salario promedio para cada tipo de profesión en un sector y región concretos (en adelante, «salario promedio»). Por lo que respecta a aquellas profesiones consideradas de alto riesgo en cuanto a la no declaración de salarios, el «salario promedio» se establece sobre la base de una investigación de los anuncios de empleo publicados.

Dado que la decisión del trabajador de elegir un empleo concreto puede verse afectada por factores no relacionados con la fiscalidad (por ejemplo, la ubicación o beneficios sociales proporcionados por el empleador), a efectos de estimación de la brecha fiscal, se parte de la premisa de que un trabajador ha percibido salarios no declarados si su salario real es inferior al 70 % del «salario promedio». La diferencia entre el «salario promedio» y el salario real se utiliza para estimar el importe de los salarios no declarados en relación con cada empleado y cada empleador. Una vez estimado el salario no declarado, se aplica la tasa efectiva de CSS para calcular la brecha de las CSS (el mismo procedimiento se aplica posteriormente para estimar la brecha del IRPF).

La principal ventaja que aporta este método es la posibilidad de personalizar la brecha fiscal tanto para empleados como para empleadores, y de analizar el fenómeno desde diferentes perspectivas, por ejemplo, para identificar industrias de alto riesgo o para definir un perfil demográfico de los empleados que reciben salarios no declarados.

Fuente: Letonia (2024).

Usos de la brecha fiscal

Las administraciones tributarias estiman la brecha fiscal por diversas razones, entre ellas, el respaldo que supone para la toma de decisiones fundamentada en datos. Otras de las principales aplicaciones que mencionan las son las siguientes:

- Cumplir con los requisitos normativos
- Proporcionar transparencia ante los ciudadanos y el Parlamento
- Hacer un seguimiento de las nuevas tendencias y del estado general del sistema fiscal
- Identificar áreas del sistema fiscal y la administración tributarias susceptibles de mejora
- Informar a los departamentos que se ocupan del cumplimiento sobre los riesgos de incumplimiento y los factores conductuales subyacentes
- Impulsar nuevas investigaciones en materia de cumplimiento de las obligaciones tributarias
- Proporcionar información a los responsables de la formulación de políticas de modo que puedan tomar de decisiones fundamentadas en datos
- Propiciar las inversiones y la planificación de la organización
- Medir los resultados a largo plazo de una administración tributaria o junto con otros indicadores

Si bien las estimaciones de la brecha fiscal pueden proporcionar información valiosa para las administraciones tributarias, no siempre constituyen una base adecuada para establecer objetivos de desempeño explícitos, debido a que presentan una serie de limitaciones (OECD, 2017[2]). No obstante, algunas jurisdicciones utilizan estimaciones de la brecha fiscal para analizar el rendimiento general del sistema tributario.

Las brechas fiscales pueden ser utilizadas no solo por las administraciones tributarias, sino también por otros actores, como los ciudadanos en general, los responsables de la formulación de políticas, otros organismos públicos, investigadores del ámbito académico y diversas organizaciones. El uso que estos actores hacen de las estimaciones de la brecha fiscal puede diferir del uso que les da la administración tributaria. Por ejemplo, en Suecia, además del uso propio de la administración tributaria, las estimaciones de la brecha fiscal se utilizan para mejorar la calidad de las estadísticas de cuentas nacionales.

Recuadro 11.10. Australia: uso de la brecha fiscal

La Agencia Tributaria australiana (ATO) reconoce que las estimaciones de la brecha fiscal por sí solas no siempre constituyen una medida adecuada del desempeño específico de la administración tributaria, dado que la brecha fiscal mide el desempeño del sistema en su conjunto, que también se ve afectado por factores que escapan al control de la administración tributaria.

La ATO es consciente de estas limitaciones a la hora de utilizar la brecha fiscal para medir el desempeño de la administración, particularmente porque no es el mejor indicador del desempeño a corto plazo. Por otro lado, también resulta complicado establecer objetivos sin considerar el contexto histórico de la brecha fiscal. Por esta razón, Australia utiliza el análisis de tendencias de la brecha fiscal a largo plazo para evaluar el desempeño de la administración tributaria, y lo considera un indicador útil del desempeño a medio plazo, especialmente en el contexto de la función de supervisión de la ATO sobre el sistema fiscal y el sistema de pensiones.

En ocasiones, la brecha fiscal puede aumentar o disminuir al margen de las acciones de la administración tributaria. Por ello, la evaluación del desempeño de la ATO tiene en cuenta un contexto cualitativo relevante, de modo que los interesados puedan comprender claramente hasta qué punto la ATO ha contribuido a reducir o estabilizar la brecha fiscal a medio plazo.

Los cambios en el desempeño de la brecha fiscal constituyen indicadores del estado general del sistema, incluida la administración, por lo que, en la ATO, las estimaciones de la brecha fiscal se integran en las decisiones de desarrollo de estrategias y planificación de recursos.

Fuente: Australia (2024).

Impacto de la pandemia de COVID-19 en las estimaciones de la brecha fiscal

La pandemia de COVID-19 fue un acontecimiento sin precedentes que afectó con repercusiones a escala mundial. Muchas jurisdicciones implementaron diversas medidas para contener la pandemia y mitigar su impacto económico, por ejemplo, mediante confinamientos y otras medidas de prevención.

La pandemia también afectó a las administraciones tributarias, dado que muchos gobiernos adoptaron medidas para apoyar a particulares y empresas ampliando los plazos de pago de los impuestos o suspendiendo el cobro de deudas tributarias pendientes. (CIAT/IOTA/OECD, 2020[9])

Muchas jurisdicciones ya han notado el impacto de la pandemia en sus estimaciones de la brecha fiscal y algunas han comenzado a ajustar sus metodologías en consecuencia. No obstante, el impacto total en la brecha fiscal habrá que analizarlo en el futuro.

Recuadro 11.11. Australia: repercusiones de la pandemia de COVID-19 en la medición de la brecha fiscal

Los efectos económicos derivados de la interacción entre la pandemia de COVID-19 y las medidas de estímulo económico han ido evolucionando con el tiempo y se han prolongado durante varios años. Estas perturbaciones económicas influyeron directamente en la situación financiera de los contribuyentes, sus comportamientos de cumplimiento y, en consecuencia, en la recaudación tributaria.

En relación con la medición de la brecha fiscal, la pandemia de COVID-19 planteó varios desafíos, pero también oportunidades. El principal desafío en la medición de la brecha fiscal radicó en comprender el impacto de la pandemia en los datos. La ATO observó cambios significativos en las estadísticas de las cuentas nacionales y otros datos externos, con grandes variaciones que resultaron difíciles de validar, ya que no existían antecedentes sobre perturbaciones económicas de tal magnitud. La pandemia también generó cambios en los patrones de consumo, lo que condujo a una reducción significativa de la brecha fiscal del IVA/GST.

La ATO también tuvo que resolver una serie de problemas relacionados con sus propios datos operacionales. Las estimaciones de la brecha fiscal basadas en datos de inspecciones operativas se vieron afectadas por el descenso del número de inspecciones en algunos segmentos del mercado, ya que la ATO reorientó sus esfuerzos hacia el apoyo a los contribuyentes. Si bien la ATO continuó generando estimaciones, el grado de fiabilidad de algunas de estas estimaciones «provisionales» se redujo para reflejar el menor tamaño de la muestra utilizada para calcular la estimación. Australia también modificó el método para estimar la brecha fiscal con respecto a las medianas empresas, combinando un modelo de regresión logística y un modelo de regresión de Poisson con pseudomáxima verosimilitud. Este cambio era necesario debido a que las hipótesis en las que se basaba el método de los valores extremos perdieron validez como consecuencia de la disminución en el número de inspecciones y en el alcance de estas y de los controles tributarios en general.

En términos de oportunidades, la pandemia de COVID-19 brindó a la ATO la oportunidad de aplicar el enfoque analítico de la brecha fiscal a las medidas de estímulo económico, con el fin de generar estimaciones de la brecha de pago para los programas de pago diseñados para apoyar a ciudadanos y empresas.

Fuente: Australia (2024).

La estimación de la brecha fiscal no es una tarea sencilla, generalmente requiere amplia experiencia y conocimientos especializados en diversas áreas. Para más información sobre la labor de las administraciones tributarias relacionada con la estimación de la brecha fiscal, véase la Tabla 11.6. que contiene una selección de enlaces a una serie de informes sobre la brecha fiscal.

Tabla 11.6. Enlaces a una selección de informes y sitios web sobre la brecha fiscal publicados por las administraciones tributarias

Jurisdicción	Informe	Enlaces (consultados el 22 de agosto de 2024)
Australia	Brechas fiscales en Australia: visión general	https://www.ato.gov.au/about-ato/research-and-statistics/in-detail/tax-gap/australian-tax-gaps-overview
Brasil	Informe sobre la brecha del impuesto de sociedades de 2015 a 2019 (versión en inglés)	https://www.gov.br/receitafederal/pt-br/centrais-de-conteudo/publicacoes/estudos/tax-gap/tax-gap-dos-tributos-irpj-csll/cit-tax-gap-report-2015-to-2019-english-version.pdf/view
Canadá	Informe general sobre la brecha fiscal federal: Estimaciones y principales conclusiones en materia de incumplimiento, ejercicios fiscales 2014-2018	https://www.canada.ca/en/revenue-agency/corporate/about-canada-revenue-agency-cra/tax-canada-a-conceptual-study/tax-gap-brief-overview/overall-federal-tax-gap-report.html
Italia	Informe sobre economía sumergida y evasión fiscal y de la seguridad social - año 2023 (versión en italiano)	https://www.finanze.gov.it/export/sites/finanze/.galleries/Documenti/Varie/Relazione-evasione-fiscale-e-contributiva-2023_26set-finale.pdf
Suecia	Informe sobre la brecha fiscal 2020 (versión en inglés)	https://www.skatteverket.se/download/18.96cca41179bad4b1aa8c0b/1632316511065/Tax%20gap%20report%202020.pdf
Reino Unido	Medición de las brechas fiscales, edición 2024: estimaciones de la brecha fiscal de 2022 a 2023	https://www.gov.uk/government/statistics/measuring-tax-gaps
Estados Unidos	Proyecciones de la brecha fiscal para los ejercicios fiscales 2020 y 2021	https://www.irs.gov/pub/irs-pdf/p5869.pdf

Bibliografía

Barra, P. (2023), "Corporate Income Tax Gap Estimation by using Bottom-Up Techniques in Selected Countries", *Technical Notes and Manuals*, Vol. 2023/006, p. 1, https://doi.org/10.5089/9798400246265.005. [4]

CIAT/IOTA/OECD (2020), "Tax administration responses to COVID-19: Measures taken to support taxpayers", *OECD Policy Responses to Coronavirus (COVID-19)*, OECD Publishing, Paris, https://doi.org/10.1787/adc84188-en. [9]

Council of the European Union (2006), "Council Directive 2006/112/EC of 28 November 2006 on the common system of value added tax", *Official Journal of the European Union OJ L 347*, https://data.europa.eu/eli/dir/2006/112/2024-01-01. [10]

European Commission (2023), *VAT gap in the EU – 2023 report*, Publications Office of the European Union, https://doi.org/10.2778/911698. [8]

Fiscalis TGPG (2018), *The Concept of Tax Gaps Report II: Corporate Income Tax Gap Estimation Methodologies by FISCALIS Tax Gap Project Group (FPG/041)*, European Commission, https://taxation-customs.ec.europa.eu/system/files/2018-07/tgpg-report-on-cit-gap-methodology_en.pdf. [5]

HMRC (2020), *Non-detection multipliers for measuring tax gaps*, HMRC, http://www.gov.uk/government/publications/non-detection-multipliers-for-measuring-tax-gaps/non-detection-multipliers-for-measuring-tax-gaps. [6]

Hutton, E. (2017), "The Revenue Administration-Gap Analysis Program: Model and Methodology for Value-Added Tax Gap Estimation", *Technical Notes and Manuals*, Vol. 17/04, p. 1, https://doi.org/10.5089/9781475583618.005. [1]

OECD (2017), "The measurement of tax gaps", in *Tax Administration 2017: Comparative Information on OECD and Other Advanced and Emerging Economies*, OECD Publishing, Paris, https://doi.org/10.1787/tax_admin-2017-19-en. [2]

Swedish Tax Agency (2023), *Using the Delphi method to determine a non-detection multiplier for the tax gap assessment*, Swedish Tax Agency, https://skatteverket.se/download/18.7da1d2e118be03f8e4f45d8/1703064480910/Using%20the%20Delphi%20method%20to%. [7]

Thackray, M., S. Jennings and M. Knudsen (2021), *The Revenue Administration Gap Analysis Program: An Analytical Framework for Personal Income Tax Gap Estimation*, International Monetary Fund, Washington DC, https://doi.org/10.5089/9781513577173.005. [3]

Notas

[1] Todos los datos expuestos en este capítulo se basan en las respuestas a la encuesta de 2023 (que se actualizaron en julio de 2024) proporcionadas por los miembros de la Comunidad de Interés sobre la brecha fiscal del Foro de Administración Tributaria de la OCDE, una red informal de analistas especializados en la brecha fiscal. Todos los porcentajes se calculan a partir de los datos de las 28 jurisdicciones que respondieron a la encuesta y realizan estimaciones de la brecha fiscal. Las jurisdicciones que cuentan con programas en materia de brecha fiscal pero que no respondieron a la encuesta quedan fuera del alcance de este capítulo.

Los datos de este capítulo pueden diferir de los resultados de la Encuesta Internacional sobre Administración Tributaria (ISORA), ya que las dos encuestas se realizaron en períodos distintos y las preguntas estaban redactadas de forma ligeramente diferente. Por ejemplo, en la encuesta de la Comunidad de Interés sobre la brecha fiscal del FTA se preguntaba si la administración tributaria calculaba la brecha fiscal para los distintos tipos de impuestos, mientras que en la ISORA la pregunta era si la administración tributaria o cualquier otro organismo gubernamental elaboraba estimaciones periódicas de la brecha fiscal para los distintos tipos de impuestos.

[2] A pesar de que la Agencia Tributaria de los Países Bajos estima la brecha total para cada entidad, es posible calcular la estimación de la brecha fiscal de un ingreso fiscal específico en función de estas inspecciones aleatorias. No obstante, centrar la atención en la brecha fiscal total de cada entidad constituye una decisión de carácter estratégico.

Anexo 11.A. Tablas de datos

El Anexo 11.A. contiene un conjunto de catorce tablas que recogen los datos proporcionados por los miembros de la Comunidad de Interés sobre la brecha fiscal del Foro de Administración Tributaria de la OCDE —una red informal de analistas especializados en la brecha fiscal— en respuesta a una encuesta sobre estimaciones de la brecha fiscal realizada en 2023:

- Anexo Tabla 11.A.1. Resumen general de la estimación de la brecha fiscal
- Anexo Tabla 11.A.2. Componentes de la estimación de la brecha fiscal
- Anexo Tabla 11.A.3. Enfoques, datos y ajustes metodológicos en la estimación de la brecha fiscal
- Anexo Tabla 11.A.4. Número de metodologías ascendentes por fuentes de datos
- Anexo Tabla 11.A.5. Medición de la brecha del IRPF: Tipo de estimación de la brecha fiscal realizada
- Anexo Tabla 11.A.6. Medición de la brecha del IRPF: Enfoques y métodos utilizados
- Anexo Tabla 11.A.7. Medición de la brecha del IS: Tipo de estimación de la brecha fiscal realizada
- Anexo Tabla 11.A.8. Medición de la brecha del IS: Enfoques y métodos utilizados
- Anexo Tabla 11.A.9. Medición de la brecha del IVA: Tipo de estimación de la brecha fiscal realizada
- Anexo Tabla 11.A.10. Medición de la brecha del IVA: Enfoques y métodos utilizados
- Anexo Tabla 11.A.11. Medición de la brecha de los impuestos especiales: Tipo de estimación de la brecha fiscal realizada
- Anexo Tabla 11.A.12. Medición de la brecha de los impuestos especiales: Enfoques y métodos utilizados
- Anexo Tabla 11.A.13. Otras mediciones de la brecha: Tipo de estimación de la brecha fiscal realizada
- Anexo Tabla 11.A.14. Otras mediciones de la brecha: Enfoques y métodos utilizados

Anexo Tabla 11.A.1. Resumen general de la estimación de la brecha fiscal

Jurisdicción	Estimación de la brecha fiscal	Publicación de la brecha fiscal global	Obligación legal de publicar la información	Frecuencia de publicación	Apoyo de terceros
Australia	Sí	Sí	No	Anualmente	Sí
Bélgica	Sí	No	No		Sí
Brasil	Sí	Sí	No	Periodicidad irregular	Sí
Canadá	Sí	Sí	No	Cada tres años	Sí
Chile	Sí	No	No		Sí
Colombia	Sí	No	No		No
Dinamarca	Sí	No	No		Sí
Comisión Europea	Sí	No	No		Sí
Finlandia	Sí	No	No		No
Francia	Sí	No	No		Sí
Grecia	Sí	No	No		No
Hungría	Sí	No	No		Sí
Islandia	Sí	No	No		Sí
Indonesia	Sí	No	No		Sí
Israel	Sí	No	No		No
Italia	Sí	Sí	Sí	Anualmente	No
Letonia	Sí	No	No		No
Lituania	Sí	No	No		Sí
Países Bajos	Sí	Sí	Sí	Cada dos años	No
Portugal	Sí	No	No		No
Rumanía	Sí	No	No		Sí
Singapur	Sí	No	No		No
Eslovaquia	Sí	No	No		No
España	Sí	No	No		No
Suecia	Sí	Sí	Sí	Cada cuatro años	Sí
Suiza	Sí	No	No		No
Reino Unido	Sí	Sí	No	Anualmente	No
Estados Unidos	Sí	Sí	No	Cada tres años (con proyecciones anuales)	Sí
Total respuestas afirmativas	**28**	**8**	**3**		**15**

Fuente: Encuesta del FTA 2023 sobre las estimaciones de la brecha fiscal.

Anexo Tabla 11.A.2. Componentes de la estimación de la brecha fiscal

Jurisdicción	Brecha normativa	Brecha de registro o de presentación de declaraciones	Brecha de declaración	Brecha de pago	Brecha fiscal bruta	Brecha fiscal neta
Australia	No	Sí	Sí	Sí	Sí	Sí
Bélgica	Sí	No	No	No	Sí	No
Brasil	Sí	No	Sí	Sí	Sí	Sí
Canadá	No	No	Sí	Sí	Sí	Sí
Chile	No	Sí	Sí	Sí	Sí	No
Colombia	No	No	Sí	Sí	Sí	No
Dinamarca	No	Sí	Sí	Sí	Sí	No
Comisión Europea	Sí	Sí	Sí	Sí	No	Sí
Finlandia	No	Sí	No	No	No	Sí
Francia	No	No	Sí	Sí	Sí	Sí
Grecia	Sí	No	Sí	No	Sí	No
Hungría	Sí	No	Sí	Sí	Sí	No
Islandia	No	Sí	Sí	No	Sí	Sí
Indonesia	Sí	No	Sí	Sí	Sí	Sí
Israel	No	No	No	Sí	No	Sí
Italia	No	Sí	Sí	Sí	Sí	No
Letonia	No	Sí	Sí	Sí	Sí	Sí
Lituania	No	No	No	No	Sí	No
Países Bajos	No	Sí	Sí	Sí	No	No
Portugal	No	No	No	No	Sí	No
Rumanía	Sí	No	Sí	Sí	Sí	No
Singapur	No	No	No	No	Sí	No
Eslovaquia	No	No	Sí	Sí	Sí	Sí
España	No	No	No	No	Sí	No
Suecia	No	No	Sí	No	Sí	Sí
Suiza	Sí	No	Sí	No	No	No
Reino Unido	No	No	Sí	Sí	Sí	Sí
Estados Unidos	No	Sí	Sí	Sí	Sí	Sí
Total respuestas afirmativas	**8**	**10**	**21**	**18**	**23**	**14**

Fuente: Encuesta del FTA 2023 sobre las estimaciones de la brecha fiscal.

Anexo Tabla 11.A.3. Enfoques, datos y ajustes metodológicos en la estimación de la brecha fiscal

Jurisdicción	Proyección de al menos un componente de la brecha fiscal	Multiplicador de no detección	Enfoque ascendente	Enfoque descendente	Inspección aleatoria para al menos un componente de la brecha fiscal
Australia	Sí	Sí	Sí	Sí	Sí
Bélgica	No	Sí	No	Sí	No
Brasil	Sí	No	Sí	Sí	No
Canadá	Sí	No	Sí	Sí	Sí
Chile	Sí	No	No	Sí	No
Colombia	No	No	No	Sí	No
Dinamarca	No	No	Sí	Sí	Sí
Comisión Europea	Sí	No	No	Sí	No
Finlandia	No	No	Sí	Sí	Sí
Francia	No	No	Sí	No	Sí
Grecia	No	No	No	Sí	No
Hungría	Sí	No	Sí	Sí	Sí
Islandia	No	No	No	Sí	No
Indonesia	No	No	Sí	Sí	No
Israel	No	No	No	Sí	No
Italia	Sí	Sí	Sí	Sí	No
Letonia	No	No	Sí	Sí	No
Lituania	Sí	No	Sí	Sí	No
Países Bajos	No	No	Sí	Sí	Sí
Portugal	No	No	No	Sí	No
Rumanía	No	No	No	Sí	No
Singapur	No	No	No	Sí	No
Eslovaquia	No	No	No	Sí	No
España	No	No	No	Sí	No
Suecia	No	Sí	Sí	Sí	Sí
Suiza	No	No	Sí	No	Sí
Reino Unido	Sí	Sí	Sí	Sí	Sí
Estados Unidos	Sí	Sí	Sí	No	Sí
Total respuestas afirmativas	**10**	**6**	**16**	**25**	**11**

Fuente: Encuesta del FTA 2023 sobre las estimaciones de la brecha fiscal.

Anexo Tabla 11.A.4. Número de metodologías ascendentes por fuentes de datos

Jurisdicción	Inspecciones aleatorias	Inspecciones basadas en el riesgo	Total
Australia	6	11	17
Canadá	1	2	3
Dinamarca	13	1	14
Finlandia	1	1	2
Francia	1	2	3
Hungría	1	1	2
Indonesia	0	6	6
Italia	0	4	4
Países Bajos	6	0	6
Suecia	4	1	5
Suiza	1	0	1
Reino Unido	6	9	15
Estados Unidos	4	2	6
Total	**44**	**40**	**84**
Promedio	**3,4**	**3,1**	**6,5**

Nota: La tabla solo contiene datos de jurisdicciones que utilizan enfoques ascendentes.
Fuente: Encuesta del FTA 2023 sobre las estimaciones de la brecha fiscal.

Anexo Tabla 11.A.5. Medición de la brecha del IRPF: Tipo de estimación de la brecha fiscal realizada

Jurisdicción	Estimación de la brecha del IRPF	Brecha de registro	Brecha de presentación de declaraciones	Brecha de declaración	Brecha de pago	Brecha fiscal bruta	Brecha fiscal neta
Australia	Sí	No	No	Sí	Sí	Sí	Sí
Brasil	Sí	No	No	Sí	No	No	Sí
Canadá	Sí	No	No	Sí	Sí	Sí	Sí
Colombia	Sí	No	No	Sí	Sí	Sí	No
Dinamarca	Sí	Sí	Sí	Sí	Sí	Sí	No
Grecia	Sí	No	No	Sí	No	No	No
Indonesia	Sí	No	No	Sí	Sí	Sí	Sí
Italia	Sí	No	Sí	Sí	Sí	Sí	No
Letonia	Sí	No	Sí	Sí	Sí	Sí	Sí
Lituania	Sí	No	No	No	No	Sí	No
Países Bajos	Sí	No	Sí	Sí	Sí	No	No
Rumanía	Sí	No	No	Sí	Sí	Sí	No
España	Sí	No	No	No	No	Sí	No
Suecia	Sí	No	No	Sí	No	Sí	Sí
Reino Unido	Sí	No	No	Sí	Sí	Sí	Sí
Estados Unidos	Sí	No	Sí	Sí	Sí	Sí	Sí
Total respuestas afirmativas	**16**	**1**	**5**	**14**	**11**	**13**	**8**

Nota: La tabla solo contiene datos de jurisdicciones que realizan mediciones de la brecha del IRPF.
Fuente: Encuesta del FTA 2023 sobre las estimaciones de la brecha fiscal.

Anexo Tabla 11.A.6. Medición de la brecha del IRPF: Enfoques y métodos utilizados

Jurisdicción	N.º de enfoques ascendentes	N.º de enfoques descendentes	N.º de métodos basados en datos sobre riesgos	N.º de métodos basados en datos de inspecciones aleatorias	Proyecciones	Multiplicador de no detección
Australia	4	0	2	2	Sí	Sí
Brasil	1	0	0	0	No	No
Canadá	0	2	0	0	No	No
Colombia	0	1	0	0	No	No
Dinamarca	5	2	0	5	No	No
Grecia	0	1	0	0	No	No
Indonesia	5	1	2	0	No	No
Italia	0	3	0	0	Sí	No
Letonia	1	0	0	0	No	No
Lituania	1	0	0	0	No	No
Países Bajos	3	0	0	3	No	No
Rumanía	0	1	0	0	No	No
España	0	1	0	0	No	No
Suecia	2	1	0	2	No	No
Reino Unido	6	0	2	4	Sí	Sí
Estados Unidos	4	0	0	2	Sí	Sí
Cantidad total o total respuestas afirmativas	**32**	**13**	**6**	**18**	**4**	**3**

Nota: La tabla solo contiene datos de jurisdicciones que realizan mediciones de la brecha del IRPF.
Fuente: Encuesta del FTA 2023 sobre las estimaciones de la brecha fiscal.

Anexo Tabla 11.A.7. Medición de la brecha del IS: Tipo de estimación de la brecha fiscal realizada

Jurisdicción	Estimación de la brecha del IS	Brecha de registro	Brecha de presentación de declaraciones	Brecha de declaración	Brecha de pago	Brecha fiscal bruta	Brecha fiscal neta
Australia	Sí	No	No	Sí	Sí	Sí	Sí
Brasil	Sí	No	No	Sí	Sí	Sí	Sí
Canadá	Sí	No	No	Sí	Sí	Sí	Sí
Chile	Sí	Sí	Sí	Sí	Sí	Sí	No
Colombia	Sí	No	No	Sí	Sí	Sí	No
Dinamarca	Sí	No	Sí	Sí	Sí	Sí	No
Francia	Sí	No	No	Sí	Sí	Sí	Sí
Indonesia	Sí	No	No	Sí	Sí	Sí	Sí
Italia	Sí	No	Sí	Sí	Sí	Sí	No
Rumanía	Sí	No	No	Sí	Sí	Sí	No
Eslovaquia	Sí	No	No	Sí	No	No	Sí
Suecia	Sí	No	No	Sí	No	Sí	Sí
Reino Unido	Sí	No	No	Sí	Sí	Sí	Sí
Estados Unidos	Sí	No	No	Sí	Sí	Sí	Sí
Total respuestas afirmativas	**14**	**1**	**3**	**14**	**12**	**13**	**9**

Nota: La tabla solo contiene datos de jurisdicciones que realizan mediciones de la brecha del IS.
Fuente: Encuesta del FTA 2023 sobre las estimaciones de la brecha fiscal.

Anexo Tabla 11.A.8. Medición de la brecha del IS: Enfoques y métodos utilizados

Jurisdicción	N.º de enfoques ascendentes	N.º de enfoques descendentes	N.º de métodos basados en datos sobre riesgos	N.º de métodos basados en datos de inspecciones aleatorias	Proyecciones	Multiplicador de no detección
Australia	4	0	3	1	Sí	Sí
Brasil	1	1	0	0	No	No
Canadá	3	0	2	1	Sí	No
Chile	0	1	0	0	No	No
Colombia	0	1	0	0	No	No
Dinamarca	3	0	1	2	No	No
Francia	1	0	1	0	No	No
Indonesia	5	1	2	0	No	No
Italia	0	1	0	0	Sí	No
Rumanía	0	1	0	0	No	No
Eslovaquia	0	1	0	0	No	No
Suecia	2	0	1	1	No	Sí
Reino Unido	3	0	2	1	Sí	Sí
Estados Unidos	4	0	2	0	Sí	No
Cantidad total o total respuestas afirmativas	**26**	**7**	**14**	**6**	**5**	**3**

Nota: La tabla solo contiene datos de jurisdicciones que realizan mediciones de la brecha del IS.
Fuente: Encuesta del FTA 2023 sobre las estimaciones de la brecha fiscal.

Anexo Tabla 11.A.9. Medición de la brecha del IVA: Tipo de estimación de la brecha fiscal realizada

Jurisdicción	Estimación de la brecha del IVA	Brecha de registro	Brecha de presentación de declaraciones	Brecha de declaración	Brecha de pago	Brecha fiscal bruta	Brecha fiscal neta
Australia	Sí	No	No	Sí	Sí	Sí	Sí
Bélgica	Sí	No	No	No	No	Sí	No
Brasil	Sí	No	No	Sí	No	No	Sí
Canadá	Sí	No	No	Sí	Sí	Sí	Sí
Chile	Sí	Sí	Sí	Sí	Sí	Sí	No
Colombia	Sí	No	No	No	Sí	Sí	No
Dinamarca	Sí	Sí	Sí	Sí	Sí	Sí	No
Comisión Europea	Sí	Sí	Sí	Sí	Sí	No	Sí
Finlandia	Sí	No	Sí	No	No	No	Sí
Francia	Sí	No	No	Sí	Sí	Sí	Sí
Grecia	Sí	No	No	No	No	Sí	No
Hungría	Sí	No	No	Sí	Sí	Sí	No
Islandia	Sí	Sí	Sí	Sí	No	Sí	Sí
Indonesia	Sí	No	No	Sí	Sí	Sí	Sí
Israel	Sí	No	No	No	Sí	No	Sí
Italia	Sí	No	Sí	Sí	Sí	Sí	No
Letonia	Sí	Sí	Sí	Sí	Sí	Sí	Sí
Lituania	Sí	No	No	No	No	Sí	No
Países Bajos	Sí	No	Sí	Sí	Sí	No	No
Portugal	Sí	No	No	No	No	Sí	No
Rumanía	Sí	No	No	Sí	Sí	Sí	No
Singapur	Sí	No	No	No	No	Sí	No
Eslovaquia	Sí	No	No	Sí	Sí	Sí	Sí
España	Sí	No	No	No	No	No	No
Suecia	Sí	No	No	Sí	No	Sí	No
Suiza	Sí	No	No	Sí	No	No	No
Reino Unido	Sí	No	No	Sí	Sí	Sí	Sí
Total respuestas afirmativas	**27**	**5**	**8**	**18**	**16**	**20**	**12**

Nota: La tabla solo contiene datos de jurisdicciones que realizan mediciones de la brecha del IVA.
Fuente: Encuesta del FTA 2023 sobre las estimaciones de la brecha fiscal.

Anexo Tabla 11.A.10. Medición de la brecha del IVA: Enfoques y métodos utilizados

Jurisdicción	N.º de enfoques ascendentes	N.º de enfoques descendentes	N.º de métodos basados en datos sobre riesgos	N.º de métodos basados en datos de inspecciones aleatorias	Proyecciones	Multiplicador de no detección
Australia	1	1	1	1	Sí	No
Bélgica	0	2	0	0	No	Sí
Brasil	0	1	0	0	Sí	No
Canadá	0	1	0	0	No	No
Chile	0	1	0	0	Sí	No
Colombia	0	1	0	0	No	No
Dinamarca	3	1	0	3	No	No
Comisión Europea	0	1	0	0	Sí	No
Finlandia	1	1	1	1	No	No
Francia	2	0	1	1	No	No
Grecia	0	1	0	0	No	No
Hungría	2	3	1	1	Sí	No
Islandia	0	1	0	0	No	No
Indonesia	5	1	2	0	No	No
Israel	0	1	0	0	No	No
Italia	2	1	2	0	Sí	No
Letonia	0	1	0	0	No	No
Lituania	1	2	0	0	Sí	No
Países Bajos	0	1	0	0	No	No
Portugal	0	1	0	0	No	No
Rumanía	0	2	0	0	No	No
Singapur	0	1	0	0	No	No
Eslovaquia	0	2	0	0	No	No
España	0	0	0	0	No	No
Suecia	0	2	0	0	No	No
Suiza	1	0	0	1	No	No
Reino Unido	0	1	0	0	No	No
Cantidad total o total respuestas afirmativas	**18**	**31**	**8**	**8**	**7**	**1**

Nota: La tabla solo contiene datos de jurisdicciones que realizan mediciones de la brecha del IVA.
Fuente: Encuesta del FTA 2023 sobre las estimaciones de la brecha fiscal.

Anexo Tabla 11.A.11. Medición de la brecha de los impuestos especiales: Tipo de estimación de la brecha fiscal realizada

Jurisdicción	Estimación de la brecha de los impuestos especiales	Brecha de registro	Brecha de presentación de declaraciones	Brecha de declaración	Brecha de pago	Brecha fiscal bruta	Brecha fiscal neta
Australia	Sí	Sí	No	Sí	Sí	Sí	Sí
Canadá	Sí	No	No	Sí	Sí	Sí	Sí
Dinamarca	Sí	Sí	Sí	Sí	Sí	Sí	No
Grecia	Sí	No	No	No	No	Sí	No
Italia	Sí	No	No	No	No	No	No
Suecia	Sí	No	No	Sí	No	Sí	No
Reino Unido	Sí	No	No	Sí	Sí	No	Sí
Estados Unidos	Sí	No	No	No	Sí	No	No
Total respuestas afirmativas	**8**	**2**	**1**	**5**	**5**	**5**	**3**

Nota: La tabla solo contiene datos de jurisdicciones que realizan mediciones de la brecha de los impuestos especiales.
Fuente: Encuesta del FTA 2023 sobre las estimaciones de la brecha fiscal.

Anexo Tabla 11.A.12. Medición de la brecha de los impuestos especiales: Enfoques y métodos utilizados

Jurisdicción	N.º de enfoques ascendentes	N.º de enfoques descendentes	N.º de métodos basados en datos sobre riesgos	N.º de métodos basados en datos de inspecciones aleatorias	Proyecciones	Multiplicador de no detección
Australia	2	1	1	0	No	Sí
Canadá	0	1	0	0	No	No
Dinamarca	3	1	0	2	No	No
Grecia	0	1	0	0	No	No
Italia	0	0	0	0	No	No
Suecia	1	1	0	0	No	No
Reino Unido	2	4	2	1	Sí	No
Estados Unidos	1	0	0	0	No	No
Cantidad total o total respuestas afirmativas	**9**	**9**	**3**	**3**	**1**	**1**

Nota: La tabla solo contiene datos de jurisdicciones que realizan mediciones de la brecha de los impuestos especiales.
Fuente: Encuesta del FTA 2023 sobre las estimaciones de la brecha fiscal.

Anexo Tabla 11.A.13. Otras mediciones de la brecha: Tipo de estimación de la brecha fiscal realizada

Jurisdicción	Estimación de otras brechas	Brecha de registro	Brecha de presentación de declaraciones	Brecha de declaración	Brecha de pago	Brecha fiscal bruta	Brecha fiscal neta
Australia	Sí	No	No	Sí	Sí	Sí	Sí
Brasil	Sí	No	No	Sí	No	No	No
Dinamarca	Sí	Sí	Sí	Sí	No	Sí	No
Italia	Sí	No	Sí	Sí	Sí	Sí	No
Letonia	Sí	No	Sí	Sí	Sí	Sí	Sí
Países Bajos	Sí	No	Sí	Sí	Sí	No	No
Rumanía	Sí	No	No	No	Sí	Sí	No
Suecia	Sí	No	No	Sí	No	Sí	Sí
Reino Unido	Sí	No	No	Sí	Sí	No	Sí
Estados Unidos	Sí	No	Sí	Sí	Sí	Sí	Sí
Total respuestas afirmativas	**10**	**1**	**5**	**9**	**7**	**7**	**5**

Nota: La tabla solo contiene datos de jurisdicciones que realizan otras mediciones de la brecha fiscal.
Fuente: Encuesta del FTA 2023 sobre las estimaciones de la brecha fiscal.

Anexo Tabla 11.A.14. Otras mediciones de la brecha: Enfoques y métodos utilizados

Jurisdicción	N.º de enfoques ascendentes	N.º de enfoques descendentes	N.º de métodos basados en datos sobre riesgos	N.º de métodos basados en datos de inspecciones aleatorias	Proyecciones	Multiplicador de no detección
Australia	4	4	4	2	Sí	No
Brasil	0	1	0	0	No	No
Dinamarca	1	0	0	1	No	No
Italia	2	2	2	0	No	Sí
Letonia	1	0	0	0	No	No
Países Bajos	3	0	0	3	No	No
Rumanía	0	1	0	0	No	No
Suecia	1	0	0	1	No	No
Reino Unido	0	0	3	0	Sí	No
Estados Unidos	8	0	0	2	Sí	No
Cantidad total o total respuestas afirmativas	**20**	**8**	**9**	**9**	**3**	**1**

Nota: La tabla solo contiene datos de jurisdicciones que realizan otras mediciones de la brecha fiscal.
Fuente: Encuesta del FTA 2023 sobre las estimaciones de la brecha fiscal.

Anexo A. Resumen de las tablas de datos ISORA

El Anexo A contiene enlaces a las tablas ISORA que contienen los datos anuales y periódicos de los ejercicios 2018 a 2022, y que están publicadas en el portal de datos RA-FIT (https://data.rafit.org/).

Las tablas en línea presentan datos de más de 175 jurisdicciones que han completado al menos una de las últimas cuatro rondas de la encuesta ISORA, realizadas entre septiembre de 2020 y septiembre de 2023. Las tablas se dividen en dos conjuntos:

- ***Tablas anuales*** (véase la Tabla A A.1.), que contienen:
  - Trece conjuntos de tablas con los datos brutos recopilados en la encuesta ISORA. Son las tablas identificadas con el prefijo «A».
  - Seis conjuntos de tablas con indicadores derivados de los datos calculados a partir de los datos recopilados en la encuesta ISORA (estas tablas están identificadas con el prefijo «D»). Las fórmulas y los datos utilizados para calcular los indicadores figuran debajo de cada tabla.
- ***Tablas periódicas*** (véase la Tabla A A.2.), que incluyen los datos correspondientes a la parte periódica de la encuesta ISORA 2023. Esas tablas están identificadas con el prefijo «B» y se agrupan en siete conjuntos.

A partir de los datos de la encuesta ISORA incluidos en estas tablas, la presente publicación, *Administración tributaria 2024,* examina diversos aspectos de los sistemas fiscales y su administración en 58 jurisdicciones, tanto de la OCDE como no pertenecientes a la OCDE. (Véase en el anexo B la lista de administraciones tributarias analizadas en esta publicación).

Tabla A A.1. Resumen de las tablas de datos ISORA: Tablas anuales

Conjunto de tablas	Nombre de la tabla	Enlace
Tipos de ingresos recaudados	Tabla A.0 Participación de las administraciones tributarias en la ISORA	https://data.rafit.org/regular.aspx?key=74180893
	Tabla A.1 Tipos de ingresos de los que es responsable la administración: Impuesto sobre la renta e impuestos sobre bienes y servicios	
	Tabla A.2 Tipos de ingresos de los que es responsable la administración: Otros impuestos	
	Tabla A.3 Tipos de ingresos de los que es responsable la administración: Otros impuestos (continuación), CSS e ingresos no tributarios	
	Tabla A.4 Retenciones sobre el salario y administraciones que combinan las funciones tributarias y las aduaneras	
Recaudación de ingresos	Tabla A.5 Ingresos netos recaudados por la administración tributaria: Total	https://data.rafit.org/regular.aspx?key=74180904
	Tabla A.6 Ingresos netos recaudados por la administración tributaria por tipo de impuesto: Impuesto sobre la renta de las personas físicas	
	Tabla A.7 Ingresos netos recaudados por la administración tributaria por tipo de impuesto: Impuesto de sociedades	
	Tabla A.8 Ingresos netos recaudados por la administración tributaria por tipo de impuesto: Impuesto sobre el valor agregado	
	Tabla A.9 Ingresos netos recaudados por la administración tributaria por tipo de impuesto: Impuestos especiales (internos)	

Conjunto de tablas	Nombre de la tabla	Enlace
	Tabla A.10 Ingresos netos recaudados por la administración tributaria por tipo de impuesto: Otros impuestos	
	Tabla A.11 Ingresos netos recaudados por la administración tributaria: Cotizaciones a la seguridad social	
	Tabla A.12 Ingresos netos recaudados por la administración tributaria: Ingresos no tributarios	
	Tabla A.13 Composición del impuesto sobre el valor agregado recaudado por la administración tributaria: Producción interna bruta	
	Tabla A.14 Composición del impuesto sobre el valor agregado recaudado por la administración tributaria: Importación bruta, incluso cuando es recaudada por la autoridad aduanera	
	Tabla A.15 Composición del impuesto sobre el valor agregado recaudado por la administración tributaria: Devoluciones	
Gastos y recursos ETC	Tabla A.16 Gastos de administración tributaria: Gastos operativos y salariales	https://data.rafit.org/regular.aspx?key=74180905
	Tabla A.17 Gastos en TIC de la administración tributaria y porcentaje de ETC que trabajan en funciones de administración central	
	Tabla A.17A ETC de las administraciones que combinan las funciones tributarias y las aduaneras	
	Tabla A.17B Gastos de las administraciones que combinan las funciones tributarias y las aduaneras	
	Tabla A.18 Total ETC de la administración tributaria y distribución ETC por función: Registro y servicios	
	Tabla A.19 Número de ETC por función: Inspección y cobro de deudas	
	Tabla A.20 Número de ETC por función: Controversias y RR. HH.	
	Tabla A.21 Número de ETC por función: TIC y todas las demás funciones	
Métricas de personal	Tabla A.22 Métricas de personal: Plantilla al inicio del AF y bajas	https://data.rafit.org/regular.aspx?key=74180906
	Tabla A.23 Métricas de personal: Plantilla al final del AF y contrataciones	
	Tabla A.24 Métricas de personal: Información de género	
	Tabla A.25 Métricas de personal: Distribución por género - Mujeres	
	Tabla A.26 Métricas de personal: Distribución por género - Hombres	
	Tabla A.27 Métricas de personal: Distribución por género - Otro género	
	Tabla A.28 Métricas de personal: Nivel académico	
	Tabla A.29 Métricas de personal: Distribución por edad, menos de 35 años	
	Tabla A.30 Métricas de personal: Distribución por edad, de 35 a 54 años	
	Tabla A.31 Métricas de personal: Distribución por edad, 55 años y más	
	Tabla A.32 Métricas de personal: Antigüedad inferior a 10 años	
	Tabla A.33 Métricas de personal: Antigüedad igual o superior a 10 años	
Segmentación	Tabla A.34 Oficina / programa de grandes contribuyentes: Existencia e ingresos recaudados	https://data.rafit.org/regular.aspx?key=74180907
	Tabla A.35 Oficina / programa de grandes contribuyentes: Funciones - Registro, tramitación de declaraciones y pagos, y servicios	
	Tabla A.36 Oficina / programa de grandes contribuyentes: Funciones - Inspección, cobro de deudas, resolución de controversias	
	Tabla A.37 Oficina / programa de grandes contribuyentes: Personal	
	Tabla A.38 Oficina / programa de grandes contribuyentes: Contribuyentes	
	Tabla A.39 Oficina / programa de grandes contribuyentes: Inspecciones	
	Tabla A.40 Oficina / programa individuos de alto patrimonio neto (IAPN): Existencia e ingresos recaudados	

Conjunto de tablas	Nombre de la tabla	Enlace
IRPF y retenciones sobre el salario: Registro y presentación de declaraciones	Tabla A.42 Número de contribuyentes por tipo de impuesto: Impuesto sobre la renta de las personas físicas	https://data.rafit.org/regular.aspx?key=74180908
	Tabla A.43 Número de contribuyentes por tipo de impuesto: Empleadores que practican retenciones sobre los salarios de sus empleados	
	Tabla A.50 Presentación de declaraciones: Declaraciones previstas y presentadas - Impuesto sobre la renta de las personas físicas	
	Tabla A.51 Presentación de declaraciones: Declaraciones presentadas dentro del plazo - Impuesto sobre la renta de las personas físicas	
	Tabla A.52 Canales de presentación de declaraciones: En papel y electrónica, sin precumplimentación - Impuesto sobre la renta de las personas físicas	
	Tabla A.53 Canales de presentación de declaraciones: Declaraciones electrónicas precumplimentadas - Impuesto sobre la renta de las personas físicas	
	Tabla A.54 Presentación de declaraciones: Declaraciones previstas y presentadas - Empleadores que practican retenciones sobre los salarios de sus empleados	
	Tabla A.55 Presentación de declaraciones: Declaraciones presentadas dentro del plazo - Empleadores que practican retenciones sobre los salarios de sus empleados	
	Tabla A.56 Canales de presentación de declaraciones: En papel y electrónica, sin precumplimentación - Empleadores que practican retenciones sobre los salarios de sus empleados	
	Tabla A.57 Canales de presentación de declaraciones: Declaraciones electrónicas precumplimentadas - Empleadores que practican retenciones sobre los salarios de sus empleados	
	Tabla A.58 Retenciones del IRPF: Requisitos y retenciones totales	
IS, IVA, impuestos especiales: Registro y presentación de declaraciones	Tabla A.41 Número de contribuyentes por tipo de impuesto: Impuesto de sociedades	https://data.rafit.org/regular.aspx?key=74180909
	Tabla A.44 Número de contribuyentes por tipo de impuesto: Impuesto sobre el valor agregado	
	Tabla A.45 Número de contribuyentes por tipo de impuesto: Impuestos especiales	
	Tabla A.46 Presentación de declaraciones: Declaraciones previstas y presentadas - Impuesto de sociedades	
	Tabla A.47 Presentación de declaraciones: Declaraciones presentadas dentro del plazo - Impuesto de sociedades	
	Tabla A.48 Canales de presentación de declaraciones: En papel y electrónica, sin precumplimentación - Impuesto de sociedades	
	Tabla A.49 Canales de presentación de declaraciones: Declaraciones electrónicas precumplimentadas - Impuesto de sociedades	
	Tabla A.59 Presentación de declaraciones: Declaraciones previstas y presentadas - Impuesto sobre el valor agregado	
	Tabla A.60 Presentación de declaraciones: Declaraciones presentadas dentro del plazo - Impuesto sobre el valor agregado	
	Tabla A.61 Canales de presentación de declaraciones: En papel y electrónica, sin precumplimentación - Impuesto sobre el valor agregado	
	Tabla A.62 Canales de presentación de declaraciones: Declaraciones electrónicas precumplimentadas - Impuesto sobre el valor agregado	
Pagos y devoluciones del IVA	Tabla A.63 Pagos vencidos y percibidos: Impuesto de sociedades	https://data.rafit.org/regular.aspx?key=74180910
	Tabla A.64 Pagos percibidos a tiempo: Impuesto de sociedades	
	Tabla A.65 Pagos vencidos y percibidos: Impuesto sobre la renta de las personas físicas	
	Tabla A.66 Pagos percibidos a tiempo: Impuesto sobre la renta de las personas físicas	
	Tabla A.67 Pagos vencidos y percibidos: Empleadores que practican	

Conjunto de tablas	Nombre de la tabla	Enlace
	retenciones sobre los salarios de sus empleados	
	Tabla A.68 Pagos percibidos a tiempo: Empleadores que practican retenciones sobre los salarios de sus empleados	
	Tabla A.69 Pagos vencidos y percibidos: Impuesto sobre el valor agregado	
	Tabla A.70 Pagos percibidos a tiempo: Impuesto sobre el valor agregado	
	Tabla A.71 Pagos electrónicos	
	Tabla A.72 Tratamiento de la mayoría de las devoluciones del IVA aprobadas	
	Tabla A.73 Valor de todos los «créditos» del IVA	
Impuestos atrasados	Tabla A.74 Deuda pendiente de los atrasos: Total e incobrables	https://data.rafit.org/regular.aspx?key=74180911
	Tabla A.75 Deuda pendiente de los atrasos relativos a las empresas públicas: Total e incobrables	
	Tabla A.76 Deuda pendiente de los atrasos por tipo de impuesto: Impuesto de sociedades	
	Tabla A.77 Deuda pendiente de los atrasos por tipo de impuesto: Impuesto sobre la renta de las personas físicas	
	Tabla A.78 Deuda pendiente de los atrasos por tipo de impuesto: Impuesto retenido por los empleadores a los empleados	
	Tabla A.79 Deuda pendiente de los atrasos por tipo de impuesto: Impuesto sobre el valor agregado	
Inspección	Tabla A.80 Actividad de comprobación/inspección: Todas las inspecciones (excluidos los controles electrónicos de cumplimiento)	https://data.rafit.org/regular.aspx?key=74180894
	Tabla A.81 Actividad de comprobación/inspección: Valor de las liquidaciones complementarias recaudadas - Todas las inspecciones (excluidos los controles electrónicos de cumplimiento)	
	Tabla A.82 Actividad de comprobación/inspección: Valor de las liquidaciones complementarias recaudadas - Impuesto de sociedades	
	Tabla A.83 Actividad de comprobación/inspección: Valor de las liquidaciones complementarias recaudadas - Impuesto sobre la renta de las personas físicas	
	Tabla A.84 Actividad de comprobación/inspección: Valor de las liquidaciones complementarias recaudadas - Impuesto retenido por los empleadores a los empleados	
	Tabla A.85 Actividad de comprobación/inspección: Valor de las liquidaciones complementarias recaudadas - Impuesto sobre el valor agregado	
	Tabla A.86 Actividad de comprobación/inspección: Controles electrónicos de cumplimiento	
Investigación penal y resolución de controversias	Tabla A.87 Investigaciones sobre delitos fiscales: Papel de la administración	https://data.rafit.org/regular.aspx?key=74180895
	Tabla A.88 Investigaciones sobre delitos fiscales: Número de casos	
	Tabla A.89 Resolución de controversias: Mecanismos de revisión	
	Tabla A.90 Resolución de controversias: Procedimiento de revisión	
	Tabla A.91 Resolución de controversias: Número de casos - Casos en materia fiscal sometidos a procedimientos internos	
	Tabla A.92 Resolución de controversias: Número de casos - Casos en materia fiscal sometidos a revisión independiente por parte de organismos externos	
	Tabla A.93 Resolución de controversias: Número de casos - Casos en materia fiscal sometidos a revisión independiente por parte de un órgano jurisdiccional superior	
Interacciones con las partes interesadas: Canales de registro,	Tabla A.94 Canales de registro: en línea, por teléfono, por correo electrónico	https://data.rafit.org/regular.aspx?key=74180896
	Tabla A.95 Canales de registro: por correo postal, presencial y otros	
	Tabla A.96 Consultas sobre servicios: Seguimiento y número de	

Conjunto de tablas	Nombre de la tabla	Enlace
contactos y precumplimentación	contactos por canal - Asistencia en línea y digital	
	Tabla A.97 Consultas sobre servicios: Número de contactos por canal - Teléfono y correo electrónico	
	Tabla A.98 Consultas sobre servicios: Número de contactos por canal - Correo postal y presenciales	
	Tabla A.99 Cumplimentación previa de declaraciones del IRPF: Información sobre ingresos - Información personal, y sueldos y salarios	
	Tabla A.100 Cumplimentación previa de declaraciones del IRPF: Información sobre ingresos - Pensiones, intereses y dividendos	
	Tabla A.101 Cumplimentación previa de declaraciones del IRPF: Información sobre ingresos - Ganancias/pérdidas de capital, y otros ingresos	
	Tabla A.102 Cumplimentación previa de declaraciones del IRPF: Información sobre gastos - Donaciones, gastos de escolaridad y universitarios, y gastos de guardería	
	Tabla A.103 Cumplimentación previa de declaraciones del IRPF: Información sobre gastos - Primas de seguros, gastos médicos y de salud, y aportaciones a planes de pensiones	
	Tabla A.104 Cumplimentación previa de declaraciones del IRPF: Información sobre gastos - Intereses y otros gastos	
Interacciones con las partes interesadas: Cumplimiento e innovación	Tabla A.105 Enfoques de cumplimiento: Facturación electrónica	https://data.rafit.org/regular.aspx?key=74180897
	Tabla A.106 Enfoques de cumplimiento: Dispositivos que registran transacciones	
	Tabla A.107 Enfoques de cumplimiento cooperativo	
	Tabla A.108 Tecnologías innovadoras: Adopción y uso - Blockchain, inteligencia artificial e informática en la nube	
	Tabla A.109 Tecnologías innovadoras: Adopción y uso - Ciencia de datos, automatización robótica de procesos y API	
	Tabla A.110 Tecnologías innovadoras: Adopción y uso - Ventanilla única a efectos de identificación, tecnología de autenticación digital y asistentes virtuales	
Indicadores derivados: Ingresos y recursos	Tabla E.1 Variables externas para los indicadores derivados: Producto interior bruto y total de ingresos públicos	https://data.rafit.org/regular.aspx?key=74180898
	Tabla E.2 Variables externas para los indicadores derivados: Población total y población activa	
	Tabla D.1 Ratios relacionados con los ingresos: Recaudación en relación con el total de los ingresos públicos y el PIB	
	Tabla D.2 Ratios relacionados con los ingresos: Impuestos en relación con el PIB e ingresos no tributarios en relación con los ingresos totales	
	Tabla D.3 Estructura tributaria y proporción que representan las CSS: IRPF, IS e IVA	
	Tabla D.4 Estructura tributaria y proporción que representan las CSS: Impuestos especiales, otros impuestos y CSS	
	Tabla D.5 Ratios de recursos: Equivalente a tiempo completo (ETC)	
	Tabla D.6 Ratios de recursos: Costo	
Indicadores derivados: Personal	Tabla D.7 Asignación de personal por ubicación y función: Registro, servicios, tramitación e inspección y comprobación	https://data.rafit.org/regular.aspx?key=74180899
	Tabla D.8 Asignación de personal por función: Cobro de deudas, gestión de controversias y gestión de RR. HH.	
	Tabla D.9 Asignación de personal por función: Apoyo TIC y todas las demás funciones	
	Tabla D.10 Dinámica del personal	
	Tabla D.11 Nivel académico	
	Tabla D.12 Distribución del personal por edad: Personal menor de 45 años	
	Tabla D.13 Distribución del personal por edad: Personal de 45 años o	

Conjunto de tablas	Nombre de la tabla	Enlace
	más	
	Tabla D.14 Antigüedad: Menos de 10 años	
	Tabla D.15 Antigüedad: 10 años o más	
	Tabla D.16 Distribución por género	
Indicadores derivados: Segmentación, registro y presentación de declaraciones	Tabla D.17 Ratios oficina/programa de grandes contribuyentes Equivalentes a tiempo completo (ETC)	https://data.rafit.org/regular.aspx?key=74180900
	Tabla D.18 Ratios oficina/programa de grandes contribuyentes Contribuyentes del impuesto de sociedades, liquidaciones complementarias recaudadas e ingresos netos administrados	
	Tabla D.19 Registro de contribuyentes del IRPF	
	Tabla D.20 Porcentaje de contribuyentes inactivos en los registros: IS, IRPF y retenciones a cuenta sobre los salarios	
	Tabla D.21 Porcentaje de contribuyentes inactivos en los registros: IVA e impuestos especiales	
	Tabla D.22 Porcentaje de declaraciones presentadas dentro del plazo: IS	
	Tabla D.23 Porcentaje de declaraciones presentadas dentro del plazo: IRPF	
	Tabla D.24 Porcentaje de declaraciones presentadas dentro del plazo: Retenciones a cuenta sobre los salarios	
	Tabla D.25 Porcentaje de declaraciones presentadas dentro del plazo: IVA	
Indicadores derivados: Canales de presentación de declaraciones	Tabla D.26 Presentación electrónica: IS e IRPF	https://data.rafit.org/regular.aspx?key=74180901
	Tabla D.27 Presentación electrónica: Retenciones a cuenta sobre los salarios e IVA	
	Tabla D.28 Proporción de declaraciones presentadas por canal: IS - En papel y electrónica, sin precumplimentación	
	Tabla D.29 Proporción de declaraciones presentadas por canal: IS - Electrónica, precumplimentadas	
	Tabla D.30 Proporción de declaraciones presentadas por canal: IRPF - En papel y electrónica, sin precumplimentación	
	Tabla D.31 Proporción de declaraciones presentadas por canal: IRPF - Electrónica, precumplimentadas	
	Tabla D.32 Proporción de declaraciones presentadas por canal: Retenciones a cuenta sobre los salarios - En papel y electrónica, sin precumplimentación	
	Tabla D.33 Proporción de declaraciones presentadas por canal: Retenciones a cuenta sobre los salarios - Electrónica, precumplimentadas	
	Tabla D.34 Proporción de declaraciones presentadas por canal: IVA - En papel y electrónica, sin precumplimentación	
	Tabla D.35 Proporción de declaraciones presentadas por canal: IVA - Electrónica, precumplimentadas	
Indicadores derivados: Pagos y atrasos	Tabla D.36 Porcentaje de pagos percibidos a tiempo: IS	https://data.rafit.org/regular.aspx?key=74180902
	Tabla D.37 Porcentaje de pagos percibidos a tiempo: IRPF	
	Tabla D.38 Porcentaje de pagos percibidos a tiempo: Retenciones a cuenta sobre los salarios	
	Tabla D.39 Porcentaje de pagos percibidos a tiempo: IVA	
	Tabla D.40 Porcentajes de pagos electrónicos y retención del impuesto por terceros	
	Tabla D.41 Ratios de morosidad: Deuda pendiente y atrasos cobrables	
	Tabla D.42 Ratios de morosidad: Variación interanual	
	Tabla D.43 Ratios de morosidad relativos a las empresas públicas: Deuda pendiente y atrasos cobrables	
	Tabla D.44 Morosidad en relación con la recaudación por tipo de impuesto: IS e IRPF	

Conjunto de tablas	Nombre de la tabla	Enlace
	Tabla D.45 Morosidad en relación con la recaudación por tipo de impuesto: Retenciones a cuenta sobre los salarios e IVA	
Indicadores derivados: Inspección y controversias	Tabla D.46 Ratios inspección: Porcentaje de aciertos y liquidaciones complementarias recaudadas	https://data.rafit.org/regular.aspx?key=74180903
	Tabla D.47 Ratios inspección: Liquidaciones complementarias recaudadas por tipo de impuesto - IS e IRPF	
	Tabla D.48 Ratios inspección: Liquidaciones complementarias recaudadas por tipo de impuesto - Retenciones a cuenta sobre los salarios e IVA	
	Tabla D.49 Casos de revisión administrativa y litigios	

Fuente: CIAT, OIAT, FMI, OCDE, Encuesta Internacional sobre Administración Tributaria, https://data.rafit.org/?sk=e1ed4b20-815e-4e76-bc6d-9032fc89f4f4&sId=1716492452268 (consultado el 10 de septiembre de 2024).

Tabla A A.2. Resumen de las tablas de datos ISORA: Tablas periódicas

Conjunto de tablas	Nombre de la tabla	Enlace
Mecanismos institucionales, gobernanza y prácticas de gestión	Tabla B.1 Marco institucional y autonomía de gestión	https://data.rafit.org/regular.aspx?key=74180913
	Tabla B.2 Funciones adicionales a la recaudación de ingresos	
	Tabla B.3 Prácticas de gobernanza seleccionadas: Auditoría, código de conducta e integridad	
	Tabla B.4 Prácticas de gobernanza seleccionadas: Planes, informes y normas; y organigrama	
	Tabla B.5 Reformas estructurales: Implementación y naturaleza	
	Tabla B.6 Reformas estructurales: Principales factores de impulso	
Gestión de recursos humanos	Tabla B.B.7 Autoridad en materia de recursos humanos	https://data.rafit.org/regular.aspx?key=74180914
	Tabla B.8 Remuneración y gestión del desempeño	
	Tabla B.9 Enfoque de gestión de RR. HH.: Encuestas de personal	
	Tabla B.10 Enfoque de gestión de RR. HH.: Estrategia / plan plurianual de personal y estrategia de formación	
	Tabla B.11 Enfoque de gestión de RR. HH.: Apoyo al personal recién incorporado y plan de dotación de personal	
	Tabla B.12 Enfoque de gestión de RR.HH.: plan de dotación de personal y modalidades de trabajo flexibles	
	Tabla B.13 Enfoque de gestión de RR. HH.: Desarrollo del liderazgo, notificación de horarios, políticas en materia de diversidad	
	Tabla B.14 Evaluación de las necesidades en materia de capacidades	
	Tabla B.15 Competencias especializadas	
Segmentación	Tabla B.16 Oficina / programa de grandes contribuyentes: Criterios principales	https://data.rafit.org/regular.aspx?key=74180915
	Tabla B.17 Oficina / programa individuos de alto patrimonio neto (IAPN): Criterios principales	
	Tabla B.18 Oficina / programa individuos de alto patrimonio neto (IAPN): Funciones, personal y contribuyentes	
	Tabla B.19 Pequeños contribuyentes	
Gestión del riesgo del cumplimiento	Tabla B.20 Gestión del riesgo de cumplimiento: Estrategia	https://data.rafit.org/regular.aspx?key=74180916
	Tabla B.21 Gestión del riesgo de cumplimiento: Datos desglosados por género	
	Tabla B.22 Gestión del riesgo de cumplimiento: Caracterización de los desafíos relacionados con la fiscalidad internacional	
	Tabla B.23 Gestión del riesgo de cumplimiento: Personal dedicado a cuestiones de fiscalidad internacional	
	Tabla B.24 Gestión del riesgo de cumplimiento: Brecha fiscal	
	Tabla B.25 Gestión del riesgo de cumplimiento: Marco de intervención para el cumplimiento tributario	

Conjunto de tablas	Nombre de la tabla	Enlace
	Tabla B.26 Gestión del riesgo de cumplimiento: Intervenciones previas a la presentación de la declaración	
	Tabla B.27 Gestión del riesgo de cumplimiento: Intervenciones posteriores a la presentación de la declaración y medición de la eficacia de la intervención	
	Tabla B.28 Gestión del riesgo de cumplimiento: Medidas coercitivas posteriores a la presentación de la declaración	
	Tabla B.29 Gestión del riesgo de cumplimiento: Indicadores de eficacia de las medidas coercitivas	
Operaciones tributarias: Registro, presentación de declaraciones, pago, morosidad	Tabla B.30 Registro del género del contribuyente; y presentación y pago electrónicos obligatorios	https://data.rafit.org/regular.aspx?key=74180917
	Tabla B.49 Retención a cuenta	
	Tabla B.50 Comunicación de datos de pago	
	Tabla B.31 Facultades de recaudación de impuestos atrasados y su uso - Parte 1	
	Tabla B.32 Facultades de recaudación de impuestos atrasados y su uso - Parte 2	
	Tabla B.33 Facultades de recaudación de impuestos atrasados y su uso - Parte 3	
	Tabla B.34 Facultades de recaudación de impuestos atrasados y su uso - Parte 4	
Operaciones tributarias: Inspección, comprobación, datos obtenidos de terceros	Tabla B.35 Divulgaciones voluntarias; y actividad de comprobación / inspección: Controles de cumplimiento automatizados	https://data.rafit.org/regular.aspx?key=74180918
	Tabla B.36 Actividad de comprobación/inspección: Inspecciones aleatorias	
	Tabla B.37 Actividad de comprobación / inspección: Procesos / criterios de selección	
	Tabla B.38 Sanciones administrativas en caso de no comunicación de datos por parte del contribuyente: Aplicación y características	
	Tabla B.51 Datos obtenidos de terceros	
Servicios al contribuyente	Tabla B.39 Canales de servicio: Información estadística sobre el uso de los canales de servicio	https://data.rafit.org/regular.aspx?key=74180919
	Tabla B.40 Canales de servicio: Características del enfoque de servicio	
	Tabla B.41 Canales de servicio: Servicios en línea - Parte 1	
	Tabla B.42 Canales de servicio: Servicios en línea - Parte 2	
	Tabla B.43 Derechos de los contribuyentes: Documentación	
	Tabla B.44 Derechos de los contribuyentes: Mecanismos de queja y reclamación	
	Tabla B.45 Encuestas de satisfacción	
	Tabla B.46 Análisis de la satisfacción de los contribuyentes en función del género y estrategia de servicio y asistencia	
	Tabla B.47 Educación cívico-tributaria	
	Tabla B.48 Resoluciones sobre la aplicación de la legislación fiscal	
	Tabla B.52 Cargas de cumplimiento para los contribuyentes	

Fuente: CIAT, OIAT, FMI, OCDE, Encuesta Internacional sobre Administración Tributaria, https://data.rafit.org/?sk=e1ed4b20-815e-4e76-bc6d-9032fc89f4-4&sid=1716492468609 (consultado el 10 de septiembre de 2024).

Anexo B. Administraciones tributarias participantes

Tabla A B.1. Visión general de las administraciones tributarias incluidas en este informe

Jurisdicción	Administración tributaria	Dirección web	Moneda Código
Argentina	Administración Federal de Ingresos Públicos	www.afip.gob.ar	ARS
Australia	Agencia Tributaria de Australia	www.ato.gov.au	AUD
Austria	Ministerio Federal de Hacienda	www.bmf.gv.at	EUR
Bélgica	Servicio Público Federal de Finanzas	https://finances.belgium.be	EUR
Brasil	Agencia Tributaria Federal de Brasil	www.rfb.gov.br	BRL
Bulgaria	Agencia Nacional de Ingresos	https://nap.bg/	BGN
Canadá	Agencia Tributaria de Canadá	www.cra-arc.gc.ca	CAD
Chile	Servicio de Impuestos Internos	www.sii.cl	CLP
China (República Popular de)	Administración Tributaria del Estado	www.chinatax.gov.cn	CNY
Colombia	Dirección de Impuestos y Aduanas Nacionales	www.dian.gov.co	COP
Costa Rica	Dirección de General de Tributación, Ministerio de Hacienda	www.hacienda.go.cr	CRC
Croacia	Administración Tributaria, Ministerio de Hacienda	www.porezna-uprava.hr	HRK
Chipre	Departamento Fiscal de Chipre	www.mof.gov.cy/tax	EUR
República Checa	Administración Financiera de la República Checa	www.financnisprava.cz	CZK
Dinamarca	Agencia Tributaria de Dinamarca	www.skatteforvaltningen.dk	DKK
Estonia	Junta Tributaria y Aduanera de Estonia	www.emta.ee	EUR
Finlandia	Agencia Tributaria de Finlandia	www.vero.fi	EUR
Francia	Direction Générale des Finances Publiques (Dirección General de Finanzas Públicas)	www.impots.gouv.fr	EUR
Georgia	Agencia Tributaria de Georgia	www.rs.ge	GEL
Alemania	Ministerio Federal de Hacienda, Oficina Central Federal de Impuestos y Autoridades Fiscales de los Estados Federados	www.bundesfinanzministerium.de	EUR
Grecia	Autoridad Independiente de Ingresos Públicos	www.aade.gr	EUR
Hong Kong (China)	Departamento de Recursos Internos	www.ird.gov.hk	HKD
Hungría	Administración Nacional de Impuestos y Aduanas	https://nav.gov.hu	HUF
Islandia	Administración Tributaria y Aduanera de Islandia	www.skatturinn.is	ISK
India	Departamento del Impuesto sobre la Renta Junta Central de Impuestos Indirectos y Aduanas	www.incometaxindia.gov.in www.cbic.gov.in	INR
Indonesia	Dirección General de Tributos	www.pajak.go.id	IDR

Jurisdicción	Administración tributaria	Dirección web	Moneda Código
Irlanda	Oficina de los Comisionados de Hacienda	www.revenue.ie	EUR
Israel	Autoridad Tributaria de Israel	www.taxes.gov.il	ILS
Italia	Agencia Tributaria	www.agenziaentrate.gov.it	EUR
Japón	Agencia Tributaria Nacional	www.nta.go.jp	JPY
Kenia	Agencia Tributaria de Kenia	www.kra.go.ke	KES
Corea	Servicio Nacional de Impuestos	www.nts.go.kr	KRW
Letonia	Agencia Tributaria de Letonia	www.vid.gov.lv	EUR
Lituania	Inspección Estatal de Impuestos dependiente del Ministerio de Hacienda	www.vmi.lt	EUR
Luxemburgo	Administration des contributions directes (Administración de Impuestos Directos) Administration de l'enregistrement, des domaines et de la TVA (Administración de Impuestos Indirectos)	www.impotsdirects.public.lu https://aed.gouvernement.lu/	EUR
Malasia	Junta de Recursos Internos de Malasia	www.hasil.gov.my	MYR
Malta	Oficina del Comisionado de Ingresos	https://cfr.gov.mt	EUR
México	Servicio de Administración Tributaria	www.sat.gob.mx	MXN
Marruecos	Administración General Tributaria	www.tax.gov.ma	MAD
Países Bajos	Agencia Tributaria de los Países Bajos	www.belastingdienst.nl	EUR
Nueva Zelanda	Departamento de Recursos Internos - Te Tari Taake	www.ird.govt.nz	NZD
Noruega	Administración Tributaria de Noruega	www.skatteetaten.no	NOK
Perú	Superintendencia Nacional de Administración Tributaria (SUNAT)	www.sunat.gob.pe	PEN
Polonia	Administración Nacional de Ingresos	www.podatki.gov.pl	PLN
Portugal	Autoridad Fiscal y Aduanera portuguesa	www.portaldasfinancas.gov.pt	EUR
Rumanía	Agencia Nacional de Administración Fiscal	www.anaf.ro	RON
Arabia Saudí	Zakat, Autoridad Fiscal y Aduanera	https://zatca.gov.sa	SAR
Singapur	Autoridad de Ingresos Internos de Singapur	www.iras.gov.sg	SGD
República Eslovaca	Administración Financiera de la República Eslovaca	www.financnasprava.sk	EUR
Eslovenia	Administración tributaria de la República de Eslovenia	www.fu.gov.si	EUR
Sudáfrica	Servicio de Gestión Tributaria Sudafricano	www.sars.gov.za	ZAR
España	Agencia Estatal de Administración Tributaria (AEAT)	https://sede.agenciatributaria.gob.es/	EUR
Suecia	Agencia Tributaria de Suecia	www.skatteverket.se	SEK
Suiza	Administración Federal Tributaria	www.estv.admin.ch	CHF
Tailandia	Departamento de Hacienda	www.rd.go.th	THB
Turquía	Administración Tributaria turca	www.gib.gov.tr	TRY
Reino Unido	Agencia Tributaria y Aduanera del Reino Unido (HMRC)	www.hmrc.gov.uk	GBP
Estados Unidos	Servicio de Impuestos Internos (IRS)	www.irs.gov	USD

www.ingramcontent.com/pod-product-compliance
Lightning Source LLC
LaVergne TN
LVHW082032051026
849532LV00011B/3336
* 9 7 8 9 2 6 4 9 2 8 5 8 9 *